Claus Schulte-Henke

Kundenorientiertes Target Costing und Zuliefererintegration für komplexe Produkte

GABLER EDITION WISSENSCHAFT

Claus Schulte-Henke

Kundenorientiertes Target Costing und Zuliefererintegration für komplexe Produkte

Entwicklung eines Konzepts für die Automobilindustrie

Mit einem Geleitwort von Prof. Dr. Horst Glaser

GABLER EDITION WISSENSCHAFT

Bibliografische Information der Deutschen Nationalbibliothek
Die Deutsche Nationalbibliothek verzeichnet diese Publikation in der
Deutschen Nationalbibliografie; detaillierte bibliografische Daten sind im Internet über
<http://dnb.d-nb.de> abrufbar.

Dissertation Universität Saarbrücken, 2007

1. Auflage 2008

Lektorat: Frauke Schindler / Anita Wilke

Gabler ist Teil der Fachverlagsgruppe Springer Science+Business Media.
www.gabler.de

Umschlaggestaltung: Regine Zimmer, Dipl.-Designerin, Frankfurt/Main
Gedruckt auf säurefreiem und chlorfrei gebleichtem Papier
Printed in Germany

ISBN 978-3-8349-0882-7

Geleitwort

Die langfristige Überlebensfähigkeit von Industrieunternehmungen hängt maßgeblich von dem Erfolg bei der Entwicklung marktgerechter und zugleich kostengünstiger Produkte ab. Target Costing als marktorientiertes und strategisch ausgerichtetes Kostenmanagementsystem ist in besonderer Weise zur Umsetzung dieser Anforderungen geeignet. Entgegen den traditionellen Kostenrechnungssystemen, in denen sich die Kostenplanung und -steuerung auf bestehende Produktions- und Beschaffungsbedingungen bezieht, impliziert die Anwendung des Target Costing die Ableitung von Kostenvorgaben aus den prognostizierten Absatzmarktbedingungen unter Berücksichtigung einer vorab festzulegenden Gewinnspanne. Zur Ausgestaltung der Verfahrensschritte des Target Costing wurden seit Beginn der 1990er Jahre zahlreiche Ansätze entwickelt. Gegenstand der vorliegenden Arbeit ist nach der kritischen Analyse bestehender Ansätze einerseits die Übertragung des Grundkonzepts des Target Costing auf komplexe Produkte am Beispiel der Automobilindustrie und andererseits die Integration von Zulieferern in das erweiterte Grundkonzept.

Bei der komponentenbezogenen Zielkostenspaltung nach der Funktionsmethode ignorieren bisherige Ansätze gewöhnlich die fehlende Übertragbarkeit auf komplexe Produkte infolge der dort im Allgemeinen vorzufindenden mehrstufigen Erzeugnisstrukturen. Der von Claus Schulte-Henke entwickelte und anhand eines durchgängigen Anwendungsbeispiels veranschaulichte mehrstufige Target-Costing-Ansatz ermöglicht dagegen die Ableitung von Zielkosten für sämtliche Erzeugniselemente eines komplexen Produkts mit einer beliebigen Anzahl von Erzeugnisstufen unter Berücksichtigung der Kundenanforderungen. Dank der allgemein gültigen formalen Darstellung ist auch eine Übertragung seines sieben Verfahrensschritte umfassenden Ansatzes auf andere – für den Einsatz von Target Costing geeignete – Branchen mit Produkten beliebiger Komplexität möglich.

Im Rahmen der Integration von Automobilzulieferern in das entwickelte Target-Costing-Konzept definiert Claus Schulte-Henke drei Zuliefererintegrationstypen. Er zeigt mögliche Vorgehensweisen im Rahmen des Zulieferer integrierenden Target Costing für Hersteller und Zulieferer auf, indem er die Verfahrensschritte zur Zielkostenspaltung integrationstypspezifisch ausgestaltet und in seine allgemeine formale Darstellung integriert.

Die Arbeit von Claus Schulte-Henke bildet einen bemerkenswert innovativen wissenschaftlichen und zugleich höchst praxisrelevanten Beitrag zur Anwendbarkeit des Target Costing für komplexe Produkte und die Zuliefererintegration in der Automobilindustrie. Deshalb wünsche ich ihr eine weit reichende Rezeption seitens Forschung und Praxis.

Prof. Dr. Horst Glaser

Vorwort

Die vorliegende Arbeit entstand während meiner Tätigkeit als externer Doktorand am Lehrstuhl für Betriebswirtschaftslehre, insbesondere Industriebetriebslehre und Controlling, an der Universität des Saarlandes und wurde im Januar 2007 von der Rechts- und Wirtschaftswissenschaftlichen Fakultät als Dissertation angenommen.

Meinem verehrten Doktorvater, Herrn Professor Dr. Horst Glaser, bin ich zu tiefstem Dank verpflichtet für das freundliche Angebot zur Durchführung einer externen Promotion an seinem Lehrstuhl, für die Führung durch das von der Promotionsordnung geforderte Eignungsfeststellungsverfahren sowie für die wissenschaftliche Betreuung der Arbeit und die Übernahme des Erstgutachtens. Großen Dank schulde ich ebenfalls Herrn Professor Dr. Hartmut Bieg für die Übernahme des Zweitgutachtens.

Für die freundliche Aufnahme als externer Doktorand und die kooperative Atmosphäre am Lehrstuhl sowie für die stete Diskussionsbereitschaft möchte ich mich insbesondere bei Herrn Dr. Stefan Noltemeier, Herrn Privatdozent Dr. Marcus Schweizer und Frau Ulrike Schmidt bedanken. Ganz besonderer Dank gebührt Herrn Professor Dr. Lars Petersen, der mich in außergewöhnlicher und unermüdlicher Weise moralisch und fachlich bei der Fertigstellung dieser Arbeit unterstützt hat.

Besonderer Dank gebührt auch meinem Arbeitgeber, der proLean Consulting AG in Düsseldorf. Dem Unternehmensgründer und Vorstand, Herrn Dr. Bodo Wiegand, der mich seit meinem Eintritt in sein Unternehmen im Jahre 2000 stets gefördert hat, bin ich zu tiefstem Dank verpflichtet, und ohne seine großzügige Unterstützung meines Sabbaticals wäre diese Arbeit vermutlich niemals zustande gekommen. Großer Dank gebührt auch dem Aufsichtsrat der proLean Consulting AG, Herrn Dr. Jürgen Weiskam, der mich als Mentor während der vergangenen Jahre nicht zuletzt im Rahmen meines Promotionsvorhabens stets unterstützt hat. Danken möchte ich auch meinen Arbeitskolleginnen und -kollegen bei der proLean Consulting AG für die stetige Diskussionsbereitschaft bei der Erstellung dieser Arbeit. Ganz besonderer Dank gebührt Frau Sabine Plum, Frau Inken Steinhoff, Frau Martina Zündorf und Herrn Dipl.-Kfm. Tobias Loher für ihr unermüdliches und gründliches Korrekturlesen des Manuskripts. Meinen Interviewpartnern aus der Automobilindustrie danke ich ebenfalls für die anregenden Diskussionen.

Meiner Familie und meinen Freunden danke ich für die oftmalige Entspannung nach der intensiven Auseinandersetzung mit einer interessanten Thematik.

Claus Schulte-Henke

Inhaltsverzeichnis

Abbildungsverzeichnis

Tabellenverzeichnis

Abkürzungsverzeichnis

AG............Aktiengesellschaft

BMW.........Bayerische Motorenwerke

CB............Controllingberater (Zeitschrift)

EK............Einzelkosten

F&E..........Forschung und Entwicklung

FS............Fertigungsstufe

FTD..........Financial Times Deutschland (Zeitschrift)

GCC.........German Car Company

GE............Geldeinheit(en)

GK............Gemeinkosten

HBG.........Hauptbaugruppe

HBM.........Harvard Business Manager (Zeitschrift)

HBR..........Harvard Business Review (Zeitschrift)

HM............Harvard Manager (Zeitschrift)

i. e. S.......im engeren Sinn

is report....Zeitschrift für betriebswirtschaftliche Informationssysteme

i. w. S.......im weiteren Sinn

JoBL.........Journal of Business Logistics (Zeitschrift)

JoCA.........Journal of Cost Accounting (Zeitschrift)

JoCM.........Journal of Cost Management (Zeitschrift)

JoCR.........Journal of Consumer Research (Zeitschrift)

JoM..........Journal of Marketing (Zeitschrift)

JoSCM.....Journal of Supply Chain Management (Zeitschrift)

KA............Kundenanforderung

krp .... Kostenrechnungspraxis (Zeitschrift)

MCG .... Mercedes Car Group

NAFTA .... North America Free Trade Agreement

Nm .... Newtonmeter

OEM .... Original Equipment Manufacturer

PEP .... Produktentstehungsprozess

PC .... Personal Computer

PME .... Produktmengeneinheit(en)

PKW .... Personenkraftwagen

QFD .... Quality Function Deployment

SOP .... Start of Production

t .... Tonne

TÜV .... Technischer Überwachungsverein

VPME .... Vorproduktmengeneinheit(en)

VW .... Volkswagen

WiSt .... Wirtschaftswissenschaftliches Studium (Zeitschrift)

WISU .... Das Wirtschaftsstudium (Zeitschrift)

ZfAW .... Zeitschrift für Automobilwirtschaft

ZfB .... Zeitschrift für Betriebswirtschaft

ZfbF .... Zeitschrift für betriebswirtschaftliche Forschung

ZfCM .... Zeitschrift für Controlling und Management

zp .... Zeitschrift für Planung

Verzeichnis ausgewählter Symbole

AC .... Allowable Costs pro Produktmengeneinheit [GE/PME]

AK .... Absolute Kostenabweichung eines (Gesamt-)Produkts [GE/PME]

AK_i .... Absolute Kostenabweichung einer Komponente i [GE/PME] (i=1,...,m)

AP_i .... zuliefererbezogener Angebotspreis für ein Subsystem i [GE/PME] (i=1,...,m)

AP_k .... zuliefererbezogener Angebotspreis für ein Teil k [GE/PME] (k=1,...,m)

$\overline{AP}_k$ .... zuliefererbezogener Angebotspreis für ein System k [GE/PME] (k=1,...,m)

B .... Menge der physisch vorhandenen und virtuellen Bauteile k in einer Erzeugnisstruktur ($k \in B$)

$\widetilde{BBG}_{i,e,t}$ ...... partieller bedingter Bedeutungsgrad einer Baugruppe i (i=1,...,m) hinsichtlich der Grundgesamtheit der unmittelbar übergeordneten Baugruppe e (e=1,...m; $i \in K_e$) in Bezug auf die Kundenanforderung t (t=1,...,T)

$BBG_{i,j}$ .... bedingter Bedeutungsgrad einer Komponente i hinsichtlich einer Funktion j zur Aufspaltung von Funktionskosten (i=1,...,m; j=1,...,n)

$\widetilde{BBG}_{k,i,t}$ ...... partieller bedingter Bedeutungsgrad eines Erzeugniselements k (k=1,...,m) hinsichtlich der Grundgesamtheit der unmittelbar übergeordneten Baugruppe i (i=1,...,m; $k \in K_i$) in Bezug auf die Kundenanforderung t (t=1,...,T)

$\widehat{BBG}_{k,t}$ .... globaler bedingter Bedeutungsgrad eines Erzeugniselements k (k=1,...,m) hinsichtlich des Gesamtprodukts m_0 in Bezug auf die Kundenanforderung t (t=1,...,T)

BBG_s'' .... bedingter Bedeutungsgrad einer Kundenanforderung zweiter Ordnung s (s=1,...,S) im Hinblick auf die direkt hierarchisch übergeordnete Kundenanforderung erster Ordnung p mit $s \in MS_p$

BBG_t''' .... bedingter Bedeutungsgrad einer Kundenanforderung dritter Ordnung t (t=1,...,T) im Hinblick auf die direkt hierarchisch übergeordnete Kundenanforderung zweiter Ordnung s mit $t \in MT_s$

BG_i .... absoluter Bedeutungsgrad einer Komponente i (i=1,...,m)

$BG_{i,j}$ .... absoluter Bedeutungsgrad einer Komponente i hinsichtlich einer Funktion j (i=1,...,m; j=1,...,n)

BG_j .... absoluter Bedeutungsgrad einer Funktion j (j=1,...,n)

$\widetilde{BG}_k$ .... partieller absoluter Bedeutungsgrad eines Erzeugniselements k (k=1,...,m) in Bezug auf sämtliche Kundenanforderungen

$\widehat{BG}_k$ .... globaler absoluter Bedeutungsgrad eines Erzeugniselements k (k=1,...,m) (hinsichtlich des Gesamtprodukts m_0) in Bezug auf die Gesamtheit der Kundenanforderungen

$BG_{k,t}$ .... partieller absoluter Bedeutungsgrad einer Kundenanforderung dritter Ordnung t (t=1,...,T), zu deren Erfüllung das System k (k=1,...,m) beiträgt, im Hinblick auf dieses System k

$\widehat{BG}_{k,t}$ .... globaler absoluter Bedeutungsgrad eines Erzeugniselements k (k=1,...,m) (hinsichtlich des Gesamtprodukts m_0) in Bezug auf die Kundenanforderung t (t=1,...,T)

$\widetilde{BG}_{k,t}$ .... partieller absoluter Bedeutungsgrad eines Erzeugniselements k (k=1,...,m) in Bezug auf die Kundenanforderung t (t=1,...,T)

BG_p' .... absoluter Bedeutungsgrad einer Kundenanforderung erster Ordnung p (p=1,...,P) im Hinblick auf das Gesamtprodukt m_0 (mit $p \in MP_0$)

BG_t''' .... absoluter Bedeutungsgrad einer Kundenanforderung dritter Ordnung t (t=1,...,T) im Hinblick auf das Gesamtprodukt m_0 (mit $p \in MP_0$)

BP .... Menge der physisch vorhandenen Erzeugniselemente k (Bauteile und Systeme) in einer Erzeugnisstruktur ($k \in BP$)

e .... Baugruppe einer mehrstufigen Erzeugnisstruktur, welche direkt der Baugruppe i übergeordnet ist ($i \in K_e$)

G_{PME} .... Zielgewinn pro Produktmengeneinheit [GE/PME] auf Basis der Gesamtkapitalrendite

G_{ZPM} .... Zielgewinn über die Zielproduktionsmenge [GE/ZPM] auf Basis der Gesamtkapitalrendite

GS .... (Brutto-)Gewinnspanne pro Produktmengeneinheit [GE/PME] auf Basis der Umsatzrendite

h .... Anzahl der Hierarchiestufen einer mehrstufigen Erzeugnisstruktur in allgemeiner Form (h=0,1,...,e)

i .... Baugruppe einer mehrstufigen Erzeugnisstruktur, welche aus mehreren Erzeugniselementen k (k=1,...,m; $k \in K_i$) besteht

k .... Erzeugniselement einer mehrstufigen Erzeugnisstruktur, welches direkt in eine übergeordnete Baugruppe i (i=1,...,m; $k \in K_i$) einfließt

KA .... Gebundenes Gesamtkapital, welches für die Herstellung einer Zielproduktionsmenge ZPM erforderlich ist [GE]

K_i .... Menge sämtlicher physisch vorhandener und virtueller Erzeugniselemente k (k=1,…,m; $k \in K_i$) einer übergeordneten Baugruppe i (i=1,…,m)

m .... Anzahl der Elemente einer mehrstufigen Erzeugnisstruktur in allgemeiner Form ($m=m_1,\ldots,m_e$)

m_0 .... Element des Gesamtprodukts auf der obersten Hierarchiestufe der mehrstufigen Erzeugnisstruktur in allgemeiner Form

MP_0 .... Menge der Kundenanforderungen erster Ordnung p (p=1,…,P; $p \in MP_0$)

MS_p .... Menge der Kundenanforderungen zweiter Ordnung s (s=1,…,S; $s \in MS_p$)

MT_s .... Menge der Kundenanforderungen dritter Ordnung t (t=1,…,T; $t \in MT_s$)

p .... Kundenanforderung erster Ordnung (Primary Need)

P .... Anzahl der Kundenanforderungen erster Ordnung

P_i .... Menge sämtlicher physisch vorhandener Erzeugniselemente k (k=1,…,m; $k \in K_i$) einer übergeordneten Baugruppe i (i=1,…,m)

PSK .... Standardkosten pro Produktmengeneinheit [GE/PME]

PSK_g .... gesamte Standardkosten pro Produktmengeneinheit [GE/PME]

PSK_n .... nichtspaltbare Standardkosten pro Produktmengeneinheit [GE/PME]

PSK_s .... spaltbare Standardkosten pro Produktmengeneinheit [GE/PME]

PZK .... Zielkosten pro Produktmengeneinheit [GE/PME]

PZK_g .... gesamte Zielkosten pro Produktmengeneinheit [GE/PME]

PZK_n .... nichtspaltbare Zielkosten pro Produktmengeneinheit [GE/PME]

PZK_s .... spaltbare Zielkosten pro Produktmengeneinheit [GE/PME]

q .... Parameter zur Bemessung der tolerierbaren Kostenunterschreitungen und Kostenüberschreitungen

r_{KA} .... geforderte Gesamtkapitalrendite

r_u .... geforderte Umsatzrendite

RK .... Relative Kostenabweichung des (Gesamt-)Produkts

RK_i .... Relative Kostenabweichung einer Komponente i (i=1,…,m)

s .... Kundenanforderung zweiter Ordnung (Secondary Need)

S .... Anzahl der Kundenanforderungen zweiter Ordnung

SK_i .... Standardkosten einer Komponente i [GE/PME] (i=1,…,m)

$SK_{max,i}$ .... Obere Grenze der zulässigen Standardkosten einer Komponente i [GE/PME] (i=1,…,m)

$SK_{min,i}$ .... Untere Grenze der zulässigen Standardkosten einer Komponente i [GE/PME] (i=1,…,m)

SU .... Menge der Subsysteme i in einer Erzeugnisstruktur ($i \in SU$)

SY .... Menge der Systeme k in einer Erzeugnisstruktur ($k \in SU$)

t .... Kundenanforderungen dritter Ordnung (Tertiary Needs)

T .... Anzahl der Kundenanforderungen dritter Ordnung (Tertiary Needs)

TE .... Menge der physisch vorhandenen Teile k einer Erzeugnisstruktur ($k \in TE$)

x_i .... absoluter Bedeutungsgrad einer Komponente i (i=1,…,m)

y_i .... Anteilssatz der Standardkosten einer Komponente i an den spaltbaren Produktzielkosten [GE/PME] (i=1,…,m)

ZK_i .... Zielkosten einer Komponente i [GE/PME] (i=1,…,m)

$ZK_{i,j}$ .... Zielkosten einer Komponente i, die auf eine Funktion j entfallen [GE/PME] (i=1,…,m; j=1,…,n)

ZK_j .... Zielkosten einer Funktion j [GE/PME] (j=1,…,n)

ZK_k .... (gesamte) Zielkosten eines Erzeugniselements k [GE/PME] (k=1,…,m)

ZK_t .... Zielkosten einer Kundenanforderung dritter Ordnung t [GE/PME] (t=1,…,T)

ZKG_i .... gesamte Zielkosten einer Baugruppe i [GE/PME] (i=1,…,m)

ZKH_i .... (gesamte) herstellerbezogene Zielkosten eines Subsystems i [GE/VPME] (i=1,…,m)

ZKH_k .... herstellerbezogene Zielkosten eines Teils k [GE/VPME] (k=1,…,m)

$\overline{ZKH_k}$ .... verbindliche herstellerbezogene Zielkosten eines Systems k [GE/VPME] (k=1,…,m)

$\overline{ZKH_k}^*$ .... vorläufige herstellerbezogene Zielkosten eines Systems k [GE/VPME] (k=1,…,m)

ZKN_i .... nichtspaltbare Zielkosten einer Baugruppe i [GE/PME] (i=1,…,m)

$ZKNH_i$ .... nichtspaltbare herstellerbezogene Zielkosten eines Subsystems i [GE/VPME] (i=1,…,m)

$ZKNZ_i$ .... nichtspaltbare zuliefererbezogene Zielkosten eines Subsystems i [GE/VPME] (i=1,…,m)

ZKS_0 .... spaltbare Zielkosten des Gesamtprodukts m_0 [GE/PME]

ZKS_i .... spaltbare Zielkosten einer Baugruppe i [GE/PME] (i=1,…,m)

$ZKSH_i$ .... spaltbare herstellerbezogene Zielkosten eines Subsystems i [GE/VPME] (i=1,…,m)

$ZKSZ_i$ .... spaltbare zuliefererbezogene Zielkosten eines Subsystems i [GE/VPME] (i=1,…,m)

ZKZ_i .... (gesamte) zuliefererbezogene Zielkosten eines Subsystems i [GE/VPME] (i=1,…,m)

ZKZ_k .... zuliefererbezogene Zielkosten eines Teils k [GE/VPME] (k=1,…,m)

$\overline{ZKZ}_k$ .... verbindliche zuliefererbezogene Zielkosten eines Systems k [GE/VPME] (k=1,…,m)

$\overline{ZKZ}_k^*$ .... vorläufige zuliefererbezogene Zielkosten eines Systems k [GE/VPME] (k=1,…,m)

ZPM .... Zielproduktionsmenge eines Produkts über den gesamten Produktlebenszyklus [PME]

ZPZ_i .... zuliefererinterner Zielpreis für ein Subsystem i [GE/VPME] (i=1,…,m)

$\overline{ZPZ}_k$ .... verbindlicher zuliefererinterner Zielpreis für ein System k [GE/VPME] (k=1,…,m)

$\overline{ZPZ}_k^*$ .... vorläufiger zuliefererinterner Zielpreis für ein System k [GE/VPME] (k=1,…,m)

ZVP .... Zielverkaufspreis [GE/PME]

ZVP_k .... zuliefererbezogener Zielverkaufspreis für ein Teil k [GE/PME] ($k \in TE$)

α_k .... Schlüssel zur Festlegung des geschätzten relativen Anteils der herstellerbezogenen Entwicklungsleistung an der gesamthaft in einem System k enthaltenen Wertschöpfung ($k \in SY$)

α_i .... Schlüssel zur Festlegung des geschätzten relativen Anteils der herstellerbezogenen Entwicklungskosten an den gesamten nichtspaltbaren Zielkosten eines Subsystem i ($i \in SU$)

A. Gegenstand und Aufbau der Arbeit

Das Target Costing stellt ein strategisches Controllinginstrument dar und gehört zu den strategischen Kostenmanagementsystemen. Entgegen den traditionellen Kostenrechnungssystemen sieht das Target Costing die Ableitung von Kostenvorgaben entweder für ein bereits existierendes oder für ein noch zu entwickelndes Produkt nicht auf Basis bestehender Produktions- und Beschaffungsbedingungen, sondern aus den Gegebenheiten des Absatzmarktes zur Sicherstellung einer bestimmten Gewinnspanne vor.[1] Diese auch als produktbezogene Zielkosten bezeichneten Kostenvorgaben sind bereits zu Beginn der Entstehungsphase eines Produkts zu ermitteln und gemäß den Präferenzen potenzieller Kunden nach bestimmten Disaggregationsvorschriften auf die jeweiligen Produktfunktionen und die zur Funktionserfüllung beitragenden Produktkomponenten aufzuspalten. Das Ergebnis dieser Zielkostenspaltung stellen funktions- und komponentenbezogene Zielkosten dar, die als Vorgaben für die Konstrukteure im Rahmen der Produktentwicklung aufzufassen sind.[2]

Das Konzept des Target Costing wird überwiegend für Unternehmungen in wettbewerbsintensiven Märkten empfohlen, die infolge geringer Preisspielräume einem starken Kostendruck ausgesetzt sind.[3] Der Anwendungsschwerpunkt des Target Costing liegt neben der Elektronik- und Maschinenbau- insbesondere in der Automobilindustrie.[4] Obwohl die besondere Relevanz des Target Costing für die Automobilindustrie durch eine Vielzahl von Praxisbeispielen in der Literatur betont wird,[5] sehen einige Autoren die Übertragbarkeit des Konzepts auf komplexe Produkte als problematisch an und fordern vor allem für die Durchführung der Zielkostenspaltung am

---

1 Vgl. Glaser (2002), S. 222; Noltemeier (2003), S. 1.
2 Vgl. Kremin-Buch (2004), S. 105 ff.; Glaser (2002), S. 224 ff.
3 Vgl. Glaser (2002), S. 222.
4 Vgl. Arnaout (2001), S. 171 f.; Coenenberg (2003), S. 442; Cooper/Chew (1996), S. 88; Glaser (2002), S. 222; Kobayashi (1999), S. 717; Noltemeier (2003), S. 4; Sakurai (1989), S. 39.
5 Vgl. z. B. Arnaout/Hildebrandt/Werner, S. 306 ff.; Berens/Hoffjan/Koppin/Zahn (1995), S. 261 ff.; Cervellini/Lamla (1997), S. 474 ff.; Claassen/Hilbert (1994b), S. 145 ff.; Deisenhofer (1993), S. 93 ff.; Flik/Heering/Kampf/Staengel (1998), S. 289 ff.; Friedmann (1997); Fröhling (1994), S. 421 ff.; Gräfe (1998), S. 113 ff.; Heßen/Wesseler (1994), S. 148 ff.; Kammermayer (1992), S. 261 ff.; Löffler (1995), S. 133 ff.; Nitschke (1999), S. 147 ff.; Rösler (1996); Walker (1997), S. 442 ff.; Zahn (1995), S. 148 ff.

Beispiel eines Automobils konkrete Lösungsansätze.[6] Diese Forderung erscheint unmittelbar nachvollziehbar, da in der Literatur durchgängige Ansätze zur Zielkostenspaltung auf sämtliche Produktkomponenten unter Berücksichtigung der Kundenpräferenzen lediglich am Beispiel einfacher Produkte vorzufinden sind.[7] Ausgehend von der Annahme, dass der wesentliche Unterschied zwischen einfachen und komplexen Produkten in der Mehrstufigkeit der Erzeugnisstruktur eines komplexen Produkts besteht, erfolgt nachstehend die Entwicklung eines mehrstufigen Target-Costing-Konzepts zur Ableitung von kundenorientierten Zielkosten für sämtliche Komponenten eines komplexen Produkts am Beispiel eines Automobils.

Neben der Übertragung des Target Costing auf komplexe Produkte wird in der Literatur eine Beteiligung oder Berücksichtigung von Zulieferern beim Target Costing vielfach explizit gefordert.[8] In der Automobilindustrie wird der Integration von Zulieferern in das Target Costing eine besondere Bedeutung beigemessen, da infolge einer verstärkten Konzentration der Automobilhersteller auf das Kerngeschäft zunehmend Produktions- und Entwicklungsleistungen an externe Zulieferer vergeben werden.[9] Aus diesem Grunde erfolgt nachstehend die Zulieferer integrierende Ausgestaltung des Target Costing auf Basis des vorab zu entwickelnden mehrstufigen Konzepts.

Das folgende Kapitel B beginnt mit einer Darstellung der Grundlagen des Target Costing, die anhand eines durchgängig verwandten Anwendungsbeispiels veranschaulicht werden. Daran anschließend erfolgen eine allgemeine Charakterisierung der Automobilindustrie als branchenspezifischer Bezugsrahmen dieser Arbeit und eine Darstellung des Umsetzungsstands des Target Costing in der Unternehmungspraxis. Den Abschluss dieses Kapitels bilden die Darstellung und kritische Analyse

---

6 Vgl. Claassen/Hilbert (1994a), S. 35; Franz (1993), S. 129; Rösler (1995), S. 8.

7 Besonders hervorzuheben ist die Veröffentlichung von *Tanaka*, auf die in der deutschsprachigen Literatur häufig Bezug genommen wird. *Tanaka* erläutert für ein einfaches Produkt am Beispiel eines Tintenschreibers eine durchgängige Vorgehensweise zur Anwendung des Target Costing; vgl. Tanaka (1989), S. 49 ff.

8 Vgl. z. B. Seidenschwarz (1993), S. 236; Seidenschwarz/Niemand (1994), S. 262 f.; Kummer (2001), S. 83; Horváth (1998), S. 80; Tani/Kato (1994), S. 193; Franz (1993), S. 128; Gaiser/Kieninger (1993), S. 69; Kobayashi (1997), S. 204; Klingler (1993), S. 200; Möller (2002), S. 50; Tani/Horváth/Wangenheim (1996), S. 82; Buggert/Wielpütz (1995), S. 107; Hagenloch (1997), S. 325; Buck (1998), S. 171; Listl (1998), S. 226; Arnaout (2001), S. 242; stellvertretend für die englischsprachige Literatur vgl. Ellram (1999), S. 18.

9 Am Beispiel der BMW AG ist die Fertigungstiefe über alle Fahrzeugmodelle von 40 Prozent im Jahre 1985 bis 2004 auf 30 Prozent reduziert worden. Im gleichen Zeitraum ging die Entwicklungstiefe von 70 auf 45 Prozent zurück; vgl. Richter (2005), S. 6.

des Forschungsstands im Hinblick auf die Zuliefererintegration in das Target Costing in der Automobilindustrie sowie die Ableitung des Weiterentwicklungsbedarfs zur Motivation dieser Arbeit.

Die Entwicklung eines mehrstufigen Target-Costing-Konzepts für komplexe Produkte am Beispiel von Automobilen stellt den Inhalt von Kapitel C dar. Diese Konzeption erfolgt in formaler Darstellungsweise mit Hilfe von insgesamt sieben Verfahrensschritten. Gegenstand dieser Verfahrensschritte ist die Festlegung kundenorientierter Zielkosten für sämtliche Komponenten eines komplexen Produkts mit mehrstufiger Erzeugnisstruktur in Anlehnung an das Grundkonzept für einfache Produkte nach *Tanaka*.

Im Anschluss daran wird in Kapitel D ein Ansatz zur Integration von Automobilzulieferern in das Target Costing der Automobilhersteller auf Basis des zuvor entwickelten mehrstufigen Konzepts vorgestellt. Zur Gewährleistung der Praktikabilität dieses Integrationsansatzes werden zuerst unterschiedliche Integrationsformen von Zulieferern in das Target Costing und darauf aufbauend die Zulieferer der Automobilindustrie typisiert. Anschließend erfolgt die Zulieferer integrierende Ausgestaltung der Zielkostenspaltung für die gebildeten Zuliefererintegrationstypen in Anlehnung an das mehrstufige Target-Costing-Konzept ebenfalls in formaler Darstellungsweise. Den Abschluss dieses Kapitels bildet die Spezifizierung der Zielkostenerreichung im Rahmen des Zulieferer integrierenden Target Costing für die Automobilindustrie.

Die Ausführungen der Kapitel C und D werden ebenfalls anhand eines durchgängig verwandten Anwendungsbeispiels veranschaulicht. Eine zusammenfassende Darstellung der wichtigsten Untersuchungsergebnisse einschließlich einer kritischen Beurteilung findet sich abschließend in Kapitel E.

B. Grundlagen des Target Costing in der Automobilindustrie

I. Zwecksetzungen und Anwendungsbereiche des Target Costing

Das Target Costing, welches synonym auch als Target Cost Management oder Zielkostenmanagement bezeichnet wird, stellt ein strategisch ausgerichtetes Controllinginstrument dar und gehört zu den Kostenmanagementsystemen.[10] Target Costing kann als Ansatz zur erfolgszielorientierten Kostenplanung und -steuerung aufgefasst werden.[11] Während sich diese Kostenplanung und -steuerung für ein gegebenenfalls noch zu entwickelndes Produkt in den traditionellen Kostenrechungssystemen auf bestehende Produktions- und Beschaffungsbedingungen bezieht, impliziert die Anwendung des Target Costing als Kostenmanagementsystem die Ableitung von Kostenvorgaben aus den prognostizierten Absatzmarktbedingungen unter Berücksichtigung einer vorab festzulegenden Gewinnspanne. Infolge der Erfolgszielorientierung lautet die zentrale Fragestellung des Target Costing, wie viel ein Produkt kosten darf, anstelle der zentralen Fragestellung traditioneller Kostenrechnungssysteme, wie viel ein Produkt kosten wird.[12] Erfolgszielorientiert geplante Kosten, welche im Target Costing als Produktzielkosten bezeichnet werden, haben den Charakter von Kostenobergrenzen, deren Einhaltung als Ziel der Kostensteuerung zu verstehen ist.[13] Die Produktzielkosten lassen sich auch als die maximalen Kosten auffassen, die ein Produkt mit definierten Funktionen bzw. Eigenschaften und festgelegter Qualität unter Beachtung von Anforderungen des Absatzmarktes und von Konkurrenzprodukten verursachen darf.[14] Eine Überschreitung dieser Kosten führt dazu, dass das angestrebte Erfolgsziel nicht erreicht wird.[15] Nach Festlegung der Produktzielkosten sind diese anschließend auf die jeweiligen Produktfunktionen sowie die zu ihrer Erfüllung beitragenden Komponenten aufzuspalten und den verantwortlichen Kon-

---

10 Vgl. Glaser (2002), S. 222; Listl (1998), S. 98.
11 Vgl. Schweitzer/Küpper (2003), S. 697.
12 Vgl. Glaser (2002), S. 222; Noltemeier (2003), S. 3.
13 Vgl. Schweitzer/Küpper (2003), S. 697.
14 Vgl. Horváth/Niemand/Wolbold (1993), S. 11.
15 Vgl. Kremin-Buch (2004), S. 108.

strukteuren als jeweilige Kostenobergrenzen vorzugeben. In dieser Zielkostenspaltung sind bestimmte Disaggregationsvorschriften einzuhalten, die die Urteile potenzieller Kunden hinsichtlich der Bedeutung einzelner Produktfunktionen berücksichtigen. Die in Verbindung mit einem bestimmten (Grob-)Entwurf des Produkts entstehenden geschätzten bzw. effektiven Funktions- und Komponentenkosten sind anschließend den gespaltenen Zielkosten gegenüberzustellen und unter Beachtung festgelegter Toleranzgrenzen einer Kostenkontrolle zu unterziehen.[16] Zur Sicherstellung der Zielkostenerreichung sind in der Regel Maßnahmen zur Kostenreduzierung einzuleiten. Diese Maßnahmen sind zumeist langfristig ausgerichtet und erfordern im Allgemeinen die Veränderung bestehender Produktionssysteme und -verfahren sowie Beschaffungspolitiken.[17]

Dem Konzept des Target Costing zufolge sind die Produktzielkosten bereits zu Beginn der Entstehungsphase des betreffenden Produkts zu ermitteln und die gespaltenen Funktions- und Komponentenkosten den verantwortlichen Konstrukteuren als jeweilige Kostenobergrenzen vorzugeben. Die Entstehungsphase stellt die erste Phase des Produktlebenszyklus dar, in der bereits ungefähr 80 Prozent der über den gesamten Lebenszyklus entstehenden Kosten determiniert werden.[18] Diese Entstehungsphase beinhaltet im Einzelnen die produktbezogene Forschung, die Entwicklung bzw. Konstruktion sowie Produktions- und Absatzvorbereitungen.[19] Demzufolge kann in der Regel sichergestellt werden, dass zum Zeitpunkt der Zielkostenvorgabe die wesentlichen Gestaltungsspielräume hinsichtlich der Kostenbeeinflussung bzw. der Zielkostenerreichung noch vorhanden sind. Diese Zielkostenvorgaben beinhalten sämtliche Kosten, die für produktbezogene Aktivitäten innerhalb des gesamten Produktlebenszyklus entstehen.[20] Das Target Costing impliziert somit eine langfristige Betrachtungsweise, indem als Planungshorizont das

---

16 Vgl. Glaser (2002), S. 235 ff.; Noltemeier (2003), S. 3 f.; Seidenschwarz (1993), S. 180 ff.; Tanaka (1989), S. 66 ff.

17 Vgl. Glaser (2002), S. 222; Noltemeier (2003), S. 3.

18 Vgl. z. B. Coenenberg (2003), S. 441; Cooper/Chew (1996), S. 89; Glaser (2002), S. 222; Kobayashi (1999), S. 717; Kremin-Buch (2004), S. 107; Noltemeier (2003), S. 4.

19 Vgl. Glaser (2002), S. 222. Zur Beschreibung der Phasen eines Produktlebenszyklus vgl. z. B. Back-Hock (1992), S. 706.

20 Vgl. Kremin-Buch (2004), S. 108; Noltemeier (2003), S. 5; Tanaka (1989), S. 51. Riezler kritisiert im Hinblick auf die in den Zielvorgaben enthaltenen Kosten, dass die Nachlaufkosten zumeist nicht explizit berücksichtigt werden; vgl. Riezler (1996), S. 92.

Ende des Produktlebenszyklus festgelegt wird.[21] Aufgrund dieser langfristigen Sichtweise des Target Costing erscheint die Bezeichnung als strategisches Controllinginstrument bzw. als strategisches Kostenmanagementsystem gerechtfertigt.

Die Entstehung des ursprünglich aus Japan stammenden Target-Costing-Konzepts lässt sich unter der japanischen Originalbezeichnung „Genka Kikaku" bis in das Jahr 1963 zurückverfolgen.[22] Die Entwicklung eines ersten konzeptionellen Entwurfs des Target Costing und dessen Anwendung erfolgten durch den japanischen Automobilhersteller Toyota.[23] Als zweiter japanischer Automobilhersteller führte Nissan das Target Costing im Jahre 1966 ein.[24] Seit Anfang der 1970er Jahre wurde dieses Konzept zunehmend von weiteren japanischen Unternehmungen übernommen.[25] Die Grundidee des Target Costing ist jedoch nicht originär japanisch. Bereits *Henry Ford* trifft in seinen Beschreibungen über die Entwicklung des legendären T-Modells Aussagen, die Parallelen zu dieser Grundidee des Target Costing beinhalten: „We have never considered any costs as fixed. Therefore we first reduce the price to the point where we believe more sales will result. Then we go ahead and try to make the price. We do not bother about costs. The new price forces the costs down."[26] Auch bei der Entwicklung des VW Käfers in den 1930er Jahren wurde die Grundidee des Target Costing bereits angewendet. Zur Realisierung der damaligen Preisvorgabe von 990 Reichsmark wurden alternative technische Produktkonzepte für einzelne Komponenten untersucht. So wurden in das betreffende Automobilmodell beispielsweise anstelle der ursprünglich geplanten hydraulischen Bremsen letztlich Seilzugbremsen eingebaut, um dadurch eine Kosteneinsparung von 25 Reichsmark zu realisieren.[27]

Erstmalig in einer wissenschaftlichen Veröffentlichung wurde das Target Costing Ende der 1970er Jahre in der japanischen Literatur erwähnt.[28] Zunächst legten nur wenige japanische Autoren Wert auf eine detaillierte Beschreibung des Target-

---

21 Vgl. Ansari/Bell (1997), S. 15; Meyer (2003), S. 126.
22 Vgl. Arnaout (2001), S. 19; Rupp/Sauter (2002), S. 267.
23 Vgl. Tanaka (1993), S. 4; Arnaout (2001), S. 19.
24 Vgl. Tani/Kato (1994), S. 192.
25 Vgl. Arnaout (2001), S. 19.
26 Ford (1923), S. 146.
27 Vgl. Franz (1993), S. 124.
28 Vgl. Tanaka (1979), S. 37 ff.; Tani/Horváth/Wangenheim (1996), S. 80.

Costing-Konzepts, so dass insbesondere die Veröffentlichung von *Tanaka*, der die Vorgehensweise im Target Costing am Beispiel eines Tintenschreibers ausführlich beschreibt, positiv hervorzuheben ist.[29] Neben *Tanaka* machten vor allem *Sakurai* und *Monden* Ende der 1980er Jahre das Target Costing der wissenschaftlichen Diskussion in Amerika und Europa zugänglich.[30] In der deutschsprachigen Literatur wurde das Target Costing erstmalig von *Horváth, Lauk* und *Seidenschwarz* Anfang der 1990er Jahre aufgegriffen.[31] Der erste in der Literatur bekannte Praxiseinsatz des Target Costing in Deutschland geht auf die Mercedes Benz AG zurück, die das Konzept im Geschäftsfeld PKW bereits Mitte der 1980er Jahre umgesetzt hat.[32]

Der praktische Anwendungsschwerpunkt des Target Costing in Deutschland liegt bei Automobilherstellern[33] und deren Zulieferern[34]. Der Bekanntheitsgrad des Target Costing in Deutschland liegt einer empirischen Studie von *Franz/Kajüter* zufolge in der Automobilindustrie bereits bei 100 Prozent.[35] Als weitere industrielle Einsatzgebiete des Target Costing sind die Elektronikindustrie[36], die Halbleiterindustrie[37], die Softwareindustrie[38] sowie der Maschinen- und Anlagenbau[39] zu nennen. Obwohl das Target Costing ursprünglich für die Stückgüterfertigung entwickelt wurde, kommt es in jüngster Zeit neben den Industriebetrieben zunehmend auch im Dienstleistungsbereich zum Einsatz. Als Beispiele hierfür können Krankenhäuser[40], Kreditinstitute[41],

---

29 Vgl. Arnaout (2001), S. 19; Tanaka (1989), S. 49ff.
30 Vgl. Monden/Sakurai (1989); Sakurai (1989), S. 39 ff.
31 Vgl. Horváth (1990), S. 184 ff.; Lauk (1990), S. 75 ff.; Seidenschwarz (1991a), S. 198 ff.; Seidenschwarz (1991b), S. 191 ff.; Seidenschwarz (1993).
32 Vgl. Walker (1997), S. 454.
33 Vgl. z. B. Arnaout/Hildebrandt/Werner, S. 306 ff. [Daimler-Benz AG]; Cervellini/Lamla (1997), S. 474 ff. [Porsche AG]; Claassen/Hilbert (1994b), S. 145 ff. [Volkswagen AG]; Deisenhofer (1993), S. 93 ff. [Audi AG]; Gräfe (1998), S. 113 ff. [BMW AG]; Heßen/Wesseler (1994), S. 148 ff. [Audi AG]; Kammermayer (1992), S. 261 ff. [Audi AG]; Löffler (1995), S. 137 ff. [Adam Opel AG]; Nitschke (1999), S. 147 ff. [BMW AG]; Rösler (1996), [BMW AG]; Walker (1997), S. 454 ff. [Mercedes-Benz AG].
34 Vgl. z. B. Flik/Heering/Kampf/Staengel (1998), S. 289 ff. [Behr GmbH & Co.KG]; Wullenkord/Reichmann (1995), S. 374 ff.; Zahn (1995), S. 148 ff. [Robert Bosch GmbH].
35 Vgl. Franz/Kajüter (1997), S. 490.
36 Vgl. Meyer (2003), S. 155.
37 Vgl. Seidenschwarz (1993), S. 6.
38 Vgl. Rau (1997), S. 219 ff.
39 Vgl. Arnaout (2001), S. 171; Jakob (1993), S. 155 ff.; Niemand (1993), S. 327 ff.
40 Vgl. Keun (2001), S. 197.
41 Vgl. Hoffjan (1994), S. 594 ff.; Zimmermann/Grundmann (2001), S. 79 ff.; Teetzmann (2002).

Stromversorger[42] und Fernsehproduktionen[43] genannt werden. Obwohl die Zwecksetzungen des Target Costing auf viele Branchen zutreffen, wird der Einsatz grundsätzlich für Unternehmungen auf wettbewerbsintensiven Absatzmärkten empfohlen, die in der Regel über geringe Preisspielräume verfügen und einem starken Kostendruck unterliegen.[44]

Gegenstand der folgenden Abschnitte ist die Erläuterung und kritische Analyse der Verfahrensschritte des Target Costing. In der Literatur ist eine Vielzahl unterschiedlicher Vorschläge hinsichtlich der Einteilung des Target-Costing-Ablaufs vorzufinden. Je nach Autor werden mindestens zwei bis maximal vierzehn Verfahrensschritte empfohlen.[45] Im weiteren Verlauf dieser Arbeit sollen mit der Festlegung von Produktzielkosten (erster Verfahrensschritt), der Zielkostenspaltung (zweiter Verfahrensschritt) sowie der Zielkostenerreichung (dritter Verfahrensschritt) für das Grundkonzept des Target Costing insgesamt drei Verfahrensschritte unterstellt werden. Eine ähnliche Unterteilung der Verfahrensschritte des Target Costing schlagen beispielsweise *Glaser*[46], *Noltemeier*[47], *Rösler*[48] und *Seidenschwarz*[49] vor.

II. Verfahrensschritte im Grundkonzept des Target Costing

1. Festlegung von Produktzielkosten

a) Bestehende methodische Basis

i) Methoden zur Festlegung der Produktzielkosten

Die Zielkosten für ein Gesamtprodukt lassen sich nach herrschender Meinung mit Hilfe unterschiedlicher Methoden ermitteln. Man unterscheidet im Einzelnen die Zielkostenfestlegung über den Absatzmarkt („Market into Company"), über den Absatzmarkt und zugleich unternehmungsintern („Into and out of Company"), über den Vergleich mit Wettbewerbern („Out of Competitor"), aus der Unternehmung

---

42 Vgl. Hoitsch/Goes/Burkhard (2001), S. 145 ff.
43 Vgl. Hock (2003), S. 68 ff.; Usadel (2002).
44 Vgl. Glaser (2002), S. 222; Joos-Sachse (2004), S. 234; Kremin-Buch (2004), S. 105; Noltemeier (2003), S. 4.
45 Vgl. Arnaout (2001), S. 41.
46 Vgl. Glaser (2002), S. 223 ff.
47 Vgl. Noltemeier (2003), S. 7 ff.
48 Vgl. Rösler (1996), S. 158 ff.
49 Vgl. Seidenschwarz (1993), S. 115 ff.

heraus („Out of Company") oder über die Prognose derzeit erreichbarer Produktkosten („Out of Standard Costs").[50]

Zur konsequenten Umsetzung der eigentlichen Zielsetzungen des Target Costing im Sinne einer Orientierung am Absatzmarkt mit spezieller Ausrichtung an den Kundenanforderungen wird insbesondere die auch als Reinform des Target Costing bezeichnete Methode des „Market into Company" empfohlen.[51] Die Methode des „Into and out of Company" berücksichtigt als Kombination aus „Market into Company" und „Out of Company" neben den Marktgegebenheiten auch die unternehmungsinternen Kosten, die bei Herstellung des Produkts unter Verwendung der vorhandenen Fertigungstechnologien entstehen würden. Durch diese externe und interne Sichtweise bereits zum Zeitpunkt der Produktplanung kann die Prognosesicherheit bezüglich der Erreichbarkeit von Zielkostenvorgaben erhöht werden.[52] Die Methode des „Into and out of Company" kann somit als alternative Verfahrensweise bzw. Variante des „Market into Company" verstanden werden[53] und stellt eine Art Kompromiss zwischen den (externen) Anforderungen des Marktes und den (internen) Möglichkeiten der Unternehmung dar.

Die Methode des „Out of Competitor" sieht die Ableitung der Zielkosten über den Vergleich mit den unmittelbaren Wettbewerbern am Absatzmarkt vor. Erweitert man das Verständnis der Marktorientierung mit spezieller Ausrichtung an den Kundenanforderungen um den Aspekt des an den Wettbewerbern orientierten Marktbezugs, so wird auch durch diese Vorgehensweise ein indirekter Marktbezug sichergestellt. Der Ansatz erscheint jedoch vor dem Hintergrund der ex-post-Betrachtung vor allem für Neuproduktentwicklungen wenig geeignet[54], und die Auswahl der relevanten Konkur-

---

50 Vgl. z. B. Noltemeier (2003), S. 8 ff.; Arnaout (2001), S. 47 ff.; Seidenschwarz (1993), S. 115 ff.; Gräfe (1998), S. 52 f. Burger unterscheidet sinngemäß auch diese 5 Verfahren, bezeichnet jedoch den Ansatz „Out of Standard Costs" synonym als „Out of Optimal Costs", vgl. Burger (1999), S. 77 f. Des Weiteren hat *Becker* ein weiteres Verfahren „Out of Value Chains" entwickelt, durch welches auf der Basis von *Porters* Begriff der Wertkette eine übergreifende und querschnittsbildende Betrachtung sämtlicher Bezugsobjekte mit der Intention einer frühzeitigen und integrativen Beeinflussung der Kosten erreicht werden soll; vgl. Becker (1993), S. 279 ff.; Porter (1985), S. 36 ff.; Kreikebaum (1989), S. 291 ff.

51 Vgl. Glaser (2002), S. 223; Rösler (1997), S. 278; Seidenschwarz (1993), S. 116 ff.

52 Vgl. Freidank/Zaeh (1997), S. 238.

53 Vgl. Glaser (2002), S. 223.

54 Vgl. Freidank/Zaeh (1997), S. 239.

renten sowie die Bestimmung deren (mutmaßlicher) Kostenstruktur sind als problematisch anzusehen.[55]

Bei der Methode des „Out of Company" sind die Verhältnisse in der Unternehmung selbst von vorrangiger Bedeutung. Ausgangspunkt für die Zielkostenfestlegung ist nicht der Absatzmarkt, sondern sind die intern bestehenden Fähigkeiten, der vorhandene Erfahrungsschatz sowie die Produktionsmöglichkeiten im Hinblick auf die spätere Realisierung des Erzeugnisses, auf deren Basis die Zielvorgaben abgeleitet werden. Die in diesem Falle „bottom-up" ermittelten Produktzielkosten müssen jedoch ständig auf ihre Durchsetzbarkeit am Markt überprüft werden.[56] Obwohl die Methode des „Out of Company" im Widerspruch zu der geforderten Marktorientierung des Target Costing steht, kann sie im Falle eines nicht oder nur mit nicht vertretbarem Aufwand zu ermittelnden Marktpreises eingesetzt werden, da dessen Kenntnis für die Zielkostenableitung mit Hilfe dieser Methode nicht erforderlich ist.[57]

Die von *Seidenschwarz* entwickelte Methode „Out of Standard Costs" lässt sich gegenüber dem „Out of Company" nicht zweckmäßig abgrenzen.[58] Die Ableitung der Zielkosten basiert – wie bei der Methode des „Out of Company" – auf dem vorhandenen Wissen und den anwendbaren Techniken bzw. Technologien in der Unternehmung. Die Methode des „Out of Standard Costs" findet primär in indirekten Unternehmungsbereichen Anwendung, besitzt jedoch untergeordnete Bedeutung, weil weder der Marktbezug noch die universelle Einsetzbarkeit des Verfahrens gewährleistet sind.[59] Ein Überblick über die unterschiedlichen Sichtweisen der erläuterten Methoden anhand verschiedener Differenzierungsmerkmale findet sich in Tabelle 1.

---

55 Vgl. Joos-Sachse (2004), S. 237 f. Die Kosten des Wettbewerbers werden häufig aus bekannt gewordenen Angebotspreisen bei Konkurrenten unter Annahme einer Rendite oder aus in Jahresabschlüssen veröffentlichten Kostenstrukturen abgeleitet. Jedoch finden bei dieser Vorgehensweise produktspezifische Kostenstrukturen keine Berücksichtigung; vgl. Joos-Sachse (2004), S. 238.
56 Vgl. Freidank/Zaeh (1997), S. 238.
57 Vgl. Joos-Sachse (2004), S. 237.
58 Vgl. Joos-Sachse (2004), S. 236 f.
59 Vgl. Freidank/Zaeh (1997), S. 239.

Methoden der Zielkostenfestlegung		Differenzierungsmerkmale in der Sichtweise des Target Costing		
		(Externe) Marktorientierung		(Interne) Orientierung an den Möglichkeiten der Unternehmung
		Kunden-orientierung	Wettbewerbs-orientierung	
„Market into Company“	Reinform des „Market into Company“	X		
	Alternative Variante des „Market into Company“ („Into and out of Company“)	X		X
„Out of Competitor“			X	
„Out of Company“/ "Out of Standard Costs“				X

Tabelle 1: Differenzierungsmerkmale der Methoden zur Zielkostenfestlegung.

Zusammenfassend lässt sich feststellen, dass lediglich die beiden Varianten des „Market into Company“ einen prognostizierten Marktpreis unter Berücksichtigung der Kundenanforderungen bei der Kostenvorgabe berücksichtigen und dadurch als einzige Methoden einen kundenorientierten Marktbezug gewährleisten.[60] Für das Target Costing in der Automobilindustrie wird speziell dieser kundenorientierte Marktbezug mehrfach explizit gefordert.[61] Aus diesem Grunde beschränken sich die weiteren Erläuterungen auf die beiden Varianten des „Market into Company“. Beiden Varianten liegt ein prognostizierter Marktpreis zugrunde, auf dessen Basis durch Abzug einer zu erwirtschaftenden Gewinnspanne die vom Markt erlaubten Kosten zu bestimmen sind. Die Festlegung der Gewinnspanne nach Art und Höhe kann somit für beide Varianten als entscheidender Kostenbestimmungsfaktor bei der Zielkostenfestlegung angesehen werden und ist Gegenstand des nachfolgenden Abschnitts.

60 Vgl. Noltemeier (2003), S. 8.
61 Vgl. z. B. Rösler (1996), S. 28; Deisenhofer (1993), S. 98 ff.; Claassen/Hilbert (1994b), S. 146.

ii) Methoden zur Festlegung der Gewinnspanne

Bei der Festlegung der Gewinnspanne im Target Costing zur Bestimmung der Produktzielkosten lautet die zentrale Fragestellung, welche betriebswirtschaftliche Kennzahl dafür herangezogen werden soll.[62] In der Target-Costing-Literatur werden die Umsatzrentabilität und die (Gesamt-)Kapitalrentabilität als mögliche Kennzahlen zur Festlegung der Gewinnspanne vorgeschlagen.[63] Die überwiegende Zahl der Veröffentlichungen zum Target Costing geht von einem statischen Ansatz aus, in dem nach der Reinform des „Market into Company" die auf eine Produktmengeneinheit bezogenen Zielkosten durch den Abzug eines aus der Umsatzrendite abgeleiteten Zielgewinns vom prognostizierten Markt- bzw. Zielverkaufspreis ermittelt werden.[64] Ein solcher Ansatz lässt sich als statisch bezeichnen, da die Zielpreise und Zielkosten auf Basis einperiodiger Rechnungen mit konstantem Niveau während des Produktlebenszyklus charakterisiert sind.[65] Die Vorteile bei der Verwendung der Umsatzrendite als Kennzahl zur Festlegung der Gewinnspanne im Target Costing liegen in der relativ einfachen Handhabbarkeit sowie der unmittelbaren Verständlichkeit und Nachvollziehbarkeit durch die Mitarbeiter des Target Costing-Teams, die im weiteren Projektverlauf an den daraus abgeleiteten Kostenzielen gemessen werden.[66] Zudem lässt sich die Ziel-Umsatzrentabilität auch bei variantenreichem Produktionsprogramm für jedes Produkt exakt beziffern.[67] Demgegenüber ist als wesentlicher Nachteil bei Verwendung der Umsatzrendite im Target Costing der fehlende direkte Bezug zu dem übergeordneten Unternehmungsziel zu nennen, welches bei den meisten Unternehmungen die Maximierung der Kapitalrentabilität darstellt: „Die Kapitalrentabilität wird oft als das wesentliche Ziel der Unternehmung

---

62 Vgl. stellvertretend Freidank/Zaeh (1997), S. 240.

63 Vgl. Freidank/Zaeh (1997), S. 240; Gaiser/Kieninger (1993), S. 64; Franz (1993), S. 127; Arnaout (2001), S. 45; Seidenschwarz (1993), S. 122; Kaplan (1982), S. 231; Rösler (1996), S. 29, Noltemeier (2003), S. 9 f.; Joos-Sachse (2004), S. 239 f.

64 Vgl. Franz (1997), S. 278; Noltemeier (2003), S. 8 ff.; Glaser (2002), S. 223 ff.; Seidenschwarz (1993), S. 122; Kremin-Buch (2004), S. 107.

65 Vgl. Mussnig (2001), S. 87; Coenenberg/Fischer/Schmitz (1994), S. 24; Ewert/Wagenhofer (1997), S. 316.

66 Vgl. Seidenschwarz (1993), S. 122; Joos-Sachse (2004), S. 239.

67 Vgl. Buggert/Wielpütz (1995), S. 79; Sakurai (1990), S. 53 ff.; Franz (1993), S. 127 f.; Gaiser/Kieninger (1993), S. 64.

angesehen."[68] Die Maximierung der Umsatzrentabilität wird üblicherweise erst an zweiter Stelle in der Bedeutung der Zielgrößen einer Unternehmung genannt.[69]

Zur Sicherstellung des geforderten direkten Bezugs des Target Costing zu den übergeordneten (Rentabilitäts-)Zielen einer Unternehmung wird in der Literatur vereinzelt auch die Verwendung der (Gesamt-)Kapitalrendite als Kennzahl zur Ermittlung der Gewinnspanne gefordert.[70] Eine konkrete Vorgehensweise zur Ermittlung der Gewinnspanne auf Basis der (Gesamt-)Kapitalrendite liefern die meisten Autoren jedoch nicht. Die einzige deutschsprachige Veröffentlichung, in der die Zielkostenfestlegung auf Basis der (Gesamt-)Kapitalrendite anhand eines kurzen Fallbeispiels beschrieben wird, stammt von *Joos-Sachse*.[71] Als Ausgangsdaten dieses fiktiven Fallbeispiels bestimmt *Joos-Sachse* einerseits eine Zielproduktionsmenge ZPM (in Produktmengeneinheiten PME) für das betrachtete Produkt sowie ein Gesamtkapital KA (in Geldeinheiten GE), welches zur Herstellung dieser Zielproduktionsmenge (voraussichtlich) gebunden sein wird. Andererseits legt er eine (dimensionslose) Gesamtkapitalrendite r_{KA} zugrunde, welche von der Unternehmung für das betreffende Produkt gefordert wird. Durch Multiplikation des Gesamtkapitals KA mit der geforderten Gesamtkapitalrendite r_{KA} ermittelt *Joos-Sachse* in einem ersten Schritt den für die gesamte Zielproduktionsmenge geforderten (absoluten) Zielgewinn G_{ZPM} (in GE) mittels

$$(1) \qquad G_{ZPM} = KA \cdot r_{KA}\,.$$

In einem zweiten Schritt berechnet *Joos-Sachse* den (anteiligen) Zielgewinn G_{PME} (in GE/PME) für eine Produktmengeneinheit durch Division des geforderten Zielgewinns G_{ZPM} durch die Zielproduktionsmenge ZPM mittels

$$(2) \qquad G_{PME} = \frac{G_{ZPM}}{ZPM}\,.$$

---

68 Hahn (1985), S. 99.
69 Vgl. Seidenschwarz (1993), S. 122.
70 Vgl. z. B. Ewert/Wagenhofer (1997), S. 308 f.; Franz (1993), S. 127; Joos-Sachse (2004), S. 239; Sakurai (1989), S. 42 f.
71 Vgl. im Folgenden Joos-Sachse (2004), S. 239 f.

Der Vorteil der Verwendung der (Gesamt-)Kapitalrendite als Kennzahl zur Ermittlung der Gewinnspanne im Target Costing liegt in der unmittelbaren Berücksichtigung der von den Kapitalgebern geforderten Verzinsung des investierten Kapitals. Demgegenüber steht als wesentlicher Nachteil die Problematik, dass das für die Herstellung einer bestimmten Produktart gebundene Kapital explizit ermittelt werden muss. Für die Ermittlung dieses Kapitals müssen in der Regel Schlüsselungen vorgenommen werden, die oft nicht verursachungsgerecht und zudem zeitaufwändig sind.[72] Einige Autoren halten die Verwendung der (Gesamt-)Kapitalrendite und den damit verbundenen Aufwand zur Ermittlung des produkt(art)spezifisch gebundenen Kapitals in Unternehmungen mit variantenreichem Produktionsprogramm aus wirtschaftlichen Gesichtspunkten sogar für unvertretbar.[73] *Buggert/Wielpütz* empfehlen die Verwendung der Umsatzrendite lediglich für Unternehmungen mit einer hohen Diversifikation. Die Begründung dafür sehen die Autoren in der nicht praktikablen Bestimmung des Zielgewinns auf Basis der Kapitalrendite in diesen Unternehmungen.[74] *Sakurai* lehnt stellvertretend für die japanischen Autoren die Verwendung der (Gesamt-) Kapitalrendite im Rahmen des Target Costing außerdem mit der Begründung ab, dass dadurch unternehmungsintern eine negative Einstellung gegenüber den hohen zukünftigen Kapitalbeiträgen bei Investitionen in neue Technologien entstehen würde. Zudem kann seiner Ansicht nach eine Orientierung an der (Gesamt-)Kapitalrentabilität mittelfristig zu einer Senkung des Anlagevermögens führen, welche zwar kurzfristig die Dividende der Anteilseigner erhöhe, aber langfristig die Wachstumschancen der Unternehmung beeinträchtige und daher grundsätzlich unvorteilhaft sei.[75] Des Weiteren befürchtet *Sakurai* Akzeptanzprobleme bei der Zielkostenfestlegung auf Basis der (Gesamt-)Kapitalrendite in der anwendenden Unternehmung, da die Herleitung für die Mitarbeiter des Target-Costing-Teams nicht unmittelbar nachvollziehbar erscheint.[76]

Entgegen der herrschenden Meinung sieht *Franz* in westlichen Unternehmungen die (Gesamt-)Kapitalrentabilität zur Ermittlung der Gewinnspanne im Target Costing

---

72 Vgl. z. B. Joos-Sachse (2004), S. 239.
73 Vgl. Franz (1993), S. 127; Freidank/Zaeh (1997), S. 240.
74 Vgl. Buggert/Wielpütz (1995), S. 79.
75 Vgl. Sakurai (1990), S. 53 ff.
76 Vgl. Sakurai (1989), S. 43.

bevorzugt im praktischen Einsatz.[77] Es existieren jedoch bislang für westliche Unternehmungen keinerlei empirische Untersuchungsergebnisse, die diese Aussage bestätigen könnten. Im Rahmen veröffentlichter Praxisfallbeispiele über die Anwendung des Target Costing in der deutschen Automobilindustrie bei der Volkswagen AG, der Audi AG, der BMW AG und der ehemaligen Daimler-Benz AG erfolgt die Ableitung des Zielgewinns bei allen genannten Automobilherstellern mit Hilfe der Umsatzrentabilität.[78] Die Aussage von *Franz* kann somit zumindest für die deutschen Automobilhersteller widerlegt werden.

Aufgrund der beschriebenen Problematik bei der Ableitung des Zielgewinns für das Target Costing auf Basis der (Gesamt-)Kapitalrentabilität und der Nichtberücksichtigung in der betrieblichen Praxis der deutschen Automobilindustrie soll im weiteren Verlauf dieser Arbeit grundsätzlich die Verwendung der Umsatzrentabilität unterstellt werden. Zudem handelt es sich hierbei nicht um eine spezifische Problematik für komplexe Produkte, sondern um ein bestehendes Grundproblem des Target Costing, dessen Lösung über den Rahmen dieser Arbeit hinausgehen würde.

b) Festlegung kundenorientierter Produktzielkosten auf Basis der Umsatzrendite

Die Zielkostenfestlegung auf Basis der Umsatzrendite sieht sowohl in der Reinform des „Market into Company“ als auch in der alternativen Variante des „Into and out of Company“ zunächst die Ermittlung der „Allowable Costs“ (AC) vor. Unter den Allowable Costs bzw. den „vom Markt erlaubten Kosten“ sind die auf Basis definierter Kundenanforderungen und der damit einhergehend geforderten Produktqualität

---

77 Vgl. Franz (1993), S. 127. Im Gegensatz dazu sehen andere Autoren eine geringe Relevanz der Verwendung der (Gesamt-)Kapitalrentabilität für die betriebliche Praxis; vgl. z. B. Ewert/ Wagenhofer (1997), S. 308 ff.; Joos-Sachse (2004), S. 239; Sakurai (1989), S. 43; Noltemeier (2003), S. 10.

78 Vgl. Kammermayer (1993), S. 261 ff. [Audi AG]; Deisenhofer (1993), S. 96 [Audi AG]; Claassen/Hilbert (1993), S. 158 f. [Volkswagen AG]; Claassen/Hilbert (1994), S. 38 [Volkswagen AG]; Arnaout/Hildebrandt/Werner (1998), S. 306 [Daimler-Benz AG]; Rösler (1996), S. 28 f., 159 [BMW AG].

höchstens zulässigen Kosten zu verstehen, die ohne Berücksichtigung vorhandener Technologie- und Verfahrensstandards in der Unternehmung entstehen dürfen.[79]

Die Allowable Costs AC beziehen sich gemäß dem Grundkonzept des Target Costing stets auf eine Einheit der betrachteten Produktart (in GE/PME) und lassen sich als Differenz aus dem Zielverkaufspreis ZVP (in GE/PME) und der oben erläuterten Gewinnspanne GS (in GE/PME) mittels

(3) $$AC = ZVP - GS$$

berechnen.[80] Die Ermittlung des zugrunde liegenden Zielverkaufspreises ZVP erfolgt in der Reinform des Target Costing mit Hilfe von geeigneten Instrumenten der Marktforschung, indem die Anforderungen potenzieller Kunden an das zu entwickelnde Produkt analysiert sowie der dafür erzielbare Preis auf Basis einer geplanten Zielabsatzmenge prognostiziert werden.[81] Zur Ermittlung dieser Kundenanforderungen wird in der Literatur insbesondere die Conjoint-Analyse vorgeschlagen, mit deren Hilfe sich Produkte hinsichtlich ihrer Qualitätsanforderungen in Form von Produkt- bzw. Kaufmerkmalen differenziert beschreiben lassen.[82] Zur Prognose des Zielverkaufspreises werden vielfach Kunden- und Expertenbefragungen, Preisexperimente, die Beobachtung der Marktdaten und vor allem das Conjoint Measurement als unterstützende Instrumente genannt.[83]

Der Zielverkaufspreis bleibt über die gesamte Lebensdauer eines Produkts selten konstant,[84] weshalb dieser als bestimmende Größe zur Ermittlung der Zielkosten im (statischen) Target Costing als langfristig geschätzter (Durchschnitts-)Preis festgelegt wird.[85] Voraussetzung für eine realistische Zielpreisprognose ist die Ableitung

---

[79] Vgl. Seidenschwarz (1993), S. 116; Horváth/Niemand/Wolbold (1993), S. 11. Zur Abgrenzung des hier zugrunde liegenden Begriffsverständnisses sieht Seidenschwarz neben den Kundenanforderungen auch die Wettbewerbsbedingungen als eine bestimmende Größe zur Festlegung der Allowable Costs.

[80] Vgl. Noltemeier (2003), S. 8.

[81] Vgl. Freidank/Zaeh (1997), S. 239; Ewert (1997), S. 304; Joos-Sachse (2004), S. 238.

[82] Vgl. Seidenschwarz (1993), S. 116 f.

[83] Vgl. Arnaout (2001), S. 44 f. Weitere Marktforschungsmethoden sind z. B. Paneluntersuchungen, Portfolioanalysen, interne und externe Datenbanken, Wettbewerbsanalysen, vgl. Schorlemer/Posluschny/Prange (1998), S. 116.

[84] Vgl. Ewert (1997), S. 317.

[85] Vgl. Riegler (2000), S. 240 f: Glaser (2002), S. 224.

bestimmter Qualitätseigenschaften für das zu konzipierende Produkt auf Basis der Kundenanforderungen, um später im Falle erforderlicher Kostenreduzierungen mögliche Qualitätseinbußen aus Kundensicht verhindern zu können.[86] Diese Qualitätsanforderungen sollten aus diesem Grunde Inhalt eines bereits zum Zeitpunkt der Zielkostenfestlegung existierenden (technischen) Produktkonzepts sein.[87] Sowohl der Zielverkaufspreis als auch die Zielproduktionsmenge sollten sich auf diesen funktionsorientierten Produktentwurf beziehen und dieser wiederum als Vorgabe für das im weiteren Verlauf des Target Costing zu entwickelnde detaillierte Produktkonzept gelten.[88] Des Weiteren sei im Folgenden davon auszugehen, dass die Unternehmung hinsichtlich eines Produkts in einer bestimmten Qualität über keinen preispolitischen Spielraum verfügt, da der Zielverkaufspreis mit (maximaler) Zielabsatzmenge exogen vorgegeben ist.[89]

Nach Festlegung des Zielverkaufspreises ZVP ist zur Bestimmung der Zielkosten für eine Produktmengeneinheit gemäß (3) die Gewinnspanne GS vom Zielverkaufspreis abzuziehen. Im vorherigen Abschnitt wurde die Umsatzrendite als die relevante Kennzahl zur Ableitung dieser Gewinnspanne herausgestellt. Die Gewinnspanne GS (in GE/PME) ist aus der geforderten (dimensionslosen) Umsatzrendite (Return on Sales) r_u und dem Zielverkaufspreis ZVP (in GE/PME) gemäß

(4) $$GS = r_u \cdot ZVP$$

abzuleiten.[90]

In der Literatur herrscht keine Einigkeit über die Definition der Gewinnspanne im Target Costing. Einige Autoren bezeichnen diese Gewinnspanne auch als Bruttogewinnspanne.[91] Letztere ist allgemein definiert als Differenz zwischen Absatzpreis und den proportionalen Kosten eines Produkts und dient neben der Erfüllung der Ge-

---

86 Vgl. Glaser (2002), S. 224; Noltemeier (2003), S. 8.
87 Vgl. Joos-Sachse (2004), S. 238.
88 Vgl. Noltemeier (2003), S. 9.
89 Vgl. Noltemeier (2003), S. 9. Zur Problematik der Zielkostenfestlegung bei preispolitischen Spielräumen vgl. Ewert (1997), S. 304; Ewert/Wagenhofer (1997), S. 309; Dehnen/Sibbel/Steffens (2000), S. 105 ff.
90 Vgl. z. B. Glaser (2002), S. 223; Noltemeier (2003), S. 9.
91 Vgl. z. B. Noltemeier (2003), S. 9; Glaser (2002), S. 223; Freidank/Zaeh (1997), S. 240.

winnansprüche (Reingewinn) auch zur Deckung der einer Produktmengeneinheit nicht verursachungsgerecht zuordenbaren Kosten.[92] Andere Autoren interpretieren die Gewinnspanne ausschließlich als Reingewinn.[93] Vermutlich auch aus diesem Grunde gehen bei der Frage nach einer angemessenen Höhe der Umsatzrendite die Auffassungen in der Literatur weit auseinander.[94] Während japanischen Veröffentlichungen zufolge in der Praxis japanischer Unternehmungen eine Umsatzrendite in Höhe von 0,2 gefordert wird, legt man bei der Durchführung des Target Costing in westlichen Unternehmungen lediglich eine Umsatzrendite in Höhe von 0,03 bis 0,04 zugrunde.[95] Dabei bleibt jedoch kritisch anzumerken, dass sich sämtliche Autoren in diesem Kontext auf eine Veröffentlichung von *Franz* beziehen: „Häufig ist [in japanischen Unternehmungen in Bezug auf das Target Costing] von 20 Prozent Umsatzrendite die Rede, was bei deutschen Managern regelmäßig Erstaunen hervorruft, da im Allgemeinen von einer Umsatzrendite von allenfalls 3-4 Prozent ausgegangen werden kann."[96] Die unterschiedlichen Empfehlungen hinsichtlich der Höhe der Umsatzrendite im Target Costing für japanische und westliche Unternehmungen lassen sich unter anderem damit begründen, dass japanische Unternehmungen die mit Hilfe der Umsatzrendite abzuleitende Gewinnspanne als Bruttogewinnspanne interpretieren, während westliche Unternehmungen die betreffende Gewinnspanne vermutlich als Reingewinn auffassen.

Der Nachteil der Verwendung der Umsatzrendite als Reingewinn liegt darin, dass die gemäß (3) und (4) zu ermittelnden Allowable Costs in diesem Fall Vollkostencharakter besitzen. In der Literatur wird teilweise empfohlen, produktnahe und produktfixe Kosten anteilig dem zu entwickelnden Produkt zuzurechnen,[97] wobei diese Empfehlung zumeist irrtümlicherweise unterstellt, es handele sich bei dem Target Costing um ein Kostenmanagementsystem zur Beeinflussung der Produktvollkosten.[98] Die Allowable Costs sollten jedoch ausschließlich variable Bestandteile beinhalten, da

---

92 Vgl. Schweitzer/Küpper (2003), S. 58; Noltemeier (2003), S. 9. Zur detaillierten Beschreibung der Verrechnung von Kosten gemäß dem Verursachungsprinzip vgl. Kilger (1988), S. 16 ff.

93 Vgl. z. B. Coenenberg (2003), S. 450 f.; Kremin-Buch (2004), S. 109; Rösler (1996), S. 159.

94 Vgl. Freidank/Zaeh (1997), S. 243.

95 Vgl. stellvertretend. Freidank/Zaeh (1997), S. 243.

96 Franz (1993), S. 127.

97 Vgl. Monden (1989), S. 29.

98 Vgl. z. B. Betz (1998), S. 264; Dittmar (1996), S. 188; Seidenschwarz (1993), S. 33.

Kostenvorgaben, die durch die Kostenverantwortlichen beeinflussbar sind, im Allgemeinen eine höhere Motivation nach sich ziehen.[99] Neben der Gefahr der Demotivation der Mitarbeiter des Target-Costing-Teams durch Vorgabe nicht beeinflussbarer Kostenarten dürfte sich zudem die Schlüsselung fixer Produktkosten als sehr zeitaufwändig und für die Beteiligten als nicht direkt nachvollziehbar herausstellen, so dass grundsätzlich eine Berücksichtigung sämtlicher produktnaher und produktferner Fixkosten in der geforderten Umsatzrendite als vorteilhaft anzusehen ist. Als Beispiele für produktferne Fixkosten können die Kosten der allgemeinen Verwaltung ohne direkten Produktbezug genannt werden.[100] Im weiteren Verlauf dieser Arbeit soll die aus der Umsatzrendite abzuleitende Gewinnspanne GS aus den genannten Gründen in Anlehnung an die japanische Unternehmungspraxis als Bruttogewinnspanne definiert werden.

Die Reinform des Target Costing als erste Variante des Market into Company sieht die endgültige Festlegung der Produktzielkosten PZK (in GE/PME) in Höhe der Allowable Costs gemäß

$$(5) \qquad PZK = AC = (1 - r_u) \cdot ZVP$$

vor.[101]

Das erste veröffentlichte Praxisbeispiel aus der Automobilindustrie über die konsequente Umsetzung dieser Reinform des Target Costing stammt von dem japanischen Automobilhersteller Nissan in seiner europäischen Niederlassung Sunderland (England) aus dem Jahre 1991.[102] Nissan hatte damals ein sehr niedriges Kostenniveau und damit einen Wettbewerbsvorteil gegenüber der europäischen Konkurrenz erreicht, so dass die Unternehmung die Produktzielkosten mit den vom Markt

---

[99] Vgl. Meyer (2003), S. 195.

[100] Vgl. Freidank/Zaeh (1997), S. 242; Noltemeier (2003), S. 59.

[101] Vgl. Glaser (2002), S. 223; Kremin-Buch (2004), S. 106 f.; Ewert (1997), S. 301; Noltemeier (2003), S. 10. Abweichend von der Definition der Zielkosten als Differenz zwischen Zielpreis und erwartetem Gewinn gibt es auch andere Definitionen. So versteht z. B. Toyota unter den Zielkosten die Differenz zwischen den Drifting Costs (unternehmungsinterne Standardkosten) und den vom Markt erlaubten Kosten. In diesem Falle stellen die Zielkosten demnach die Vorgabe für die Kostensenkung dar; vgl. Horváth/Niemand/Wolbold (1993), S. 12.

[102] Vgl. Seidenschwarz (1991a), S. 201.

erlaubten Kosten gleichsetzen konnte.[103] Nissan besaß somit bereits zu diesem Zeitpunkt ein Standardkostenniveau, welches ein derartiges Vorgehen zuließ.

Gemäß der zweiten Variante des Market into Company sind neben den externen Marktbedingungen auch die internen Möglichkeiten der Unternehmung zu berücksichtigen.[104] Dazu werden die auch als „Drifting Costs" bezeichneten produktbezogenen Standardkosten (in GE/PME) berechnet und bei der endgültigen Festlegung der Produktzielkosten berücksichtigt.[105] Unter den produktbezogenen Standardkosten PSK sollen im Folgenden die in der Unternehmung anzusetzenden (Plan-)Kosten pro Produktmengeneinheit verstanden werden, die unter Berücksichtigung der zum Planungszeitpunkt vorhandenen Produktionssysteme und -verfahren sowie vorgegebener Qualitätseigenschaften bezogen auf die Produktlebensdauer erreichbar sind.[106] Als wesentliche Einflussfaktoren für die Ermittlung der produktbezogenen Standardkosten am Beispiel der Automobilindustrie werden in der Literatur das Produktdesign, das Fertigungskonzept, die Zielproduktionsmenge, der Fertigungsstandort mit den damit verbundenen standortspezifischen Kosten sowie die Materialkosten unter Beachtung von global oder local sourcing genannt.[107]

Generell ist von Standardkosten auszugehen, die oberhalb der Allowable Costs liegen.[108] *Hiromoto* beschreibt die Allowable Costs als realistisch nicht erreichbar.[109] Im Gegensatz dazu hält *Sakurai* die Allowable Costs zumindest unter großen Anstrengungen für realisierbar.[110] *Coenenberg* qualifiziert die Allowable Costs zutreffend als „schärfste Kostenziele".[111] Die Festlegung der Produktzielkosten

---

103 Vgl. Seidenschwarz (1993), S. 125. Im Jahre 1991 galt die Niederlassung von Nissan in Sunderland als das modernste und produktivste Automobilwerk in Europa mit den kürzesten Produktionszeiten pro Automobil; vgl. Antrecht (1991), S. 148 ff. Die Herstellkosten je Fahrzeug waren damals ungefähr 15% geringer als beim Konkurrenten Opel; vgl. Schlote/Kowalewsky (1991), S. 53.

104 Vgl. Abschnitt B.II.1.a).

105 Der Begriff „drifting costs" geht auf eine ungenaue Übersetzung aus der japanischen Originalliteratur zurück; zutreffender erscheint der Begriff „estimated standard costs" bzw. „prognostizierte Standardkosten"; vgl. Horváth/Niemand/Wolbold (1993), S. 9; Rösler (1996), S. 25.

106 Vgl. Glaser (2002), S. 223; Ewert (1997), S. 302; Seidenschwarz (1993), S. 117; Ewert/ Wagenhofer (1997), S. 309; Schweitzer/Küpper (2003), S. 700; Kremin-Buch (2004), S. 108.

107 Vgl. Dambrowski (1992), S. 283 f.

108 Vgl. Noltemeier (2003), S. 10; Glaser (2002), S. 223; Kremin-Buch (2004), S. 108.

109 Vgl. Hiromoto (1988), S. 24.

110 Vgl. Sakurai (1990), S. 253.

111 Coenenberg (2003), S. 444.

erfolgt gemäß der zweiten Variante des Market into Company unter Einhaltung der Relation

(6) $AC \leq PZK \leq PSK$

auf den niedrigsten – unter Einbeziehung sämtlicher investitions- und fertigungstechnisch möglicher Restrukturierungsmaßnahmen – realistisch erreichbaren Wert.[112] Im Falle der Festlegung einer relativ niedrigen Umsatzrendite r_u besteht insbesondere in Unternehmungen mit Wettbewerbsnachteilen in den Kostenstrukturen die Gefahr, dass die prognostizierten Produktstandardkosten den Zielverkaufspreis überschreiten. Aus diesem Grunde ist die unter (6) genannte Relation um eine weitere Randbedingung gemäß

(7) $AC \leq PZK \leq \min\{PSK,\ ZVP\}$

zu erweitern. Unter Beachtung von (5) ergibt sich somit für (6) und (7) eine Veränderung der Umsatzrendite r_u, welche für die Ermittlung der Allowable Costs herangezogen worden ist, um den Betrag

(8) $$\Delta r_u = 1 - \frac{PZK}{ZVP} - \left(1 - \frac{AC}{ZVP}\right) = -\frac{PZK - AC}{ZVP}.$$[113]

Möglicherweise kann mit Hilfe von (7) die Bandbreite für die Zielkostenfestlegung weiter eingegrenzt werden, jedoch lässt sich eine genaue Festlegung nicht schlüssig begründen, sondern ist vielmehr situationsbezogen durchzuführen. Empfehlungen über die Festlegung der Zielkosten innerhalb der Bandbreite existieren in der Target-Costing-Literatur nur in allgemeiner Form „zwischen erlaubten und Standardkosten"[114] bzw. „sehr nah an den vom Markt erlaubten Kosten".[115] Die endgültige Festlegung der Produktzielkosten in der alternativen Variante des Market into Company ist somit als Kompromiss zwischen den externen Marktbedingungen und den internen Möglichkeiten der Unternehmung anzusehen. Diese Festlegung kann auch als eine unternehmerische Entscheidung in Abwägung zwischen einer tatsäch-

---

[112] Vgl. Glaser (2002), S. 223; Noltemeier (2003), S. 10.
[113] Vgl. Noltemeier (2003), S. 10 f.
[114] Vgl. Hiromoto (1989), S. 131.
[115] Vgl. Sakurai (1990), S. 57.

lich realisierbaren Gewinnerwartung, dem Beitrag des Produkts zur Fixkostendeckung in der Unternehmung und dem Ziel der Anpassung des eigenen Kostenniveaus an das der Wettbewerber charakterisiert werden.

Grundsätzlich bleibt bei der beschriebenen zweiten Variante des Market-into-Company-Ansatzes offen, warum nicht bereits bei der Bestimmung der Allowable Costs eine zu realisierbaren Kostenzielen führende Umsatzrendite r_u festgelegt wurde. Eine spätere Korrektur der ursprünglich geforderten Umsatzrendite r_u, deren Nichtrealisierung offensichtlich bei der zweiten Variante des Market-into-Company-Ansatzes grundsätzlich vorausgesetzt wird, um den Betrag Δr_u kann den Eindruck einer willkürlichen Zielfestlegung erwecken und infolgedessen zur mangelnden Akzeptanz der betreffenden Vorgaben durch die Kostenverantwortlichen führen. Zur Gewährleistung einer adäquaten Akzeptanz dieser Vorgaben soll im weiteren Verlauf dieser Arbeit von einer geforderten Umsatzrendite ausgegangen werden, die zu realisierbaren Kostenzielen führt. Diese Annahme führt jedoch nunmehr dazu, dass sich eine Zielkostenfestlegung gemäß der zweiten Variante des Market-into-Company-Ansatzes nicht mehr schlüssig begründen lässt.[116] Aus den genannten Gründen beziehen sich die nachfolgenden Ausführungen ausschließlich auf die Reinform des Target Costing.

Der Kostenreduktionsbedarf entspricht der Differenz aus den produktbezogenen Standardkosten und den Allowable Costs, die von den Mitgliedern des Target-Costing-Projekts gemeinsam zu decken ist. Die auf das Gesamtprodukt bezogenen Kostenvorgaben in Form der Allowable Costs weisen jedoch einen zu hohen Aggregationsgrad auf, um eine zielgerichtete Steuerung der Entwicklungsarbeiten gewährleisten zu können. Aus diesem Grunde sind detaillierte Kostenziele für die einzelnen Produktkomponenten mit Hilfe einer zu erläuternden Kostenspaltung abzuleiten, so dass bei Überschreitung der Zielkosten die Identifikation der hierfür verantwortlichen Mitarbeiter erleichtert werden kann.[117] Gegenstand des nachfolgenden Abschnitts ist die Abgrenzung der für diese Zielkostenspaltung relevanten Kostenarten.

---

[116] Vgl. Ewert/Wagenhofer (1997), S. 312 f.; Noltemeier (2003), S. 11.

[117] Vgl. Kremin-Buch (2004), S. 111; Riegler (2000), S. 242; Noltemeier (2003), S. 11 f.

c) Abgrenzung für die Zielkostenspaltung relevanter Kostenarten

Die einer Produktmengeneinheit zurechenbaren Kostenarten sind grundsätzlich dahingehend zu differenzieren, ob sie sich unter Einhaltung des Verursachungsprinzips auf die verschiedenen Produktkomponenten aufspalten lassen oder als nichtspaltbare Kostenarten lediglich dem Gesamtprodukt zuzurechnen sind.[118] Als typische Beispiele für spaltbare Kostenarten sind Material- oder Fertigungseinzelkosten sowie variable Material- und Fertigungsgemeinkosten einer Komponente zu nennen.[119] Mögliche nichtspaltbare Kostenarten stellen beispielsweise produktbezogene Kosten für die Endmontage und die Qualitätskontrolle sowie produktbezogene Sondereinzelkosten des Vertriebs dar. Zur Vermeidung einer willkürlichen Kostenschlüsselung bei der Festlegung komponentenbezogener Zielkosten sind ausschließlich die den Produktkomponenten verursachungsgerecht zuordenbaren Kostenarten im Spaltungsprozess zu berücksichtigen. Im Hinblick auf die Berücksichtigung der nichtspaltbaren Kostenarten bei der Kostenspaltung stehen zwei unterschiedliche Vorgehensweisen zur Verfügung. Die erste Vorgehensweise sieht eine Abdeckung der nichtspaltbaren Kostenarten durch die erläuterte Bruttogewinnspanne vor, so dass die betreffenden Kostenarten folglich als undifferenzierter Kostenblock bei der Festlegung der geforderten Umsatzrendite zu berücksichtigen sind. Diese Vorgehensweise widerspricht jedoch einerseits der erläuterten Definition der Bruttogewinnspanne. Andererseits werden den nichtspaltbaren Kostenarten infolge der undifferenzierten Behandlung keine detaillierten Kostenziele zugewiesen, so dass diese Vorgehensweise zu verwerfen ist.

Die zweite Vorgehensweise sieht hingegen eine unmittelbare Zuordnung von Zielvorgaben zu sämtlichen Kosten vor, die einer Produktmengeneinheit verursachungsgerecht zuordenbar sind und erfordert eine weitere Differenzierung der Allowable Costs.[120] *Noltemeier* bezeichnet die Allowable Costs als globale Produktzielkosten und differenziert diese in spaltbare und nichtspaltbare Bestandteile.[121] Im Folgenden sollen die Allowable Costs als gesamte Produktzielkosten PZK_g bezeich-

---

[118] Vgl. Noltemeier (2003), S. 12.
[119] Vgl. Dittmar (1996), S. 130; Noltemeier (2003), S. 12.
[120] Vgl. Noltemeier (2003), S. 12.
[121] Vgl. Noltemeier (2003), S. 12 f.

net und der Vorschlag von *Noltemeier* zur Differenzierung dieser in spaltbare und nichtspaltbare Bestandteile übernommen werden.

Zur Bestimmung der in GE/PME auszudrückenden spaltbaren Produktzielkosten PZK_s sind in einem ersten Schritt die nichtspaltbaren Produktzielkosten PZK_n (in GE/PME) festzulegen. Letztere sind als Summe der jeweils auf eine Produktmengeneinheit bezogenen nichtspaltbaren Kostenarten aufzufassen. Es fehlen jedoch allgemeingültige Empfehlungen bezüglich einer operationalen Vorgabe nichtspaltbarer Produktzielkosten, so dass diese situationsbedingt festzulegen sind.

In einem zweiten Schritt sind die spaltbaren Produktzielkosten PZK_s durch Subtraktion der nichtspaltbaren Produktzielkosten PZK_n von den gesamten Produktzielkosten PZK_g (in GE/PME) mittels

(9) $$PZK_s = PZK_g - PZK_n = ZVP - GS - PZK_n$$

zu ermitteln.[122]

Ein zusammenfassender Überblick über die allgemeine Klassifizierung planungsrelevanter Kosten im Rahmen des Target Costing findet sich in nachfolgender Tabelle 2.

[122] Vgl. Noltemeier (2003), S. 13. Eine ähnliche Differenzierung der Allowable Costs schlägt Coenenberg vor, der die gesamten Produktzielkosten als Allowable Costs i. w. S. und die spaltbaren Produktzielkosten als Allowable Costs i. e. S. bezeichnet; vgl. Coenenberg (2003), S. 450 f.; Günther (1997), S. 106.

<table>
<tr><td colspan="7">Zielverkaufspreis ZVP</td></tr>
<tr><td colspan="6">Gesamtkosten (Vollkosten)</td><td rowspan="7">gefor-
derter
Rein-
gewinn</td></tr>
<tr><td colspan="2">Einzelkosten</td><td colspan="4">Gemeinkosten</td></tr>
<tr><td colspan="4">Variable Kosten</td><td colspan="2">Fixe Kosten</td></tr>
<tr><td colspan="2" rowspan="2">Variable Einzelkosten</td><td colspan="2" rowspan="2">Variable Gemeinkosten</td><td colspan="2">Fixe Gemeinkosten</td></tr>
<tr><td>Produktnahe Fixkosten</td><td>Produktferne Fixkosten</td></tr>
<tr><td>spaltbar</td><td>nichtspaltbar</td><td>spaltbar</td><td>nichtspaltbar</td><td rowspan="2">produkt-
bezogene
Entwicklungs-
kosten</td><td rowspan="2">Kosten der
allgemeinen
Verwaltung
ohne
unmittelbaren
Produktbezug</td></tr>
<tr><td>Material- und Fertigungs-einzelkosten einer Kom-ponente</td><td>Sondereinzel-kosten des Vertriebs für das Gesamt-produkt</td><td>Variable Material- und Fertigungs-gemeinkosten einer Kom-ponente</td><td>Variable Vertriebs-gemeinkosten für das Gesamt-produkt</td></tr>
<tr><td>PZK_s</td><td>PZK_n</td><td>PZK_s</td><td>PZK_n</td><td colspan="3" rowspan="2">(Brutto-)Gewinnspanne
GS</td></tr>
<tr><td colspan="4">PZK_g</td></tr>
</table>

Tabelle 2: Allgemeine Klassifizierung und Beispiele planungsrelevanter Kosten im Rahmen des Target Costing.

Das nachfolgend eingeführte Anwendungsbeispiel der German Car Company (GCC) bezieht sich auf ein Fahrzeug(neu)entwicklungsprojekt namens E 2005. Das zu entwickelnde Automobil(-modell) soll eine viertürige Limousine der Mittelklasse ersetzen und ist als Gesamtquerschnitt in Abbildung 1 dargestellt.

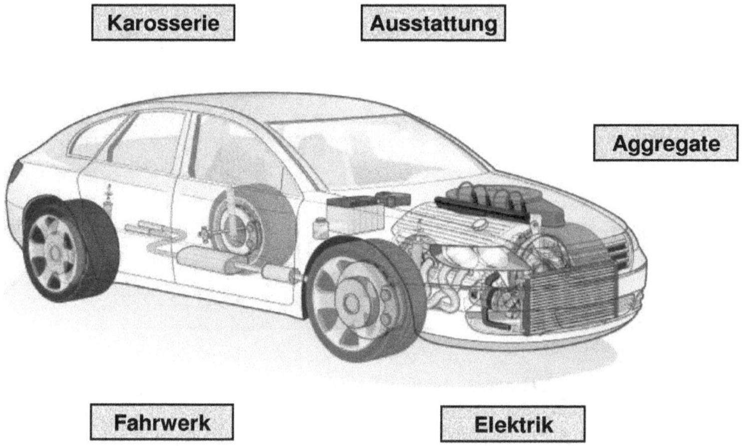

Abbildung 1: Automobil(-modell) E 2005.

Zur Veranschaulichung nachstehender Ausführungen wird durchgängig auf das betreffende Entwicklungsprojekt sowie folgende (fiktive) Ausgangskonstellation Bezug genommen. Zugrunde gelegt werden im Einzelnen ein Zielverkaufspreis ZVP in Höhe von 20.000 GE/PME, ein geforderter Reingewinn in Höhe von 0,05 (= 5%) sowie die geforderte Deckung produktnaher und produktferner Fixkosten in Höhe von 0,15 (= 15%). Die geforderte Umsatzrendite r_u beträgt folglich 0,20 (= 20%). Des Weiteren sei von nichtspaltbaren Produktzielkosten PZK_n in Höhe von 1.000 GE/PME auszugehen. Entsprechend der unterstellten Reinform des Market into Company ergeben sich für den E 2005 bezogen auf eine Produktmengeneinheit die Gewinnspanne GS sowie die gesamten und spaltbaren Produktzielkosten PZK_g bzw. PZK_s zu den in Tabelle 3 enthaltenen Werten.

ZVP	20.000 [GE/PME]
$-$ GS (mit $GS = r_u \cdot ZVP$)	4.000 [GE/PME]
$= PZK_g = (1-r_u) \cdot ZVP$	16.000 [GE/PME]
$- PZK_n$	1.000 [GE/PME]
$= PZK_s = (1-r_u) \cdot ZVP - PZK_n$	15.000 [GE/PME]

Tabelle 3: Produktzielkosten des E 2005.

In den nächsten Abschnitten sind die spaltbaren Produktzielkosten dem Grundkonzept des Target Costing zufolge aus bereits genannten Gründen in Form detaillierter Kostenziele den verschiedenen Produktfunktionen und -komponenten zuzuordnen.

2. Zielkostenspaltung

a) Zielkostenspaltung auf Produktfunktionen

Grundvoraussetzung für eine funktionale Zielkostenspaltung ist die Definition der Produktfunktionen und die Bestimmung der Funktionsstruktur des betrachteten Produkts.[123] In der Literatur existiert eine Reihe von Vorschlägen zur Formulierung von Funktionen und Funktionsstrukturen. Im Kontext der Zielkostenspaltung wird es als ausreichend angesehen, die Grundfunktionen des betrachteten technischen Systems als Substantiv und Verb zu formulieren.[124] Im Allgemeinen lässt sich eine Produktfunktion als eine bestimmte von dem Produkt ausgeübte Wirkung oder ein von dem Produkt zu erfüllender Zweck definieren.[125] Ein Produkt in vorgegebener Qualität lässt sich grundsätzlich als materielle bzw. immaterielle Umsetzung einer bestimmten Menge von Produktfunktionen in vorgegebenem Maße beschreiben. Die Erfüllung sämtlicher von potenziellen Kunden wahrgenommenen Produktfunktionen ist zur Sicherstellung der geforderten Produktqualität zu gewährleisten. Diese

---

[123] Vgl. Schweitzer/Küpper (2003), S. 703.
[124] Vgl. Ehrlenspiel/Kiewert/Lindemann (1998), S. 51.
[125] Vgl. Zentrum Wertanalyse VDI-GSP (1995), S. 18.

Funktionserfüllung ist im Idealfall durch Transformation der Sollfunktionen in messbare Funktionseigenschaften mit entsprechenden Sollwerten zu quantifizieren. Sofern eine derartige Quantifizierung nicht möglich ist, kann die geforderte Funktionserfüllung beispielsweise mit Hilfe verbaler Darstellungsformen festgelegt werden.[126] Zur Realisierung dieser Transformation von kundenbezogenen Informationen in produktbezogene Informationen schlägt *Seidenschwarz* Abstimmungsgespräche in einem so genannten „Produktgestaltungsteam" vor;[127] eine konkrete Vorgehensweise bleibt er jedoch schuldig. Andere Autoren empfehlen zur Übersetzung der kundenbezogenen Marktinformationen in Produktfunktionen beispielsweise den Einsatz des Value Engineering (Wertgestaltung).[128] Die Anwendung des Value Engineering dient der systematischen und analytischen Durchdringung von Funktionsstrukturen und bietet eine methodische Hilfestellung bei der Beschreibung von Funktionen und der Darstellung der Beziehungen der einzelnen Funktionen zueinander.[129] Auf das Value Engineering wird im weiteren Verlauf dieser Arbeit noch einmal detailliert eingegangen.[130]

Die Charakterisierung eines Produkts ausschließlich durch die Angabe der Funktionen mit der jeweils geforderten Funktionserfüllung ermöglicht eine abstrakte und von konkreten technischen Lösungen unabhängige Produktbeschreibung.[131] Infolgedessen wird der Gestaltungsspielraum der Konstrukteure nicht unnötig eingeengt[132] und die spätere Einhaltung der festzulegenden Funktionszielkosten erscheint aufgrund der dadurch entstehenden Freiheitsgrade realistischer.[133] Die Ermittlung der relevanten Produktfunktionen und die Festlegung der jeweiligen Funktionserfüllung sollten möglichst unter Berücksichtigung der in Abbildung 2 dargestellten Differenzierung von Produktfunktionen nach Funktionsbereichen erfolgen und von Mitarbeitern aus

---

126 Vgl. Noltemeier (2003), S. 14 f.
127 Vgl. Seidenschwarz (1993), S. 211 f.
128 Vgl. Franz (1993), S. 127; Riegler (2000), S. 243; Tani/Kato (1994), S. 204 ff.
129 Vgl. Jehle (1991), S. 288. Die Methode des Value Engineering setzt in Abgrenzung zur Value Analysis bei der Produktentwicklung an, während Letztere in circa 60% der Fälle für bereits bestehende Produkte zur Kostensenkung eingesetzt wird; vgl. Ehrenspiel/Kiewert/Lindemann (1998), S. 101.
130 Vgl. hierzu ausführlich Abschnitt B.II.3.b)ii).
131 Vgl. Noltemeier (2003), S. 15.
132 Vgl. Schweitzer/Küpper (2003), S. 703.
133 Vgl. Yoshikawa/Innes/Mitchell/Tanaka (1993), S. 49.

den Funktionsbereichen Marketing sowie Forschung und Entwicklung durchgeführt werden.[134]

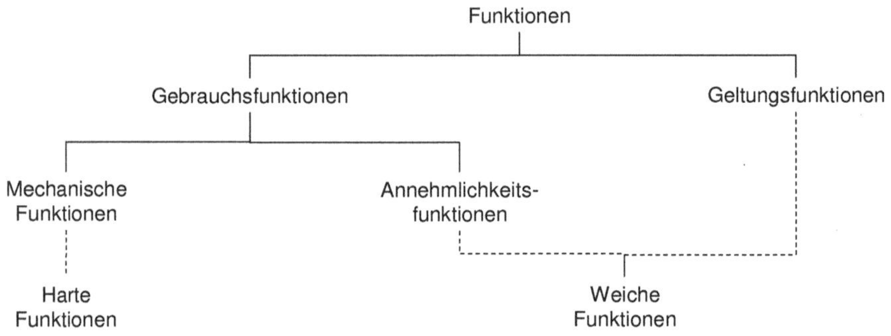

Abbildung 2: Produktfunktionsbereiche.[135]

Eine für die Zielkostenspaltung im Zusammenhang mit dem Value Engineering wichtige Klassifizierung der Produktfunktionsbereiche erfolgt mit der Unterscheidung in Gebrauchs- und Geltungsfunktionen.[136] Erstere beschreiben den praktischen Nutzen des Produkts und beinhalten neben den mechanischen Funktionen weiterhin die Annehmlichkeitsfunktionen. Die mechanischen Funktionen bezeichnen die physische Wirkung, während die Annehmlichkeitsfunktionen sich auf die einfache Handhabung des betreffenden Produkts beziehen. Am Beispiel eines Automobils gehört die Funktion „Fortbewegung ermöglichen" zu den im Target Costing auch als harte Funktionen bezeichneten mechanischen Funktionen. Im Gegensatz dazu gehört die Funktion „Fahrkomfort sicherstellen" zu den Annehmlichkeitsfunktionen als Teilbereich der weichen Funktionen. Die Geltungsfunktionen als zweiter Teilbereich der weichen Funktionen berücksichtigen in Abgrenzung zu den Gebrauchsfunktionen ausschließlich subjektive Wirkungen des mit dem Produkt verbundenen Prestiges wie bei einem Automobil beispielsweise die Funktion „Aufmerksamkeit erwecken".[137]

---

134 Vgl. Noltemeier (2003), S. 15.
135 Entnommen aus Noltemeier (2003), S. 16.
136 Vgl. Riegler (2000), S. 244.
137 Vgl. Glaser (2002), S. 225.

Zur Ableitung funktionsbezogener Zielkosten stehen mit dem indirekten und direkten Verfahren grundsätzlich zwei unterschiedliche Vorgehensweisen mit unterschiedlichen Informationsbedarfen zur Verfügung. *Glaser* beweist in allgemeiner Form, dass direktes und indirektes Verfahren stets zu identischen funktionsbezogenen Zielkosten führen, da beide Verfahren die vollständige Aufteilung der spaltbaren Produktzielkosten auf die einzelnen Funktionen entsprechend der jeweiligen Bedeutungsgrade vorsehen.[138] Aus diesem Grunde sollen im Folgenden beide Verfahren kurz erläutert und für den weiteren Verlauf dieser Arbeit ein adäquates Verfahren ausgewählt werden.

Das indirekte bzw. zweistufige Verfahren basiert auf vorab zu ermittelnden spaltbaren Produktzielkosten für die oben erläuterten (Funktions-)Bereiche der harten und weichen Funktionen. Die Voraussetzung für eine operationale Zuordnung dieser Zielkosten zu den Funktionsbereichen ist die Kenntnis der so genannten Bedeutungsgrade dieser Funktionsbereiche. Diese drücken die relative Wichtigkeit aus, die potenzielle Käufer dem jeweiligen Funktionsbereich beimessen. In der zweiten Stufe erfolgt die Aufspaltung der Zielkosten dieser Funktionsbereiche auf die jeweils zugehörigen Funktionen entsprechend deren Bedeutungsgrade. Grundsätzlich soll die Unterscheidung in harte und weiche Funktionen einer besseren Erfassung der Kundenerwartungen dienen.[139] *Lewicki* misst den weichen Funktionen insbesondere bei Produkten im Konsumgüterbereich eine große Bedeutung zu, während er diesen bei Produkten im Investitionsgüterbereich lediglich einen geringen Beitrag zur Kaufentscheidung zuschreibt.[140] *Riegler* sieht das beschriebene erste Verfahren für sehr komplexe Produkte als erforderlich an,[141] ohne diese Aussage jedoch näher zu begründen. Ordnet man ein Automobil aufgrund von über 7.000 darin enthaltener Einzelteile[142] sowie der mehrstufigen Erzeugnisstruktur der Gruppe der komplexen Produkte zu, so steht der Vorschlag von *Lewicki* jedoch im Widerspruch zur Umsetzung der Zielkostenspaltung in der betrieblichen Praxis der Automobilindustrie. So

138 Vgl. Glaser (2002), S. 226 ff.
139 Vgl. Müller/Wolbold (1993), S. 127 f.
140 Vgl. Lewicki (2000), S. 30.
141 Vgl. Riegler (2000), S. 244.
142 Vgl. Claassen/Hilbert (1994a), S. 35.

bevorzugt beispielsweise die Audi AG das direkte Verfahren bei der Zielkostenspaltung auf Basis von Produktfunktionen.[143] Da das direkte Verfahren offensichtlich auch über die Automobilindustrie hinaus in der Unternehmungspraxis bevorzugt wird,[144] beschränken sich nachfolgende Ausführungen ausschließlich auf dieses Verfahren.[145]

Das direkte bzw. einstufige Verfahren sieht eine direkte Aufteilung der spaltbaren Produktzielkosten auf die einzelnen Produktfunktionen gemäß deren Bedeutungsgrade vor.[146] Die Ableitung funktionsbezogener Zielkosten aus den spaltbaren Produktzielkosten setzt die Kenntnis der so genannten absoluten Bedeutungsgrade sämtlicher Produktfunktionen voraus, die mit Hilfe geeigneter Marktforschungsaktivitäten zu ermitteln sind.[147] Als geeignetes Instrument zur Ermittlung dieser absoluten Bedeutungsgrade, die synonym auch als Funktionsgewichte bezeichnet werden, wird in der Literatur vielfach die Conjoint-Analyse vorgeschlagen.[148] Die Conjoint-Analyse ist ein Oberbegriff für Verfahren zur differenzierten Erforschung und Beschreibung subjektiver Produktmerkmale, mit deren Hilfe nach einem Zusammenhang zwischen dem Gesamturteil über ein Produkt bzw. der Wertschätzung des Produkts durch potenzielle Kunden und den einzelnen Funktionen dieses Produkts gesucht wird. Im Idealfall liefert die Conjoint-Analyse als Ergebnis die einzelnen Nutzenbeiträge sämtlicher Produktfunktionen anteilig am Gesamtnutzen des Produkts, welche den absoluten Bedeutungsgraden der Produktfunktionen entsprechen.[149]

Der dimensionslose absolute Bedeutungsgrad BG_j einer Funktion j (j=1,...,n) entspricht dem Anteil, den die jeweilige Funktion aus subjektiver Sicht potenzieller Käufer zur Erfüllung des Produktgesamtnutzens bzw. zur Kaufentscheidung beiträgt.

---

143 Vgl. Deisenhofer (1993), S. 101.
144 Vgl. Glaser (2002), S. 227.
145 Zur detaillierten Beschreibung des indirekten Verfahrens vgl. Glaser (2002), S. 225 ff.; Tanaka (1989), S. 56 ff.
146 Vgl. Glaser (2002), S. 225 ff.
147 Vgl. Glaser (2002), S. 227.
148 Vgl. Riegler (2000), S. 243; Schweitzer/Küpper (2003), S. 703; Seidenschwarz (1993), S. 199; Noltemeier (2003), S. 17.
149 Vgl. Joos-Sachse (2004), S. 242. Über den Einsatz der Conjoint-Analyse im Target Costing vgl. Arnaout/Hildebrandt/Werner (1998), S. 306 ff.; Burger (1999), S. 55 ff. Zur detaillierten Beschreibung dieses Verfahrens vgl. Gierl (2002), S. 545 ff.; Voeth (1999), S. 153 ff.; Simon (1992), S. 114 ff.

Die Zielkosten ZK_j einer Produktfunktion j bezogen auf eine Produktmengeneinheit (in GE/PME) lassen sich mittels

(10) $ZK_j = BG_j \cdot PZK_s$

berechnen, wobei zur Sicherstellung der vollständigen Verteilung sämtlicher spaltbarer Produktzielkosten PZK_s auf die einzelnen Funktionen

(11) $\sum_{j=1}^{n} BG_j = 1$

entsprechend die Summe aller absoluten Bedeutungsgrade den Wert eins ergeben muss. Somit ist der unter Verwendung von (10) und (11) entstehende Ausdruck

(12) $\sum_{j=1}^{n} ZK_j = PZK_s \cdot \sum_{j=1}^{n} BG_j = PZK_s$

stets erfüllt.[150]

Zur Fortführung des Anwendungsbeispiels aus Abschnitt B.II.1.c) soll für das Automobil(-modell) E 2005 von den in Tabelle 4 enthaltenen Funktionen j (j=1,...,n) sowie den zugehörigen absoluten Bedeutungsgraden BG_j ausgegangen werden, wobei Letztere sich unter Berücksichtigung von (11) zu eins summieren. Für die Ermittlung der funktionsbezogenen Zielkosten ZK_j sind zudem die zuvor festgelegten spaltbaren Produktzielkosten PZK_s in Höhe von 15.000 GE/PME relevant (vgl. Tabelle 3). Unter Verwendung von (10) ergeben sich die Zielkosten ZK_j (j=1,...,n) zu den in Tabelle 4 in der rechten Spalte enthaltenen Werten. Unter Berücksichtigung von (12) entspricht die Summe der funktionsbezogenen Zielkosten ZK_j über sämtliche Produktfunktionen j (j=1,...,n) gemäß der untersten Zeile in Tabelle 4 den spaltbaren Produktzielkosten PZK_s.

150 Vgl. Glaser (2002), S. 228 f.

j	Bezeichnung der Funktion	Absoluter Bedeutungsgrad BG_j der Funktion j	Zielkosten ZK_j der Funktion j [GE/PME]
1	Fortbewegung ermöglichen	0,32	4.800
2	Fahrkomfort sicherstellen	0,15	2.250
3	Aufmerksamkeit erwecken	0,08	1.200
4	Verletzungsgefahr reduzieren	0,16	2.400
5	Umweltstandards einhalten	0,06	900
6	Qualität/Zuverlässigkeit gewährleisten	0,14	2.100
7-n	Diverse	0,09	1.350
Summe		1,00	15.000

Tabelle 4: Absolute Bedeutungsgrade und Zielkosten der Funktionen des E 2005.

Die Zielkostenspaltung auf Basis von Produktfunktionen wird speziell für komplexe und umfangreiche Neuentwicklungen empfohlen.[151] Dies lässt sich damit begründen, dass in der Anfangsphase des Produktentstehungsprozesses noch kein (Grob-) Entwurf des zu konzipierenden Produkts existiert und folglich auch Art und Anzahl der darin enthaltenen Komponenten noch nicht definiert sind. Hingegen lassen sich für Funktionen, die auch als lösungsunabhängige Darstellung einer Aufgabe aufzufassen sind,[152] die Zielkosten bereits in den frühen Phasen des technischen Entwicklungsprozesses festlegen.[153] Als weiteren Vorteil dieser funktionsbezogenen Vorgehensweise sieht *Ehrlenspiel* insbesondere bei Neuentwicklungen die Möglichkeit, dass das Denken in Funktionen einerseits zum Überblick über das Ganze verhilft und andererseits die Fixierung von Ideen durch Bekanntes durchbricht.[154]

Zur Gewährleistung der oben erläuterten Zwecksetzungen des Target Costing, die unter anderem eine effektive Kostensteuerung beinhalten, erscheint die Vorgabe von funktionsbezogenen Zielkosten jedoch nicht ausreichend, da die Funktionen aus-

---

151 Vgl. Seidenschwarz (1994), S. 79.
152 Vgl. Ehrlenspiel (1995a), S. 318.
153 Vgl. Dittmar (1998), S. 12; Schweitzer/Küpper (2003), S. 703.
154 Vgl. Ehrlenspiel (1995a), S. 318.

schließlich indirekt Kosten verursachen, während die direkte Kostenverursachung erst durch die zur Funktionserfüllung erforderlichen Funktionsträger bzw. Komponenten entsteht. Daraus ergibt sich für komplexe und umfangreiche Neuentwicklungen die Notwendigkeit zur Zielkostenspaltung auf die Produktkomponenten.[155] Auch für einfache Produkte und solche mit einem geringen Innovationsgrad wird die Zielkostenspaltung auf die Produktkomponenten als Gegenstand der nachfolgenden Erläuterungen empfohlen.[156]

b) Zielkostenspaltung auf Produktkomponenten

Die Ableitung komponentenbezogener Zielkosten setzt eine bereits getroffene Entscheidung über die Art und Anzahl der Komponenten für das zu konzipierende Produkt voraus.[157] Diese Festlegung erfolgt in einem zu erarbeitenden (Grob-) Entwurf des geplanten Produkts, der auf den oben beschriebenen funktionsorientierten Bedeutungsgraden basiert und die für die Funktionserfüllung erforderlichen Komponenten enthält.[158] Eine detaillierte Charakterisierung dieser Komponenten liefert die Literatur bislang nicht. Lediglich *Noltemeier* beschreibt die Komponenten allgemein anhand der Erzeugnisstruktur als direkt in eine Mengeneinheit des Fertigprodukts eingehende Baugruppen bzw. Teile, deren Art und Menge beispielsweise aus der obersten Ebene einer Baukastenstückliste zu entnehmen sind.[159] Zur Ableitung von komponentenbezogenen Zielkosten stehen mit der Komponenten- und Funktionsmethode grundsätzlich zwei unterschiedliche Verfahren zur Verfügung,[160] die in den nachfolgenden Abschnitten beschrieben werden.

---

155 Vgl. Noltemeier (2003), S. 19.
156 Vgl. Seidenschwarz (1994), S. 79.
157 Vgl. Schweitzer/Küpper (2003), S. 703.
158 Vgl. Coenenberg/Fischer/Schmitz (1997), S. 207.
159 Vgl. Noltemeier (2003), S. 20. Zur detaillierten Erläuterung der Stücklistenarten sowie der Erzeugnisstruktur vgl. z. B. Glaser/Geiger/Rhode (1992), S. 14 ff.
160 Vgl. Freidank/Zaeh (1997), S. 243 ff.; Seidenschwarz (1993), S. 24; Tanaka (1989), S. 52 f.; Dittmar (1998), S. 11 ff.

i) Ableitung komponentenbezogener Zielkosten mit Hilfe der Komponentenmethode

Die Komponentenmethode basiert auf einer einstufigen Aufspaltung der Produktzielkosten gemäß der Kostenstruktur eines Referenzprodukts. Bei dem Referenzprodukt kann es sich entweder um das Vorgängerprodukt oder um ein ähnliches Produkt aus dem aktuellen Produktionsprogramm handeln. Die Kostenstruktur des Referenzprodukts wird durch Ermittlung der Anteilssätze der Komponentenkosten an den gesamten Produktkosten abgeleitet.[161] Die komponentenbezogenen Zielkosten des geplanten Produkts ergeben sich durch Multiplikation der komponentenbezogenen Anteilssätze mit den spaltbaren Produktzielkosten PZK_S.[162]

Die Vorteile der Komponentenmethode liegen in der einfachen Ermittlung der Komponentenkosten und damit auch in seiner schnellen Anwendbarkeit, da die oben beschriebene vorherige Ermittlung funktionsbezogener Zielkosten für dieses Verfahren nicht erforderlich ist. Die wesentlichen Nachteile dieses Verfahrens sind die Übertragung von Vergangenheitsdaten in die Zukunft und der Widerspruch zur geforderten Marktorientierung des Target Costing, da Präferenzen potenzieller Kunden in Bezug auf einzelne Komponenten ignoriert werden.[163] *Seidenschwarz* empfiehlt die Komponentenmethode für Produkte mit geringem Innovationsgrad.[164] *Schmidt* schlägt diese Methode des Weiteren für Anpassungs- bzw. Variantenkonstruktionen vor, da diese auf einem bestehenden technischen Produktkonzept mit unveränderten Funktionen basieren.[165] Die Entwicklung eines Automobils stellt jedoch in der Regel eine Neuentwicklung mit einem hohen Innovationsgrad dar, so dass die Komponentenmethode für die dieser Arbeit zu Grunde liegende Problemstellung aus den genannten Gründen zu verwerfen ist.

---

[161] Vgl. z. B. Joos-Sachse (2004), S. 241; Tanaka (1989), S. 52 f.
[162] Vgl. Noltemeier (2003), S. 20.
[163] Vgl. Joos-Sachse (2004), S. 241.
[164] Vgl. Seidenschwarz (1993), S. 24.
[165] Vgl. Schmidt (1996), S. 189. Zur detaillierten Erläuterung der verschiedenen Konstruktionsarten vgl. z. B. Ehrlenspiel/Kiewert/Lindemann (1998), S. 58 f.

ii) Ableitung komponentenbezogener Zielkosten mit Hilfe der Funktionsmethode

Im Gegensatz zur Komponentenmethode berücksichtigt die Funktionsmethode die oben erläuterten kundenorientierten Marktanforderungen, indem die aus den Kaufmerkmalen abgeleiteten absoluten Bedeutungsgrade von Funktionen als Eingangsgröße verwendet werden.[166] Grundsätzlich sind zur Bestimmung der Komponentenzielkosten nach der Funktionsmethode zwei unterschiedliche Vorgehensweisen anwendbar, die neben den spaltbaren Produktzielkosten bzw. den funktionsbezogenen Zielkosten des Weiteren die Kenntnis der so genannten bedingten Bedeutungsgrade der insgesamt m Komponenten $(m \geq 2)$ hinsichtlich aller n Funktionen $(n \geq 2)$ voraussetzen.

Der (dimensionslose) bedingte Bedeutungsgrad $BBG_{i,j}$ einer Komponente i (i=1,...,m) in Bezug auf eine Funktion j (j=1,...,n) entspricht dem Anteil dieser Funktion, den die betreffende Komponente zur Funktionserfüllung beiträgt.[167] Unter Berücksichtigung der Prämisse, dass die Erfüllung der Produktfunktionen ausschließlich durch die in dem betreffenden Produkt enthaltenen Komponenten erfolgt, muss die Summe der bedingten Bedeutungsgrade der Komponenten hinsichtlich jeder einzelnen Funktion stets gleich eins sein und folglich

$$(13) \qquad \sum_{i=1}^{m} BBG_{i,j} = 1 \qquad (j=1,\dots,n)$$

gelten.[168]

Für die Festlegung der bedingten Bedeutungsgrade existieren keine mathematischen Algorithmen; sie sind in der Regel das Ergebnis eines Diskussionsprozesses zwischen den Mitarbeitern des Target-Costing-Projekts, in den das Erfahrungswissen der Beteiligten einfließt.[169] Eine exakte Bestimmung des Beitrags einer Komponente zur Erfüllung einer Funktion gestaltet sich jedoch als äußerst schwierig, da „meist alle

166 Vgl. Noltemeier (2003), S. 20; Joos-Sachse (2004), S. 241.
167 Vgl. Glaser (2002), S. 229 ff.
168 Vgl. Glaser (2002), S. 233.
169 Vgl. Noltemeier (2003), S. 21; Joos-Sachse (2004), S. 243.

Eigenschaften mit allen vernetzt sind".[170] Die Festlegung der bedingten Bedeutungsgrade ist zudem nicht frei von Willkür, da sie teilweise vom Verhandlungsgeschick der involvierten Mitarbeiter abhängig sind.[171] In der Praxis werden zur Berücksichtigung konträrer Aussagen der beteiligten Mitarbeiter aus den Einzelurteilen Durchschnittswerte gebildet und zur Vermeidung von Scheingenauigkeiten Einzelurteile mit einer Genauigkeit von höchstens 0,05 abgegeben.[172]

Die erste Vorgehensweise zur Bestimmung der Komponentenzielkosten nach der Funktionsmethode ist durch eine direkte Aufspaltung der funktionsbezogenen Zielkosten auf die einzelnen Komponenten gekennzeichnet. Unter Verwendung der Zielkosten einer Funktion ZK_j lassen sich die Zielkosten $ZK_{i,j}$ (in GE/PME) einer Komponente i, die auf eine Funktion j entfallen, als den durch den betreffenden bedingten Bedeutungsgrad $BBG_{i,j}$ ausgedrückten Beitrag zur Gewährleistung dieser Funktion gemäß

$$(14) \qquad ZK_{i,j} = BBG_{i,j} \cdot ZK_j \qquad (i=1,\dots,m;\ j=1,\dots;n)$$

ausdrücken. Die insgesamt auf eine Komponente i aufzuspaltenden Zielkosten ZK_i (in GE/PME) nehmen unter Beachtung von (14) den Wert

$$(15) \qquad ZK_i = \sum_{j=1}^{n} ZK_{i,j} = \sum_{j=1}^{n} BBG_{i,j} \cdot ZK_j \qquad (i=1,\dots,m)$$

an.[173]

Ein wichtiges Hilfsmittel zur Informationsverdichtung der betrachteten bedingten Bedeutungsgrade $BBG_{i,j}$ und der Zielkosten $ZK_{i,j}$ von Komponenten, die auf die jeweilige Funktion entfallen, stellt die so genannte Funktionskostenmatrix dar, deren Spalten die einzelnen Produktfunktionen und deren Zeilen die verschiedenen Komponenten als Funktionsträger enthält. Die in Tabelle 5 abgebildete generelle

[170] Ehrlenspiel (1995b), S. 68.
[171] Vgl. Noltemeier (2003), S. 21; Dittmar (1998), S. 18.
[172] Vgl. Deisenhofer (1993), S. 104.
[173] Vgl. Glaser (2002), S. 231.

Struktur dieser Funktionskostenmatrix entspricht der gleichnamigen Matrix aus der Value Analysis.[174]

	j	1		...	n		
	Bezeichnung der Funktion j	Funktion 1		...	Funktion n		
	Funktionszielkosten ZK_j	ZK_1		...	ZK_n		
i	Bezeichnung der Komponente i	$BBG_{i,1}$	$ZK_{i,1}$	...	$BBG_{i,n}$	$ZK_{i,n}$	ZK_i
1	Komponente 1	$BBG_{1,1}$	$ZK_{1,1}$	...	$BBG_{1,n}$	$ZK_{1,n}$	ZK_1
⋮	⋮	⋮	⋮	...	⋮	⋮	⋮
m	Komponente m	$BBG_{m,1}$	$ZK_{m,1}$	...	$BBG_{m,n}$	$ZK_{m,n}$	ZK_m

Tabelle 5: Generelle Struktur einer Funktionskostenmatrix zur Spaltung von Funktionszielkosten.[175]

Zur Fortführung des Anwendungsbeispiels soll gemäß der oben genannten Definition von Komponenten von der in Abbildung 3 dargestellten obersten Ebene der Erzeugnisstruktur des Automobils E 2005 ausgegangen werden. In der Automobilindustrie werden diese Komponenten vielfach auch als Hauptbaugruppen bezeichnet.[176]

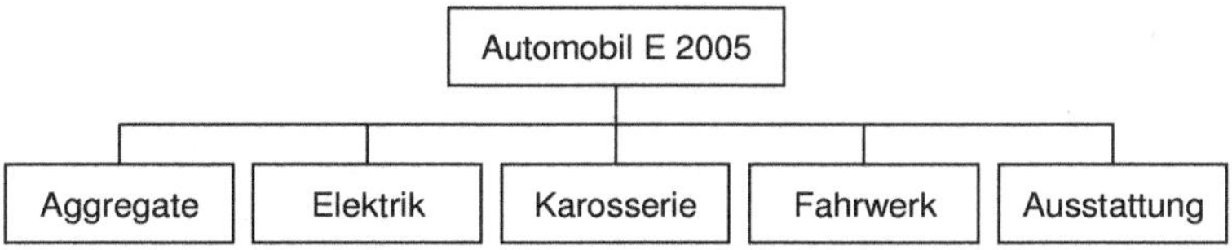

Abbildung 3: Hauptbaugruppen des Automobils E 2005.[177]

174 Vgl. Noltemeier (2003), S. 27.
175 Modifiziert entnommen aus Noltemeier (2003), S. 27.
176 Vgl. Deisenhofer (1993), S. 97; Rösler (1997), S. 283; Claassen/Hilbert (1993), S. 162.
177 Entnommen aus Kammermayer (1992), S. 266 bzw. Deisenhofer (1993), S. 97.

Außerdem sei im weiteren Verlauf des Anwendungsbeispiels von den in Tabelle 6 enthaltenen bedingten Bedeutungsgraden $BBG_{i,j}$ der Komponenten i (i=1,...,5) in Bezug auf die verschiedenen Funktionen j (j=1,...,n) des Automobils E 2005 auszugehen.

i	j / Bezeichnung der Funktion j / Bezeichnung der Komponente i	1 Fortbewegung ermöglichen	2 Fahrkomfort sicherstellen	3 Aufmerksamkeit erwecken	4 Verletzungsgefahr reduzieren	5 Umweltstandards einhalten	6 Qualität/ Zuverlässigkeit gewährleisten	7-n Diverse
1	Aggregate	0,6	0,05	0,05	0	0,8	0,2	0,4
2	Elektrik	0,1	0,05	0	0,15	0	0,15	0,1
3	Karosserie	0,05	0,2	0,75	0,55	0,1	0,3	0,15
4	Fahrwerk	0,2	0,5	0,1	0,2	0,05	0,15	0,2
5	Ausstattung	0,05	0,2	0,1	0,1	0,05	0,2	0,15

Tabelle 6: Bedingte Bedeutungsgrade von Komponenten.

Unter Berücksichtigung der Ableitung der Gewinnspanne mit Hilfe der Umsatzrendite ergibt sich mit Hilfe der Informationen aus den Tabellen 4 und 6 unter Anwendung von (14) und (15) nachstehende Funktionskostenmatrix zur Spaltung der Funktionszielkosten des Automobils E 2005.

	j	1		2		3		4		5		6		7-n		
	Bezeichnung der Funktion j	Fortbewegung ermöglichen		Fahrkomfort sicherstellen		Aufmerksamkeit erwecken		Verletzungsgefahr reduzieren		Umweltstandards einhalten		Qualität/ Zuverlässigkeit gewährleisten		Diverse		
	Funktionszielkosten (ZK_j)	4.800		2.250		1.200		2.400		900		2.100		1.350		
i	Bezeichnung der Komponente i	$BBG_{i,j}$	$ZK_{i,j}$	$BBG_{i,j}$	$ZK_{i,j}$	$BBG_{i,j}$	$ZK_{i,j}$	$BBG_{i,j}$	$ZK_{i,j}$	$BBG_{i,j}$	$ZK_{i,j}$	$BBG_{i,j}$	$ZK_{i,j}$	$BBG_{i,j}$	$ZK_{i,j}$	ZK_i
1	Aggregate	0,6	2.880	0,05	113	0,05	60	0	0	0,8	720	0,2	420	0,4	540	4.733
2	Elektrik	0,1	480	0,05	113	0	0	0,15	360	0	0	0,15	315	0,1	135	1.403
3	Karosserie	0,05	240	0,2	450	0,75	900	0,55	1.320	0,1	90	0,3	630	0,15	203	3.833
4	Fahrwerk	0,2	960	0,5	1.125	0,1	120	0,2	480	0,05	45	0,15	315	0,2	270	3.315
5	Ausstattung	0,05	240	0,2	450	0,1	120	0,1	240	0,05	45	0,2	420	0,15	203	1.718

Tabelle 7: Funktionskostenmatrix zur Spaltung von Funktionszielkosten des E 2005.[178]

Die alternative Methode zur Bestimmung von Komponentenzielkosten nimmt unmittelbar Bezug auf die (spaltbaren) Produktzielkosten und wird in der Literatur gegenüber dem oben dargestellten Verfahren offensichtlich bevorzugt.[179] Im ersten Schritt wird der so genannte absolute Bedeutungsgrad $BG_{i,j}$ einer Komponente i hinsichtlich einer Funktion j ermittelt, welcher dem Anteil am Gesamtnutzen des Produkts entspricht, der aus dem Beitrag der betreffenden Komponente zur Erfüllung dieser Funktion abgeleitet wird.[180] Dieser ebenfalls dimensionslose absolute Bedeutungsgrad $BG_{i,j}$ berechnet sich als Produkt aus dem absoluten Bedeutungsgrad BG_j dieser Funktion und dem vorab festgelegten bedingten Bedeutungsgrad $BBG_{i,j}$ der betreffenden Komponente hinsichtlich der jeweiligen Funktion mittels

(16) $$BG_{i,j} = BBG_{i,j} \cdot BG_j \qquad (i=1,\dots,m;\ j=1,\dots;n).$$[181]

[178] Sämtliche Werte für die Zielkosten $ZK_{i,j}$ sind auf ganze Dezimalstellen gerundet.
[179] Vgl. Kremin-Buch (2004), S. 113 f.; Joos-Sachse (2004), S. 243 f.; Glaser (2002), S. 231; Riegler (2000), S. 244 ff.; Coenenberg (2003), S. 444 ff.
[180] Vgl. Noltemeier (2003), S. 23.
[181] Vgl. Glaser (2002), S. 231.

In der so genannten Komponenten-Funktionen-Matrix, deren generelle Struktur Tabelle 8 zu entnehmen ist, werden die betrachteten Bedeutungsgrade zusammengefasst dargestellt.[182]

	j	1	…	n
	Bezeichnung der Funktion j	Funktion 1	…	Funktion n
i	Bezeichnung der Komponente i	$BG_{i,1}$	…	$BG_{i,n}$
1	Komponente 1	$BG_{1,1}$	…	$BG_{1,n}$
⋮	⋮	⋮	…	⋮
m	Komponente m	$BG_{m,1}$	…	$BG_{m,n}$

Tabelle 8: Generelle Struktur einer Komponenten-Funktionen-Matrix zur Spaltung von Produktzielkosten.

Diese Matrix wird in der Literatur analog zu der in Tabelle 5 dargestellten Matrix vielfach auch als Funktionskostenmatrix bezeichnet.[183] Dieser im deutschsprachigen Raum erstmalig von *Seidenschwarz*[184] verwendete Begriff ist jedoch kritisch zu betrachten, da die betreffende Matrix ausschließlich Bedeutungsgrade und keinerlei Kosten enthält und diese Bezeichnung aus diesem Grunde irreführend erscheint.

Die in der Komponenten-Funktionen-Matrix dargestellten Bedeutungsgrade sind wie folgt aufzufassen: Der dimensionslose absolute Bedeutungsgrad $BG_{i,j}$ einer Komponente i hinsichtlich einer Funktion j, ausgedrückt als Beitrag der betreffenden Komponente zur Erfüllung dieser Funktion, entspricht dem jeweiligen Anteil der betreffenden Komponente hinsichtlich dieser Funktion an dem vom Produkt ausgehenden

---

[182] Vgl. Coenenberg (2003), S. 452; Kavandi (1998), S. 83 f.; Fischer/Schmitz (1994), S. 427 f. Einige Autoren berücksichtigen in dieser Matrix neben den absoluten Bedeutungsgraden der Komponenten hinsichtlich der Funktionen des Weiteren die zugehörigen bedingten Bedeutungsgrade und die absoluten Bedeutungsgrade der Funktionen und/oder Komponenten; vgl. Noltemeier (2003), S. 23.

[183] Vgl. Burger (1999), S. 78; Dittmar (1998), S. 13; Joos-Sachse (2004), S. 243; Seidenschwarz (1993), S. 174.

[184] Vgl. Seidenschwarz (1993), S. 257.

Gesamtnutzen. Dieser Bedeutungsgrad $BG_{i,j}$ berücksichtigt unter Beachtung von (16) sowohl die mittels BG_j ausgedrückten Urteile potenzieller Kunden als auch die mittels $BBG_{i,j}$ ausgedrückten unternehmungsinternen Urteile der Mitarbeiter des Target-Costing-Teams.

Im zweiten Schritt dieser alternativen Vorgehensweise wird aus den absoluten Bedeutungsgraden $BG_{i,j}$ der m Komponenten hinsichtlich der n Funktionen der ebenfalls dimensionslose absolute Bedeutungsgrad BG_i einer Komponente i in Bezug auf das Gesamtprodukt mittels

$$(17) \qquad BG_i = \sum_{j=1}^{n} BG_{i,j} \qquad (i=1,\ldots,m)$$

hergeleitet.[185] Dieser absolute Bedeutungsgrad BG_i kann als derjenige Anteil einer Komponente aufgefasst werden, den diese zur Erfüllung des gesamten Produktnutzens beiträgt. Auch der absolute Bedeutungsgrad BG_i berücksichtigt analog zu $BG_{i,j}$ unter Beachtung von (16) und (17) sowohl die Urteile potenzieller Käufer als auch die der Mitarbeiter des Target-Costing-Teams.

In einem dritten Schritt erfolgt die Ermittlung der Zielkosten ZK_i einer Komponente i (in GE/PME) durch Zuordnung der spaltbaren Produktzielkosten PZK_s im Verhältnis der ermittelten absoluten Bedeutungsgrade BG_i zu den einzelnen Komponenten i mittels

$$(18) \qquad ZK_i = BG_i \cdot PZK_s \qquad (i=1,\ldots,m).$$[186]

Die beiden erläuterten Vorgehensweisen führen stets zu einem identischen Ergebnis. Aus (15) entsteht unter Verwendung von (10) die Relation

$$(19) \qquad ZK_i = \sum_{j=1}^{n} BBG_{i,j} \cdot ZK_j = \sum_{j=1}^{n} BBG_{i,j} \cdot BG_j \cdot PZK_s \qquad (i=1,\ldots,m),$$

welche alternativ unter Verwendung von (16) und (17) auch mittels

185 Vgl. Glaser (2002), S. 231.
186 Vgl. Glaser (2002), S. 231.

$$(20) \qquad ZK_i = \sum_{j=1}^{n} BG_{i,j} \cdot PZK_s = BG_i \cdot PZK_s \qquad (i=1,\ldots,m)$$

ausgedrückt werden kann. Da diese Relation die Gleichung (18) beinhaltet, kann aus (19) und (20) die Äquivalenz von (15) und (18) abgeleitet werden.[187]

Aus (13) und (18) kann die Gewährleistung einer vollständigen Verteilung der spaltbaren Produktzielkosten gemäß

$$(21) \qquad \sum_{i=1}^{m} ZK_i = \sum_{i=1}^{m} BG_i \cdot PZK_s = PZK_s$$

abgeleitet werden, und unter Berücksichtigung von (11), (16) und (17) ergibt sich für die Relation (13)

$$(22) \qquad \sum_{i=1}^{m} BG_i = \sum_{i=1}^{m}\sum_{j=1}^{n} BG_{i,j} = \sum_{i=1}^{m}\sum_{j=1}^{n} BBG_{i,j} \cdot BG_j = \sum_{j=1}^{n} BG_j \cdot \sum_{i=1}^{m} BBG_{i,j} = 1.$$

Unter der Voraussetzung, dass die Relationen (11) und (13) erfüllt sind und somit sowohl die Summe der bedingten Bedeutungsgrade sämtlicher Komponenten für die Funktion j als auch die Summe der absoluten Bedeutungsgrade sämtlicher Funktionen jeweils den Wert eins ergibt, nimmt auch die Summe der absoluten Bedeutungsgrade sämtlicher Produktkomponenten stets den Wert eins an.[188]

Bezogen auf das Anwendungsbeispiel ergibt sich für das Automobil E 2005 unter Berücksichtigung der Angaben aus den Tabellen 4 und 6 bei Anwendung von (16) nachstehende Komponenten-Funktionen-Matrix.

---

187 Vgl. Glaser (2002), S. 232.
188 Vgl. Glaser (2002), S. 232 f.

	j	1	2	3	4	5	6	7-n
	Bezeichnung der Funktion j	Fortbewegung ermöglichen	Fahrkomfort sicherstellen	Aufmerksamkeit erwecken	Verletzungsgefahr reduzieren	Umweltstandards einhalten	Qualität/ Zuverlässigkeit gewährleisten	Diverse
i	Bezeichnung der Komponente i	$BG_{m,1}$	$BG_{m,2}$	$BG_{m,3}$	$BG_{m,4}$	$BG_{m,5}$	$BG_{m,6}$	$BG_{m,7\text{-}n}$
1	Aggregate	0,192	0,008	0,004	0	0,048	0,028	0,036
2	Elektrik	0,032	0,008	0	0,024	0	0,021	0,009
3	Karosserie	0,016	0,03	0,06	0,088	0,006	0,042	0,014
4	Fahrwerk	0,064	0,075	0,008	0,032	0,003	0,021	0,018
5	Ausstattung	0,016	0,03	0,008	0,016	0,003	0,028	0,014

Tabelle 9: Komponenten-Funktionen-Matrix für den E 2005.[189]

Weiterhin ergeben sich unter Verwendung der Angaben in den Tabellen 3 und 9 unter Anwendung von (17) und (18) folgende absolute Bedeutungsgrade BG_i und Zielkosten ZK_i der Komponenten i (Hauptbaugruppen) des E 2005.

i	Bezeichnung der Komponente i	Absoluter Bedeutungsgrad BG_i der Komponente i	Zielkosten ZK_i der Komponente i [GE/PME]
1	Aggregate	0,3155	4.733
2	Elektrik	0,0935	1.403
3	Karosserie	0,2555	3.833
4	Fahrwerk	0,221	3.315
5	Ausstattung	0,1145	1.718

Tabelle 10: Absolute Bedeutungsgrade und Zielkosten der Komponenten bzw. Hauptbaugruppen des E 2005.[190]

---

[189] Sämtliche Werte sind auf vier Dezimalstellen gerundet.
[190] Sämtliche Werte für die Zielkosten ZK_i sind auf ganze Dezimalstellen gerundet.

Die bei der Realisierung eines bestimmten Produktentwurfs anfallenden komponentenbezogenen Standardkosten sind im weiteren Verlauf des Target Costing hinsichtlich ihrer Zulässigkeit zu kontrollieren. Im Allgemeinen ist entsprechend der Relation (6) von produktbezogenen Standardkosten auszugehen, die oberhalb der Produktzielkosten liegen, so dass im Anschluss an die Kostenkontrolle im Rahmen der Zielkostensicherung geeignete Maßnahmen zur Beseitigung bzw. Reduzierung dieser Kostenüberschreitungen einzuleiten sind. Sowohl die Kostenkontrolle als auch die Zielkostensicherung bilden Bestandteile des Verfahrensschritts der Zielkostenerreichung und werden in den nachfolgenden Abschnitten erläutert.

3. Zielkostenerreichung

a) Instrumente zur Kostenkontrolle

Für die Kontrolle der Zielkostenerreichung ist die Ermittlung der produkt- und komponentenbezogenen Standardkosten erforderlich, die sich stets auf einen bestimmten Produktentwurf beziehen. Dabei kann es sich je nach Entwicklungsstand des betreffenden Produkts um einen Grob- oder einen Detailentwurf handeln. Die Standardkosten stellen (Plan-)Kosten (in GE/PME) dar, die bei weiterer Verwendung der zum Zeitpunkt der Planung in einer Unternehmung vorhandenen Produktionsverfahren und -systeme anzusetzen sind. Sie werden im Target Costing auch als Drifting Costs bezeichnet. Die gesamten Produktstandardkosten PSK_g (in GE/PME) sind analog zu den gesamten Produktzielkosten in die spaltbaren und nichtspaltbaren Produktstandardkosten PSK_s und PSK_n (jeweils in GE/PME) aufzuteilen.[191] Die spaltbaren Produktstandardkosten PSK_s ergeben sich in der Regel durch Summation der vorab zu ermittelnden komponentenbezogenen Standardkosten SK_i (in GE/PME) über alle Komponenten i (i=1,...,m). Das Hauptinstrument für die Zielkostenkontrolle im Target Costing stellt das von *Tanaka* entwickelte so genannte Value Control Chart dar, dessen Erläuterung in der einfachen und modifizierten Form Gegenstand der nachfolgenden Abschnitte ist.

[191] Vgl. Noltemeier (2003), S. 29.

i) Das einfache Value Control Chart

Das Value Control Chart als Hauptinstrument für die Zielkostenkontrolle im Target Costing wurde in der deutschsprachigen Literatur erstmals von *Horváth/Seidenschwarz* aufgegriffen[192] und wird im Folgenden als einfaches Value Control Chart bezeichnet. Gegenstand dieses einfachen Value Control Charts ist die grafische Darstellung des Zusammenhangs zwischen den komponentenbezogenen Standardkosten SK_i und den gesamten bzw. spaltbaren Produktstandardkosten PSK_g bzw. PSK_s. Die von *Horváth/Seidenschwarz* verwendete Übersetzung als Zielkostenkontrolldiagramm ist dahingehend irreführend, dass in dieser Form des Value Control Charts keinerlei Zielkosten, sondern ausschließlich der Zusammenhang zwischen komponenten- und produktbezogenen Plan- bzw. Standardkosten visualisiert wird.[193] *Seidenschwarz* begründet den Einsatz des einfachen Value Control Charts mit der „grafischen Darstellung des Zielkostenerreichungsgrades".[194] Dieser Aussage ist jedoch im Allgemeinen zu widersprechen, denn derartige Rückschlüsse über (absolute) Kostenabweichungen für Komponenten sind lediglich für den in der Praxis unwahrscheinlichen Ausnahmefall einer Übereinstimmung von spaltbaren Produktzielkosten und -standardkosten zulässig.[195] Der Einsatz des einfachen Value Control Charts erscheint zudem nicht praktikabel, da sich mit jeder Modifikation der Standardkosten einer Komponente die Anteilssätze von sämtlichen Komponenten ändern, ohne dass diese kostenmäßig oder konstruktiv beeinflusst worden sind.[196] Aus den genannten Gründen ist der Einsatz des einfachen Value Control Charts im Hinblick auf die angestrebte Kostenkontrolle im Target Costing zu verwerfen.

ii) Das zielkostenbezogene Value Control Chart

Im Gegensatz zum einfachen Value Control Chart sieht die nachfolgend beschriebene zweite Form die Berücksichtigung der Produktzielkosten explizit vor. Diese

---

[192] Vgl. Tanaka (1989), S. 60 ff.; Horváth/Seidenschwarz (1992a), S. 11 ff.; Horváth/Seidenschwarz (1992b), S. 145 ff.; Seidenschwarz (1993), S. 180 ff.
[193] Vgl. Horváth/Seidenschwarz (1992a), S. 11 ff.; Horváth/Seidenschwarz (1992b), S. 145 ff.
[194] Seidenschwarz (1993), S. 181.
[195] Vgl. Baden (1997), S. 153; Meyer (2003), S. 237.
[196] Vgl. Listl (1998), S. 194; Meyer (2003), S. 236.

modifizierte Form des Value Control Charts geht auf *Fischer/Schmitz* zurück[197] und wird in der jüngeren Literatur zunehmend aufgegriffen.[198] Aufgrund der Berücksichtigung von Zielkosten soll diese Form im Folgenden als zielkostenbezogenes Value Control Chart bezeichnet werden. *Fröhling* schlägt über den Ansatz von *Fischer/ Schmitz* hinaus vor, die Gemeinkostenanteile aus den produktbezogenen Zielkosten zu eliminieren, um die Aussagefähigkeit des Value Control Charts dadurch erhöhen zu können.[199] Die Forderung von *Fröhling* soll dahingehend berücksichtigt werden, dass das zielkostenbezogene Value Control Chart stets Bezug auf die spaltbaren anstelle der globalen Produktzielkosten nehmen soll. Dadurch soll eine größtmögliche Aussagefähigkeit unter Berücksichtigung des oben unterstellten Kostenverursachungsprinzips gewährleistet werden.

Gegenstand des zielkostenbezogenen Value Control Charts ist die grafische Darstellung des Zusammenhangs zwischen den Anteilssätzen y_i der komponentenbezogenen Standardkosten SK_i an den spaltbaren Produktzielkosten PZK_s und den zugehörigen absoluten Bedeutungsgraden BG_i für sämtliche Komponenten i (i=1,...,m). Die betreffenden Anteilssätze y_i lassen sich mittels

$$(23) \qquad y_i = \frac{SK_i}{PZK_s} \qquad (i=1,\ldots,m).$$

herleiten. Der absolute Bedeutungsgrad BG_i einer Komponente i wird in diesem Zusammenhang durch $x_i\,(=BG_i)$ gekennzeichnet.[200] Im Idealfall stimmen die Anteilssätze y_i in Bezug auf sämtliche Komponenten i (i=1,...,m) mit den betreffenden Bedeutungsgraden x_i allgemein gemäß

$$(24) \qquad y = x$$

exakt überein.[201] Das Value Control Chart sieht Abweichungen von diesem Idealfall innerhalb festzulegender Grenzen als zulässig an, deren Toleranzbereich sich durch

---

197 Vgl. Fischer/Schmitz (1994), S. 427 ff.
198 Vgl. z. B. Fröhling (1994), S. 423 ff.; Glaser (2002), S. 236 f.; Listl (1998), S. 196 ff.; Meyer (2003), S. 239 ff.; Noltemeier (2003), S. 40 ff.
199 Vgl. Fröhling (1994), S. 423 ff.
200 Vgl. Noltemeier (2003), S. 40.
201 Vgl. Glaser (2002), S. 236.

die so genannte Optimal Value Zone (Zielkostenzone) grafisch darstellen lässt. Dabei wird grundsätzlich die Stetigkeit der betrachteten Größen unterstellt.[202] Der zulässige Toleranzbereich lässt sich durch die gemäß

$$(25) \qquad y_{max} = \sqrt{x^2 + q^2}$$

zu ermittelnde obere Begrenzung und die mittels

$$(26) \qquad y_{min} = \sqrt{\max\{x^2 - q^2, 0\}}$$

abzuleitende untere Begrenzung der Optimal Value Zone bestimmen.[203] Die Bemessung der maximal zulässigen Kostenabweichungen erfolgt mit Hilfe eines dimensionslosen Parameters q (mit $q>0$), der vorab festzulegen ist. Grundsätzlich können unterschiedliche Werte q_1 und q_2 für die Bestimmung der maximal tolerierbaren Kostenüberschreitungen und -unterschreitungen festgelegt werden.[204] In der Praxis der Automobilindustrie wird jedoch offensichtlich zur Bestimmung der Kostenabweichungen ein Wert $q=q_1=q_2$ bevorzugt. *Deisenhofer* empfiehlt am Beispiel der Audi AG die Festlegung von q in Höhe von 0,1.[205]

Definiert man ein Koordinatensystem (Value Control Chart) mit den erläuterten komponentenbezogenen Anteilssätzen y_i und den absoluten Bedeutungsgraden x_i $(= BG_i)$ der Komponenten als Achsen, so lassen sich die festzulegenden Toleranzgrenzen für die Kostenabweichungen und die Optimal Value Zone grafisch darstellen. Anschließend werden die Produktkomponenten mit den gemäß (23) zu ermittelnden Koordinatenwerten in das Koordinatensystem eingetragen. Ein allgemeines Beispiel für ein zielkostenbezogenes Value Control Chart mit einer Komponente i findet sich in nachfolgender Abbildung 4.

---

202 Vgl. Glaser (2002), S. 236.
203 Vgl. Noltemeier (2003), S. 40.
204 Vgl. Glaser (2002), S. 236; Tanaka (1989), S. 67.
205 Vgl. Deisenhofer (1993), S. 106 f.

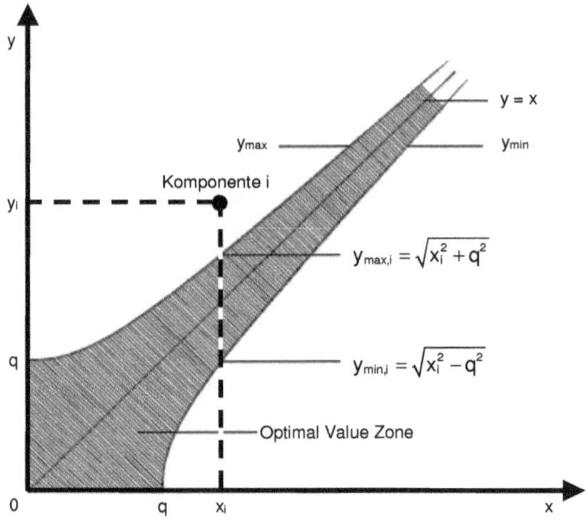

Abbildung 4: Value Control Chart.[206]

Für den in Abbildung 4 vorliegenden Fall, dass der Anteilssatz der Standardkosten einer Komponente i an den spaltbaren Produktzielkosten einen höheren Wert als die festgelegte obere Begrenzung der Zielkostenzone (mit $y_i > y_{max,i}$) aufweist, sind Maßnahmen zur Kostenreduzierung einzuleiten. Dabei ist eine Beeinträchtigung der ursprünglich geplanten Produktqualität zu vermeiden. Der entgegengesetzte Fall einer Unterschreitung des minimal zulässigen Anteilssatzes (mit $y_i < y_{min,i}$) zeigt lediglich eine Indikatorfunktion zur technischen Überarbeitung der betreffenden Produktkomponente auf, so dass vom Target-Costing-Team vorerst zu überprüfen ist, ob diese Komponente tatsächlich in dem geforderten Maße zur Funktionserfüllung beiträgt. Für die betreffende Komponente sind dann technische Optimierungen oder Modifikationen vorzunehmen, wenn mindestens eine der Produktfunktionen, zu deren Erfüllung sie beitragen soll, nicht in dem geforderten Maße erfüllt wird und sich dieses Defizit auf ihre technischen Eigenschaften zurückführen lässt.[207]

---

206 In übersetzter Form entnommen aus Glaser (2002), S. 237.

207 Vgl. Coenenberg (2003), S. 455 ff.; Joos-Sachse (2004), S. 247; Krapp/Wotschofsky (2000), S. 27 f.; Noltemeier (2003), S. 41.

Im Gegensatz zum einfachen Value Control Chart kann im zielkostenbezogenen Value Control Chart der vertikale Abstand einer Komponente i von der Winkelhalbierenden (y=x) als echte relative (Ziel-)Kostenabweichung betrachtet werden (vgl. Abbildung 4). Die relative Kostenabweichung RK_i einer Komponente i lässt sich nun aus der Differenz des betreffenden Anteilssatzes y_i der komponentenbezogenen Standardkosten SK_i an den spaltbaren Produktstandardkosten PSK_S und dem zugehörigen absoluten Bedeutungsgrad x_i dieser Komponente mittels

$$(27) \qquad RK_i = y_i - x_i \qquad (i=1,\ldots,m)$$

berechnen. Ein Wert von RK_i=0,2 bedeutet beispielsweise, dass die komponentenbezogenen Standardkosten die komponentenbezogenen Zielkosten um den Absolutbetrag von 0,2 PZK_S überschreiten. Die relative Kostenabweichung RK bezogen auf das Gesamtprodukt kann durch Summation der entsprechenden Kostenabweichungen über sämtliche Komponenten i (i=1,...,m) gemäß

$$(28) \qquad RK = \sum_{i=1}^{m} (y_i - x_i)$$

ermittelt werden.

In den nachfolgenden Ausführungen sollen aus Gründen der Praktikabilität und zum besseren Verständnis für den Leser sowohl die oben mittels Anteilssätzen ausgedrückten Toleranzgrenzen der Optimal Value Zone als auch die relativen Kostenabweichungen in absolute Werte überführt werden. Die auf eine Komponente i (i=1,...,m) bezogene absolute Kostenabweichung AK_i (in GE/PME) lässt sich unter Verwendung von (27) mittels

$$(29) \qquad AK_i = RK_i \cdot PZK_s = (y_i - x_i) \cdot PZK_s \qquad (i=1,\ldots,m)$$

berechnen. Die absolute Kostenabweichung AK (in GE/PME) bezogen auf das Gesamtprodukt ergibt sich schließlich durch Summation der absoluten Kostenabweichungen AK_i für sämtliche Komponenten i (i=1,...,m) mittels

$$(30) \qquad AK = \sum_{i=1}^{m} AK_i .$$

Für das eingeführte Anwendungsbeispiel sei von komponentenbezogenen Standardkosten SK_i zu den in nachstehender Tabelle 11 enthaltenen Werten auszugehen, die entsprechend dem aktuellen Entwicklungsstand eines vorläufigen Entwurfs des Automobils E 2005 anzusetzen sind. Die oben erläuterten Anteilssätze y_i sowie die relativen und absoluten sowohl auf eine Komponente als auch auf den gesamten Produktentwurf bezogenen Kostenabweichungen ergeben sich mit den Angaben aus Tabelle 10 unter Anwendung von (27) bis (30) zu den in Tabelle 11 enthaltenen Werten.

i	Bezeichnung der Komponente i	SK_i [GE/PME]	y_i	x_i	RK_i	AK_i [GE/PME]
1	Aggregate	3.500	0,23	0,32	-0,09	-1.350
2	Elektrik	1.000	0,07	0,09	-0,02	-300
3	Karosserie	5.700	0,38	0,26	0,12	1.800
4	Fahrwerk	3.600	0,24	0,22	0,02	300
5	Ausstattung	2.200	0,15	0,11	0,04	600
	Produktentwurf	**16.000**		**1**	**0,07**	**1.050**

Tabelle 11: Produkt- und komponentenbezogene Kostenabweichungen für einen vorläufigen Produktentwurf des E 2005.[208]

Im Anschluss an die Ermittlung der komponentenbezogenen (Ziel-)Kostenabweichungen sind diese jeweils auf ihre Zulässigkeit hin zu überprüfen. Die obere bzw. untere Grenze der zulässigen Standardkosten $SK_{max,i}$ bzw. $SK_{min,i}$ (jeweils in GE/PME) einer Komponente i (i=1,...m) lässt sich unter Berücksichtigung von (23), (25) und (26) mittels

$$(31) \qquad SK_{max,i} = PZK_s \cdot \sqrt{x_i^2 + q^2} \qquad (i=1,\ldots,m)$$

bzw.

---

[208] Sämtliche absoluten Werte in GE/PME sind auf ganzzahlige Werte und sämtliche dimensionslosen Werte auf zwei Dezimalstellen gerundet.

(32) $$SK_{min,i} = PZK_s \cdot \sqrt{\max\{x_i^2 - q^2, 0\}} \qquad (i=1,\ldots,m)$$

bestimmen.[209]

Bezogen auf das Anwendungsbeispiel soll in Anlehnung an die Empfehlung von *Deisenhofer* von einem Parameter q=0,1 ausgegangen werden.[210] Unter Berücksichtigung der unterstellten spaltbaren Produktzielkosten PZK_S in Höhe von 15.000 GE/PME sowie der Angaben aus Tabelle 11 ergeben sich bei Anwendung von (31) und (32) die komponentenbezogenen oberen und unteren Toleranzgrenzen $SK_{max,i}$ bzw. $SK_{min,i}$ zu den in nachfolgender Tabelle 12 enthaltenen Werten.

i	Bezeichnung der Komponente i	SK_i [GE/PME]	$SK_{min,i}$ [GE/PME]	$SK_{max,i}$ [GE/PME]	Einhaltung Kostengrenzen $SK_{min,i} = SK_i = SK_{max,i}$
1	Aggregate	3.500	4.488	4.965	$SK_1 < SK_{min,1}$
2	Elektrik	1.000	0	2.054	$SK_{min,2} = SK_2 = SK_{max,2}$
3	Karosserie	5.700	3.527	4.116	$SK_3 > SK_{max,3}$
4	Fahrwerk	3.600	2.956	3.639	$SK_{min,4} = SK_4 = SK_{max,4}$
5	Ausstattung	2.200	837	2.280	$SK_{min,5} = SK_5 = SK_{max,5}$
Produktentwurf		**16.000**	**11.808**	**17.054**	$SK_{min} = SK = SK_{max}$

Tabelle 12: Kontrolle der Zulässigkeit komponentenbezogener Standardkosten für den vorläufigen Produktentwurf des E 2005.[211]

Nachfolgende Abbildung 5 enthält das zugehörige zielkostenbezogene Value Control Chart, welches aus den in Tabelle 11 enthaltenen Daten sowie durch Anwendung von (31) und (32) abzuleiten ist.

---

[209] Vgl. Noltemeier (2003), S. 42.
[210] Vgl. Deisenhofer (1993), S. 106 f.
[211] Sämtliche Standardkosten (in GE/PME) sind auf ganzzahlige Werte gerundet.

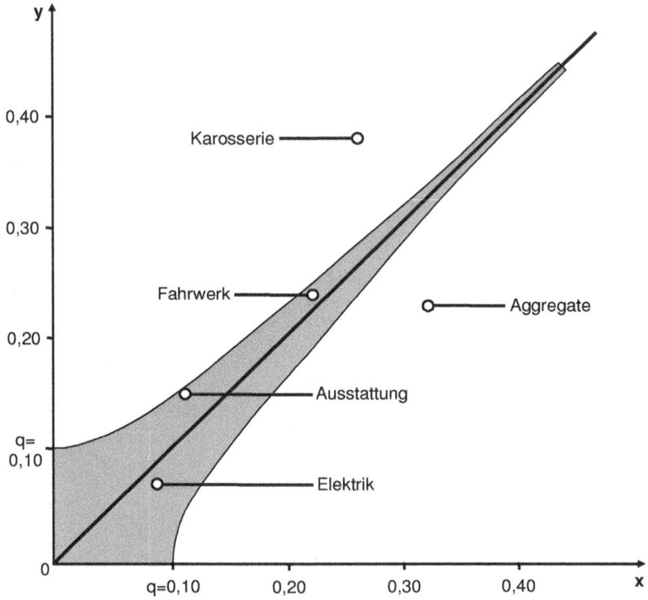

Abbildung 5: Zielkostenbezogenes Value Control Chart für den vorläufigen Produktentwurf des E 2005.

Sowohl aus Tabelle 12 als auch aus Abbildung 5 wird unmittelbar ersichtlich, dass die Standardkosten für die Aggregate (Komponente i=1) und für die Karosserie (Komponente i=3) außerhalb der als zulässig definierten Kostengrenzen bzw. der Optimal Value Zone liegen. Die Standardkosten für die Aggregate liegen unterhalb der Kostengrenze $SK_{min,1}$. Gemäß oben genannter Ausführungen ist diese Unterschreitung lediglich als Indikator dafür aufzufassen, dass die betreffende Komponente gegebenenfalls dann technisch zu überarbeiten ist, wenn sich nach Prüfung durch das Target-Costing-Team herausstellen sollte, dass mindestens eine Produktfunktion nicht in dem geforderten Maße erfüllt wird. Im Gegensatz dazu liegen die Standardkosten für die Karosserie oberhalb der Kostengrenze $SK_{max,3}$. Demzufolge sind Maßnahmen zur Kostenreduzierung einzuleiten, die nicht zu einer Beeinträchtigung der ursprünglich geplanten Produktqualität führen dürfen. Die Beschreibung geeigneter Ansätze zur Kostensenkung bzw. zur Zielkostensicherung bildet den Inhalt der nachfolgenden Abschnitte.

b) Instrumente zur Zielkostensicherung

Im Allgemeinen ist unter Beachtung der Relation (6) von einer Überschreitung der Produktzielkosten durch die produktbezogenen Standardkosten auszugehen, so dass so lange Maßnahmen zur Zielkostensicherung einzuleiten und jeweils daran anschließend die produktbezogenen Standardkosten erneut zu berechnen sind, bis keine Aussicht auf Zielkostenerreichung mehr besteht und ein Abbruch des Target-Costing-Projekts in Erwägung zu ziehen ist.[212] In der Automobilindustrie am Beispiel der Audi AG beträgt die Abweichung zwischen den Produktzielkosten und den erstmals zu Beginn des Verfahrensschritts der Zielkostenerreichung berechneten Produktstandardkosten oftmals fünfzehn bis zwanzig Prozent.[213] Nach herrschender Meinung endet das Target-Costing-Projekt mit Abschluss der gegebenenfalls noch erforderlichen Vorbereitungen für die (Serien-)Produktion des ausgewählten Produktkonzepts,[214] so dass eine Nichterreichung der Zielkosten mit Beginn der Marktphase im Produktlebenszyklus zu einem Projektabbruch führen kann. In der Praxis der Automobilindustrie werden die produktbezogenen Zielkosten bis zum Abschluss der Entstehungsphase eines Produkts in der Regel nicht erreicht, so dass zur Verhinderung eines Projektabbruchs im Anschluss daran während der gesamten Marktphase des Produkts schrittweise Kostensenkungen zur Zielkostensicherung durchzuführen sind.[215] Aus diesem Grunde soll unterstellt werden, dass die nachfolgend zu erläuternden Ansätze zur Zielkostensicherung nicht ausschließlich in der Entstehungsphase, sondern darüber hinaus grundsätzlich auch in der Markt- bzw. Serienphase eines Automobils angewendet werden können.

i) Isolierte Maßnahmen zur Zielkostensicherung

Der zur Zielkostenerreichung zu deckende Kostensenkungsbedarf für die spaltbaren Produktstandardkosten PSK_S sowie für die komponentenbezogenen Standardkosten

---

212 Vgl. Meyer (2003), S. 245.
213 Vgl. Deisenhofer (1993), S. 96.
214 Vgl. z. B. Abele/Heßen (1994), S. 155; Coenenberg (2003), S. 477; Cooper/Slagmulder (1997), S. 71; Franz (1993), S. 125.; Gaiser/Kieninger (1993), S. 67; Kobayashi (1999), S. 717; Tanaka (1989), S. 50 f.
215 Vgl. Cervellini/Lamla (1997), S. 478 [Porsche AG]; Deisenhofer (1993), S. 96 [Audi AG]; Walker (1997), S. 461 [Mercedes-Benz AG].

SK_i des nunmehr vorliegenden Produktentwurfs entspricht den oben erläuterten absoluten Kostenabweichungen AK bzw. AK_i. Entsprechend ist ein möglicher Kostensenkungsbedarf für die nichtspaltbaren Produktstandardkosten durch Abzug der nichtspaltbaren Produktzielkosten zu ermitteln. Die Aufgabe des Target-Costing-Teams besteht nunmehr darin, den Produktentwurf unter Berücksichtigung konstruktionsbezogener, fertigungstechnischer und beschaffungspolitischer Aspekte derart weiterzuentwickeln, dass im Idealfall die exakte Einhaltung sämtlicher Zielkostenvorgaben gewährleistet ist[216] bzw. keine Aussicht mehr auf weitere Kostenreduzierungen besteht.

In der Target-Costing-Literatur findet sich eine Vielzahl von Maßnahmen zur Beeinflussung der Produktkosten. Im Hinblick auf die Reduzierung der Produktstandardkosten sind hauptsächlich folgende isolierte Maßnahmen zur Zielkostensicherung zu nennen:

- Vereinfachung und Entfall von Arbeitsgängen (z. B. durch Eliminierung von Prüfvorgängen),[217]
- Substitution von Werkstoffen,[218]
- Veränderung der Fertigungstiefe (z. B. die Substitution einer geplanten Eigenfertigung bestimmter Komponenten durch Fremdbezug oder umgekehrt die Substitution des Fremdbezugs bestimmter Komponenten durch eine möglicherweise kostengünstigere Eigenfertigung),[219]
- Einführung erfolgszielorientierter Prämienlohnsysteme,[220]
- Verwendung alternativer Produktionsverfahren und -systeme,[221]
- Produktbezogene Umsetzung der Prinzipien des Lean-Managements.[222]

---

216 Vgl. Noltemeier (2003), S. 29 f.
217 Vgl. Joos-Sachse (2004), S. 245.
218 Vgl. Meyer (2003), S. 245.
219 Vgl. Glaser (2002), S. 237; Noltemeier (2003), S. 30.
220 Vgl. Betz (1998), S. 254.
221 Vgl. Glaser (2002), S. 237.
222 Quelle: Interview Nr. H1 und H3. Zur detaillierten Beschreibung der Umsetzung der Prinzipien des Lean-Managements in der Automobilindustrie vgl. Womack/Jones/Roos (1991).

Als weitere Maßnahme zur Reduzierung der Produktstandardkosten wird in der Literatur häufig die Substitution von geplanten Spezialkomponenten durch bereits existierende (Standard-)Komponenten empfohlen.[223] In der Automobilindustrie wird dieser Ansatz auch als Gleichteile- bzw. Plattformstrategie (Carry Over Parts) bezeichnet,[224] deren hauptsächliche Zielsetzung in der Realisierung von Skaleneffekten liegt. Bezüglich der Substitution von Produktkomponenten im Rahmen des Target Costing bleibt anzumerken, dass der Einsatz alternativer Komponenten zur Modifikation bzw. zur eingeschränkten Erfüllung von Produktfunktionen und die daraus resultierende Qualitätseinbuße zu dem so genannten Zielkostensyndrom führen kann (vgl. Abbildung 6).[225]

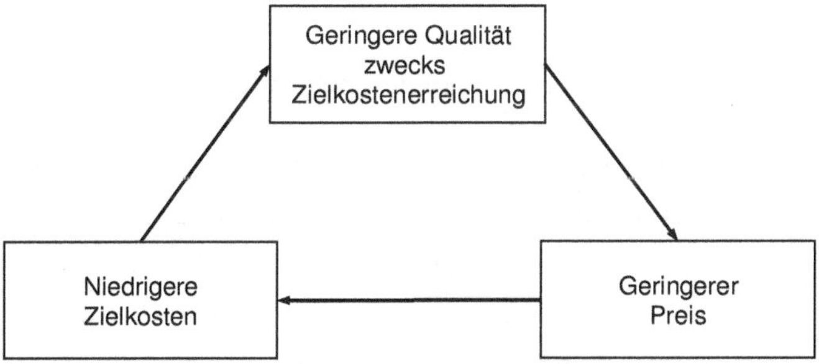

Abbildung 6: Zielkostensyndrom.[226]

Der ursprünglich festgelegte Zielverkaufspreis bezieht sich stets auf eine bestimmte Produktqualität. Eine Reduzierung der Produktqualität führt im Allgemeinen zu einer geringeren Wertschätzung und damit einhergehend zu einer abnehmenden Preisbereitschaft potenzieller Kunden hinsichtlich des betreffenden Produkts. Infolgedessen ist der (Ziel-)Verkaufspreis entsprechend der Reduzierung von Produktqualität und Kundenwertschätzung zu senken, um die zu Grunde liegende Zielabsatzmenge realisieren zu können. Dem Konzept des Target Costing zufolge sind daraufhin die Zielkosten zu reduzieren, um eine konstante Gewinnspanne sicherstellen zu können.

[223] Vgl. z. B. Joos-Sachse (2004), S. 245.
[224] Quelle: Interview Nr. H 1.
[225] Vgl. Glaser (2002), S. 238.
[226] In übersetzter Form entnommen aus Glaser (2002), S. 224.

Niedrigere Zielkosten erfordern wiederum die Ergreifung weiterer Kostensenkungsmaßnahmen, die zu neuerlichen Qualitätseinbußen führen können.[227] Zur Vermeidung des erläuterten Zielkostensyndroms sollten ausschließlich solche Maßnahmen zur Reduzierung der Standardkosten ergriffen werden, deren Durchführung die ursprünglich geplante Produktqualität nicht nachhaltig beeinträchtigt.[228]

Neben den oben genannten isolierten Maßnahmen zur Beeinflussung der Produktkosten findet sich in der Literatur eine Vielzahl von Ansätzen, die analog zum Target Costing als systematische Kostensenkungsmethoden aufgefasst werden können.[229] Die nachfolgenden Ausführungen beschränken sich auf die ausführliche Darstellung der Wertanalyse, da diese nach herrschender Meinung das Hauptinstrument zur Zielkostensicherung im Target Costing darstellt.[230]

ii) Einsatz der Wertanalyse zur Zielkostensicherung

Die Wertanalyse stellt analog zum Target Costing ein strategisch ausgerichtetes Kostenmanagementsystem dar,[231] welches im Gegensatz zum Target Costing nicht ausschließlich produktbezogen, sondern zusätzlich bereichsbezogen einsetzbar ist und stets funktionenorientiert angewendet wird.[232] Die allgemeine Zwecksetzung der Wertanalyse besteht in der Gestaltung der Funktionenstruktur des Analyseobjektes derart, dass die Differenz aus dem zumeist nutzwertanalytisch ermittelten Nutzen und den Kosten dieses Objektes ein Maximum annimmt. Mögliche Analyseobjekte stellen neben Sachgütern und Dienstleistungen beispielsweise Leistungen von Verwaltungsbereichen dar.[233] Für den Einsatz der Wertanalyse zur Zielkostensicherung im Target Costing beschränkt sich die Anwendung auf das betreffende Produkt als Analyseobjekt. *Sakurai* empfiehlt den Einsatz der Wertanalyse insbesondere für neue, komplexe und in hohen Stückzahlen zu fertigende Produkte.[234] Im Hinblick auf

---

[227] Vgl. Glaser (2002), S. 224.
[228] Vgl. Noltemeier (2003), S. 31.
[229] Ein zusammenfassender Überblick über die verschiedenen Ansätze findet sich z. B. bei Arnaout (2001), S. 54; Horváth/Niemand/Wolbold (1993), S. 16 ff.; Rösler (1996), S. 56.
[230] Vgl. Buggert/Wielpütz (1995), S. 110 ff.; Bonzemba/Okano (1997); Coenenberg (2003), S. 468 f.; Meyer (2003), S. 245; Wohinz (1994), S. 283.
[231] Vgl. z. B. Meyer (2003), S. 246; Noltemeier (2003), S. 31.
[232] Vgl. Meyer (2003), S. 246.
[233] Vgl. z. B. Meyer (2003), S. 246; Noltemeier (2003), S. 31.
[234] Vgl. Sakurai (1989), S. 44.

die Funktionenstruktur des betreffenden Produkts sind zur Funktionserfüllung diejenigen Lösungsalternativen zu ermitteln, die entweder bei konstanten Kosten die Funktionsgestaltung mit dem maximalen Nutzen aufweisen oder bei gegebenem Nutzen minimale Kosten verursachen.[235] Entsprechend der allgemeinen Zwecksetzung der Wertanalyse sind grundsätzlich auch Kostenerhöhungen zulässig.[236]

In der ursprünglichen Definition der Wertanalyse nach DIN 69910 sind die Bezeichnungen „Value Analysis“ und „Value Engineering“ synonym zu dem Begriff der Wertanalyse zu verwenden.[237] In der Literatur findet sich jedoch vielfach eine Differenzierung dieser Begriffe derart, dass der Einsatz der Wertanalyse bei Neuprodukten bzw. Neuproduktentwicklungen als Value Engineering (Wertgestaltung) und bei bestehenden Produkten als Value Analysis (Wertverbesserung) bzw. Wertanalyse i. e. S. bezeichnet wird.[238] Die produktbezogenen Einsatzbereiche und die zugehörigen Begriffe sind in Abbildung 7 veranschaulichend dargestellt.

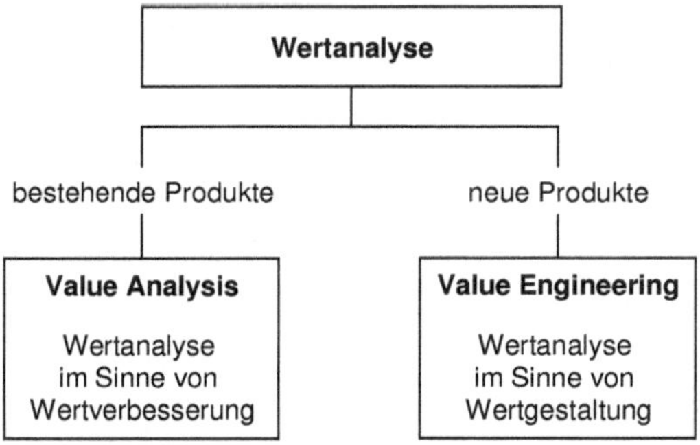

Abbildung 7: Produktbezogene Einsatzbereiche der Wertanalyse.

Im Rahmen des Target Costing kommt der Wertanalyse in Form des Value Engineering während der Entstehungsphase eines Produkts eine besondere Bedeutung zu. Ein wesentlicher Vorteil des Value Engineering gegenüber der Value Analysis liegt in

---

[235] Vgl. Noltemeier (2003), S. 31.
[236] Vgl. Jehle (1992), S. 1516.
[237] Vgl. Zentrum Wertanalyse VDI-GSP (1995), S. 10.
[238] Vgl. z. B. Buggert/Wielpütz (1995), S. 111 ff.; Coenenberg (2003), S. 468 f.; Lorson (1993), S. 180; Meyer (2003), S. 246; Wohinz (1983), S. 28 ff.

der Tatsache, dass ein Großteil der später anfallenden Produktkosten bereits in der Produktentstehungsphase determiniert wird und dieser Methode daher im Allgemeinen ein größeres Kostenbeeinflussungspotenzial zugeschrieben wird. Zudem erhöhen sich in der Regel die im Rahmen der Wertanalyse entstehenden Änderungskosten mit fortschreitendem Einsatzzeitpunkt im Produktlebenszyklus. Schließlich bleibt zu berücksichtigen, dass sich der Entscheidungsspielraum für mögliche Änderungen im Rahmen einer Wertanalyse mit fortschreitendem Einsatzpunkt im Produktlebenszyklus tendenziell verringert.[239]

Das Value Engineering eignet sich als systematische Methode zur Zielkostensicherung im Target Costing insbesondere derart, dass die Minimierung der Produktkosten alternativer Produktentwürfe unter Beibehaltung der ursprünglich geplanten Produktqualität angestrebt wird. Der Ablauf eines Wertanalyseprojektes, der für die Value Analysis und das Value Engineering inhaltlich gleich ist, ist nach DIN 69910 in Form eines normierten Arbeitsplans mit insgesamt sechs Grundschritten festgelegt (vgl. Tabelle 13), deren strikte Einhaltung für das Erreichen der festgelegten Kostenziele als unbedingt erforderlich angesehen wird.[240]

[239] Vgl. Buggert/Wielpütz (1995), S. 113 f.; Jakob (1993), S. 181.
[240] Jehle (1992), S. 1516; Meyer (2003), S. 246.

Grundschritte	Teilschritte
1. Projekt vorbereiten	1.1 Moderator benennen 1.2 Auftrag übernehmen, Grobziel mit Bedingungen festlegen 1.3 Einzelziele setzen 1.4 Untersuchungsrahmen abgrenzen 1.5 Projektorganisation festlegen 1.6 Projektablauf planen
2. Objektsituation analysieren	2.1 Objekt- und Umfeldinformationen beschaffen 2.2 Kosteninformationen beschaffen 2.3 Funktionen ermitteln 2.4 Lösungsbedingte Vorgaben ermitteln 2.5 Kosten den Funktionen zuordnen
3. Soll-Zustand beschreiben	3.1 Informationen auswerten 3.2 Soll-Funktionen festlegen 3.3 Lösungsbedingte Vorgaben festlegen 3.4 Kostenziel den Soll-Funktionen zuordnen
4. Lösungsideen entwickeln	4.1 Vorhandene Ideen sammeln 4.2 Neue Ideen entwickeln
5. Lösungen festlegen	5.1 Bewertungskriterien festlegen 5.2 Lösungsideen bewerten 5.3 Ideen zu Lösungsansätzen verdichten und darstellen 5.4 Lösungsansätze bewerten 5.5 Lösungen ausarbeiten 5.6 Lösungen bewerten 5.7 Entscheidungsvorlage erstellen 5.8 Entscheidungen herbeiführen
6. Lösungen verwirklichen	6.1 Realisierung im Detail planen 6.2 Realisierung einleiten 6.3 Realisierung überwachen 6.4 Projekt abschließen

Tabelle 13: Wertanalyse-Arbeitsplan nach DIN 69910.[241]

Als wichtigste Inhalte einer Wertanalyse werden die in Tabelle 13 im Grundschritt 2 aufgeführten Teilschritte 2.3 bis 2.5 angesehen.[242] Der Teilschritt „Funktionen ermitteln“ beinhaltet eine Funktionsanalyse, die vor allem dazu dient, überflüssige Produktfunktionen zu erkennen und eliminieren zu können.[243] Die wesentliche

[241] In Anlehnung an Deutsches Institut für Normung (1987), S. 6 f.
[242] Vgl. Jehle (1992), S. 1519.
[243] Vgl. Meyer (2003), S. 247.

Zielsetzung des Teilschritts „Lösungsbedingte Vorgaben ermitteln" liegt in der Erschließung eines möglichst breiten Lösungsfelds.[244] Der Teilschritt „Kosten den Funktionen zuordnen" wird mit Hilfe einer Funktionskostenmatrix durchgeführt, deren Aufbau der oben beschriebenen gleichnamigen Matrix zur Zielkostenspaltung entspricht. Im Hinblick auf den Einsatz der Wertanalyse zur Zielkostensicherung im Target Costing lassen sich im Idealfall die dafür erforderlichen bedingten Bedeutungsgrade aus den bereits zuvor im Rahmen der Zielkostenspaltung festgelegten Werten unmittelbar ableiten.[245]

Die vorherigen Ausführungen haben verdeutlicht, dass einige Parallelen zwischen dem oben vorgestellten Ansatz der Zielkostenspaltung nach der Funktionsmethode und dem Value Engineering als Einsatzbereich der Wertanalyse für neue Produkte existieren. Beide Methoden zielen auf eine Beeinflussung des Niveaus und der Struktur von Produktkosten ab und sehen bereits in der Entstehungsphase eines Produkts die Spaltung produktbezogener Kostenvorgaben in funktions- und komponentenbezogene Anteile vor. Infolge dieser Gemeinsamkeiten wird die von *L. D. Miles* historisch früher entwickelte Wertanalyse[246] auch als konzeptionelle Grundlage der Funktionsmethode nach *Tanaka* angesehen.[247] Eine weitere Gemeinsamkeit zwischen den strategischen Kostenmanagementsystemen des Target Costing und der Wertanalyse liegt in der Zusammensetzung des Wertanalyseteams und des Target-Costing-Teams. Dem Wertanalyseteam gehören ähnlich dem Target-Costing-Team überwiegend Mitarbeiter aus den Bereichen Entwicklung, Produktion, Beschaffung, Absatz und Controlling an.[248]

Als Schwäche des Wertanalyse-Konzepts wird häufig angemerkt, dass viele Schritte des Wertanalyse-Arbeitsplans nicht operational sind. So finden sich beispielsweise im Hinblick auf den in Tabelle 13 enthaltenen Teilschritt „Kostenziel den Soll-Funktionen zuordnen" keinerlei Empfehlungen für die konkrete Ausgestaltung der Bestimmung von Kostenzielen im Rahmen der Wertanalyse. Zur Beseitigung dieser

---

[244] Vgl. Burger (1999), S. 181.
[245] Vgl. Noltemeier (2003), S. 36.
[246] *Miles* führte die Wertanalyse als Erster bereits im Jahre 1947 bei der General Electric Company durch; vgl. Miles (1961).
[247] Vgl. z. B. Claassen/Hilbert (1993), S. 141 f.; Meyer (2003), S. 248; Stops (1996), S. 625.
[248] Vgl. Jakob (1993), S. 182.

Schwachstelle wird vielfach die Einbindung des Value Engineering in das Target Costing gefordert, um die Kostenziele für die Wertanalyse direkt aus den mit Hilfe des Target Costing abgeleiteten Zielkosten festlegen zu können.[249]

Sofern die Zielkosten für den ausgewählten Produktentwurf bis zum Ende der Produktentstehungsphase erreicht werden, endet schließlich das Target-Costing-Projekt mit Abschluss der gegebenenfalls noch erforderlichen Vorbereitungen für die (Serien-)Produktion. Für den Fall, dass die Zielkosten zum Abschluss der Produktentstehungsphase noch nicht erreicht sind und kein Projektabbruch in Erwägung gezogen wird, sind während der Markt- bzw. Serienphase des betreffenden Produkts weitere Maßnahmen zur Zielkostensicherung zu treffen. *Monden/Hamada* schlagen am Beispiel der japanischen Automobilindustrie zur langfristigen Zielkostensicherung während der Serienphase eines Automobilmodells den wiederholten Einsatz von wertanalytischen Maßnahmen in Form der Value Analysis vor.[250] In Japan werden neben 80 bis 90 Prozent aller Neuprodukte zudem 50 bis 85 Prozent aller bestehenden Produkte während der Serienphase mindestens einmal wertanalytisch mit Hilfe der Value Analysis untersucht.[251] In diesem Fall endet das Target-Costing-Projekt entweder während der Marktphase des betreffenden Produkts zu dem Zeitpunkt, an dem keine Aussicht mehr auf Erreichung der Zielkosten besteht oder spätestens mit Abschluss der Marktphase.

---

249 Vgl. z. B. Buggert/Wielpütz (1995), S. 111 ff.; Meyer (2003), S. 248; Sakurai (1989), S. 41 ff. Noltemeier entwickelte einen formalen Ansatz zur Integration der Wertanalyse in das Target Costing; vgl. Noltemeier (2003), S. 31 ff.

250 Vgl. Monden/Hamada (1991), S. 23.

251 Vgl. Jehle (1991), S. 287.

III. Target Costing in der deutschen Automobilindustrie

1. Allgemeine Charakterisierung der deutschen Automobilindustrie

a) Begriffliche Grundlagen und Abgrenzung des Betrachtungsbereichs

Unter dem Begriff der Automobilindustrie werden allgemein die Hersteller von Kraftfahrzeugen, Anhängern und Aufbauten sowie von Kraftfahrzeugteilen und -zubehör verstanden.[252] Bei den Kraftfahrzeugherstellern handelt es sich um so genannte erstausrüstende Montagebetriebe (Original Equipment Manufacturers, OEM), das heißt um Unternehmungen auf der letzten Produktions- bzw. Wertschöpfungsstufe des Zusammenbaus.[253] Die Gruppe der Kraftfahrzeughersteller lässt sich nach dem Kriterium des zulässigen Gesamtgewichts wiederum in drei so genannte Fahrzeugsegmente unterteilen: Hersteller von Personenkraftwagen (PKW) sowie Hersteller von leichten und schweren Nutzfahrzeugen.[254] Die Hersteller von Anhängern produzieren nicht selbst fahrende Fahrzeuge, die von ihrer Bauart her dazu bestimmt sind, an ein Kraftfahrzeug oder eine Zugmaschine angehängt zu werden.[255] Die Gruppe der Hersteller von Aufbauten, die überwiegend für die Kraftfahrzeughersteller in Serie produziert, kann alternativ auch der Gruppe der Hersteller von Anhängern zugeordnet werden.[256] Die Hersteller von Zubehör produzieren solche Teile und Aggregate von Kraftfahrzeugen, die für den Betrieb des Kraftfahrzeugs nicht funktional notwendig sind.[257] Bei den Herstellern von Kraftfahrzeugteilen handelt es sich im Gegensatz zu den Kraftfahrzeugherstellern nicht um erstausrüstende Montagebetriebe, da sich diese Unternehmungen auf vorgelagerten Produktions- bzw. Wertschöpfungsstufen des Zusammenbaus befinden und in der Regel die Kraftfahrzeughersteller beliefern.[258] Der Untersuchungsbereich der vorliegenden Arbeit beschränkt sich auf die Hersteller von Personenkraftwagen und die Hersteller

---

252 Vgl. Meinig (1995), S. 59.
253 Vgl. z. B. Kaufmann (1993), S. 43.
254 Vgl. Verband der Automobilindustrie (2006), S. 35, 40, 46. Die Differenzierung in PKW und Nutzfahrzeuge erfolgt nach dem zulässigen Gesamtgewicht: PKW: < 8 t zulässiges Gesamtgewicht; Nutzfahrzeuge (leichte und schwere Nutzfahrzeuge sowie Busse): >= 8 t zulässiges Gesamtgewicht; vgl. Becker (2005), S. 11.
255 Vgl. Meinig (1995), S. 32.
256 Vgl. Diekmann (1984), S. 767.
257 Vgl. Meinig (1995), S. 479 f.
258 Vgl. Eicke/Femerling (1991), S. 16 f.

von Kraftfahrzeugteilen. Erstere werden nachfolgend als Automobilhersteller und Letztere unter Berücksichtigung nachfolgender Erläuterungen als Automobilzulieferer bezeichnet. Abbildung 8 veranschaulicht die Abgrenzung des Betrachtungsbereichs der Automobilindustrie im Rahmen dieser Arbeit.

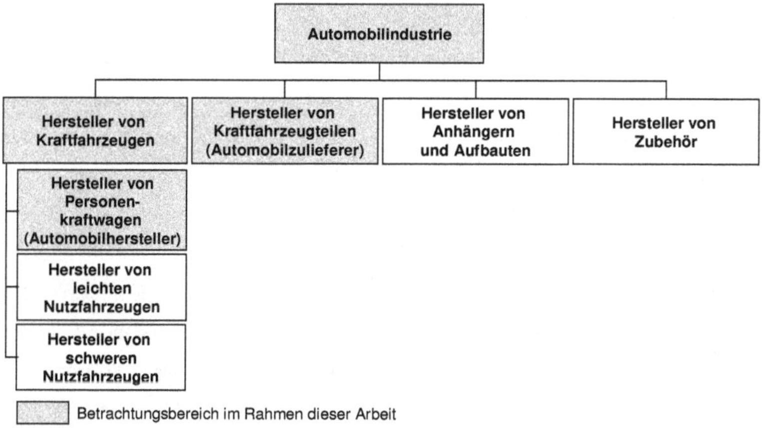

Abbildung 8: Betrachtungsbereich der Automobilindustrie im Rahmen dieser Arbeit.

In der Literatur herrscht keine Einigkeit darüber, ob der oben beschriebene Begriff der Hersteller von Kraftfahrzeugteilen synonym zu dem Begriff (Automobil-)Zulieferer zu verwenden ist, da eine Vielzahl unterschiedlicher Definitionen des Zuliefererbegriffs existiert. *Meinig* versteht unter Zulieferern sämtliche Unternehmungen, die einer produzierenden Unternehmung Vorprodukte, Rohmaterialien oder Dienstleistungen liefern, welche in das Endprodukt einfließen oder zu dessen Herstellung benötigt werden.[259] *Kaufmann* definiert den Begriff des Zulieferers als Beschaffungsmarktpartner des Abnehmers, der (Vor-)Produkte hervorbringt, die für den Abnehmer Erzeugnishauptteile darstellen. Klammert man sowohl den Handel als Beschaffungsmarktpartner als auch die Beschaffung von Humanpotenzialen (Personal) und Nominalobjekten (Geld) aus dieser Betrachtung aus, so stellen die Träger der Erstellung fremdbezogener Leistungen und (Vor-)Produkte stets so genannte

[259] Vgl. Meinig (1995), S. 486.

Lieferanten dar. *Kaufmann* sieht die Zulieferer als eine spezielle Gruppe von Verbrauchsfaktor-Lieferanten an. Die (Vor-)Produkte eines Zulieferers werden stets zu Produktbestandteilen in der abnehmenden Unternehmung auf der nachgelagerten Wertschöpfungsstufe. In der Systematik der Verbrauchsfaktorarten sind diese (Vor-) Produkte des Zulieferers dem Bereich der substanziellen Produktionsgüter und hier der Gruppe der Erzeugniseinsatzstoffe und -teile zuordenbar.[260] Die Betriebsstoffe als weitere Gruppe der substantiellen Produktionsgüter hingegen gehen im Gegensatz zu den Erzeugniseinsatzstoffen und -teilen nicht direkt in das Produkt der abnehmenden Unternehmung ein, sondern dienen zur Sicherstellung bzw. Aufrechterhaltung der Produktionsabläufe.[261] Die Lieferanten der so genannten Erzeugnishauptstoffe werden auch als Vorlieferanten bezeichnet.[262] Obwohl in jüngster Zeit mit dem Bezug von Vorprodukten von Zulieferern zunehmend auch Dienstleistungen wie beispielsweise Logistikleistungen verbunden sind, werden die Erzeugnishauptteile weiterhin als Kernleistungen der Zulieferer angesehen. Erzeugnishauptteile sind „für die Montage vorgeprägte Sachgüter“,[263] deren Einbau in das Endprodukt in der Regel keiner oder nur einer geringfügigen Weiterbearbeitung beim Abnehmer bedarf und die für die Integrität des Endprodukts notwendig sind.

Im Folgenden soll analog zu der Auffassung von *Kaufmann* unter einem Zulieferer eine Unternehmung verstanden werden, die Erzeugnishauptteile an die abnehmende Unternehmung liefert. Die von einem Zulieferer zu erbringenden Wertschöpfungsleistungen können neben der Produktion auch die (teilweise) Entwicklung des betreffenden Erzeugnishauptteils beinhalten. Diese Erzeugnishauptteile werden nachfolgend als Vorprodukte bezeichnet. Im Rahmen dieser Arbeit soll unter der betreffenden abnehmenden Unternehmung stets der Automobilhersteller als erstausrüstender Montagebetrieb verstanden werden, so dass ein Automobilzulieferer im Folgenden stets als Direktzulieferer des Automobilherstellers aufzufassen ist. In Abbildung 9 ist die allgemeine Abgrenzung des Zuliefererbegriffs mit Beispielen aus der Automobilindustrie abschließend veranschaulichend dargestellt.

---

[260] Vgl. Kaufmann (1993), S. 43.
[261] Vgl. Hahn/Laßmann (1990), S. 333.
[262] Vgl. Kaufmann (1993), S. 45.
[263] Hahn/Laßmann (1990), S. 333.

Verbrauchsfaktorarten	Substanzielle Produktionsgüter				Dienstleistungen für die Produktion einschließlich Information	
	Erzeugniseinsatzstoffe und -teile			Betriebsstoffe	Erzeugnisdienstleistungen	Betriebsdienstleistungen
	Hauptstoffe	**Hauptteile (Vorprodukte)**	Hilfsstoffe	- Energie - Schutzgase - Schweißelektroden	- Technische Funktionsberatung - Qualitätsüberwachung	- Instandhaltung - Transport
Beispiele aus der Automobilindustrie	- Bleche - Lacke	**- Vergaser** **- Anlasser** **- Felgen** **- Bremsen**	- Schmierstoffe - Klebstoffe			
Träger der Verbrauchsfaktorproduktion bei Fremdbezug	Vorlieferer	**Zulieferer**	Lieferer/Lieferanten			

Abbildung 9: Allgemeine Abgrenzung des Zuliefererbegriffs mit Beispielen aus der Automobilindustrie.[264]

b) Volkswirtschaftliche Bedeutung

Die deutsche Automobilindustrie erwirtschaftete im Jahr 2004 einen Gesamtumsatz von circa 228 Mrd. EUR und verzeichnete aufgrund einer weltweit gestiegenen Automobilnachfrage und eines demzufolge gestiegenen Anteils des Exportgeschäfts auf 59 Prozent einen Rekordumsatz.[265] Mit circa 154 Mrd. EUR entfielen etwa zwei Drittel des Gesamtumsatzes auf die Kraftfahrzeughersteller als umsatzstärkste Herstellergruppe der deutschen Automobilindustrie, während der Anteil der Zulieferindustrie (Hersteller von Kraftfahrzeugteilen) ungefähr 29 Prozent betrug. Die Herstellergruppe von Kraftfahrzeugen am Automobilstandort Deutschland wird mit einem Anteil von circa 93 Prozent bezogen auf die Gesamtmenge produzierter Fahrzeuge durch das Fahrzeugsegment der Personenkraftwagen dominiert,[266] während im Gegensatz dazu beispielsweise im Raum des North America Free

[264] In Anlehnung an Kaufmann (1993), S. 44.
[265] Vgl. Verband der Automobilindustrie (2005), S. 32 ff.
[266] Vgl. Verband der Automobilindustrie (2005), S. 50.

Agreement (NAFTA) beinahe jedes zweite produzierte Kraftfahrzeug zum Segment der Nutzfahrzeuge gehört.[267]

In Deutschland produzieren mit Audi, den Bayerischen Motorenwerken (BMW), Ford Deutschland, der Mercedes Car Group (MCG), Opel, Porsche, Smart und Volkswagen (VW) insgesamt acht Automobilhersteller jährlich circa 5,2 Mio. Personenkraftwagen.[268] Unter Berücksichtigung einer weltweiten Gesamtproduktion in Höhe von circa 53 Mio. Personenkraftwagen per anno stammt somit beinahe jeder zehnte weltweit produzierte PKW aus einem deutschen Automobilwerk. Deutschland liegt hinter den USA und Japan auf Platz drei der bedeutendsten Automobilherstellerländer. Weltweit produzieren Hersteller, deren Konzernzentralen ihren Sitz in Deutschland haben, jährlich über 10 Mio. Kraftfahrzeuge (PKW, leichte und schwere Nutzfahrzeuge). Einschließlich ausländischer Marken im Besitz dieser Konzerne (wie beispielsweise DaimlerChrysler) beträgt die jährliche Gesamtproduktion circa 13 Mio. Kraftfahrzeuge. Demzufolge stammt jedes fünfte weltweit verkaufte Kraftfahrzeug aus der Produktion eines deutschen Automobilkonzerns. Am Standort Deutschland konnten die Automobilhersteller in der Vergangenheit insbesondere durch steigende Exportraten hohe Wachstumsraten erzielen. Die Exportquote von PKW aus deutscher Produktion stieg zwischen 1992 und 2002 von 53 auf 71 Prozent. Insgesamt sind in Deutschland bei den Herstellern von Personenkraftwagen und Nutzfahrzeugen derzeit circa 407.000 Menschen beschäftigt.[269]

Die deutsche Automobilzuliefererindustrie umfasst circa 1.950 Unternehmungen und erwirtschaftete im Jahre 2004 circa 66 Mrd. EUR Umsatz bei einem Exportanteil von 42 Prozent mit insgesamt circa 330.000 Beschäftigten.[270] Auch die Konzerne der deutschen Automobilzuliefererindustrie nehmen gemessen an ihren Umsätzen weltweit eine Spitzenposition ein. In einem weltweiten Ranking der 100 umsatzstärksten Automobilzulieferer mit Jahresumsätzen von jeweils über eine Mrd. EUR finden sich insgesamt 20 deutsche Konzerne, während mit der Robert Bosch GmbH

267 Vgl. Becker (2005), S. 11.

268 Von diesen Herstellern sind lediglich BMW, Porsche und Volkswagen unabhängig, während die anderen Hersteller zu Industriekonglomeraten gehören: Audi gehört zur Volkswagen AG, Ford Deutschland gehört zu Ford Motors, Opel gehört zu General Motors und Mercedes Benz sowie Smart gehören zu DaimlerChrysler.

269 Vgl. Verband der Automobilindustrie (2005), S. 203; Radtke/Abele/Zielke (2004), S. 15 f.

270 Vgl. Verband der Automobilindustrie (2005), S. 203 f.

und der Continental AG zwei deutsche Automobilzulieferer zu den so genannten Mega-Suppliers gehören.[271]

Die Automobilindustrie trägt als umsatzstärkster Wirtschaftszweig mit einem Anteil von 18,6 Prozent am Gesamtumsatz der deutschen Industrie in 2004 im Vergleich zu 12,1 Prozent in 1994 wesentlich und zunehmend zur Wertschöpfung in der deutschen Volkswirtschaft bei. Auch hinsichtlich des Handelsumfangs leistet die deutsche Automobilindustrie als stärkste Exportbranche einen wichtigen Beitrag zum Handelsüberschuss der deutschen Wirtschaft. Mit einem Ausfuhrwert von 146 Mrd. EUR in 2004 bei einem gleichzeitigen Einfuhrwert von 66 Mrd. EUR betrug der Ausfuhrüberschuss der deutschen Automobilindustrie in Höhe von 80 Mrd. EUR über 50 Prozent des gesamten Handelsbilanzüberschusses der deutschen Volkswirtschaft.[272]

Mit insgesamt 737.000 direkt Beschäftigten entfallen 13,1 Prozent aller Mitarbeiter in der deutschen Gesamtindustrie auf die Automobilbranche.[273] Entgegen der öffentlichen Meinung ist die Zahl der Arbeitsplätze in der deutschen Automobilindustrie in den letzten Jahren de facto gestiegen. Die Anzahl der Beschäftigten erhöhte sich zwischen 1994 und 2002 um 19 Prozent.[274] Die Automobilindustrie wird vielfach auch als die Schlüsselbranche der deutschen Volkswirtschaft bezeichnet, da Schätzungen zufolge – unter Berücksichtigung der verbundenen Zulieferer- und Dienstleistungsbetriebe – jeder achte Arbeitsplatz in Deutschland von diesem Wirtschaftszweig abhängt.[275]

Auch die Investitionen der Automobilindustrie in den Wirtschaftsstandort Deutschland sind von erheblicher volkswirtschaftlicher Bedeutung. In den vergangenen fünf Jahren hat die Automobilindustrie in Deutschland insgesamt 55 Mrd. EUR in Sachanlagen investiert. Dies entspricht einem Anteil von 22 Prozent an den gesamten Industrieinvestitionen in Deutschland in diesem Zeitraum. Hinzu kommen jährliche Ausgaben für Forschung und Entwicklung (F&E) in Höhe von circa 15 Mrd. EUR, was

---

271 Vgl. o. V. (2002), S. 60 f. Als Mega-Suppliers werden die weltweit 10 umsatzstärksten Automobilzulieferer bezeichnet.
272 Vgl. Verband der Automobilindustrie (2005), S. 203 f.; Radtke/Abele/Zielke (2004), S. 15.
273 Vgl. Verband der Automobilindustrie (2005), S. 203.
274 Vgl. Radtke/Abele/Zielke (2004), S. 15 f.
275 Vgl. Dudenhöffer (2001), S. 12 ff.

einem Anteil von 30 Prozent an den Gesamtausgaben für F&E in der deutschen Volkswirtschaft entspricht.[276]

Des Weiteren sind die automobilbezogenen Steuereinnahmen von großer volkswirtschaftlicher Bedeutung: Der *Verband der deutschen Automobilindustrie* schätzt, dass ein Viertel aller deutschen Steuereinnahmen infolge der Entwicklung, der Produktion, des Vertriebs und der Nutzung des Automobils entstehen.[277]

c) Zulieferer- und Wertschöpfungsstruktur

Zur Klassifizierung der Zulieferer der Automobilindustrie wird in der Literatur vielfach die Differenzierung nach ansteigender Komplexität bzw. Wertschöpfung des Zuliefererangebots in Teile-, Komponenten- und Systemzulieferer vorgeschlagen. Der Teilezulieferer produziert in der Regel fertige Einzelteile für die Komponenten- und Systemzulieferer oder alternativ direkt für die Automobilhersteller, wie beispielsweise Sonnenblenden oder Wischerblätter. Der Komponentenzulieferer stellt Zusammenbauten aus mehreren Teilen – beispielsweise Außenspiegel oder Türinnenverkleidungen – für den Systemzulieferer oder den Automobilhersteller her, die allein im Allgemeinen noch nicht voll funktionsfähig sind. Das System als Vorprodukt mit der höchsten darin enthaltenen Wertschöpfung stellt eine in sich geschlossene, voll funktionsfähige Lösung wie beispielsweise Getriebe oder Achsen dar.[278] Abbildung 10 zeigt diese Differenzierung von Zulieferern in unterschiedliche Wertschöpfungsstufen in der so genannten Zuliefererpyramide der Automobilindustrie.

---

276 Vgl. Verband der Automobilindustrie (2005), S. 204 f.; Radtke/Abele/Zielke (2004), S. 15 f.
277 Vgl. Verband der Automobilindustrie (2001), S. 198 f.
278 Vgl. Abend (1992), S. 158 f.

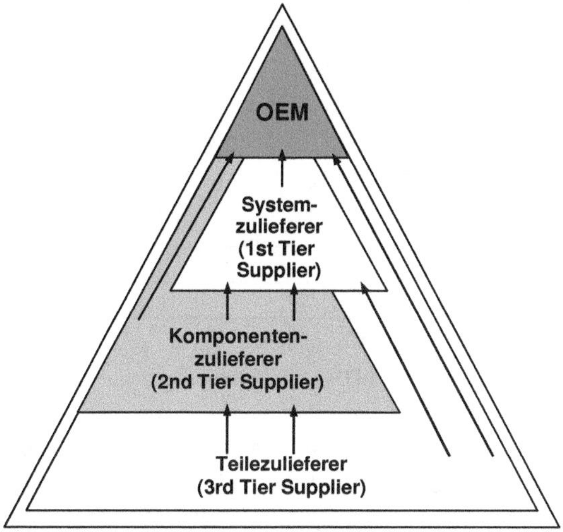

Abbildung 10: Zuliefererpyramide der Automobilindustrie.[279]

Infolge struktureller Veränderungen vorrangig in der Beschaffungsphilosophie der Automobilhersteller geht der Trend zum so genannten „Modular und System Sourcing", welches in den letzten Jahren zu einer Substitution von vielen Teile- und Komponentenzulieferern durch einen einzigen Systemzulieferer und damit verbunden zu einer drastischen Reduzierung der Anzahl von Direktzulieferern der Automobilhersteller führte.[280] So verringerte beispielsweise die BWG AG die Anzahl der Direktzulieferer innerhalb von vier Jahren von circa 1.200 um 25 Prozent auf circa 900.[281] Eine zusammenfassende Darstellung über die (geplante) Entwicklung der Anzahl von Direktzulieferern bei den deutschen Automobilherstellern enthält nachfolgende Tabelle 14.

---

279 In Anlehnung an Bogaschewsky (1994), S. 107.
280 Vgl. Piller/Waringer (1999), S. 97; Wolters (1995), S. 27 f.
281 Vgl. Scientific Consulting Dr. Schulte-Hillen (1995), S. 30.

Automobilhersteller	Anzahl Direktzulieferer			
	1992	1995	Plan 2000	langfristig geplant
Audi AG	1.230	1.190	650	90
BMW AG	1.200	900	700	100-200
Mercedes-Benz AG	1.200	< 1.000	< 800	40
Adam Opel AG	1.500	1.300	900	300
Porsche AG	900	800	300	100
Volkswagen AG	1.550	1.510	700	100

Tabelle 14: Entwicklung der Anzahl Direktzulieferer deutscher Automobilhersteller.[282]

Im Folgenden soll die für die Zukunft prognostizierte Entwicklung in der Verteilung der Wertschöpfung zwischen Automobilhersteller und -zulieferer kurz dargestellt werden. Unter der in einem Automobil durchschnittlich enthaltenen Wertschöpfung soll die Summe der Fertigungs- und Entwicklungsleistungen verstanden werden, die in ein verkaufsfähiges Automobil eingehen. Ausgehend von der Tatsache, dass sich der Anteil der Fertigungsleistung (Fertigungstiefe) bei den Automobilherstellern in den letzten Jahren infolge eines permanenten Outsourcing-Prozesses kontinuierlich verringert hat, hat der Anteil der Fertigungsleistung bei den Automobilzulieferern gleichermaßen zugenommen. Beispielsweise bei der BMW AG betrug der Anteil der Materialkosten (als Summe sämtlicher Fertigungsleistungen von Zulieferern) am Gesamtumsatz im Jahre 1999 noch über 50 Prozent. Beim aktuellen Modell der BMW 3er-Reihe entfallen bis zu 85 Prozent der Herstellkosten auf das (Produktions-) Material. Diese Outsourcing-Strategie spiegelt sich in der Fertigungstiefe der deutschen Automobilhersteller wider: Diese beträgt beispielsweise bei der BMW AG und der Mercedes Car Group insgesamt (über alle aktuellen Fahrzeugmodelle) noch circa 30 Prozent. Die niedrigste Fertigungstiefe sämtlicher deutscher Automobilhersteller findet sich bei der Porsche AG mit circa 18 Prozent.[283]

Ein ähnlicher Trend zeichnet sich bei der Verteilung der Wertschöpfungsanteile für Entwicklungsleistungen ab. Im Rahmen einer Studie des *Fraunhofer Instituts IPA*

---

[282] In Anlehnung an Hägele/Schön (1998), S. 70; Schindele (1996), S. 78; Scientific Consulting Dr. Schulte-Hillen (1995), S. 30; Piller/Waringer (1999), S. 98.

[283] Vgl. Clausen (2002), S. 9; Gmeiner (2005), S. 63 f.

wird weltweit bis zum Jahre 2015 eine Verlagerung der Entwicklungsleistungen von Automobilherstellern auf deren Zulieferer in Höhe von jährlich circa 30 Mrd. EUR prognostiziert.[284] Die gesamte Wertschöpfungstiefe über alle deutschen Automobilhersteller, die sich aus Eigenfertigung und Eigenentwicklung zusammensetzt, betrug im Jahre 2000 noch 35 Prozent und wird einer Prognose von *Dudenhöffer* zufolge bis zum Jahre 2010 auf 25 Prozent zurückgehen.[285] Eine zusammenfassende Darstellung der prognostizierten Veränderung in der Wertschöpfungsstruktur zwischen Automobilherstellern und -zulieferern findet sich in Abbildung 11.

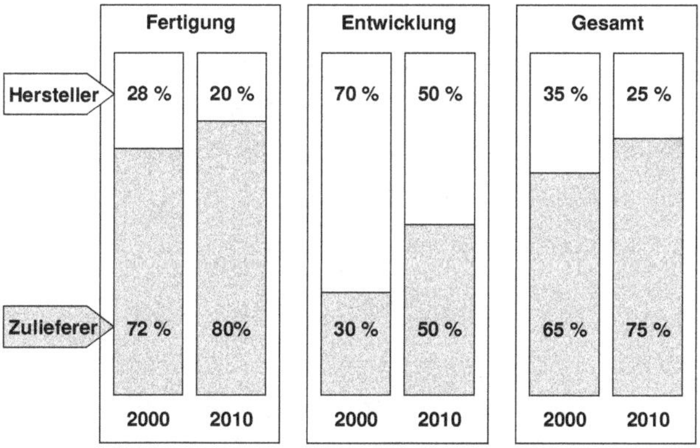

Abbildung 11: Prognostizierte Veränderung in der Wertschöpfungsstruktur der deutschen Automobilindustrie.[286]

Wird sowohl der größte Teil der Fertigungsleistung als auch der Entwicklungsleistung für Systeme, Komponenten und Teile durch die Automobilhersteller von Zulieferern fremdbezogen, so gewinnt aus Sicht der Kostenverursachung das Zulierermanagement und damit auch die Integration der Zulieferer in das Target Costing eine zunehmende Bedeutung. Die oben erläuterte fortschreitende Reduzierung der

284 Vgl. Fraunhofer Institut IPA (2004), S. 4 ff. Die Studie „Future Automotive Industry Stucture" des Fraunhofer Instituts für Produktionstechnik und Automatisierung IPA aus dem Jahre 2003 prognostiziert bis zum Jahre 2015 eine Erhöhung der gesamten Wertschöpfung in der Automobilzuliefererindustrie von circa 280 Mrd. EUR im Jahre 2002 auf 700 Mrd. EUR.

285 Vgl. Dudenhöffer (2003).

286 In Anlehnung an Dudenhöffer (2003); Gmeiner (2005), S. 64.

Anzahl an Direktzulieferern durch die Automobilhersteller kann aus organisatorischen Gründen einer Zuliefererintegration in das Target Costing zudem entgegen kommen.

2. Einsatz des Grundkonzepts des Target Costing in der Unternehmungspraxis

a) Überblick über Praxisfallbeispiele in der Literatur

Empirische Untersuchungen zum Umsetzungsstand des Target Costing in der deutschen Unternehmungspraxis werden seit Mitte der 1990er Jahre durchgeführt. Die meisten Studien beschäftigen sich mit dem generellen Umsetzungsstand des Kostenmanagements in deutschen Großunternehmungen und konzentrieren sich nicht explizit auf das Target Costing.[287] Lediglich die Studien von *Horváth/Tani/von Wangenheim*[288] und *Arnaout*[289] beziehen sich ausschließlich auf das Target Costing. Sie liefern jedoch keine wesentlichen Erkenntnisse über den Umsetzungsstand des Target Costing in der deutschen Automobilindustrie.

Eine weitere Studie von *Franz/Kajüter* aus dem Jahre 1997 kam zu dem Ergebnis, dass sowohl der Bekanntheits- als auch der Einsatzgrad des Target Costing bei den deutschen Automobilherstellern bei 100 Prozent liegen.[290] Neben dieser Studie existieren in der deutschsprachigen Literatur insgesamt circa zwanzig Praxisfallbeispiele zur Anwendung des Target Costing bei deutschen Automobilherstellern. Ein zusammenfassender Überblick dieser Fallbeispiele mit den jeweiligen Schwerpunktthemen findet sich in Tabelle 15.

---

[287] Vgl. z. B. Binder (1997); Binder (1998), S. 356 ff.; Ewald/Endebrock/Albrecht (1998), Graßhoff/Gräfe (1997a), S. 14 ff.; Graßhoff/Gräfe (1997b), S. 313 ff.; Währisch (1996), S. 18 ff.

[288] Vgl. Tani/Horváth/Wangenheim (1996), S. 80 ff.

[289] Vgl. Arnaout (2001), S. 161 ff.

[290] Vgl. Franz/Kajüter (1997), S. 489; Seidenschwarz (2002), S. 733 f. In dieser Untersuchung wurden fünf der insgesamt sieben deutschen Automobilhersteller befragt, vgl. Franz/Kajüter (1997), S. 490.

Automobil-hersteller	Schwerpunkt der Veröffentlichung	Einordnung	Autor(en)	Jahr
Audi AG	Markt- und ergebnisorientierte Zielkostenvorgabe	konzeptioneller Überblicksartikel	Kammer-mayer	(1992)
	Marktorientierte Zielkostenspaltung	durchgängiges Anwendungsbeispiel	Deisen-hofer	(1993)
	Datenprobleme im Target Costing	Rechenbeispiel zur Zielkostenspaltung	Abel/ Niemand/ Wolbold	(1993)
	Marktorientierte Zielkostenspaltung und organisatorische Steuerung des Target Costing	konzeptioneller Überblicksartikel	Heßen/ Wesseler	(1994)
	Unterstützung der Projektsteuerung durch Target Costing	konzeptioneller Überblicksartikel	Franke/ Bidmon	(1997)
BMW AG	Zielkostenspaltung auf Baugruppen mit Hilfe des Kano-Modells	konzeptionelle Weiterentwicklung des Target Costing mit Anwendungsbeispiel	Rösler	(1995) (1996) (1997)
	Projektbezogenes Target Costing	konzeptionelle Weiterentwicklung des Target Costing	Gräfe	(1998)
	Einbindung unterstützender Methoden in das Target Costing	ausführliches Anwendungsbeispiel	Nitschke	(1999)
Mercedes Benz AG	Zielkostenfestlegung und Zielkostenspaltung	konzeptioneller Überblicksartikel	Walker	(1997)
	Kundennutzengerechte Produktgestaltung mit der Conjoint-Analyse	ausführliches Beispiel	Arnaout/ Hildebrandt/ Werner	(1998)
ohne Angabe	Einsatz der Conjoint-Analyse im Target Costing	Rechenbeispiel	Fröhling	(1994)
	Festlegung der maximal zulässigen Investitionen in ein Fahrzeugentwicklungsprojekt	konzeptioneller Überblicksartikel	Claassen/ Ellßel	(1997)
Opel AG	Zielkostenspaltung mit Hilfe der Komponentenmethode	konzeptioneller Überblicksartikel	Löffler	(1995)
Porsche AG	Target Costing als Bestandteil des Strategischen Kostenmanagements	konzeptioneller Überblicksartikel	Cervellini/ Lamla	(1997)
Volkswagen AG	Target Costing als Element der Projektsteuerung	konzeptioneller Überblicksartikel	Claassen/ Hilbert	(1993)
	Zielkostenspaltung nach der Komponentenmethode	konzeptioneller Überblicksartikel	Claassen/ Hilbert	(1994a)
	Festlegung der maximal zulässigen Investitionen in ein Fahrzeugentwicklungsprojekt	konzeptioneller Überblicksartikel	Claassen/ Hilbert	(1994b)
	Ableitung von Budgets für Forschung und Entwicklung im Rahmen des Target Costing	konzeptioneller Überblicksartikel	Hilbert	(1995)
	Target Costing als zentraler Baustein eines modernen Controllingsystems	konzeptioneller Überblicksartikel mit Fallbeispiel	Steinle/ Thiem/ Rothenhöfer	(1998)
	Festlegung der maximal zulässigen Investitionen in ein Fahrzeugentwicklungsprojekt	konzeptioneller Überblicksartikel	Claassen	(1998)

Tabelle 15: Praxisfallbeispiele im Rahmen des Target Costing bei deutschen Automobilherstellern.[291]

291 Ein ähnlicher Überblick findet sich bei Arnaout (2001), S. 75 f.

Aus Tabelle 15 wird ersichtlich, dass das Konzept des Target Costing anscheinend bereits in den 1990er Jahren bei Audi, BMW, Mercedes Benz, Opel, Porsche und Volkswagen umgesetzt worden ist. Über den Einsatz des Target Costing bei Ford Deutschland und der Smart GmbH als weitere deutsche Automobilhersteller liegen dem Autor keine Informationen vor.

b) Einsatz der Methoden zur Festlegung von Produktzielkosten in der Unternehmungspraxis

Im Hinblick auf die erläuterten Methoden der Zielkostenfestlegung lässt sich unter Berücksichtigung der vorliegenden Praxisfallbeispiele feststellen, dass die Reinform des „Market into Company" lediglich bei der BMW AG[292] und bei der Volkswagen AG[293] zum Einsatz kommt. Bei der Audi AG und bei der Opel AG wird der oben als alternative Variante des „Market into Company" definierte Ansatz des „Into and out of Company" zur Festlegung der Produktzielkosten verwendet. Bei der Audi AG werden die Produktzielkosten in einem ersten Schritt nach der Reinform des „Market into Company" festgelegt, und sie stellen eine so genannte erste „ganzheitliche" Zielkostenvorgabe dar. Da diese Produktzielkosten bei der Audi AG in der Regel wesentlich unterhalb der bei bestehenden Kostenstrukturen fortgeschriebenen Kosten (Produktstandardkosten) liegen, werden sie entsprechend angepasst.[294] Bei der Opel AG werden „die Target Costs (...) auf Basis des ermittelten Target Price und weiterer Einflussgrößen festgelegt".[295] Diese weiteren Einflussgrößen stellen u. a. die Produktstandardkosten für ein internes Referenzmodell dar, mit dessen Hilfe die Realisierbarkeit der vorab mit Hilfe der Reinform des „Market into Company"-Ansatzes ermittelten Allowable Costs überprüft wird. Daraufhin werden die Produktzielkosten (endgültig) festgelegt, die bei der Opel AG in der Regel unterhalb der aktuellen Standardkosten des Referenzmodells liegen.[296]

Bei der Mercedes Benz AG (bzw. der Mercedes Car Group) erfolgt die Festlegung von Produktzielkosten mit Hilfe einer kombinierten Anwendung der Ansätze des „Into

[292] Vgl. Rösler (1996), S. 158 ff.
[293] Vgl. Claassen/Hilbert (1993), S. 158; Claassen/Hilbert (1994a), S. 37 f.
[294] Vgl. Heßen/Wesseler (1994), S. 150.
[295] Löffler (1995), S. 142.
[296] Vgl. Löffler (1995), S. 142 f.

and out of Company“ und des „Out of Competitor“. Einerseits finden dabei die marktorientiert abgeleiteten Allowable Costs sowie die unternehmungsintern abgeleiteten Kosten der laufenden Serie (Vorgängermodell) Berücksichtigung. Letztere werden unter Berücksichtigung von geplanten Produktivitätsfortschritten in Form von Standardkosten auf das neue Fahrzeugmodell übertragen. Andererseits stellt das von den Wettbewerbern bestimmte Kostenbenchmark eine maßgebliche Eingangsgröße zur Festlegung der Produktzielkosten dar.[297]

Die bei den verschiedenen deutschen Automobilherstellern im praktischen Einsatz befindlichen Methoden der Zielkostenfestlegung sind zusammenfassend in Tabelle 16 dargestellt. Die bei der Porsche AG eingesetzte Methode zur Zielkostenfestlegung geht aus dem vorliegenden Praxisfallbeispiel nicht eindeutig hervor,[298] so dass auf eine zusammenfassende Darstellung verzichtet werden muss.

<table>
<tr><th colspan="2" rowspan="2">Eingesetzte Methode der Zielkostenfestlegung</th><th colspan="5">Automobilhersteller</th></tr>
<tr><th>Audi AG</th><th>BMW AG</th><th>Mercedes-Benz AG</th><th>Opel AG</th><th>Volkswagen AG</th></tr>
<tr><td rowspan="2">„Market into Company“</td><td>Reinform des „Market into Company“</td><td></td><td>X</td><td></td><td></td><td>X</td></tr>
<tr><td>Alternative Variante des „Market into Company“ („Into and out of Company“)</td><td>X</td><td></td><td rowspan="2">X</td><td>X</td><td></td></tr>
<tr><td colspan="2">„Out of Competitor“</td><td></td><td></td><td></td><td></td></tr>
<tr><td colspan="2">„Out of Company“/ „Out of Standard Costs“</td><td></td><td></td><td></td><td></td><td></td></tr>
</table>

Tabelle 16: Methoden der Zielkostenfestlegung bei ausgewählten deutschen Automobilherstellern.

[297] Vgl. Walker (1997), S. 455 f.
[298] Vgl. Cervellini/Lamla (1997), S. 469 ff.

c) Einsatz der Methoden zur Zielkostenspaltung in der Unternehmungspraxis

Das erste Praxisfallbeispiel zur Zielkostenspaltung in der Automobilindustrie stammt von *Deisenhofer.*[299] Er beschreibt die Anwendung der Funktionsmethode zur Spaltung der Produktzielkosten auf die Hauptbaugruppen eines Automobilmodells bei der Audi AG. Entgegen der herrschenden Meinung in der Literatur ist die von Deisenhofer vorgeschlagene Methodik bei der Audi AG jedoch nicht in die Praxis umgesetzt worden: „Zunächst wird [bei der Audi AG] eine Aufteilung [der Produktzielkosten] auf die einzelnen Hauptbaugruppen wie Fahrwerk, Motor/Getriebe, Ausstattung und Karosserie vorgenommen. Diese Aufteilung ist allerdings nicht mehr konsequent an den Marktbedürfnissen ausgerichtet, sondern wird, soweit möglich, auf Grundlage von Referenzwerten der Vorgängermodelle wettbewerbsbezogen und unter Berücksichtigung neuer technischer Konzepte in Absprache mit den Entwicklern durchgeführt."[300] Dieses Procedere wird bei der Audi AG bis zur Zielkostenvorgabe für einzelne Teile in einer Hauptbaugruppe durchgängig fortgesetzt.[301] Im Hinblick auf die angewendete Methode der Zielkostenspaltung lässt sich daraus unmittelbar ableiten, dass bei der Audi AG nicht die von *Deisenhofer* vorgeschlagene Funktionsmethode, sondern durchgängig die oben beschriebene Komponentenmethode angewendet wird. Neben der Audi AG kommt die Komponentenmethode zur Spaltung von Produktzielkosten zudem bei der Volkswagen AG und bei der Opel AG zum Einsatz. Beide Automobilhersteller verwenden als Basis für die Ableitung von Zielkosten von Hauptbaugruppen und Teilen analog zur Audi AG die Kostenstruktur des Vorgängermodells und beziehen zudem die Kostenstrukturen von Fahrzeugen der Wettbewerber sowie konzerninterne Benchmarks mit in den Spaltungsprozess ein.[302]

Unter Berücksichtigung der in Tabelle 15 enthaltenen Praxisfallbeispiele lässt sich feststellen, dass lediglich die Mercedes-Benz AG zur Spaltung von Produktzielkosten auf die Hauptbaugruppen eines Automobils die oben beschriebene Funktionsmetho-

---

299 Vgl. im Folgenden Deisenhofer (1993), S. 95 ff.
300 Heßen/Wesseler (1994), S. 151.
301 Vgl. Heßen/Wesseler (1994), S. 151 f.
302 Vgl. Claassen/Hilbert (1993), S. 160 ff. [Volkswagen AG]; Löffler (1995), S. 143 [Adam Opel AG].

de nach *Tanaka* einsetzt: „Bei der Ableitung von Kostenzielen für einzelne Produktgruppen [Hauptbaugruppen wie beispielsweise Karosserie/Exterieur, Fahrwerk, Motor/Triebstrang, Ausstattung/Interieur] wird zunächst eine Präferenzstruktur aus Kundensicht zu den einzelnen Produktmerkmalen (Sicherheit, Fahrleistung, Komfort, etc.) herangezogen. In einem zweiten Schritt erfolgt eine Gewichtung der Produktgruppen entsprechend ihrer Bedeutung zur Erfüllung der Produktmerkmale. Durch Verknüpfung der beiden Gewichtungen ergibt sich die idealtypische kundennutzenorientierte Kostenstruktur."[303] Über die bei der Mercedes-Benz AG angewendete Methode zur Festlegung von Zielkosten für einzelne Teile liegen dem Autor keine Informationen vor.

3. Branchenspezifische Modifikation des Grundkonzepts der Zielkostenspaltung für Automobile

Im Hinblick auf die in Tabelle 15 enthaltenen Praxisfallbeispiele liegen die umfangreichsten Veröffentlichungen über die Zielkostenspaltung bei deutschen Automobilherstellern für die BMW AG vor. Der nachfolgend detailliert beschriebene Ansatz der Zielkostenspaltung geht auf *Rösler* zurück.[304] *Rösler* schlägt die Zielkostenspaltung am Beispiel eines Automobils in drei Schritten vor, die nachfolgend ausführlich erläutert und kritisch analysiert werden.

a) Methodik des modifizierten Ansatzes zur Zielkostenspaltung

i) Zielkostenspaltung auf Produktkostenarten

Nach Festlegung der Produktzielkosten mit Hilfe der Reinform des Market-into-Company-Ansatzes unter Abzug von unternehmungsbezogenen Fixkosten werden diese im Ansatz von *Rösler* vorläufig in variable Produktzielkosten, projektvariable Ziel-Entwicklungskosten und projektvariable Ziel-Investitionskosten pro Produktmengeneinheit unterteilt. Die Aufteilung der Produktzielkosten auf die drei so genannten

---

303 Walker (1997), S. 457.

304 Vgl. im Folgenden Rösler (1995), S. 8 ff.; Rösler (1996), S. 155 ff.; Rösler (1997), S. 275 ff.; Meyer (2003), S. 214 ff. Später ist dieser Ansatz von Gräfe und Nitschke in weiteren Arbeiten im Hinblick auf das Kostenmanagement bei der BWM AG aufgegriffen worden; vgl. Gräfe (1998), Nitschke (1999).

Produktkostenarten erfolgt im Ansatz von *Rösler* gemäß der prozentualen Verteilung des Vorgängermodells.[305]

ii) Zielkostenspaltung auf Kundenanforderungsklassen

Rösler lehnt das oben erläuterte Grundkonzept der Funktionsmethode nach *Tanaka*, die Zielkostenspaltung proportional zu den anteiligen Nutzenverhältnissen der einzelnen Spaltungsobjekte durchzuführen, grundsätzlich ab. Er begründet diese Ablehnung damit, dass sich mit dem Ansatz von *Tanaka* die Kundenanforderungen nicht differenziert genug abbilden lassen und dadurch so genannte „Fehlallokationen von Ressourcen" entstehen können. Nähere Begriffserläuterungen bleibt er jedoch schuldig. *Rösler* nennt als Beispiel für diese undifferenzierte Abbildung von Kundenanforderungen die gesetzlichen Anforderungen an ein Automobil, deren Erfüllung potenzielle Kunden als selbstverständlich voraussetzen und denen sie seiner Meinung nach folglich auch keine Bedeutung beimessen. Daraus folgert er, dass diejenigen Komponenten, die zur Erfüllung dieser Anforderungen beitragen, folglich Zielkosten mit einem Wert von null zugewiesen bekommen würden.[306] Zur Lösung dieser Problematik schlägt *Rösler* die Klassifizierung der Gesamtheit sämtlicher Kundenanforderungen gemäß dem Kano-Modell der Kundenzufriedenheit zunächst in Basis-, Leistungs- und Begeisterungsanforderungen vor, um die variablen Produktzielkosten auf diese drei Anforderungskategorien aufspalten zu können.[307] Abbildung 12 zeigt das Kano-Modell der Kundenzufriedenheit für die verschiedenen Zufriedenheits- bzw. Unzufriedenheitsgrade in Abhängigkeit vom Erfüllungsgrad einer Kundenanforderung.

---

[305] Vgl. Rösler (1996), S. 158 ff.
[306] Vgl. Rösler (1996), S. 96 f.
[307] Vgl. Rösler (1995), S. 216. Zur ausführlichen Erläuterung des Kano-Modells vgl. z. B. Sauerwein (2002).

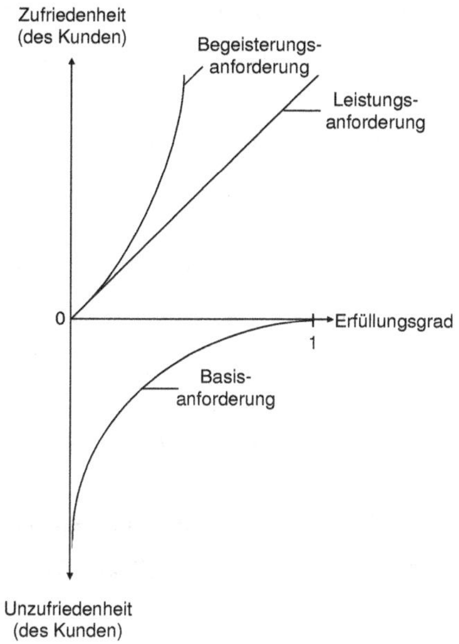

Abbildung 12: Kano-Modell der Kundenzufriedenheit.[308]

Im Kano-Modell sind unter den Basisanforderungen bzw. „expected attributes" solche Kundenanforderungen zu verstehen, die potenzielle Kunden nicht explizit fordern, sondern deren Erfüllung sie stillschweigend voraussetzen, um nicht völlig unzufrieden mit dem Produkt zu sein.[309] Die Basisanforderungen erzeugen auch bei hohem Erfüllungsgrad keine ausreichende Kundenzufriedenheit.[310] Das Fehlen einer Basisanforderung führt gemäß Abbildung 12 zur völligen Unzufriedenheit des potenziellen Kunden mit dem Produkt. *Rösler* nennt als Beispiel für eine konkrete Basisanforderung potenzieller Kunden an ein Automobil dessen TÜV-Geprüftheit.[311] Bei den so genannten Leistungsanforderungen bzw. „desired attributes" verhält sich die Kundenzufriedenheit proportional zur Erfüllung der jeweiligen Anforderung. Die Leistungsanforderungen werden von potenziellen Kunden in der Regel direkt geäußert. Als Beispiele für Leistungsanforderungen an ein Automobil nennt *Rösler* das

308 In Anlehnung an Bailom/Hinterhuber/Matzler/Sauerwein (1996), S. 118 und Meyer (2003), S. 217.
309 Vgl. Bailom/Hinterhuber/Matzler/Sauerwein (1996), S. 118.
310 Vgl. King (1989), S. 3 ff.; Rich (1993), S. 14; Rösler (1997), S. 284.
311 Vgl. Rösler (1996), S. 109.

Design und die Beschleunigung.[312] Die so genannten Begeisterungsanforderungen bzw. „exciting/surprising attributes" tragen überproportional zur Steigerung der Kundenzufriedenheit bei.[313] Im Gegensatz zu den Leistungsanforderungen lassen sich die Begeisterungsanforderungen in der Regel nicht von potenziellen Kunden erfragen, da diese häufig noch nicht bekannt sind. Insbesondere in der Automobilindustrie, deren Produkte eine Entwicklungszeit von in der Regel fünf bis sieben Jahren beanspruchen, ist von potenziellen Kunden nicht zu erwarten, dass diese Aussagen über Begeisterungsanforderungen über einen derartigen Zeitraum treffen können.[314] Im Gegensatz zu den Basisanforderungen führt in Anlehnung an den in Abbildung 12 dargestellten Graph die Nicht-Erfüllung einer Begeisterungsanforderung nicht zur völligen Unzufriedenheit des Kunden.[315] Als Beispiel für eine Begeisterungsanforderung an ein Automobil nennt *Rösler* einen automatisch abblendbaren Rückspiegel.[316] Als weitere Begeisterungsanforderungen an ein Automobil können beispielsweise ein Regensensor oder automatisch geregeltes Ein- und Ausschalten des Fahrlichts genannt werden.

Zur Durchführung der Zielkostenspaltung der variablen Produktzielkosten auf die erläuterten drei Kundenanforderungsklassen nach *Rösler* ist in einem ersten Schritt ein so genanntes Basisfahrzeug des betreffenden Automobils zu definieren. Als zentrale Ausgangsbasis für dieses Basisfahrzeug schlägt *Rösler* die Verwendung des Vorgängermodells vor, welches „um alle kostenintensiven, aber vom Kunden honorierten Produktmerkmale entfeinert wurde".[317] Die gegenwärtigen (Ist-)Kosten dieses Basisfahrzeugs sind nach *Rösler* mit Hilfe eines Benchmarking „auf ein wesentlich niedrigeres Niveau zu reduzieren"[318] und schließlich als variable Produktzielkosten des Basisfahrzeugs bzw. als variable Zielkosten zur Erfüllung sämtlicher Basisanforderungen zu übernehmen. Zur Erfüllung der Begeisterungsanforderungen sieht *Rösler* die Festlegung einer „Innovationspauschale" vor, die mit Hilfe eines von der Geschäftsleitung zu bestimmenden prozentualen Anteils an den variablen

[312] Vgl. Rösler (1996), S. 110 ff.
[313] Vgl. Göppel (1992), S. 27; Rich (1993), S. 15; King (1989), S. 3.
[314] Vgl. Rösler (1996), S. 111 f.
[315] Vgl. Bailom/Hinterhuber/Matzler/Sauerwein (1996), S. 118.
[316] Vgl. Rösler (1996), S. 111.
[317] Rösler (1996), S. 164.
[318] Rösler (1996), S. 164.

Produktzielkosten zu berechnen ist.[319] Diese Innovationspauschale ist im weiteren Verlauf des Target-Costing-Projekts auf die Hauptbaugruppen des Automobils zu verteilen. Als Residualgröße aus den variablen Produktzielkosten, den variablen Zielkosten für das Basisfahrzeug und der Innovationspauschale verbleiben schließlich die variablen Zielkosten zur Erfüllung der Leistungsanforderungen.[320]

iii) Zielkostenspaltung auf Hauptbaugruppen

Gegenstand des dritten Spaltungsschritts nach *Rösler* ist die Aufspaltung der variablen Zielkosten für jede Kundenanforderungsklasse auf die Hauptbaugruppen des zu entwickelnden Automobils mit anschließender Aggregation zu variablen Zielkosten je Hauptbaugruppe. Die variablen Zielkosten zur Erfüllung der Basisanforderungen werden dabei mit Hilfe der oben erläuterten Komponentenmethode gemäß dem Kostenverhältnis des Vorgängermodells auf die einzelnen Hauptbaugruppen aufgeteilt.[321] Die Aufteilung der Innovationspauschale auf die einzelnen Hauptbaugruppen erfolgt mit Hilfe einer von *Rösler* nicht näher erläuterten Vorgehensweise.[322] Lediglich die Aufspaltung der variablen Zielkosten für die Leistungsanforderungen auf die Hauptbaugruppen erfolgt im Ansatz von *Rösler* nach der Funktionsmethode gemäß dem beschriebenen Grundkonzept nach *Tanaka*. Zur Ermittlung der absoluten Bedeutungsgrade von Leistungsanforderungen schlägt *Rösler* die Durchführung der Conjoint-Analyse vor.[323] Bei der Ermittlung der bedingten Bedeutungsgrade für die Hauptbaugruppen legt *Rösler* besonderen Wert auf deren Festlegung in „langen Diskussionsrunden".[324]

Rösler schlägt parallel zur Aufspaltung der variablen Produktzielkosten die Aufteilung der projektvariablen Ziel-Entwicklungskosten und der Ziel-Investitionskosten pro Produktmengeneinheit auf die Hauptbaugruppen des zu entwickelnden Automobils vor. Er hält den Zusatzaufwand, den eine marktorientierte Spaltung von projektvari-

---

[319] Vgl. Rösler (1996), S. 173 f.
[320] Vgl. Rösler (1996), S. 174.
[321] Vgl. Rösler (1997), S. 284.
[322] Vgl. Rösler (1996), S. 173.
[323] Vgl. Rösler (1997), S. 288 ff.
[324] Vgl. Rösler (1997), S. 291.

ablen Entwicklungs- und Investitionskosten erfordert, für nicht gerechtfertigt.[325] Empfehlungen für die operationale Vorgabe von Ziel-Entwicklungskosten und Ziel-Investitionskosten für einzelne Hauptbaugruppen finden sich im Ansatz von *Rösler* jedoch nicht. Im Hinblick auf die Aufteilung der projektvariablen Investitionskosten weist er lediglich darauf hin, dass diese in einem „sinnvollen Verhältnis" zu den variablen Zielkostenteilen der jeweiligen Hauptbaugruppe stehen sollten.[326] Durch Addition der jeweils komponentenbezogenen variablen Zielkosten, Ziel-Entwicklungskosten und Ziel-Investitionskosten erhält man nach *Röslers* Ansatz die endgültigen (komponentenbezogenen) Gesamt-Zielkosten für jede Hauptbaugruppe. Abbildung 17 stellt den anhand der drei Schritte erläuterten Zielkostenspaltungsansatz von *Rösler* abschließend veranschaulichend dar.

---

325 Vgl. Rösler (1997), S. 286.
326 Vgl. Rösler (1997), S. 294.

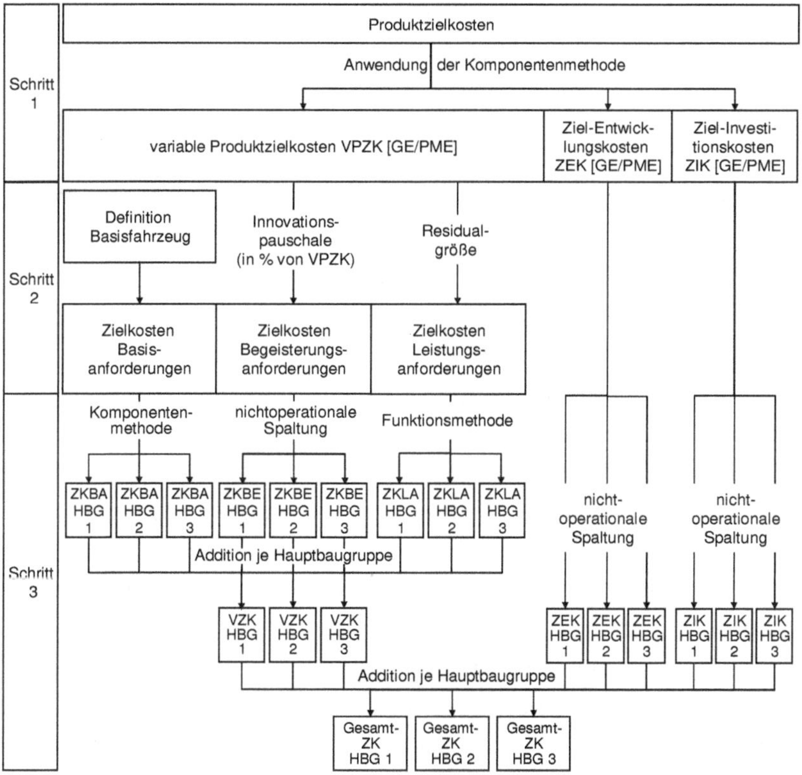

HBG: Hauptbaugruppe
VPZK: Variable Produktzielkosten
VZK: Variable Zielkosten
ZEK: Ziel-Entwicklungskosten
ZIK: Ziel-Investitionskosten
ZKBA: (variable) Zielkosten Basisanforderungen
ZKBE: (variable) Zielkosten Begeisterungsanforderungen
ZKLA: (variable) Zielkosten Leistungsanforderungen

Abbildung 13: Ablauf der Zielkostenspaltung nach *Rösler*.

b) Kritik am modifizierten Ansatz zur Zielkostenspaltung

Am Zielkostenspaltungsansatz von *Rösler* ist positiv hervorzuheben, dass im Gegensatz zum Grundkonzept des Target Costing projektvariable Ziel-Entwicklungskosten und Ziel-Investitionskosten explizit Berücksichtigung finden. Im Hinblick auf die von *Rösler* vorgeschlagene Methodik zur Spaltung der Produktzielkosten auf die einzelnen Produktkostenarten bleibt jedoch kritisch anzumerken, dass diese die Anwendung der Komponentenmethode unterstellt, so dass die von *Rösler* selbst geforderte Marktorientierung des Target Costing für diesen Spaltungsschritt aus bereits genannten Gründen nicht gewährleistet ist. Des Weiteren liefert der Ansatz von *Rösler* keine Empfehlungen bezüglich einer operationalen Vorgehensweise für die Spaltung der Ziel-Entwicklungskosten und der Ziel-Investitionskosten auf die einzelnen Hauptbaugruppen.

Bei der kritischen Analyse des ersten Spaltungsschritts im Ansatz von *Rösler* lässt sich zudem feststellen, dass ausschließlich die Zielkosten für die Leistungsanforderungen mit Hilfe der Funktionsmethode unter Berücksichtigung der Kundenanforderungen festgelegt werden. Der Anteil dieser Zielkosten an den gesamten Produktzielkosten beträgt im Fallbeispiel von *Rösler* jedoch lediglich 26 Prozent.[327] Im Gegensatz dazu werden circa zwei Drittel der gesamten Produktzielkosten de facto mit Hilfe der Komponentenmethode auf Grundlage des aus dem Vorgängermodell abgeleiteten Basisfahrzeugs auf die Basisanforderungen aufgespalten.[328] Des Weiteren liefert der Ansatz von *Rösler* keine operationale Vorgehensweise für die Aufteilung der Innovationspauschale auf die einzelnen Hauptbaugruppen. Aus den genannten Gründen kann entgegen den Ausführungen von *Rösler* dieser Zielkostenspaltungsansatz nicht als marktorientiert charakterisiert werden. Es besteht zudem die Gefahr, dass ein Kostenmanagement in Bezug auf das Basisfahrzeug bzw. die darin enthaltenen Hauptbaugruppen sowie die Innovationspauschale ausbleibt, wenn diese Kostenblöcke vorab als nicht beeinflussbar angesehen werden.[329] Im Fallbeispiel von *Rösler* beträgt der Anteil dieser nicht beeinflussbaren Zielkosten an den Produktzielkosten circa 70 Prozent.[330]

Rösler erkennt die Problematik der fehlenden Übertragbarkeit des Grundkonzepts des Target Costing auf komplexe Produkte;[331] er bleibt jedoch eine Lösung dieses Problems schuldig. Im Hinblick auf die in seinem Praxisfallbeispiel vorgeschlagene Methodik zur marktorientierten Spaltung der Zielkosten für Leistungsanforderungen auf die Komponenten eines Automobils lässt sich feststellen, dass er die unveränder-

---

327 Rösler geht in seinem Fallbeispiel von produktspezifischen Zielkosten in Höhe von 14.500 DM aus, von denen er insgesamt 3.775 DM mit Hilfe der Funktionsmethode der Erfüllung von Leistungsanforderungen zuordnet; vgl. Rösler (1996), S. 160, 174.

328 Die Zielkosten für die Basisanforderungen betragen im Fallbeispiel von Rösler 8.100 DM; vgl. Rösler (1996), S. 174.

329 Vgl. Listl (1998), S. 192; Meyer (2003), S. 223.

330 Vgl. Rösler (1996), S. 174.

331 Vgl. Rösler (1996), S. 95 f.

te Übernahme des Grundkonzepts der Funktionsmethode von *Tanaka* unterstellt. Der Ansatz von *Rösler* zur marktorientierten Zielkostenspaltung beschränkt sich jedoch auf lediglich achtzehn (Haupt-)Baugruppen eines Automobils, während die weitere Disaggregation der Baugruppenzielkosten auf die darin enthaltenen Komponenten und Teile nicht Gegenstand seiner Ausführungen ist.

Zusammenfassend lässt sich feststellen, dass der vorgestellte Ansatz von *Rösler* für die markt- bzw. kundenorientierte Zielkostenspaltung am Beispiel eines Automobils keinen nennenswerten Beitrag zur Lösung der hier vorliegenden Problemstellung zur Übertragbarkeit des Target Costing auf komplexe Produkte liefert. Einerseits wird der Großteil der Zielkosten in diesem Ansatz mit Hilfe der Komponentenmethode aufgespalten. Andererseits bleibt *Rösler* sowohl die Erweiterung des Grundkonzepts der Funktionsmethode als auch die Vorstellung eines alternativen marktorientierten Ansatzes zur Zielkostenspaltung im Hinblick auf komplexe Produkte schuldig.

In den vorstehenden Abschnitten wurden sowohl der Einsatz des Grundkonzepts des Target Costing in der Praxis der Automobilindustrie als auch die bekannten branchenspezifischen Modifikationen dieses Grundkonzepts ausführlich erläutert und kritisch analysiert. Im Hinblick auf die vorliegende Aufgabenstellung werden als Gegenstand der nachfolgenden Abschnitte ausgewählte Ansätze zur Integration von Zulieferern in das Target Costing erläutert und ebenfalls kritisch analysiert.

IV. Ansätze zur Integration von Zulieferern in das Target Costing

1. Zum Begriff der Zuliefererintegration im Hinblick auf das Target Costing

In der Literatur existiert kein einheitliches Verständnis des Begriffs der Zuliefererintegration in das Target Costing. *Seidenschwarz/Niemand* verwenden im Hinblick auf das Target Costing den Begriff der Zuliefererintegration synonym zu dem Begriff des Zuliefermanagements im Target-Costing-Prozess.[332] Die Autoren bleiben jedoch

[332] Vgl. Seidenschwarz/Niemand (1994), S. 262 ff.

eine genaue Begriffsdefinition sowohl für die Zulieferintegration als auch für das Zulieferermanagement schuldig. *Klatt* versteht unter der Integration von Zulieferern die integrative Verknüpfung des Target Costing mit Make-or-Buy-Entscheidungen.[333] Für die vorliegende Aufgabenstellung erscheint jedoch ein weiter gefasstes Begriffsverständnis erforderlich.

Eine eindeutige und zugleich umfassende Begriffserklärung liefert lediglich *Möller*, der die Zulieferintegration in das Target Costing als vertikale Kooperationsform zwischen zwei Unternehmungen bei der Durchführung des Target Costing definiert.[334] Unter einer Kooperation beim Target Costing versteht *Möller* eine freiwillige Form der Zusammenarbeit bei der Durchführung des Target Costing zwischen zwei oder mehreren rechtlich und wirtschaftlich weitgehend selbständigen Unternehmungen, bei der zum Zweck einer besseren Zielerreichung der beteiligten Unternehmungen bestimmte Teilprozesse des Target Costing gemeinsam durchgeführt oder aufeinander abgestimmt werden.[335] Bei der vertikalen Kooperation erfolgt die Zusammenarbeit ausschließlich zwischen Unternehmungen, die sich auf verschiedenen Wertschöpfungsstufen befinden. Grundsätzlich genügen als Voraussetzung für eine vertikale Kooperation bereits zwei Unternehmungen auf vor- und/oder nachgelagerten Wertschöpfungsstufen, jedoch können auch mehrere Wertschöpfungsstufen von der Rohstoffgewinnung bis zum Endprodukt in diese Kooperation eingebunden sein.[336] Neben der vertikalen Kooperation werden die übrigen Kooperationsformen als laterale, diagonale oder konglomerate Kooperationsformen bezeichnet.[337] Eine Integration von Zulieferern stellt jedoch stets eine vertikale Kooperationsform dar.[338]

Unter der Integration von Zulieferern in das Target Costing soll vorerst die kooperative Ausgestaltung der Verfahrensschritte des Target Costing zwischen zwei rechtlich und wirtschaftlich selbständigen Unternehmungen auf unterschiedlichen Wertschöpfungsstufen verstanden werden. Im weiteren Verlauf dieser Arbeit wird das Ver-

333 Vgl. Klatt (1997), S. 173.
334 Vgl. Möller (2002), S. 61.
335 Vgl. Möller (2002), S. 61 f.
336 Vgl. Johnston/Lawrence (1989), S. 82.
337 Vgl. Eßig (1999), S. 47.
338 Vgl. Möller (2002), S. 63.

ständnis der Zuliefererintegration im Hinblick auf das zu entwickelnde mehrstufige Target-Costing-Konzept spezifiziert.

2. Ausgewählte Ansätze eines unternehmungsübergreifenden Target Costing

Die Beteiligung oder Berücksichtigung von Zulieferern bei der Durchführung des Target Costing wird in der Literatur häufig explizit gefordert.[339] Die meisten Autoren beschränken sich in ihren Ausführungen jedoch lediglich auf die Herleitung der Notwendigkeit zur Berücksichtigung von Zulieferern im Target Costing ohne Erläuterung eines spezifischen Integrationsansatzes. Gegenstand der nachfolgenden Ausführungen sind ausgewählte Beiträge der wissenschaftlichen Diskussion, die eine explizite Darstellung dieser Thematik aus unterschiedlichen Sichtweisen enthalten. Eine weitere Arbeit von *Klatt* über das Target Costing und das betriebswirtschaftliche Entscheidungsproblem der Eigenfertigung und/oder des Fremdbezugs von Vorprodukten in der Fertigung komplexer Vorprodukte[340] berücksichtigt ebenfalls die Integration von Zulieferern im Rahmen des Target Costing. Den Kern dieser Arbeit bildet jedoch die organisatorische Ausgestaltung von Target Costing und der Make-or-buy-Entscheidung als integrierten Prozess in einem Konzern mit der Unterscheidung von zentralistischen und dezentralistischen Strukturen. Eine separate Würdigung dieser Arbeit leistet für die vorliegende Aufgabenstellung keinen zusätzlichen Beitrag.

a) Ansätze zur Zuliefererintegration in das Target Costing

i) Der Ansatz von *Seidenschwarz et al.*

Im Rahmen von insgesamt drei Fachartikeln beschäftigen sich *Seidenschwarz,*[341] *Gleich/Seidenschwarz*[342] und *Seidenschwarz/Niemand*[343] mit der Thematik der

---

339 Vgl. z. B. Seidenschwarz (1991), S. 191 ff.; Seidenschwarz (1993), S. 236; Seidenschwarz/ Niemand (1994), S. 262 f.; Kummer (2001), S. 83; Horváth (1998), S. 80; Tani/Kato (1994), S. 193; Franz (1993), S. 128; Gaiser/Kieninger (1993), S. 69; Kobayashi (1997), S. 204; Klingler (1993), S. 200; Möller (2002), S. 50; Tani/Horváth/Wangenheim (1996), S. 82; Buggert/Wielpütz (1995), S. 107; Hagenloch (1997), S. 325; Buck (1998), S. 171; Listl (1998), S. 226; Arnaout (2001), 242; stellvertretend für die englischsprachige Literatur vgl. Ellram (1999), S. 18.

340 Vgl. Klatt (1997).

341 Vgl. im Folgenden Seidenschwarz (2002), S. 731 ff.

Zuliefererintegration in das Target Costing. Die Autoren messen der Frage nach dem Zeitpunkt der Integration eines Zulieferers in den Produktentstehungsprozess eine besondere Bedeutung zu. Als entscheidendes Kriterium zur Bestimmung des optimalen Integrationszeitpunktes sehen die Autoren den von einem Zulieferer zu erbringenden „Gestaltungsbeitrag" im Hinblick auf das Gesamtprodukt an. Darauf aufbauend erfolgt eine Klassifizierung der Zulieferer in so genannte Black-Box-, Detailvorgabe- und Katalogzulieferer. Unter Black-Box-Zulieferern verstehen die Autoren Systemzulieferer, die für das Gesamtprodukt den höchsten Gestaltungsbeitrag aller Zuliefererklassen leisten und sowohl Entwicklungs- als auch Fertigungsleistungen erbringen. Daraus leiten *Seidenschwarz et al.* unmittelbar ab, dass den Zulieferern dieser Klasse das höchste Kostenbeeinflussungspotenzial zugeschrieben werden kann und diese folglich bereits in die Konzeptphase des zu entwickelnden Produkts einzubeziehen sind. Die Detailvorgabezulieferer stellen Komponentenzulieferer dar, die nach vorgegebener Zeichnung des Abnehmers produzieren. Sie sind in die Entwurfsphase des Produktentstehungsprozesses einzubeziehen und verfügen in der Regel über ein mittleres Kostenbeeinflussungspotenzial. Unter einem Katalogzulieferer verstehen die Autoren Produzenten von Standardteilen, die oftmals auch von Abnehmern aus verschiedenen Branchen nachgefragt werden und deshalb aus einem „Katalog" abrufbar sind.[344] Die Zulieferer dieser Klasse sind erst in der Detailkonstruktionsphase in den Produktentstehungsprozess des betreffenden Produkts einzubeziehen. Die Autoren unterstellen für Katalogzulieferer geringe Möglichkeiten der Kostenbeeinflussung.[345] Der erläuterte Ansatz der Integration unterschiedlicher Zuliefererklassen in das Target Costing unter Berücksichtigung des Integrationszeitpunktes nach *Seidenschwarz et al.* ist in Abbildung 14 veranschaulichend dargestellt.

---

342 Vgl. im Folgenden Gleich/Seidenschwarz (1999), S. 577 ff.

343 Vgl. im Folgenden Seidenschwarz/Niemand (1994), S. 262 ff.

344 Zur Klassifizierung der Zulieferer nach anteiliger Wertschöpfung in System-, Komponenten- und Teilezulieferer vgl. noch einmal ausführlich Abschnitt B.III.1.c).

345 Vgl. Seidenschwarz/Niemand (1994), S. 264 f.

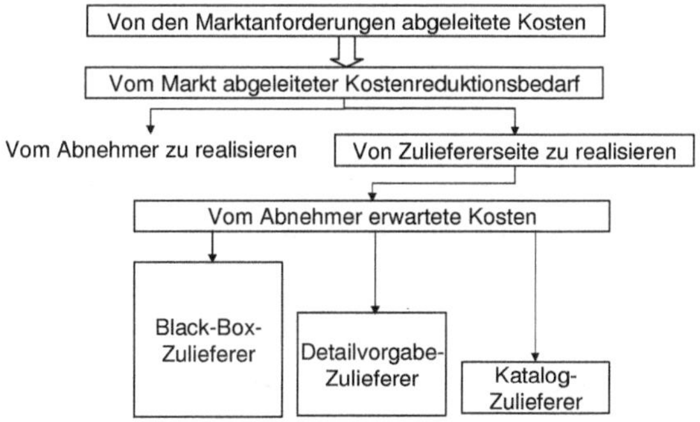

Möglichkeit der Kostenbeeinflussung	hoch	mittel	niedrig
Frühestmöglicher Einbezug in den Produktentstehungsprozess	Konzept-phase	Entwurfs-phase	Detail-konstruktion

Abbildung 14: Ansatz der Zuliefererintegration in das Target Costing nach *Seidenschwarz et al.*[346]

Im Hinblick auf die Ausgestaltung der Verfahrensschritte des Target Costing mit Integration von Zulieferern fordern die Autoren die Unterstützung der Zielkostenspaltung beim Abnehmer durch den Zulieferer, die Koordination der Schnittstellen durch den Abnehmer sowie die Durchführung der so genannten Kostenreduktionsberatung des Abnehmers beim Zulieferer. Als geeignete Instrumente für die Zuliefererintegration in das Target Costing sollen nach Ansicht der Autoren Kostentableaus, Prozesskostenmanagement und Benchmarking eingesetzt werden.[347]

Positiv hervorzuheben am Ansatz von *Seidenschwarz et al.* ist die Grundidee der Berücksichtigung unterschiedlicher Zuliefererklassen bei der Integration in das Target Costing. Es bleibt jedoch kritisch anzumerken, dass die Autoren keinen in sich geschlossenen Ansatz zur Integration von Zulieferern in die Verfahrensschritte des Target Costing für die von ihnen definierten Zuliefererklassen liefern. Sämtliche Vorschläge der Autoren über eine Zulieferer integrierende Ausgestaltung der Verfahrensschritte des Target Costing bleiben konzeptionell an der Oberfläche und enthal-

[346] Entnommen aus Seidenschwarz/Niemand (1994), S. 108.

[347] Vgl. Seidenschwarz/Niemand (1994), S. 265 f.; Gleich/Seidenschwarz (1999), 583 f.

ten keinerlei operationale Anweisungen, so dass sie keinen nennenswerten Beitrag für die hier vorliegende Problemstellung liefern.

ii) Der Ansatz von *Möller*

Möller stellt in seiner Monografie einen Ansatz zur Integration von Zulieferern in das Target Costing auf Basis der Transaktionskostentheorie vor.[348] In einem ersten Kapitel des Integrationskonzepts entwickelt *Möller* ein Operationalisierungsmodell der Transaktionskosten für eine Zuliefererbeziehung. Unabhängig von diesem Modell erfolgt im Anschluss daran die Konzeption einer Zuliefererintegration in das Target Costing. Die Einbindung des Operationalisierungsmodells in das Konzept der Zuliefererintegration in das Target Costing führt *Möller* in einem dritten Kapitel mit Hilfe eines Fallbeispiels durch. Der Aufbau des konzeptionellen Ansatzes von *Möller* ist in Abbildung 14 veranschaulichend dargestellt. Unter Berücksichtigung der vorliegenden Aufgabenstellung beschränken sich die weiteren Ausführungen zum Ansatz von *Möller* auf die Erläuterung und kritische Analyse seines Konzepts zur Zuliefererintegration in das Target Costing, dessen Aufbau ebenfalls Abbildung 14 zu entnehmen ist.

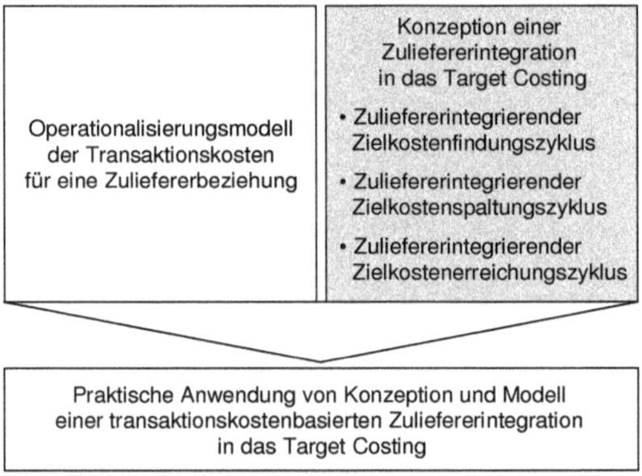

Abbildung 15: Konzeptioneller Aufbau des Ansatzes zur Integration von Zulieferern in das Target Costing nach *Möller*.

---

[348] Vgl. im Folgenden Möller (2000), Möller (2002) und Möller (2003).

Im Verfahrensschritt des Zulieferer integrierenden Zielkostenfindungszyklus grenzt *Möller* vorab diejenigen Zuliefererkomponenten ab, für die seiner Meinung nach eine Zuliefererintegration in das Target Costing überhaupt sinnvoll ist. Diese Zuliefererkomponenten definiert er als Vorprodukte, die durch einen gleichzeitig hohen konstruktiven Gestaltungsspielraum, einen hohen Differenzierungsgrad gegenüber Wettbewerbern, ein hohes Kundenindividualisierungspotenzial bei gleichzeitig hohem Wertanteil am Endprodukt charakterisiert werden. *Möller* bezeichnet diese Vorprodukte als „kritische Güter".[349] In einem nächsten Schritt klassifiziert *Möller* die Zulieferer dieser kritischen Güter in so genannte Integrationspartner und Produkt-/ Prozesspartner. Unter einem Integrationspartner versteht *Möller* diejenigen Zulieferer, die oben auch als Systemzulieferer definiert worden sind und an der Spitze der erläuterten Zuliefererpyramide stehen. Diese Integrationspartner zeichnen sich neben einer hohen Zuverlässigkeit durch eigenständige Produkt- und Prozessinnovationen aus und sind systematisch in das Target Costing des Abnehmers zu integrieren. Unter den Produkt-/Prozesspartnern versteht *Möller* die Komponentenzulieferer auf der mittleren Stufe der Zuliefererpyramide, die sich vor allem durch ein hohes Prozess-Know-how auszeichnen. Eine systematische Integration dieser Zulieferer in das Target Costing des Abnehmers lehnt *Möller* ab.[350] Die Teilezulieferer als dritte Zuliefererklasse der Zuliefererpyramide berücksichtigt *Möller* in seinem Konzept nicht, da er Teile grundsätzlich als unkritische Güter ansieht.

Für die organisatorische Ausgestaltung der Ableitung von Zielgewinn- und Produktzielkosten schlägt *Möller* zwei grundsätzliche Vorgehensweisen vor. Die erste Vorgehensweise, die er als vorgaben- bzw. abnehmerorientierte Steuerung bezeichnet, beinhaltet die selbständige Ermittlung von Zielgewinn und Produktzielkosten durch den Abnehmer. *Möller* lehnt diese Vorgehensweise jedoch ab, da sie dauerhaft die Existenz der Zulieferer gefährdet. Stattdessen empfiehlt er als alternative Vorgehensweise in besonderem Maße für hochwertige und komplexe Vorprodukte die so genannte unternehmungsunabhängige Steuerung, die die selbständige Festlegung von komponentenbezogenen Zielgewinnen und Zielkosten durch den jeweiligen Zulieferer vorsieht. Nach der Ansicht von *Möller* führen beide Vorgehensweisen

---

349 Vgl. Möller (2002), S. 146 f.
350 Vgl. Möller (2002), S. 150 ff.

infolge selbst regelnder Marktmechanismen langfristig zu einem identischen Ergebnis.[351]

Für den Verfahrensschritt des Zulieferer integrierenden Zielkostenspaltungszyklus schlägt *Möller* eine weitere Differenzierung der Produkt-/Prozesspartner in Komponentenzulieferer mit geringem und mit großem Leistungsspektrum vor, ohne diese jedoch eindeutig zu charakterisieren und voneinander abzugrenzen. Für die Komponentenzulieferer mit geringem Leistungsspektrum lehnt *Möller* die Integration in die Zielkostenspaltung des Abnehmers grundsätzlich ab, und er verweist lediglich auf ein angeschlossenes weiteres Target Costing beim Zulieferer. Hingegen empfiehlt er für die Produkt-/Prozesspartner mit hohem Leistungsspektrum eine Integration in das Target Costing des Abnehmers derart, dass die Zielkostenspaltung des Abnehmers als „Servicefunktion" für die Sicherstellung der Marktorientierung des Zulieferers aufzufassen ist.[352] Nähere Erläuterungen über diese Servicefunktion liefert *Möller* jedoch nicht.

Eine systematische Integration in den Verfahrensschritt der Zielkostenspaltung des Target Costing beim Abnehmer fordert *Möller* ausschließlich für die Integrationspartner bzw. Systemzulieferer, da diese wichtige Impulse für den so genannten Funktionenkatalog und die Spezifikationen des jeweiligen Vorprodukts geben können. Analog zum Verfahrensschritt der Zielkostenfindung schlägt *Möller* auch für die Zielkostenspaltung mit der „unabhängigen" und der „abnehmerorientierten" Zielkostenspaltung zwei unterschiedliche Vorgehensweisen vor. Bei der unabhängigen Zielkostenspaltung erfolgt die Spaltung unter weitestgehendem Ausschluss des Integrationspartners, der anschließend vom Abnehmer die für ihn relevanten funktions- und komponentenbezogenen Bedeutungsgrade erhält. Der Zulieferer übernimmt diese Werte anschließend in sein eigenes Target Costing. Im Rahmen der abnehmerorientierten Steuerung erfolgt hingegen die Zielkostenspaltung unter Beteiligung des Zulieferers.[353] Nähere Erläuterungen über die detaillierte Ausgestaltung dieser Zulieferer integrierenden Zielkostenspaltung liefert *Möller* jedoch nicht.

---

[351] Vgl. Möller (2002), S. 154 ff.
[352] Vgl. Möller (2002), S. 158 ff.
[353] Vgl. Möller (2002), S. 161 f.

Für die Durchführung des Verfahrensschritts der Zulieferer integrierenden Zielkostenerreichung verweist *Möller* lediglich auf die bestehenden Ansätze in der Literatur, ohne einen konkreten Bezug zur Integration von Zulieferern herzustellen. Zudem schlägt er den Einsatz von Basismethoden zur konstruktionsbegleitenden Kalkulation vor, die er um das zuvor entwickelte Operationalisierungsmodell der Transaktionskosten erweitert.[354]

Am Ansatz von *Möller* zur Zuliefererintegration in das Target Costing bleibt positiv hervorzuheben, dass er analog zu *Seidenschwarz et al.* eine Klassifizierung von Zulieferern durchführt und für die einzelnen Zuliefererklassen Anregungen zur Ausgestaltung der Zielkostenfestlegung und -spaltung im Rahmen des Target Costing liefert. Aus nachfolgenden Gründen kann der Ansatz von *Möller* als durchgängiges Integrationskonzept jedoch nicht überzeugen:

- *Möller* bleibt eine eindeutige Charakterisierung und Abgrenzung der einzelnen Zuliefererklassen schuldig.
- *Möller* liefert keine Vorschläge zur Ausgestaltung der Zulieferer integrierenden Zielkostenerreichung.
- Die Empfehlung von *Möller*, den Integrationspartnern für die von ihnen zu erbringenden Produktions- und Entwicklungsleistungen keine Zielkosten vorzugeben, widerspricht den Zwecksetzungen des Target Costing.
- Es fehlen Vorschläge zur Einbindung von Teilezulieferern im Rahmen des Target Costing.
- *Möller* unterstellt stets eine kooperative Festlegung von zuliefererbezogenen Zielkosten zwischen Hersteller und Zulieferer und lässt dabei mögliche konfrontative Aspekte einer Abnehmer-Zulieferer-Beziehung außer Acht.
- Die Ausführungen bezüglich der Zulieferer integrierenden Ausgestaltung der Verfahrensschritte der Zielkostenfestlegung und Zielkostenspaltung bleiben

---

[354] Vgl. Möller (2002), S. 163 ff.

konzeptionell an der Oberfläche. Der Grund dafür liegt vermutlich darin, dass das vorab entwickelte Operationalisierungsmodell der Transaktionskosten für eine Zuliefererbeziehung und dessen Integration in das (Zulieferer integrierende) Target Costing im Vordergrund der Arbeit von *Möller* steht.

- Der Ansatz enthält keinerlei operationale Anweisungen zur Zulieferer integrierenden Ausgestaltung der Verfahrensschritte des Target Costing.

b) Ansätze zum Target Costing in Wertschöpfungsketten

Neben den vorgestellten Ansätzen von *Seidenschwarz et al.* und *Möller*, die auf einer Geschäftsbeziehung zwischen einem Abnehmer bzw. Hersteller als fokaler Unternehmung und einem (Direkt-)Zulieferer basieren, existieren in der Literatur weitere Ansätze mit dem Fokus auf dem Target Costing in Wertschöpfungsketten.[355] Einige dieser Ansätze sollen im Folgenden kurz vorgestellt werden, da sie in einem mittelbaren Zusammenhang mit der Zuliefererintegration in das Target Costing stehen. *LaLonde/Pohlen* stellen in einem kurzen Fachartikel ein Konzept zum so genannten Supply Chain Costing vor, ohne diesen Begriff jedoch näher zu definieren.[356] *Seuring* entwickelt ein Konzept zum Supply Chain Costing mit dem Fokus auf den drei Kostenebenen der unternehmungsinternen Einzel- und Prozesskosten sowie der unternehmungsübergreifenden Transaktionskosten. Letztere sind seiner Meinung nach ausschließlich durch die Zusammenarbeit zwischen Partnern entlang von Wertschöpfungsketten beeinflussbar. *Seuring* bindet neben anderen Kostenmanagementinstrumenten auch das Target Costing in sein Konzept ein.[357] Eine separate Würdigung dieser Arbeit leistet für die vorliegende Aufgabenstellung keinen zusätzlichen Beitrag.

Im Hinblick auf die vorliegende Aufgabenstellung ist aus den bestehenden Ansätzen zum Target Costing in Wertschöpfungsketten insbesondere das von *Cooper/ Slagmulder* entwickelte Konzept des so genannten „Chained Target Costing" hervorzu-

---

355 Vgl. z. B. Cooper/Slagmulder (1999); Ellram (2000); Goldach (2003); LaLonde/Pohlen (1996); Lin/Collins/Su (2001); Lockamy/Smith (2000).

356 Vgl. LaLonde/Pohlen (1996), S. 1 ff.; Goldbach (2003), S. 52.

357 Vgl. Seuring (2001); Seuring (2002).

heben.[358] Dieses Konzept knüpft an das oben erläuterte Grundkonzept des Target Costing an und beinhaltet die Koordination der Schnittstellen zwischen dem Abnehmer bzw. Hersteller als fokaler Unternehmung und den in der Wertschöpfungskette nachgelagerten Zulieferern. Die Autoren untersuchen die zentrale Schnittstellenproblematik, wie die Kosten für Zuliefererkomponenten bestimmt und entlang der Wertschöpfungskette an den jeweils nachgelagerten Zulieferer weitergegeben werden können. *Cooper/Slagmulder* berücksichtigen in ihrem Ansatz, dass diese Weitergabe von Zielkosten nicht ausschließlich das Ergebnis der im funktionellen Target Costing durchzuführenden Berechnungsschritte sein kann, sondern des Weiteren entscheidend von den Interessen der beteiligten Akteure und den zu Grunde liegenden Machtverhältnissen abhängig ist. Unter Berücksichtigung dieser Erkenntnisse identifizieren *Cooper/Slagmulder* drei zentrale Fragestellungen, die die fokale Unternehmung bei der Anwendung des Target Costing für nachgelagerte Wertschöpfungsstufen berücksichtigen muss.

Die erste Fragestellung „Legislation versus Negotiation" berücksichtigt die Art der Weitergabe von Zielkosten an den Zulieferer der nachgelagerten Wertschöpfungsstufe. Die fokale Unternehmung muss vor der Festlegung von Zielkosten für Zuliefererkomponenten klären, ob sie dem betreffenden Zulieferer sowohl die Zielkosten als auch die durch die betreffende Komponente zu erfüllenden Funktionen vorschreiben oder diese alternativ mit dem Zulieferer gemeinsam festlegen möchte. Bei der Entscheidung für eine Variante sind die Machtverhältnisse der zu Grunde liegenden Geschäftsbeziehungen explizit zu berücksichtigen. Gegenstand der zweiten Fragestellung „Subordination versus Independence" ist die Festlegung der Freiheitsgrade für den Zulieferer bei der Zielkostenerreichung. Einerseits kann die fokale Unternehmung dem Zulieferer vorschreiben, welche Maßnahmen für die Zielkostenerreichung zu ergreifen sind. Andererseits besteht die Möglichkeit, dem Zulieferer die alleinige Verantwortung für die Zielkostenerreichung zu übertragen. Bei der Entscheidung für eine der genannten Vorgehensweisen ist nach Ansicht von *Cooper/Slagmulder* das Vertrauen der fokalen Unternehmung in die Fähigkeiten des betreffenden Zulieferers zur Durchführung eines Kostenmanagements von entscheidender Bedeutung. Die

---

[358] Vgl. im Folgenden Cooper/Slagmulder (1999), S. 191 ff.; Goldbach (2003), S. 64 ff.

dritte Fragestellung „Individual versus Bundled Target Costs" berücksichtigt schließlich den Aggregations- bzw. Disaggregationsgrad der zuliefererbezogenen Zielkosten. Bezieht eine fokale Unternehmung mehrere Komponenten eines Produkts von einem Zulieferer, so kann sie diesem Zulieferer entweder aggregierte Zielkosten für den gesamten Zuliefererumfang oder aber disaggregierte Zielkosten für jede einzelne Komponente vorgeben.

Die Entscheidung der fokalen Unternehmung für jeweils eine dieser alternativen Vorgehensweisen nimmt entscheidenden Einfluss auf die Freiheitsgrade des Zulieferers bei der Komponentengestaltung und bei dem eigenständigen Erkennen von Potenzialen zur Kostensenkung. Im Falle der Vorgabe von disaggregierten Zielkosten werden diese Freiheitsgrade des Zulieferers erheblich eingeschränkt.[359] Ein zusammenfassender Überblick über die erläuterten drei zentralen Fragestellungen des Chained Target Costing und die bei der Entscheidung für eine der beschriebenen Vorgehensweisen jeweils zu berücksichtigenden Randbedingungen findet sich in Tabelle 17.

Target Costing decision	Factor to consider
Legislate or negotiate Target Costs	Degree of power over supplier
Degree of supplier independence (subordination versus independence)	Faith in supplier's cost management skills
Individual versus bundled Target Costs	Freedom granted to suppliers to identify focus of cost reduction

Tabelle 17: Zentrale Fragestellungen des Chained Target Costing.[360]

Am Ansatz von *Cooper/Slagmulder* ist positiv hervorzuheben, dass die Autoren bei der Integration von Zulieferern in das Target Costing die Machtverhältnisse und die

359 Vgl. Cooper/Slagmulder (1999), S. 191 ff.; Goldbach (2003), S. 65 f.
360 Entnommen aus Cooper/Slagmulder (1999), S. 192.

Interessen der beteiligten Akteure explizit berücksichtigen. Die Autoren stellen dadurch eindeutig heraus, dass die zuliefererbezogenen Zielkosten, wie es das funktionelle Target Costing vermuten lassen könnte, keinesfalls deterministisch vorbestimmt sind, sondern in der Interaktion zwischen der fokalen Unternehmung und dem betreffenden Zulieferer festgelegt werden.[361] Zudem widersprechen *Cooper/Slagmulder* bestehenden Ansätzen über das unternehmungsübergreifende Kostenmanagement, in denen stets ein kooperatives Target Costing zwischen der fokalen Unternehmung und ihren Zulieferern suggeriert wird.[362] Es bleibt jedoch kritisch anzumerken, dass *Cooper/Slagmulder* analog zu den oben beschriebenen Ansätzen keinerlei operationale Anweisungen für die Zulieferer integrierende Ausgestaltung der Verfahrensschritte des Target Costing liefern. Der beschriebene Ansatz wird in Kapitel D noch einmal aufgegriffen und auf dessen Grundlage eine Typisierung der Integration von Automobilzulieferern in das Target Costing der Hersteller vorgeschlagen.

V. Weiterentwicklungsbedarf des Target Costing im Hinblick auf die Zuliefererintegration in der Automobilindustrie

1. Erweiterung des Grundkonzepts der Zielkostenspaltung für Automobile als komplexe Produkte

Die erste konzeptionelle Erweiterung des Target Costing im Hinblick auf die Automobilindustrie umfasst die Übertragung des Grundkonzepts der Zielkostenspaltung von *Tanaka* am Beispiel eines Tinten- bzw. Filzschreibers auf ein Automobil als komplexes Produkt. Diese Übertragung wird in der Fachliteratur von mehreren Autoren gefordert.[363] *Franz* hinterfragt das klassische Beispiel von *Tanaka* kritisch: „Allerdings fällt es schwer, sich die vernünftige Anwendung des sehr detaillierten Verfahrens bei einem komplexeren Produkt als einem Filzschreiber – etwa einem Auto – vorzustellen. Hier würden Fallstudien aus der Unternehmungspraxis sicherlich eine gute Hilfe

---

361 Vgl. Goldbach (2003), S. 66.

362 Vgl. hierzu beispielsweise Bechtel/Jayaram (1997); Cooper/Ellram (1993); Cooper/Ellram/Gardner/Hanks (1997); Handfield/Nichols (1999); Möller (2002); Vollmann/Cordon/Raabe (1998).

363 Vgl. Franz (1993), S. 129; Claassen/Hilbert (1994a), S. 35; Rösler (1996), S. 95 f.

bieten."[364] Eine Definition des Begriffs „komplexes Produkt" liefert *Franz* jedoch nicht. *Claassen/Hilbert* fordern für die Übertragung des Grundkonzepts des Target Costing auf die Automobilindustrie die Implementierung individueller Methoden.[365] Die Konkretisierung dieser Methoden bleiben die Autoren jedoch schuldig.

Lediglich *Rösler* greift diese Problematik konkret auf und sieht den Verfahrensschritt der Zielkostenspaltung als Kernproblem der Übertragbarkeit des Target Costing auf komplexe Produkte an, während er diese für die Verfahrensschritte der Zielkostenfestlegung und Zielkostenerreichung für unproblematisch hält. Der Autor begründet dies damit, dass es sich bei den beiden letztgenannten Verfahrensschritten des Target Costing nicht um völlig neue Ansätze handelt. Stattdessen wurden nach Ansicht von *Rösler* in der Unternehmungspraxis bereits vor Entwicklung des Target Costing die Zielkosten für das Gesamtprodukt durch den oftmals kleinen Spielraum zum Vorgängerprodukt vorgegeben und deren Erreichung mit Hilfe der Wertanalyse angestrebt.[366] *Rösler* kann in seinen Ausführungen grundsätzlich zugestimmt werden, jedoch bleibt kritisch anzumerken, dass er den Verfahrensschritt der Zielkostenkontrolle unberücksichtigt lässt und dieser als integrativer Bestandteil des Grundkonzepts des Target Costing einen weitereren Problembereich bei der Übertragbarkeit des Target Costing auf komplexere Produkte darstellen kann. Wie bereits erläutert, widerspricht das von *Rösler* entwickelte Target-Costing-Konzept für die Automobilindustrie jedoch der geforderten durchgängigen Markt- bzw. Kundenorientierung, da diesem Ansatz zufolge ein Großteil der Zielkosten de facto mit Hilfe der Komponentenmethode gespalten werden.[367]

In der nachfolgenden konzeptionellen Erweiterung des Target Costing soll die oben genannte Forderung nach einer Übertragung des Grundkonzepts von *Tanaka* auf komplexe Produkte am Beispiel eines Automobils aufgegriffen werden, da ein entsprechender durchgängiger Lösungsansatz in der Literatur nicht vorzufinden ist. Die hauptsächliche Zielsetzung dieser Erweiterung liegt in der Entwicklung einer Methodik, die eine adäquat kundenorientierte Ableitung von Zielkosten für sämtliche

---

[364] Franz (1993), S. 129.
[365] Vgl. Claassen/Hilbert (1994a), S. 35.
[366] Vgl. Rösler (1995), S. 8.
[367] Vgl. hierzu noch einmal ausführlich Abschnitt B.III.3.

in ein komplexes Produkt eingehenden Erzeugniselemente ermöglicht. Der Fokus dieser konzeptionellen Erweiterung des Target Costing liegt auf dem Verfahrensschritt der Zielkostenspaltung, da diese sämtliche Erzeugniselemente auf sämtlichen Fertigungsstufen berücksichtigen muss.

2. Integration von Automobilzulieferern in das erweiterte Grundkonzept

Die Integration von Zulieferern in das Target Costing wird in der Literatur mehrfach gefordert.[368] In Abschnitt B.IV.2 wurde aufgezeigt, dass ein geschlossenes Konzept zur Integration von Zulieferern unterschiedlicher Wertschöpfungsstufen in der Target-Costing-Literatur nicht vorhanden ist. Eine mögliche Integration von Teilezulieferern in das Target Costing ist bislang nicht Gegenstand einer wissenschaftlichen Veröffentlichung gewesen. Zudem fehlen in der Literatur operationale Anweisungen zur Zulieferer integrierenden Ausgestaltung der einzelnen Verfahrensschritte des Target Costing.

Die zweite Erweiterung des Target Costing im Hinblick auf die Automobilindustrie baut direkt auf dem zu erweiternden Grundkonzept der Zielkostenspaltung auf und beinhaltet die Integration unterschiedlicher Zulieferertypen durch geeignete Ausgestaltung der einzelnen Verfahrensschritte des Target Costing. Dabei sollen vor allem operationale Anweisungen für die Integration von Zulieferern unterschiedlicher Wertschöpfungsstufen in den Zielkostenspaltungsprozess des Automobilherstellers entwickelt werden, da dieser Verfahrensschritt das Kernproblem einer möglichen Zuliefererintegration in das Target Costing darstellt.

---

[368] Vgl. z. B. Listl (1998), S. 226; Seidenschwarz (1993), S. 236; Tani/Horváth/Wangenheim (1996), S. 82; Coenenberg/Fischer/Schmitz (1997), S. 215 ff.; stellvertretend für die englischsprachige Literatur Ellram (1999), S. 18.

C. Entwicklung eines mehrstufigen Target-Costing-Konzepts für Automobile

I. Begründung der Notwendigkeit eines mehrstufigen Ansatzes

Der Grundgedanke zur Formulierung eines mehrstufigen Target-Costing-Konzepts ergibt sich aus der ebenfalls mehrstufigen Erzeugnisstruktur eines komplexen Produkts. Obwohl der Begriff „komplexes Produkt" in der Target-Costing-Literatur nicht näher erläutert wird, zählen mehrere Autoren ein Automobil zu dieser Gruppe der komplexen Produkte.[369] Während das von *Tanaka* entwickelte Grundkonzept des Target Costing am Beispiel eines Tintenschreibers lediglich eine zweistufige Erzeugnisstruktur mit insgesamt neun Komponenten unterstellt, stellen *Claasen* und *Hilbert* fest, dass „die Übertragung auf komplexere Produkte nur eingeschränkt möglich [ist]. Die Komplexität in der Handhabung mit über 7.000 Einzelteilen erfordert die Implementierung individueller Methoden".[370] Der Aussage von *Claassen/Hilbert* kann grundsätzlich zugestimmt werden, jedoch bleibt kritisch anzumerken, dass die Übertragung der Anwendbarkeit des Target Costing am Beispiel eines Tintenschreibers auf ein Automobil nicht primär aufgrund der zu berücksichtigenden höheren Anzahl von Erzeugniselementen, sondern vor allem infolge der höheren Anzahl von Erzeugnisstufen in Frage zu stellen ist.

Als Kriterium für eine Typisierung von Produkten in einfache und komplexe Produkte soll im Folgenden die Anzahl der Erzeugnisstufen des Produkts herangezogen werden. Produkte mit nur einer Erzeugnisstufe lassen sich auch als einteilige Produkte mit nur einem Erzeugniselement bezeichnen, wie beispielsweise Rohre. Sie lassen sich eindeutig dem Typ der einfachen Produkte zuordnen. Tendenziell beinhalten Produkte mit wenigen Erzeugnisstufen auch wenige Erzeugniselemente. Diese Produkte sollen ebenfalls unter dem Typ der einfachen Produkte zusammengefasst werden. Eine mögliche Ausnahme stellen Produkte mit wenigen Erzeugnisstufen und vielen Erzeugniselementen dar, die ebenso dem Typ der

---

[369] Vgl. Rösler (1995), S. 8; Claassen/Hilbert (1994a), S. 35; Franz (1993), S. 129.
[370] Claassen/Hilbert (1994a), S. 35.

einfachen Produkte zugeordnet werden können. Im Gegensatz dazu enthalten Produkte mit vielen Erzeugnisstufen tendenziell auch viele Erzeugniselemente. Diese Produkte sind dem Typ der komplexen Produkte zuzuordnen. Eine Ausnahme stellen Produkte mit vielen Erzeugnisstufen und wenigen Erzeugniselementen dar, die auch dem Typ der komplexen Produkte zugeordnet werden können. Nachfolgende Abbildung 16 enthält allgemeine Beispiele für einfache und komplexe Produkte unter Berücksichtigung der erläuterten Definitionen.

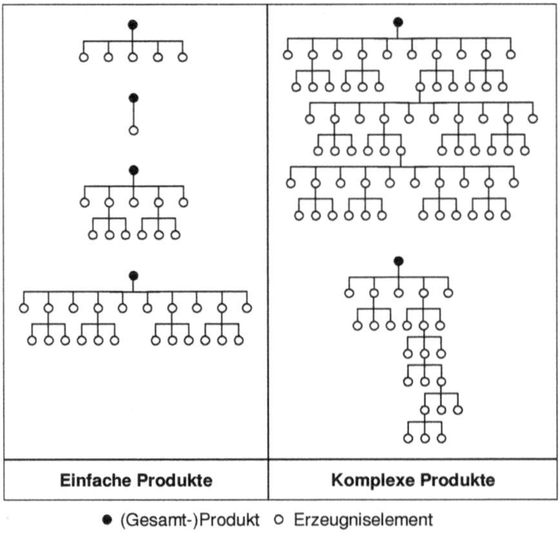

Abbildung 16: Allgemeine Beispiele für einfache und komplexe Produkte.

Zur Motivation des mehrstufigen Konzepts soll anhand der oben erläuterten Typisierung die unterschiedliche Komplexität der Erzeugnisstrukturen eines Tintenschreibers und eines Automobils kurz aufgezeigt und diese beiden Produkte den gebildeten Typen zugeordnet werden. Das von *Tanaka* zur Erläuterung des Grundkonzepts des Target Costing verwendete Fallbeispiel eines Tintenschreibers basiert auf der in Abbildung 17 dargestellten Erzeugnisstruktur.

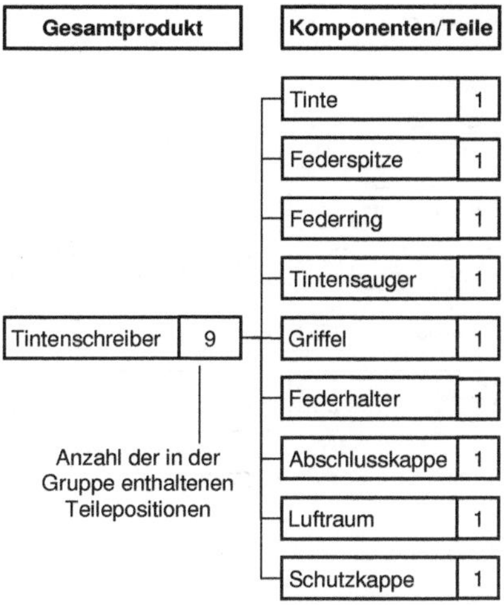

Abbildung 17: Vollständige Erzeugnisstruktur eines Tintenschreibers.[371]

Die vollständige Erzeugnisstruktur eines Tintenschreibers beinhaltet einschließlich des Gesamtprodukts lediglich zwei Erzeugnisstufen mit insgesamt nur neun Erzeugniselementen. Dahingegen enthält die in nachfolgender Abbildung 18 auszugsweise dargestellte Erzeugnisstruktur eines Automobils einem Fallbeispiel der Audi AG zufolge vier Erzeugnisstufen mit insgesamt 4.751 Erzeugniselementen. Die vollständige Erzeugnisstruktur eines Automobils besteht hingegen aus circa zehn bis fünfzehn Erzeugnisstufen.[372]

371 in Anlehnung an Tanaka (1989), S. 61.
372 Quelle: Interview Nr. H 2.

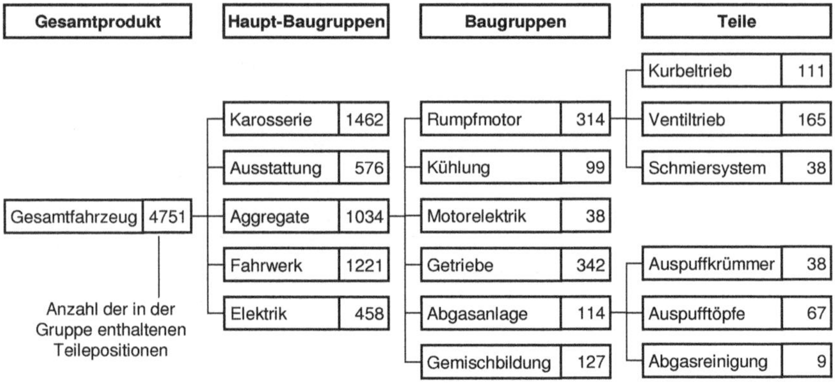

Abbildung 18: Erzeugnisstruktur eines Automobils (Ausschnitt).[373]

Mit Bezugnahme auf die oben durchgeführte Typisierung von Produkten in einfache und komplexe Produkte lässt sich unter Berücksichtigung der aufgezeigten Anzahl von Erzeugniselementen und Erzeugnisstufen ein Tintenschreiber dem Typ der einfachen Produkte und im Gegensatz dazu ein Automobil dem Typ der komplexen Produkte zuordnen.

Die im Grundkonzept des Target Costing bei der Zielkostenspaltung betrachteten Komponenten werden in der Literatur auch als direkt in das Fertigprodukt eingehende Erzeugniselemente definiert.[374] Die vorstehende Abbildung 18 zeigt jedoch am Beispiel eines Automobils, dass infolge der Mehrstufigkeit der Erzeugnisstruktur beispielsweise die auf der unteren Erzeugnisstufe befindlichen Erzeugniselemente (Teile) nicht direkt, sondern über hierarchisch übergeordnete Erzeugnisstufen (Bau- und Hauptbaugruppen) lediglich indirekt in das Gesamtfahrzeug eingehen. Das Grundkonzept der Zielkostenspaltung erlaubt es jedoch nicht, gleichzeitig die Zielkosten von Erzeugniselementen abzuleiten, von denen eins in das andere eingeht, da sonst (13) nicht mehr erfüllt wäre.

---

[373] Vgl. Kammermayer (1992), S. 266.
[374] Vgl. Noltemeier (2003), S. 20.

Mit Bezugnahme auf die angestrebte Zuliefererintegration in das Target Costing der Automobilhersteller wird es aus nachfolgenden Gründen jedoch als erforderlich angesehen, Zielkosten auch für diejenigen Erzeugniselemente abzuleiten, die in andere Erzeugniselemente der mehrstufigen Erzeugnisstruktur eingehen. Einerseits soll der Automobilhersteller dem Zulieferer ein globales Kostenziel für die jeweilige von diesem bezogene Baugruppe vorschreiben können. Andererseits soll der Automobilhersteller in der Lage sein, dem Zulieferer einer Baugruppe disaggregierte Kostenziele für die einzelnen Erzeugniselemente dieser Baugruppe vorgeben zu können.

Zusammenfassend lässt sich feststellen, dass eine Integration von Zulieferern in das Target Costing der Automobilhersteller nur dann möglich erscheint, wenn für sämtliche Erzeugniselemente der mehrstufigen Erzeugnisstruktur die Festlegung kundenorientierter Zielkosten durchgeführt werden kann. Letztere ist jedoch aus den genannten Gründen mit Hilfe des einstufigen Grundkonzepts der Zielkostenspaltung nicht möglich, so dass Gegenstand der nachfolgenden Ausführungen die Entwicklung eines mehrstufigen Target-Costing-Konzepts ist.

II. Anforderungen an das mehrstufige Target-Costing-Konzept

1. Kundenorientierte Ableitung von Zielkosten für Erzeugniselemente

Eine grundlegende Anforderung an das zu entwickelnde mehrstufige Target-Costing-Konzept besteht darin, dass die Kosten(teil)ziele für sämtliche Erzeugniselemente der komplexen Erzeugnisstruktur kundenorientiert festzulegen sind. Folglich sind die Verfahrensschritte der Festlegung von Produktzielkosten und der Zielkostenspaltung entsprechend kundenorientiert auszugestalten. Das oben erläuterte Grundkonzept für den Verfahrensschritt der Festlegung von Produktzielkosten kann grundsätzlich für die hier vorliegende Problemstellung übernommen werden, da dieser Verfahrensschritt ausschließlich auf das Gesamtprodukt Bezug nimmt und die Komplexität der Erzeugnisstruktur somit nicht relevant ist. Für die Festlegung der Produktzielkosten sei im Folgenden von der Verwendung der beschriebenen Reinform des Market-into-

Company-Ansatzes auszugehen, da nur diese die geforderte Kundenorientierung gewährleistet.

Der Verfahrensschritt der Zielkostenspaltung sieht die Ermittlung von funktions- und komponentenbezogenen Zielkosten vor. Mit der Funktions- und der Komponentenmethode stehen grundsätzlich zwei Verfahren zur Ermittlung komponentenbezogener Zielkosten zur Verfügung. Während die Funktionsmethode explizit die Kundenwünsche in Form von Bedeutungsgraden im Hinblick auf die Produktfunktionen berücksichtigt, weist die Komponentenmethode insofern einen Widerspruch zum Konzept des Target Costing auf, als die komponentenbezogenen Zielkosten unmittelbar an den in der Vergangenheit angefallenen Kosten anstelle der Präferenzen potenzieller Kunden ausgerichtet sind.[375] Unter Berücksichtigung der geforderten Kundenorientierung soll demzufolge die Erweiterung des Grundkonzepts des Target Costing auf der Grundlage der von *Tanaka* entwickelten Funktionsmethode erfolgen.

Wie bereits aufgezeigt, bleibt die Literatur eine konzeptionelle Erweiterung des Grundkonzepts des Target Costing zur kundenorientierten Zielkostenspaltung auf sämtliche Erzeugniselemente eines komplexen Produkts schuldig. Lediglich *Rösler* beschreibt in seiner Monografie einen vollständigen Zielkostenspaltungsprozess am Beispiel eines Automobils, jedoch beträgt in seinem Fallbeispiel der Anteil der Zielkosten, der unter Berücksichtigung der Kundenanforderungen gespalten wird, lediglich ein Viertel der spaltbaren Produktzielkosten. Der Großteil der Zielkosten in diesem Fallbeispiel wird hingegen de facto nach der Komponentenmethode auf der Grundlage eines zu Grunde liegenden Basismodells gespalten, dessen Kostenstruktur aus einem Referenz- bzw. Vorgängermodell abgeleitet wird.[376]

Rösler begründet diese Vorgehensweise mit der undifferenzierten Berücksichtigung von Kundenanforderungen im Target Costing, da potenzielle Kunden auch bei einer sehr umfassenden Befragung zahlreichen Erzeugniselementen eines Automobils keinen Nutzen beimessen würden, da sie deren Existenz vermutlich nicht kennen.[377] Der Autor folgert daraus, dass aufgrund der undifferenzierten Kundenanforderungen

---

[375] Vgl. hierzu noch einmal ausführlich Abschnitt B.II.2.
[376] Vgl. hierzu noch einmal ausführlich Abschnitt B.III.3.
[377] Vgl. Rösler (1995), S. 9.

nicht für sämtliche Erzeugniselemente die gleiche Ausprägung an Kundenorientierung realisiert werden kann. Diese Aussage ist jedoch kritisch zu betrachten, da die Funktionsmethode auf den durch geeignete Marktforschungsaktivitäten zu ermittelnden Bedeutungsgraden von Funktionen basiert und die zu deren Erfüllung erforderlichen Komponenten erst in einem zweiten Schritt durch das Target-Costing-Team festgelegt werden. Des Weiteren sieht *Rösler* die undifferenzierte Berücksichtigung von Kundenanforderungen als Rahmenbedingung an, ohne die Möglichkeit einer weiteren Differenzierung dieser Kundenanforderungen kritisch zu hinterfragen.

Folgt man der Argumentation von *Rösler* zur Definition eines Basisfahrzeugs ohne die Berücksichtigung etwaiger Kundenwünsche, so besteht eine Gefahr darin, dass dieses Basisfahrzeug Funktionen beinhalten kann, die der Kunde nicht explizit wünscht. Dieses so genannte „Overengineering" erschwert die Erreichung der Produktzielkosten im Target Costing. Eine weitere Gefahr liegt darin, dass infolge der kunden- bzw. marktunabhängigen Definition des Basisfahrzeugs und der zugehörigen Basisanforderungen durch das Target-Costing-Team kaufentscheidende Kundenanforderungen nicht berücksichtigt werden und die Zielkostenspaltung in diesem Fall zu falschen Ergebnissen führen würde. Schließlich bleibt zum Ansatz von *Rösler* kritisch anzumerken, dass ein Kostenmanagement in Bezug auf das Basismodell ausbleiben kann, wenn dieser Kostenblock schon vorab als indisponibel betrachtet wird.

Aus den genannten Gründen soll zur Sicherstellung einer durchgängigen Kundenorientierung die durchzuführende konzeptionelle Erweiterung der Zielkostenspaltung im Gegensatz zu *Röslers* Ansatz vollständig in Anlehnung an das Grundkonzept der Funktionsmethode von *Tanaka* erfolgen. Die Urteile potenzieller Kunden sind somit bei der Zielkostenfestlegung für sämtliche Produktfunktionen und Erzeugniselemente zu berücksichtigen: „Ein idealer Ressourceneinsatz ist deshalb der, Ressourcen so einzusetzen, wie dies den vom Kunden gewünschten Produktwertrelationen entspricht."[378]

[378] Horváth/Seidenschwarz (1992b), S. 145.

2. Detaillierte Erhebung von Kundenanforderungen

Im Hinblick auf die Übertragung des Grundkonzepts des Target Costing auf komplexe Produkte zeigte *Rösler* bereits die Problematik einer undifferenzierten Abbildung von Kundenanforderungen auf.[379] Unter Beachtung der geforderten Kundenorientierung ist für die konzeptionelle Erweiterung der Funktionsmethode eine differenzierte Berücksichtigung der Kundenanforderungen in Form einer detaillierten Erhebung als unbedingt erforderlich anzusehen. Unter einer Kundenanforderung sollen vorerst sämtliche Kriterien verstanden werden, die ein potenzieller Kunde zur Bewertung des betreffenden Produkts heranzieht.

Zur Motivation der erläuterten Anforderung nach einer detaillierten Erhebung von Kundenanforderungen soll noch einmal das Fallbeispiel des Tintenschreibers von *Tanaka* aufgegriffen werden. Das Grundkonzept des Target Costing sieht eine Berücksichtigung der Kundenanforderungen mittels einer zu entwickelnden Funktionsstruktur und einer anschließend durchzuführenden Gewichtung der in dieser Struktur enthaltenen Produktfunktionen vor.[380] *Tanaka* entwickelt am Beispiel des Tintenschreibers als einfaches Produkt eine ausführliche Funktionsstruktur. Den Ausgangspunkt dieser Funktionsstruktur bildet die Gliederung der Funktionen eines Produkts in die oben erläuterten Funktionsbereiche, die wiederum die Basis des ebenfalls auf *Tanaka* zurückgehenden indirekten bzw. zweistufigen Verfahrens zur Spaltung der Zielkosten auf die Produktfunktionen darstellt.[381] Verbindet man die von *Tanaka* vorgeschlagene Verwendung von Funktionsbereichen mit seinem Anwendungsbeispiel des Tintenschreibers, so erhält man eine hierarchische Funktionsstruktur mit insgesamt vier Hierarchieebenen bzw. -stufen gemäß nachfolgender Abbildung 19.

---

[379] Vgl. Rösler (1995), S. 9.
[380] Vgl. Tanaka (1989), S. 56 ff.
[381] Zur Gliederung der Produktfunktionen in Funktionsbereiche und zum indirekten Verfahren der Spaltung von Produktzielkosten auf Produktfunktionen vgl. ausführlich Abschnitt B.II.2.a).

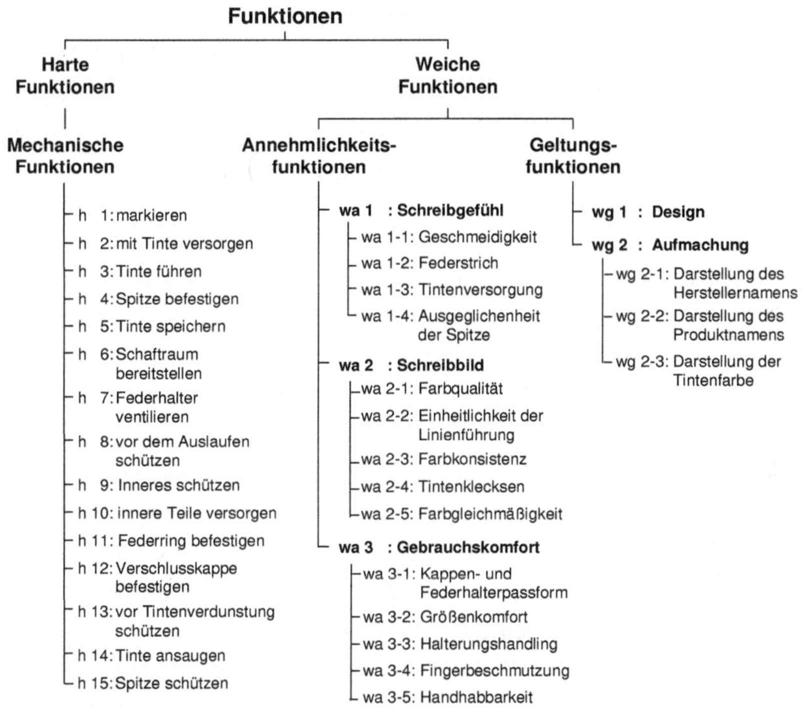

Abbildung 19: Hierarchische Funktionsstruktur am Beispiel eines Tintenschreibers.[382]

Die oberen beiden Ebenen enthalten die genannten Funktionsbereiche in hierarchischer Anordnung, so dass auf der obersten Ebene weiche und harte Funktionen und auf der zweiten Ebene Annehmlichkeits- und Geltungsfunktionen als Teilbereiche des weichen Funktionsbereichs aufgefasst werden können. Bezüglich des Fallbeispiels des Tintenschreibers werden die weichen Funktionen in insgesamt fünf Funktionsgruppen unterteilt, die wiederum aus insgesamt 17 Einzelfunktionen zusammengesetzt sind. Teilt man diese Funktionsgruppen in Annehmlichkeits- und Geltungsfunktionen ein, so kann die vierstufige Funktionsstruktur am Beispiel des Tintenschreibers komplettiert werden. *Tanaka* empfiehlt für den Aufbau der Funktionsstruktur eine Top-Down-Vorgehensweise: „We evaluate each function in pairs by

---

382 in Anlehnung an Tanaka (1989), S. 56 ff.

degree of importance. We generally evaluate each top-level-function, followed by middle-level then low-level functions."[383] Dem Grundkonzept des Target Costing liegt die nicht explizit erwähnte Annahme zu Grunde, dass sämtliche kundenrelevanten Produktfunktionen erfasst und in der Zielkostenspaltung berücksichtigt werden, da sonst das Target Costing zu falschen Ergebnissen führen könnte.

Vergleicht man die in Abbildung 19 dargestellte Funktionsstruktur eines Tintenschreibers mit dessen Erzeugnisstruktur in Abbildung 17, so wird unmittelbar ersichtlich, dass die Funktionsstruktur wesentlich komplexer ist als die Erzeugnisstruktur. So stehen im Fallbeispiel von *Tanaka* insgesamt 32 (Einzel-)Funktionen lediglich neun Erzeugniselementen gegenüber. Betrachtet man die Bedeutungsgrade der Funktionen als Eingangsdaten und die Bedeutungsgrade der Erzeugniselemente als Ausgangsdaten der Funktionsmethode, so ist der Detaillierungsgrad der Eingangsdaten wesentlich höher als der der Ausgangsdaten. Durch diesen hohen Detaillierungsgrad der Eingangsdaten stellt *Tanaka* sicher, dass bei Anwendung der Funktionsmethode in den Bedeutungsgraden sämtlicher Erzeugniselemente ein adäquater Anteil an Kundenanforderungen berücksichtigt wird. Im Hinblick auf die Anwendung der Funktionsmethode in der Automobilindustrie unterstellt *Deisenhofer* eine ähnliche Relation im Detaillierungsgrad der verwendeten Eingangs- und Ausgangsdaten, indem er als Eingangsdaten sechzehn Bedeutungsgrade von Produktfunktionen für die Ermittlung von lediglich fünf Bedeutungsgraden von Erzeugniselementen zu Grunde legt.[384] In anderen Veröffentlichungen im Kontext der Automobilindustrie werden fünfzehn Funktionsbedeutungsgrade als Eingangsdaten für die Ermittlung von insgesamt achtzehn Bedeutungsgraden von Erzeugniselementen zu Grunde gelegt.[385]

Im Hinblick auf die hier vorliegende Problemstellung der komplexen Erzeugnisstruktur eines Automobils erfordert die Anwendung der Funktionsmethode einen vergleichsweise hohen Detaillierungsgrad in den Eingangsdaten, da für jedes Erzeugniselement ein separater Bedeutungsgrad zur Bestimmung der jeweiligen Zielkostenanteile zu ermitteln ist. Um sicherstellen zu können, dass sich in diesen

---

[383] Tanaka (1989), S. 56.
[384] Vgl. Deisenhofer (1993), S. 104.
[385] Vgl. Rösler (1996), S. 166; Gräfe (1998), S. 118; Nitschke (1999), S. 162.

Ausgangsdaten ein adäquater Anteil der geforderten Kundenorientierung in Form von Kundenanforderungen widerspiegelt, müssen auch die erforderlichen Eingangsdaten entsprechend detailliert sein. Da diese Eingangsdaten zur Anwendung der Funktionsmethode die Bedeutungsgrade der Funktionen darstellen, ist im Allgemeinen davon auszugehen, dass der Detaillierungsgrad der zugehörigen Funktionsstruktur dementsprechend hoch sein muss. Unter Berücksichtigung der Anforderung an das Grundkonzept der Funktionsmethode, dass die Erfüllung der Funktionen eines Produkts ausschließlich durch dessen Komponenten bzw. Erzeugniselemente erfolgt,[386] muss jedes Element in der mehrstufigen Erzeugnisstruktur mindestens zur Erfüllung einer Funktion beitragen, da sonst die Existenz dieses Elementes aus Kundensicht grundsätzlich in Frage zu stellen wäre. Aus den genannten Gründen ergibt sich als weitere Anforderung für das mehrstufige Target-Costing-Konzept am Beispiel eines Automobils die differenzierte Berücksichtigung von Kundenanforderungen in Form einer detaillierten Erhebung. Diese Anforderung soll durch einen hohen Detaillierungsgrad der Produktfunktionen gewährleistet werden, deren Bedeutungsgrade die Eingangsdaten für die Funktionsmethode darstellen. Gleichzeitig ist analog zum Grundkonzept sicherzustellen, dass sämtliche kundenrelevanten Produktfunktionen Berücksichtigung finden, da ansonsten die Zielkostenspaltung zu falschen Ergebnissen führen könnte.

Die Gewährleistung der Vollständigkeit und eines adäquaten Detaillierungsgrades der Eingangsdaten der Funktionsmethode setzt im Hinblick auf das Target Costing für komplexe Produkte einerseits eine erweiterte Funktionsstruktur und andererseits nach Meinung des Autors ein erweitertes Verständnis des Funktionsbegriffs voraus. Sämtliche deutschsprachigen Veröffentlichungen über das Target Costing im Kontext der Automobilindustrie legen jedoch eine einfache Funktionsstruktur mit ein bis zwei Funktionsebenen und insgesamt nur 15 bis 16 Einzelfunktionen als Eingangsdaten der Funktionsmethode zu Grunde.[387] Während *Tanaka* die Anwendung des bereits in Kapitel B beschriebenen zweistufigen bzw. indirekten Verfahrens zur Ermittlung funktionsbezogener Zielkosten empfiehlt, wird bei der branchenspezifischen Anwen-

---

[386] Vgl. Noltemeier (2003), S. 21.

[387] Vgl. Deisenhofer (1993), S. 104; Rösler (1996), S. 166; Gräfe (1998), S. 118; Nitschke (1999), S. 162.

dung der Funktionsmethode für die Automobilindustrie aus nicht näher erläuterten Gründen stets das einstufige bzw. direkte Verfahren unterstellt.[388] Die Bevorzugung des direkten Verfahrens lässt sich vermutlich damit begründen, dass einerseits das direkte Verfahren offensichtlich auch in der Unternehmungspraxis bevorzugt wird[389] und andererseits das indirekte Verfahren in der gesamten Target-Costing-Literatur nur selten Beachtung findet.[390] Im Hinblick auf den in den Veröffentlichungen im Kontext der Automobilindustrie unterstellten geringen Detaillierungsgrad der Eingangsdaten für die Funktionsmethode in Verbindung mit der Anwendung des direkten Verfahrens zur Bestimmung funktionsbezogener Zielkosten erscheint die Verwendung einer einfachen Funktionsstruktur gerechtfertigt. Aus den genannten Gründen ist jedoch im weiteren Verlauf dieser Arbeit eine erweiterte Funktionsstruktur zu entwickeln, die der Anforderung nach einem hohen Detaillierungsgrad der Eingangsdaten für die Funktionsmethode gerecht wird. Einerseits soll in dieser erweiterten Funktionsstruktur die zur Gewährleistung des geforderten Detaillierungsgrads entsprechende Anzahl von Produktfunktionen berücksichtigt und übersichtlich dargestellt werden können; andererseits soll in Anlehnung an das Grundkonzept von *Tanaka* mit Hilfe dieser Funktionsstruktur eine Erweiterung des indirekten Verfahrens zur Ermittlung der Bedeutungsgrade von Produktfunktionen erfolgen.

Zur Gewährleistung einer differenzierten und vollständigen Berücksichtigung der Kundenanforderungen an ein Automobil als komplexes Produkt soll im weiteren Verlauf dieser Arbeit aus nachfolgenden Gründen ein erweitertes Verständnis des Funktionsbegriffs unterstellt werden. Das Grundkonzept des Target Costing sieht vor, die Zielkosten gemäß den Präferenzen potenzieller Kunden auf die jeweiligen Produktfunktionen sowie auf die zu ihrer Erfüllung jeweils beitragenden Komponenten aufzuspalten und den verantwortlichen Konstrukteuren vorzugeben.[391] Unter diesem Aspekt erscheint es jedoch kaum möglich, dass ein potenzieller Käufer eines Tintenschreibers die im Fallbeispiel von *Tanaka* aufgeführten harten Funktionen wie beispielsweise „Schaftraum bereitstellen" nach Präferenz bewerten kann, da er

388 Vgl. Deisenhofer (1993), S. 103 ff.; Rösler (1996), S. 169 ff.; Nitschke (1998), S. 162 ff.
389 Vgl. Glaser (2002), S. 227.
390 Lediglich Glaser greift das von *Tanaka* entwickelte indirekte Verfahren konkret auf; vgl. Glaser (2002), S. 225 ff.
391 Vgl. Noltemeier (2003), S. 3.

vermutlich nicht einmal deren Existenz kennt. An dieser Stelle bleibt kritisch anzumerken, dass die Veröffentlichung von *Tanaka* über die Anwendung des Target Costing in der deutschsprachigen Literatur zum Teil nicht korrekt wiedergegeben wird: Die dem Praxisbeispiel zu Grunde liegende Befragung von 1.200 potenziellen Kunden zur Festlegung der Bedeutungsgrade bezieht sich lediglich auf die Ermittlung dieser Bedeutungsgrade für die Funktionsbereiche der harten und weichen Funktionen, aber nicht für die Gewichtung der harten und weichen (Einzel-)Funktionen untereinander,[392] wie es beispielsweise von *Horváth/Seidenschwarz* interpretiert wird.[393] Die aufgeführten Anmerkungen deuten somit darauf hin, dass dem Begriff der Kundenanforderung ein anderes Verständnis zu Grunde liegt als dem Funktionsbegriff nach dem Grundkonzept des Target Costing, so dass die Anforderung an ein erweitertes Verständnis des Funktionsbegriffs nach *Tanaka* entsteht.

3. Ursachenorientierte Kostenzurechnung

Der Verfahrensschritt der Zielkostenspaltung im Grundkonzept des Target Costing sieht vor, dass die einer Produktmengeneinheit zurechenbaren Kosten grundsätzlich dahingehend zu unterscheiden sind, ob sie sich auf die verschiedenen Komponenten aufspalten lassen oder aber als nichtspaltbare Kosten lediglich dem Gesamtprodukt zuordenbar sind. Zur Vermeidung einer willkürlichen Kostenschlüsselung bei der Ermittlung komponentenbezogener Zielkosten wurden zwei alternative Vorgehensweisen aufgezeigt. Die erste Vorgehensweise sieht eine Berücksichtigung der nichtspaltbaren Zielkosten in der Gewinnspanne vor. Diese Vorgehensweise wurde jedoch verworfen, da den nichtspaltbaren Kostenarten keine separaten Kostenziele zugewiesen werden können. Im Gegensatz dazu sieht die erläuterte zweite Vorgehensweise diese Möglichkeit durch eine differenzierte Berücksichtigung von spaltbaren und nichtspaltbaren Produktzielkosten explizit vor. Es wurde darauf hingewiesen, dass bei der Festlegung dieser nichtspaltbaren Kostenbestandteile keine allgemeingültigen Empfehlungen bezüglich einer operationalen Vorgehensweise existieren.[394] Beide Vorgehensweisen stellen zur Vermeidung der willkürlichen Kostenschlüsse-

392 Vgl. Tanaka (1989), S. 60.
393 Vgl. Horváth/Seidenschwarz (1992a), S. 13.
394 Vgl. hierzu ausführlich Kapitel B.II.2.

lung bzw. zur Gewährleistung einer ursachenorientierten Kostenverteilung auf die Komponenten eines einfachen Produkts sicher, dass ausschließlich spaltbare Kostenbestandteile in den Spaltungsprozess eingehen.

Zur Gewährleistung einer ursachenorientierten Kostenverteilung auf sämtliche Erzeugniselemente eines komplexen Produkts ist eine unveränderte Übernahme der oben genannten Vorgehensweisen nicht möglich, da neben dem Gesamtprodukt und der direkt in dieses eingehenden (Haupt-)Baugruppen sämtliche hierarchisch untergeordneten Baugruppen in der mehrstufigen Erzeugnisstruktur als eigenständige Kalkulationsobjekte zu definieren sind. Eine eigenständige Baugruppe stellen jeweils genau die Erzeugniselemente der Erzeugnisstruktur dar, in die wiederum andere Erzeugniselemente auf hierarchisch untergeordneten Erzeugnisstufen direkt eingehen. Eine Übernahme der oben beschriebenen Vorgehensweise würde zu einer vollständigen Aufspaltung der spaltbaren Produktzielkosten PZK_S auf die einzelnen Erzeugniselemente führen. Diese Vorgehensweise erscheint jedoch im Hinblick auf die im Verfahrensschritt der Zielkostenkontrolle zu ermittelnden Standardkosten für die Erzeugniselemente in der mehrstufigen Erzeugnisstruktur unter Einhaltung des Verursachungsprinzips aus nachfolgend zu erläuternden Gründen problematisch.

Bei der Betrachtung einer Baugruppe als Kalkulationsobjekt können gemäß dem Verursachungsprinzip Standardkosten in Form von Einzelkosten entstehen, die jedoch gleichzeitig für die in der betreffenden Baugruppe enthaltenen Komponenten Gemeinkostencharakter besitzen. Für den vorliegenden Fall würden bei Anwendung der ersten Vorgehensweise diesen Gemeinkosten keine (nichtspaltbaren) Zielkosten gegenübergestellt, da bei dieser Vorgehensweise die Spaltung sämtlicher Zielkosten vorausgesetzt wird. Aus den genannten Gründen ist die beschriebene Vorgehensweise zu verwerfen. Zur Gewährleistung einer effektiven Kostensteuerung muss die zu wählende Methodik der Zielkostenspaltung die Möglichkeit berücksichtigen, den baugruppen- bzw. komponentenbezogenen Gemeinkosten Zielkosten mit einem Wert größer Null gegenüberzustellen. Dazu ist für jedes Kalkulationsobjekt eine Differenzierung in spaltbare und nichtspaltbare Zielkostenanteile erforderlich. Mit Hilfe der genannten Erläuterungen lässt sich die Notwendigkeit nichtspaltbarer Zielkostenbestandteile für sämtliche Kalkulationsobjekte im mehrstufigen Konzept plausibilisieren.

Zur Verteilung der Zielkosten ist eine geeignete Spaltungsmethodik auszuwählen. Für das mehrstufige Konzept soll die dem Grundkonzept des Target Costing zu Grunde liegende Prämisse der unterstellten Proportionalität zwischen dem jeweiligen Nutzenanteil eines Spaltungsobjektes und den diesem zuzuordnenden Zielkosten Anwendung finden. Demzufolge erfolgt die Zielkostenzurechnung auf Basis einer vorangegangenen „Nutzenspaltung". Diese Nutzenspaltung soll unter Einhaltung des Verursachungsprinzips durchgeführt werden. Ein (Teil-)Nutzen, der direkt durch ein Spaltungsobjekt verursacht wird, lässt sich diesem direkt als eine Art „Einzel-Nutzen" zurechnen, während im Gegensatz dazu ein (Teil-)Nutzen, der durch mehrere Spaltungsobjekte gleichzeitig entsteht, als „Gemein-Nutzen" lediglich dem übergeordneten Kalkulationsobjekt zuordenbar ist. Ein möglicher Gemein-Nutzen entsteht beispielsweise dann, wenn eine Funktion nicht durch einzelne Komponenten, sondern durch die ganzheitliche Wirkung der Komponenten einer Baugruppe untereinander erfüllt wird. Die Zuweisung der Zielkosten zu den betreffenden Erzeugniselementen und der übergeordneten Baugruppe soll anschließend proportional zu den gespaltenen Nutzenanteilen erfolgen: Die auf Basis des Einzel-Nutzens zu verteilenden Kosten stellen die spaltbaren Zielkosten eines Erzeugniselements dar, während die mit Hilfe des ermittelten Gemein-Nutzens zuzuweisenden Kosten als nichtspaltbare Zielkostenanteile charakterisierbar sind.

III. Formulierung von Verfahrensschritten für das mehrstufige Target-Costing-Konzept

Das zu entwickelnde mehrstufige Target-Costing-Konzept soll auf der Durchführung der Verfahrensschritte des Target Costing aus Sicht eines Automobilherstellers basieren. Analog zum Grundkonzept des Target Costing soll grundsätzlich davon ausgegangen werden, dass mittels geeigneter Marktforschungsaktivitäten ein Zielverkaufspreis prognostizierbar ist, der sich stets auf eine geplante Zielabsatz- bzw. Zielproduktionsmenge bezieht. Zur Gewährleistung realistischer Prognoseergebnisse sollte zu diesem Zeitpunkt des Fahrzeugentwicklungsprojektes bereits ein funktionsorientierter Produktentwurf vorliegen. In der Praxis der Automobilindustrie bezeichnet man diese erste Phase des so genannten Produktentstehungsprozesses (PEP) auch als Zieldefinitionsphase, welche mit der gesamthaften Darstellung der strategischen Zielgrößen wie beispielsweise Fahrzeugeigenschaften, Zielgruppen, Marktein- und Marktaustrittszeitpunkte sowie Gewichts- und Verbrauchsziele in einem so genannten Rahmenheft endet.[395] Der funktionsorientierte Produktentwurf hinsichtlich der zu realisierenden Fahrzeugeigenschaften ist als verbindliche Vorgabe für das im weiteren Verlauf des Produktentstehungsprozesses und des Target Costing zu entwickelnde detaillierte Fahrzeugkonzept anzusehen, da Zielverkaufspreis und Zielproduktionsmenge ausschließlich für diesen speziellen Entwurf gelten. Mögliche Abweichungen von der für die einzelnen Funktionen jeweils geforderten Funktionserfüllung sind nur in äußerst engen Grenzen zulässig, da sonst die darauf basierenden Prognoseergebnisse ihre Gültigkeit verlieren würden.

1. Erfassung und Strukturierung von Kundenanforderungen

a) Begriffliche Grundlagen

Seidenschwarz hebt die Bedeutung einer differenzierten Erfassung von Kundenanforderungen für ein marktorientiertes Target Costing hervor;[396] er bleibt jedoch eine geeignete Methodik für die Erfassung und Strukturierung dieser Kundenanforderungen schuldig. Im Hinblick auf das Grundkonzept des Target Costing fällt auf, dass *Tanaka* die Erfassung und Strukturierung als integrativen Bestandteil des Target Costing interpretiert: „To assign a target cost to the new product, we must (1) define and classify its functions,...."[397] In der deutschsprachigen Target-Costing-Literatur besteht jedoch keine Einigkeit darüber, ob die Erfassung und Strukturierung von Kundenanforderungen als Bestandteile des Target Costing anzusehen sind. Einige Autoren sehen die Durchführung dieser Teilschritte als Aufgabe der Marktforschung außerhalb des Target Costing an,[398] während andere Autoren diese Marktforschungsaktivitäten in Anlehnung an *Tanaka* als ersten Teilschritt des Target Costing definieren,[399] jedoch auf die konkrete Darstellung einer Verfahrensweise verzichten. Zusammenfassend bleibt festzustellen, dass die Target-Costing-Literatur einen

---

395 Vgl. Forsgren (1995), S. 247 ff.; Arnaout/Hildebrandt/Werner (1998), S. 308 f.
396 Vgl. Seidenschwarz (1993), S. 211.
397 Tanaka (1989), S. 56.
398 Vgl. z. B. Joos-Sachse (2004), S. 242;
399 Vgl. z. B. Burger (1999), S. 56.

geschlossenen Ansatz zur Erfassung und Strukturierung von Kundenanforderungen am Beispiel eines komplexen Produkts schuldig bleibt.

In der Literatur existiert keine einheitliche Definition des Begriffs „Kundenanforderung", und anstelle dessen wird eine Vielzahl von Begriffen erwähnt, die allesamt einen Bezug zur Kundenanforderung aufweisen. So werden beispielsweise die Begriffe „Produktfunktion",[400] „Produktmerkmal",[401] „Produkteigenschaft",[402] „Produktanforderung",[403] „Kundenwunsch",[404] „Kundenerwartung"[405] oder „Kundenbedürfnis"[406] verwendet, jedoch nur selten exakt definiert. In der Target-Costing-Literatur werden die Begriffe Produktfunktion, -merkmal und -eigenschaft häufig synonym verwendet.[407] Wie bereits am Beispiel der harten Funktionen in Abschnitt C.II.2 aufgezeigt worden ist, können die Begriffe Funktion und Kundenanforderung nicht synonym und damit die Einteilung der Produktfunktionen in Funktionsbereiche nach *Tanaka* nicht zur differenzierten Berücksichtigung sämtlicher Kundenanforderungen an ein Automobil verwendet werden.

Die im Grundkonzept der Funktionsmethode unterstellte Definition des Begriffs „function" widerspricht der im Zusammenhang mit der Wertanalyse üblichen Definition der deutschsprachigen Übersetzung „Funktion", nach der die Beschreibung von Funktionen jeweils durch ein Substantiv und ein Verb zu erfolgen hat und deren Erfüllung im Idealfall mittels funktionsbestimmender Größen quantifiziert werden kann. Durch die Angabe einer Funktion einschließlich der geforderten Funktionserfüllung erfolgt eine von konkreten technischen Lösungen unabhängige Beschreibung des Produkts, die verschiedene Konstruktionsalternativen zulässt.[408] Die im Beispiel von *Tanaka* aufgeführten harten bzw. mechanischen Funktionen können dem Geltungsbereich der deutschsprachigen Funktionsdefinition im Zusammenhang mit der Wertanalyse direkt zugeordnet werden, da für diese die jeweilige Angabe der

---

400 Vgl. z. B. Joos-Sachse (2004), S. 242.
401 Vgl. z. B. Rösler (1996), S. 165.
402 Vgl. z. B. Deisenhofer (1993), S. 99; Gierse (1990), S. 19 ff.
403 Vgl. z. B. Schirmer (1990), S. 899.
404 Vgl. z. B. Schützdeller (1991), S. 119.
405 Vgl. z. B. Seghezzi (1993), S. 14.
406 Vgl. z. B. Schöler (1990), S. 131.
407 Vgl. Deisenhofer (1993), S. 99.
408 Vgl. Zentrum Wertanalyse VDI-GSP (1995), S. 57.

geforderten Funktionserfüllung praktikabel erscheint. Die harten Funktionen werden in der Literatur auch als objektiv überprüfbar charakterisiert. Hingegen erscheint eine Angabe der geforderten Funktionserfüllung für die weichen Funktionen mittels funktionsbestimmender Größen nur eingeschränkt möglich, da diese grundsätzlich einer subjektiven Beurteilung durch den potenziellen Kunden unterliegen.[409] *Noltemeier* zeigt jedoch am Beispiel eines Ventilators für dessen Annehmlichkeitsfunktionen auf, dass auch die Möglichkeit zur Angabe einer geforderten Funktionserfüllung für weiche Funktionen nicht grundsätzlich auszuschließen ist.[410] In diesem Fall sind die weichen Funktionen auch als objektiv charakterisierbar. Eine eindeutige Zuordnung der Funktionsdefinition aus der Wertanalyse zu den Funktionsbereichen nach *Tanaka* erscheint jedoch nicht möglich.

Im Folgenden soll unter einer Produktfunktion eine bestimmte, von einem Produkt ausgeübte Wirkung bzw. ein von diesem zu erfüllender Zweck verstanden werden, deren Funktionserfüllung mittels funktionsbestimmender Größen in Form von zuzuordnenden Sollgrößen quantifiziert werden kann, wie bei einem Automobil beispielsweise die Funktion „Höchstgeschwindigkeit ermöglichen“ mit einem Sollwert von 200 km/h. Aufgrund dieser Zuordenbarkeit von quantifizierbaren Sollgrößen werden Produktfunktionen im Rahmen dieser Arbeit als objektiv überprüfbar charakterisiert. Im Wesentlichen sind hierunter in Anlehnung an die Funktionsbereiche von *Tanaka* innerhalb der „Convenience Functions“ diejenigen Funktionen zu verstehen, die für die technische und wirtschaftliche Nutzung des Produkts erforderlich sind. Nicht jede Produktfunktion muss gleichzeitig eine Kundenanforderung darstellen, da der Kunde im Zweifel keine Kenntnis über diese Produktfunktion hat, wie beispielsweise die Funktion „Ausreichendes Drehmoment des Motors sicherstellen“ mit einem Sollwert von 400 Nm.

Die bereits eingeführte Arbeitsdefinition des Begriffs der Kundenanforderung soll nachfolgend zweckmäßig erweitert werden. Grundsätzlich ergibt sich bei der geforderten durchgängigen Kundenorientierung die Problematik, wie sich die so genannte

---

[409] Vgl. Kremin-Buch (2004), S. 112.
[410] Vgl. Noltemeier (2003), S. 15, 19.

„Stimme des Kunden“[411] vollständig erfassen lässt. Zur Lösung dieser Problemstellung sind im Wesentlichen zwei Fragestellungen von entscheidender Bedeutung. Die erste Fragestellung bezieht sich darauf, welche Forderungen ein potenzieller Kunde an das entstehende Produkt stellt. Die zweite Fragestellung beinhaltet die Beurteilung dieser Forderungen durch den Kunden. Für die Beantwortung der ersten Frage soll der Begriff Kundenanforderung näher erläutert und für die Beantwortung der zweiten Frage der Begriff Kundenurteil eingeführt werden. Eine Kundenanforderung soll im Folgenden als Oberbegriff für sämtliche Produkteigenschaften, -funktionen und -komponenten verwendet werden, die ein potenzieller Kunde zur Bewertung eines neuen Produkts heranzieht. Ein Kundenurteil hingegen gibt Aufschluss darüber, welchen Nutzenanteil die jeweilige Kundenanforderung in Bezug auf den vom Produkt ausgehenden Gesamtnutzen aus Sicht potenzieller Kunden darstellt. Es lässt sich in Anlehnung an das Grundkonzept von *Tanaka* auch als absoluter Bedeutungsgrad einer Kundenanforderung auffassen. Ein Vorschlag für eine adäquate Vorgehensweise zur Ermittlung dieser Kundenurteile für komplexe Produkte wird im weiteren Verlauf dieses Kapitels ausführlich vorgestellt.

In Anlehnung an das Grundkonzept von *Tanaka,* der für die Erfassung und Strukturierung der relevanten Produktfunktionen eine Differenzierung in die erläuterten (Produkt-)Funktionsbereiche empfiehlt, wird eine Differenzierung der Kundenanforderungen in Kundenanforderungsbereiche vorgeschlagen. In einer ersten Differenzierungsstufe sollen jeweils sämtliche Produkteigenschaften, Produktfunktionen und Produktkomponenten, die ein potenzieller Kunde zur Produktbewertung heranzieht, zu eigenständigen Kundenanforderungsbereichen zusammengefasst werden. In einer zweiten Differenzierungsstufe wird der Kundenanforderungsbereich der Produkteigenschaften in zwei untergeordnete Kundenanforderungsbereiche unterteilt. Diese sollen sämtliche subjektiven und objektiven Produkteigenschaften beinhalten. Unter einer subjektiven Produkteigenschaft ist eine Anforderung potenzieller Kunden an das Produkt zu verstehen, die über die technische und wirtschaftliche Nutzung des Produkts hinausgeht und in der Regel einer subjektiven Beurteilung unterliegt, wie beispielsweise das Design eines Automobils. In Anlehnung an die

---

[411] Hauser/Clausing (1995), S. 54.

Funktionsbereiche von *Tanaka* sind hierunter einerseits sämtliche „Value Functions" und andererseits diejenigen Eigenschaften innerhalb der „Convenience Functions" zu verstehen, die subjektiven Charakter aufweisen. Eine objektive Produkteigenschaft stellt eine Kundenanforderung dar, die analog zu einer Produktfunktion objektive Bewertungskriterien beinhaltet. Einer objektiven Produkteigenschaft – wie beispielsweise der Höhenverstellbarkeit eines Autositzes – ist jedoch im Gegensatz zu einer Produktfunktion in der Regel kein überprüfbarer Sollwert zuordenbar. In Bezug auf die genannten Funktionsbereiche nach *Tanaka* sind hierunter einerseits diejenigen Produkteigenschaften innerhalb der „Convenience Functions" zu verstehen, die objektiven Charakter besitzen. Andererseits beinhalten sie diejenigen (objektiven) „Mechanical Functions", die objektiv nicht überprüfbar sind und somit keine Produktfunktion im Sinne des hier zu Grunde gelegten Begriffsverständnisses darstellen.

Die objektiven Produkteigenschaften stehen zwar in einem engen Zusammenhang mit den subjektiven Produkteigenschaften, sie werden jedoch bei ausreichender Kenntnis des potenziellen Käufers über das Produkt häufig bevorzugt. So beurteilt der Großteil der Automobilkäufer heutzutage die subjektive Produkteigenschaft „passende Sitzhöhe ermöglichen" anhand der objektiven Produkteigenschaft „Höhenverstellbarkeit des Sitzes", da zumeist bereits eine genaue Kundenvorstellung hinsichtlich der geforderten Produkteigenschaft existiert. Im Gegensatz dazu wird die objektive Eigenschaft „Auslösen des Airbags nach Aufprall innerhalb von zehn Millisekunden" nur wenigen potenziellen Käufern bekannt sein, um die damit zusammenhängende subjektive Eigenschaft „Sicherheit gewährleisten" beurteilen zu können, auf die wiederum auch andere objektive Produkteigenschaften Einfluss nehmen können.

Der Kundenanforderungsbereich der Produktkomponenten enthält schließlich konkrete Anforderungen potenzieller Kunden an die Ausstattung des Produkts mit bestimmten (physisch vorhandenen) Komponenten. Für ein Automobil können diesbezüglich beispielsweise Anforderungen an eine (Grund-)Ausstattung des Fahrzeugs mit einer bestimmten Anzahl Airbags, einem Heckantrieb oder einem Elektronischen Stabilitätsprogramm (ESP) genannt werden. Potenzielle Kunden ziehen insbesondere dann bestimmte Komponenten direkt als Kriterien zur Produktbewertung heran, wenn ihnen die Erfahrung in der Einschätzung der durch diese

Komponenten beeinflussten Produkteigenschaften wie beispielsweise Sicherheit, Agilität oder Kurvenstabilität fehlt. Die Bewertung durch die potenziellen Kunden beschränkt sich dann auf die Abwägung, ob diese Komponente vorhanden ist oder nicht. Die Abgabe des Kundenurteils kann dadurch erheblich erleichtert und zudem eine möglicherweise bestehende Beurteilungsunsicherheit kompensiert werden.

Die Formulierung von Kundenanforderungen in Form von Produkteigenschaften und -funktionen in den jeweiligen Kundenanforderungsbereichen gewährleistet eine von konkreten technischen Lösungen unabhängige, abstrakte und lösungsneutrale Beschreibung des Produkts, die mithin verschiedene Konstruktionsalternativen zulässt. Im Gegensatz dazu sind die Forderungen potenzieller Kunden nach der Ausstattung des Produkts mit bestimmten Komponenten als lösungsgebundene Beschreibung des Produkts charakterisierbar, für die Konstruktionsalternativen nur in eingeschränktem Maße zur Verfügung stehen. Aufgrund der konkreten Lösungsvorstellung potenzieller Kunden kann die Forderung nach der Existenz einer bestimmten Produktkomponente grundsätzlich als objektive Kundenanforderung charakterisiert werden. Abschließend sind die erläuterten Kundenanforderungsbereiche zusammenfassend in Abbildung 20 veranschaulichend dargestellt.

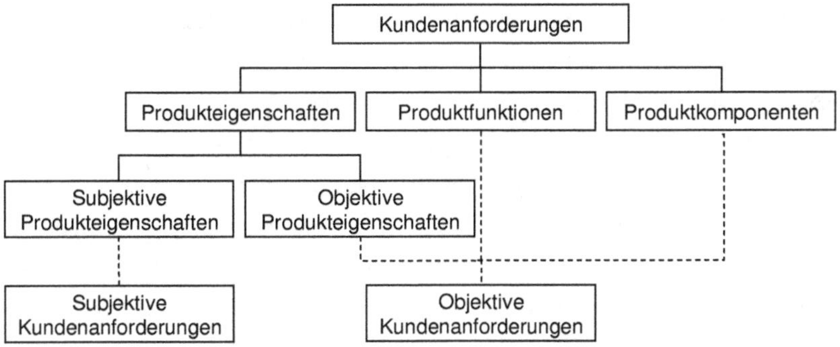

Abbildung 20: Kundenanforderungsbereiche.

b) Bestehende methodische Basis

i) Einstufige Ansätze zur Erfassung und Strukturierung von Kundenanforderungen

Seidenschwarz vertritt die Auffassung, dass im Target Costing lediglich fünf bis maximal neun Produktmerkmale berücksichtigt werden können.[412] Der von ihm verwendete Begriff Produktmerkmal entspricht weitgehend dem Begriff der oben definierten subjektiven Kundenanforderung. *Seidenschwarz* begründet diese Beschränkung mit der Anwendung der Conjoint-Analyse, deren Eingangsdaten auf eine entsprechende Anzahl von Produktmerkmalen begrenzt sind: „So wird in der Literatur meist eine Beschränkung auf fünf Produkteigenschaften empfohlen, obwohl etwa neun Eigenschaften zu verarbeiten wären."[413] Die von *Seidenschwarz* diesbezüglich zitierte Literaturquelle existiert jedoch nicht. Den Einsatz der Conjoint-Analyse setzt *Seidenschwarz* für die im weiteren Verlauf des Target Costing durchzuführende Ermittlung der Funktionsbedeutungsgrade grundsätzlich voraus. Er empfiehlt aufgrund dieser Restriktionen für komplexe Produkte am Beispiel eines Automobils die Beschränkung auf „kaufentscheidende Produktmerkmale" und stellt zugleich heraus, dass der daraus entstehende Informationsverlust die Ergebnisse des Target Costing beeinflussen kann.[414] Für das Target Costing am Beispiel eines Automobils, welches sich nach seiner Auffassung mit Hilfe von circa 15 bis 25 Hauptfunktionen abbilden lässt, schlägt er die „Transmission" der zu Grunde liegenden fünf bis neun „kaufentscheidenden" Kundenanforderungen in diese größere Anzahl Hauptfunktionen durch das Target-Costing-Team vor. Gleichzeitig sieht er jedoch die Gefahr, dass sich die Interpretation des Target-Costing-Teams verselbständigen kann und für diesen Fall die Markt- bzw. Kundenorientierung nicht mehr gewährleistet ist.[415] Zur Erfassung der Kundenanforderungen schlägt *Seidenschwarz* Vorstudien mit Hilfe so genannter „Testinterviews" vor, während die Auswahl der kaufentscheidenden Produktmerkmale durch das Target-Costing-Team erfolgen soll.[416]

---

[412] Vgl. Seidenschwarz (1993), S. 207 f.
[413] Seidenschwarz (1993), S. 207.
[414] Vgl. Seidenschwarz (1993), S. 207.
[415] Vgl. Seidenschwarz (1993), S. 211 f.
[416] Vgl. Seidenschwarz (1993), S. 210.

Es bleibt kritisch anzumerken, dass der Vorschlag von *Seidenschwarz* einen Widerspruch zu der von ihm selbst geforderten Marktorientierung des Target Costing aufweist. Eine exakte Definition der in diesem Kontext zentralen Begriffe „kaufentscheidende Produktmerkmale" und „Transmission" bleibt *Seidenschwarz* zudem schuldig. Die von ihm durchgeführte Differenzierung von Produktmerkmalen in kaufentscheidende und nicht kaufentscheidende Produktmerkmale erscheint für ein marktorientiertes Target Costing zudem nicht zweckmäßig. Im Hinblick auf die vorliegende Aufgabenstellung ist dieser Ansatz einerseits aufgrund der ausschließlichen Berücksichtigung von maximal neun (kaufentscheidenden) Kundenanforderungen und andererseits aufgrund der fehlenden Gewährleistung einer durchgängigen Kundenorientierung abzulehnen.

Bauer führte eine empirische Erhebung im Rahmen einer Untersuchung der Determinanten der Markentreue beim Automobilkauf durch. Diese Untersuchung besitzt keinen direkten Bezug zum Target Costing. Die Analyse wurde mit Hilfe von insgesamt 23 Automobilmerkmalen durchgeführt, welche in Tabelle 18 dargestellt sind. Der von *Bauer* verwendete Begriff Automobilmerkmal entspricht weitgehend der oben definierten Produkteigenschaft. Zur Erfassung der Automobilmerkmale wurden im Fallbeispiel von *Bauer* Analysen von Werbeanzeigen, Tests in Automobilzeitschriften sowie Gespräche mit Experten aus zwei Automobilunternehmungen und mit mehreren Automobilhändlern herangezogen.[417] Eine Strukturierung dieser Automobilmerkmale führt *Bauer* jedoch nicht durch. Im Hinblick auf die Erfassung und Strukturierung können aus diesem Ansatz keine weiterführenden Erkenntnisse gewonnen werden, da einerseits die Erfassung der Produkteigenschaften ohne die Einbeziehung potenzieller Kunden erfolgt und *Bauer* keine Strukturierung dieser erhobenen Produkteigenschaften durchführt.

---

[417] Vgl. Bauer (1983), S. 23 f.

Produkteigenschaften eines Automobils	
...nach Bauer (1983)	...nach Deisenhofer (1993)
1. Gestaltung der äußeren Form	1. Qualität/Zuverlässigkeit
2. Verarbeitung der Karosserie	2. Fahreigenschaften
3. Kraftstoffverbrauch	3. Komfort
4. Beschleunigung, Motorleistung	4. Raumangebot
5. Wendigkeit, Handlichkeit	5. Styling, Prestige
6. Straßen- und Kurvenlage	6. Bedienung
7. Zuverlässigkeit	7. Preiswürdigkeit
8. Fahrkomfort	8. Agilität
9. Kofferraumgröße	9. Alltagstauglichkeit
10. Geräumigkeit innen	10. Dauer-/Reisegeschwindigkeit
11. Reparatur- und Wartungskosten	11. Wiederverkaufswert
12. Gestaltung des Innenraums	12. Insassensicherheit
13. Preiswürdigkeit	13. Lebensdauer Motor
14. Wiederverkaufswert	14. Umweltfreundliche Technik
15. Sichere Bauweise	15. Fortschrittliche Technik
16. Anspringen des Motors	16. Reparatur- und Wartungskosten
17. Bremsen, Federung	
18. Heizung, Lüftung	
19. Motor- und Fahrgeräusche	
20. Exakte Schaltung	
21. Vollzähligkeit der Innenausstattung	
22. Gestaltung der Armaturentafel	
23. Erreichbarkeit der Bedienelemente	

Tabelle 18: Gegenüberstellung von Produkteigenschaften eines Automobils mit einstufiger Struktur nach *Bauer* und nach *Deisenhofer*.[418]

Die erste Veröffentlichung im Kontext der praktischen Anwendung der Funktionsmethode in der deutschen Automobilindustrie stammt von *Deisenhofer* am Beispiel der Audi AG.[419] Den Ausgangspunkt für die Erfassung von Produkteigenschaften bildete eine Befragung von circa 32.000 Neuwagenkäufern über alle Fahrzeugklassen hinweg, die von mehreren in- und ausländischen Automobilunternehmungen ohne konkreten Bezug zum Target Costing gemeinsam durchgeführt wurde. *Deisenhofer* verwendete aus diesem Datenbestand zur Erfassung der Produkteigenschaften für das Target Costing die Kundenaussagen hinsichtlich der Bedeutung einzelner Eigenschaften und der Kundenzufriedenheit mit der Erfüllung dieser Anforderungen.

---

418 Vgl. Bauer (1983), S. 24; Deisenhofer (1993), S. 104.

419 Vgl. im Folgenden Deisenhofer (1993), S. 94 ff. Eine frühere Veröffentlichung von Kammermayer aus dem Jahre 1992 nimmt indirekt Bezug auf das Target Costing am Beispiel der Audi AG und unterstellt die Anwendung der Komponentenmethode; vgl. Kammermayer (1992), S. 261 ff.

Zur Sicherstellung von aussagekräftigen Ergebnissen wurden die Ergebnisse beider Aussagen miteinander verknüpft und gleichartige Produkteigenschaften zu insgesamt sechzehn (Haupt-)Anforderungen aggregiert, welche ebenfalls in Tabelle 18 dargestellt sind. Die zur Anwendung der Funktionsmethode erforderliche Ermittlung der absoluten Bedeutungsgrade der Kundenanforderungen in Bezug auf das Gesamtfahrzeug erfolgte mittels einer nicht näher erläuterten Gewichtung der Produkteigenschaften direkt aus dem vorhandenen Datenbestand heraus, so dass auf den Einsatz der Conjoint-Analyse verzichtet werden konnte.

Auf das Fallbeispiel von *Deisenhofer* wird in der Target-Costing-Literatur häufig Bezug genommen.[420] Positiv hervorzuheben an diesem Fallbeispiel ist einerseits die konsequente Kundenorientierung bei der Erfassung der Produkteigenschaften, die infolge einer direkten Befragung von potenziellen Kunden gewährleistet wird. Andererseits gelingt es *Deisenhofer*, ohne Anwendung der Conjoint-Analyse kundenorientierte Funktionsbedeutungsgrade zu ermitteln. Die angewendete Erhebungsmethode sowohl für die Erfassung als auch für die Gewichtung der Produkteigenschaften erscheint jedoch sehr aufwändig und für die vorliegende Aufgabenstellung wenig praktikabel. Einen Ansatz zur Strukturierung von Produkteigenschaften liefert *Deisenhofer* zudem nicht. Das Fallbeispiel zeigt jedoch, dass eine differenzierte Erfassung und Gewichtung von Produkteigenschaften grundsätzlich möglich ist, da der (aggregierten) Darstellung in Tabelle 18 vermutlich eine wesentlich umfangreichere Grundgesamtheit von Produkteigenschaften zu Grunde liegt.

ii) Hierarchische Ansätze zur Erfassung und Strukturierung von Kundenanforderungen

Ansätze für die Erfassung und zugleich hierarchische Strukturierung von Produkteigenschaften eines Automobils liefern lediglich *Schirmer* und *Rösler*, wobei ausschließlich der Ansatz von *Rösler* im Kontext des Target Costing entstanden ist. *Schirmer* veröffentlichte die bislang ausführlichste Aufzählung und zugleich detaillierteste Strukturierung von Produkteigenschaften eines Automobils.[421] Dieser Struktu-

---

[420] Vgl. z. B. Glaser (2002), S. 228; Reichmann (2001), S. 212.
[421] Vgl. im Folgenden Schirmer (1990), S. 898 ff.

rierungsansatz berücksichtigt insgesamt 51 Produkteigenschaften auf drei hierarchisch strukturierten Stufen gemäß Abbildung 21. Im Einzelnen unterscheidet *Schirmer* sechs Produkteigenschaften (erster Ordnung) auf der obersten Stufe, denen auf der mittleren Stufe insgesamt 19 Produkteigenschaften (zweiter Ordnung) hierarchisch direkt untergeordnet sind. Den Letztgenannten ordnet er wiederum 26 Produkteigenschaften (dritter Ordnung) auf der untersten Stufe zu. Die Erfassung der aufgeführten Produkteigenschaften sieht *Schirmer* als Aufgabe der Marktforschung an und geht vermutlich auch deshalb nicht detailliert auf die dieser Erfassung zu Grunde liegende Erhebungsmethode ein.

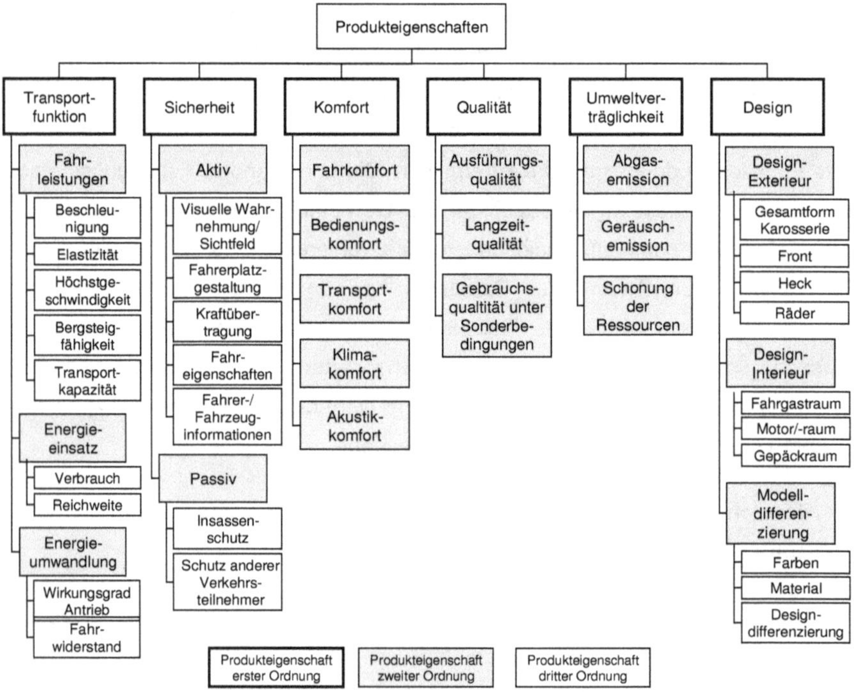

Abbildung 21: Aufzählung und Strukturierung von Produkteigenschaften eines Automobils nach *Schirmer*.[422]

[422] In modifizierter Form entnommen aus Schirmer (1990), S. 903.

Die Veröffentlichung von *Schirmer* entstand im Hinblick auf den Planungsablauf bei der Einführung eines neuen Automobils am Beispiel der BMW AG ohne einen direkten Bezug zum Target Costing, womit sich die fehlende Gewichtung der Produkteigenschaften in diesem Ansatz erklären lässt. *Schirmer* sieht die aufgeführten Produkteigenschaften in der hierarchischen Darstellungsform jedoch als Bestandteil des Produktkonzepts und deren vollständige Erfüllung durch das zu entwickelnde Automobil als unbedingt erforderlich an. Der Ansatz von *Schirmer* zeigt des Weiteren, dass dem Produktkonzept eines zu entwickelnden Automobils wesentlich mehr Kundenanforderungen zu Grunde gelegt werden, als dies der branchenspezifischen Target-Costing-Literatur zu entnehmen ist. Zudem verdeutlicht das Praxisfallbeispiel, dass hierarchische Strukturierungen von Produkteigenschaften mit mindestens drei Stufen in der Praxis der Automobilindustrie eingesetzt werden. Eine Methodik zur Strukturierung der Produkteigenschaften liefert der Ansatz von *Schirmer* jedoch nicht.

Eine hierarchische Strukturierung der Produktmerkmale eines Automobils im Rahmen des Target Costing führt lediglich *Rösler* durch.[423] Der von ihm verwendete Begriff des Produktmerkmals entspricht gemäß oben genannter Definition weitgehend dem Begriff der Produkteigenschaft. *Rösler* geht von insgesamt 15 Produktmerkmalen aus und klassifiziert diese durch Bildung von sechs Produktmerkmalsklassen (Obermerkmale) mit anschließender Zuordnung der hierarchisch untergeordneten Produktmerkmale (Untermerkmale) zu den gebildeten Klassen. Diese hierarchische Produktmerkmalstruktur beruht auf einer bei der BMW AG durchgeführten Fallstudie, in der in einem Target-Costing-Team, bestehend aus Mitarbeitern der Bereiche Projektmanagement, strategische Produktplanung, Marketing, Entwicklung und einem externen Marktforschungsinstitut, mögliche Produktmerkmale des zu entwickelnden Fahrzeugs gesammelt wurden. Ausgehend von ungefähr zweihundert Produktmerkmalen entstand nach einer Clusterung und schrittweisen Reduzierung die in Abbildung 22 dargestellte Struktur.

---

423 Vgl. im Folgenden Rösler (1996), S. 165 f.

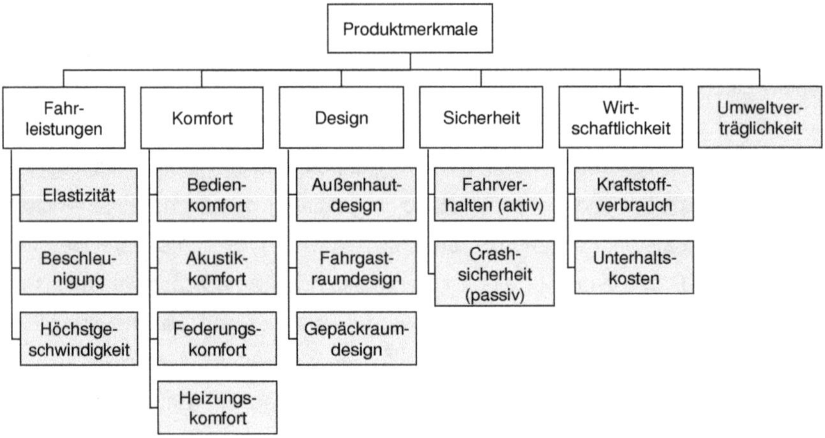

Abbildung 22: Hierarchische Produktmerkmalstruktur eines Automobils nach *Rösler*.[424]

Die erläuterte Produktmerkmalstruktur begründet *Rösler* mit dem Einsatz der Conjoint-Analyse für die Gewichtung dieser Produktmerkmale durch potenzielle Kunden: „Um in der Conjoint-Analyse trotz der relativ hohen Anzahl von fünfzehn Produktmerkmalen zu validen Ergebnissen zu gelangen, wurde in einem zweistufigen Befragungsprozess zuerst die Bedeutung der Untermerkmale untereinander erfragt (z. B. Bedien-, Akustik-, Federungs- und Heizungskomfort). In einem zweiten Schritt wurden dann die Obermerkmale (z. B. Komfort, Design, etc.) gegenübergestellt und durch den Befragten bewertet."[425]

Positiv hervorzuheben im Ansatz von *Rösler* ist die Grundidee, mit Hilfe einer hierarchischen Strukturierung von Produktmerkmalen die praktikable Anwendung der Conjoint-Analyse für die Ermittlung der Bedeutungsgrade von fünfzehn Einzelmerkmalen gewährleisten zu können. Die geforderte Kundenorientierung erscheint demzufolge bei der Festlegung der Funktionsbedeutungsgrade erfüllt. Des Weiteren deuten die Ausführungen von *Rösler* darauf hin, dass sich circa zweihundert Produktmerkmale eines Automobils praktikabel ermitteln lassen und somit eine differenzierte Berücksichtigung von Produktmerkmalen am Beispiel eines Automobils

---

[424] Entnommen aus Rösler (1996), S. 166.
[425] Rösler (1996), S. 166.

grundsätzlich möglich erscheint. Offensichtlich versteht *Rösler* jedoch unter dem Begriff Produktmerkmal lediglich diejenigen Kundenanforderungen, die aus Sicht des Automobilherstellers anstelle aus Sicht potenzieller Kunden zu erfüllen sind. Im Hinblick auf die geforderte Kundenorientierung und die daraus abgeleitete Forderung nach einer detaillierten Erfassung sämtlicher Kundenanforderungen bleibt kritisch anzumerken, dass die von *Rösler* vorgeschlagene Erhebungsmethodik diesen Anforderungen nicht entspricht. *Rösler* bleibt zudem die Beschreibung einer Vorgehensweise schuldig, wie die Conjoint-Analyse für die zweistufige Produktmerkmalsstruktur anzuwenden ist, um die für das Target Costing erforderlichen Funktionsbedeutungsgrade ermitteln zu können. Aus den genannten Gründen soll in den nachfolgenden Abschnitten eine Methodik entwickelt werden, die die Erfüllung sämtlicher oben definierter Anforderungen sowohl für die Erfassung als auch für die hierarchische Strukturierung von Kundenanforderungen für komplexe Produkte am Beispiel eines Automobils gewährleistet.

c) Vorschlag einer Methodik zur Erfassung und hierarchischen Strukturierung von Kundenanforderungen für Automobile

i) Methodik zur Erfassung von Kundenanforderungen

Die Erhebung von Kundenanforderungen ist grundsätzlich als Bestandteil einer Marktforschungsstudie anzusehen.[426] Im Hinblick auf die oben herausgestellte Bedeutung einer vollständigen Erfassung und hierarchischen Strukturierung der Kundenanforderungen für die vorliegende Aufgabenstellung soll dieser Verfahrensschritt in Anlehnung an das Grundkonzept von *Tanaka* als Bestandteil des Target-Costing-Projekts definiert werden.

Neben der Nutzung von Sekundärquellen, wie beispielsweise Veröffentlichungen, Prospekten und Werbeanzeigen sowie dem Rückgriff auf Erfahrungen von Experten, kommen zur Erhebung von Kundenanforderungen im Rahmen der Primärforschung mit der Befragung und der Beobachtung grundsätzlich zwei Erhebungsmethoden in Betracht. Letzterer wird dabei in der Literatur offensichtlich eine untergeordnete Bedeutung beigemessen. Eine Befragung kann entweder als standardisiertes

---

[426] Vgl. Herrmann/Homburg (1999), S. 17 ff.

mündliches Interview, in schriftlicher Form, als Gruppendiskussion oder als Exploration durchgeführt werden.[427] Schriftliche Befragungen und standardisierte mündliche Interviews sind durch jeweils vor deren Durchführung schriftlich festzuhaltende Fragen gekennzeichnet. Sie erscheinen jedoch für die vorliegende Problemstellung ungeeignet, da die zu erfassenden Kundenanforderungen zu diesem Zeitpunkt des Target-Costing-Projekts in der Regel nicht bekannt sind.[428] Aus den genannten Gründen beschränken sich die nachfolgenden Ausführungen auf die Gruppendiskussion und das explorative Interview (Exploration) als in Frage kommende Erhebungsmethoden, da nur diese eine kundenorientierte Ermittlung der Kundenanforderungen sicherstellen. Im Folgenden soll nun untersucht werden, ob mit Hilfe dieser Methoden auch eine vollständige Erhebung der Kundenanforderungen an ein Automobil gewährleistet werden kann.

Griffin/Hauser zeigen anhand mehrerer empirischer Untersuchungen auf, dass sich sowohl mit Hilfe von Gruppendiskussionen als auch mit Hilfe von explorativen Interviews je nach Komplexität des betreffenden Produkts jeweils zwischen zweihundert und vierhundert Kundenanforderungen identifizieren lassen. Im Hinblick auf das bereits erläuterte Kano-Modell weisen die Autoren zudem nach, dass diese ermittelten Kundenanforderungen sowohl Basisanforderungen und Leistungsanforderungen als auch Begeisterungsanforderungen enthalten.[429] Tendenziell kann mit Bezugnahme auf diese empirischen Untersuchungen davon ausgegangen werden, dass beide genannten Befragungsmethoden auch zur vollständigen Erhebung von Kundenanforderungen am Beispiel eines Automobils geeignet sind.

In einer weiteren empirischen Studie führten *Griffin/Hauser* acht jeweils zweistündige Gruppendiskussionen und neun jeweils einstündige explorative Interviews durch und ermittelten auf diese Weise insgesamt 230 Kundenanforderungen an ein komplexes Büroprodukt.[430] Diese identifizierte Anzahl entspricht nach Aussage der Autoren 98 Prozent der theoretischen Gesamtmenge sämtlicher Kundenanforderungen an

427 Vgl. Herrmann/Homburg (1999), S. 26.

428 Zur detaillierten Erläuterung der Vorgehensweise bei der Durchführung eines standardisierten mündlichen Interviews und einer schriftlichen Befragung vgl. z. B. Herrmann/Homburg (1999), S. 26 ff.

429 Vgl. Griffin/Hauser (1992), S. 8.

430 Vgl. im Folgenden Griffin/Hauser (1993), S. 7 ff.

dieses Büroprodukt.[431] Während in einem (einzelnen) Einzelinterview durchschnittlich 33 Prozent der 230 Kundenanforderungen ermittelt werden konnten, identifizierte eine doppelt so lange Gruppendiskussion 51 Prozent dieser Kundenanforderungen. Die Autoren zeigen in ihrer Untersuchung zudem auf, dass sich bei Unterstellung gleicher zeitlicher Kapazitäten, wie beispielsweise zweier Einzelinterviews gegenüber einem Gruppeninterview, kein nennenswerter Unterschied in der Anzahl der in Abhängigkeit vom jeweiligen zeitlichen Aufwand erhobenen Kundenanforderungen ergibt.

Da offensichtlich beide Methoden die Anforderung einer vollständigen Erfassung der Kundenanforderung für ein komplexes Produkt erfüllen, bleibt zu klären, ob zur Lösung der vorliegenden Problemstellung grundsätzlich explorative Interviews oder Gruppendiskussionen zu präferieren sind. *Grunert* zeigt in einer anderen empirischen Studie auf, dass insbesondere bei der Erhebung von Produkteigenschaften die Ergebnisse von Gruppendiskussionen schwieriger zu interpretieren sind und mehr Redundanzen aufweisen als die Ergebnisse von explorativen Interviews.[432] *Griffin/Hauser* stellen zudem fest, dass der in der Literatur häufig aufgeführte Kostenvorteil der Gruppendiskussion gegenüber dem explorativen Einzelinterview aufgrund des erhöhten Organisationsaufwandes infolge der Durchführung unter „Laborbedingungen" grundsätzlich in Frage zu stellen ist.[433] Aus den genannten Gründen wird für den weiteren Verlauf dieser Arbeit die Anwendung von explorativen Interviews als geeignete Methodik zur vollständigen Erhebung der Kundenanforderungen an ein Automobil vorgeschlagen.

Zur Sicherstellung der Identifikation des Target-Costing-Teams mit den erhobenen Kundenanforderungen empfiehlt sich während der Durchführung der Interviews die Präsenz jeweils eines Teammitglieds als neutraler Beobachter. Im Hinblick auf die geforderte differenzierte Erhebung von Kundenanforderungen empfiehlt sich die Strukturierung dieser Interviews in Anlehnung an die definierten drei Kundenanforde-

---

[431] Die theoretische Gesamtmenge berechnen die Autoren mit Hilfe einer Beta-Binomial-Verteilung, die auf Basis der in 30 explorativen Interviews jeweils identifizierten Anzahl von Kundenanforderungen abgeleitet worden ist.

[432] Vgl. Grunert (1983), S. 44.

[433] Vgl. Griffin/Hauser (1993), S. 7 f.

rungsbereiche.[434] Im ersten Teil des Interviews können sich beispielsweise die Fragestellungen an potenzielle Kunden in einem ersten Teilschritt auf die Erhebung von subjektiven Produkteigenschaften und in einem zweiten Teilschritt entsprechend auf die Erhebung von objektiven Produkteigenschaften konzentrieren. Nach der Erhebung sämtlicher Produkteigenschaften, deren Erfüllung der jeweilige Proband vom betreffenden Produkt erwartet, können beispielsweise in einem zweiten Teil des Interviews aus Sicht dieses Probanden vom Produkt zu erfüllende Produktfunktionen einschließlich der zugehörigen Sollwerte zur Funktionserfüllung ermittelt werden. Schließlich lassen sich beispielsweise in einem dritten Teil des Interviews diejenigen Produktkomponenten identifizieren, deren Existenz der potenzielle Kunde zur Bewertung des betreffenden Produkts grundsätzlich voraussetzt. Die vorgeschlagene Strukturierung des Interviews kann alternativ auch eine andere Reihenfolge vorsehen.

Unter der Voraussetzung, dass die Interviews in der beschriebenen Form strukturiert werden, liegen zum Abschluss jedes Interviews insgesamt vier Kundenanforderungsbereichslisten für die jeweils definierten Kundenanforderungsbereiche vor. Diese sind nach Abschluss sämtlicher Interviews einerseits in vier entsprechend aggregierte Kundenanforderungsbereichslisten und andererseits in eine aggregierte Kundenanforderungsliste mit sämtlichen Kundenanforderungen aus allen Anforderungsbereichen über sämtliche Interviews zu überführen. In Anlehnung an die Untersuchungsergebnisse von *Griffin/Hauser*, dass sich explorative Interviews explizit auch zur vollständigen Erhebung der Kundenanforderungen an komplexe Produkte eignen,[435] soll im Folgenden die Praktikabilität der beschriebenen Methodik für ein Automobil als komplexes Produkt unterstellt werden.

ii) Methodik zur hierarchischen Strukturierung von Kundenanforderungen

Mit Hilfe der im vorherigen Abschnitt beschriebenen Methodik lassen sich die Kundenanforderungen an ein Automobil vollständig erfassen und den definierten Kundenanforderungsklassen zuordnen. Im Gegensatz zum Ansatz von *Rösler* sollen die nun vorliegenden Kundenanforderungsbereichslisten zur Vermeidung eines

---

[434] Vgl. hierzu noch einmal ausführlich Abschnitt C.III.1.a) und insbesondere Abbildung 20.
[435] Vgl. Griffin/Hauser (1992), S. 12.

Informationsverlustes nicht schrittweise auf wenige Kundenanforderungen reduziert, sondern für die im weiteren Verlauf des Target Costing durchzuführende Ermittlung der Kundenurteile hinsichtlich der jeweiligen Kundenanforderung vollständig berücksichtigt werden.

In Abschnitt C.III.1.b) wurde bereits aufgezeigt, dass zur kundenorientierten Festlegung der Bedeutungsgrade von Kundenanforderungen diejenigen Ansätze, die auf hierarchische Strukturen in der Kundenanforderungsmenge zurückgreifen, besser geeignet sind als die einstufigen Ansätze. In Anlehnung an die Grundidee von *Rösler* soll der zu entwickelnde hierarchische Strukturierungsansatz einen späteren Einsatz der Conjoint-Analyse zur Ermittlung der Kundenurteile bezüglich jeder einzelnen Kundenanforderung ermöglichen. Die Anzahl der Elemente bzw. Kundenanforderungen in einer Teilmenge darf nicht zu groß sein, da die Praktikabilität der Conjoint-Analyse sonst nicht mehr gewährleistet ist. Sollte die Anzahl der Elemente in einer Teilmenge zu groß sein, so ist eine Unterteilung in weitere Teilmengen durchzuführen. Nach aktuellen Erkenntnissen wird für die Conjoint-Analyse die Obergrenze zur Gewährleistung valider Ergebnisse bei neun Elementen pro Teilmenge gesehen.[436]

Neben dem beschriebenen Ansatz von *Rösler* greift auch das Grundkonzept von *Tanaka* auf eine hierarchische Struktur zurück. Durch Einteilung der Produktfunktionen in „hard functions“ und „soft functions“ gelingt es *Tanaka*, die Festlegung der Funktionsbedeutungsgrade in zwei voneinander unabhängige Abstimmungsprozesse zu unterteilen. In Anlehnung an diesen hierarchischen Strukturierungsansatz von *Tanaka* lässt sich eine hierarchische Strukturierung der Kundenanforderungen auf Basis der erläuterten fünf Kundenanforderungsbereiche durchführen. Unterstellt man zur Gewährleistung valider Ergebnisse für die Conjoint-Analyse eine Obergrenze von neun Elementen je Teilmenge, so können mit Hilfe dieses Strukturierungsansatzes lediglich 45 Kundenanforderungen berücksichtigt werden. Die genannte Einteilung der Kundenanforderungen in die beschriebenen Bereiche dient primär der Sicherstellung einer vollständigen Erhebung und der besseren Übersicht. Hingegen soll mit Hilfe der hierarchischen Kundenanforderungsstruktur die Anwendbarkeit der Con-

---

[436] Vgl. Theuerkauf (1989), S. 1180. Im Gegensatz dazu sehen *Green/Srinivasan* die Obergrenze bei sechs Elementen, vgl. Green/Srinivasan (1978), S. 108.

joint-Analyse zur Gewichtung von Kundenanforderungen in einer größeren Kundenanforderungsmenge gewährleistet werden. Zur Lösung der vorliegenden Problemstellung ist demzufolge ein anderer Ansatz zur hierarchischen Strukturierung der Kundenanforderungen zu wählen. Im weiteren Verlauf dieses Abschnitts soll zuerst ein Vorschlag zum formalen Aufbau einer adäquaten hierarchischen Kundenanforderungsstruktur erarbeitet und daran anschließend eine praktikable Vorgehensweise zur allgemeinen Herleitung dieser Kundenanforderungsstruktur aufgezeigt werden.

Der hierarchische Aufbau der zu entwickelnden Kundenanforderungsstruktur soll auf einer Einteilung der Kundenanforderungen in „Primary Needs", „Secondary Needs" und „Tertiary Needs" basieren, welche auch bei der Anwendung des Quality Function Deployment (QFD) zum praktischen Einsatz kommt.[437] Die Primary Needs werden auch als strategische Kundenanforderungen oder Hauptanforderungen bezeichnet. Je nach Komplexität des Produkts enthält dessen Kundenanforderungsmenge insgesamt fünf bis zehn dieser Hauptanforderungen, welche die grundlegenden Erwartungen potenzieller Käufer an das Produkt beschreiben. Jede dieser Primary Needs wird mittels drei bis zehn so genannter taktischer Kundenanforderungen (Secondary Needs) näher spezifiziert. Sie geben Aufschluss darüber, wie die jeweils übergeordnete strategische Kundenanforderung erfüllt werden kann. Die Secondary Needs wiederum werden jeweils durch operative Tertiary Needs dahingehend konkretisiert, dass auf deren Grundlage vom Target-Costing-Team konkrete Lösungen zur Erfüllung der Secondary Needs erarbeitet werden können.[438] Die hierarchische Struktur der Kundenanforderungen ist in Abbildung 23 am Beispiel eines Bildschirms für einen Personalcomputer (PC) anhand einer Primary Need auszugsweise dargestellt:

---

[437] Vgl. Griffin/Hauser (1993), S. 5. Zur ausführlichen Erläuterung der Methode des QFD vgl. z. B. Deutsche Gesellschaft für Qualität e. V. (2001). Zum Einsatz der Methode des QFD in der Automobilindustrie vgl. z. B. Reske (2002).

[438] Vgl. Griffin/Hauser (1993), S. 5.

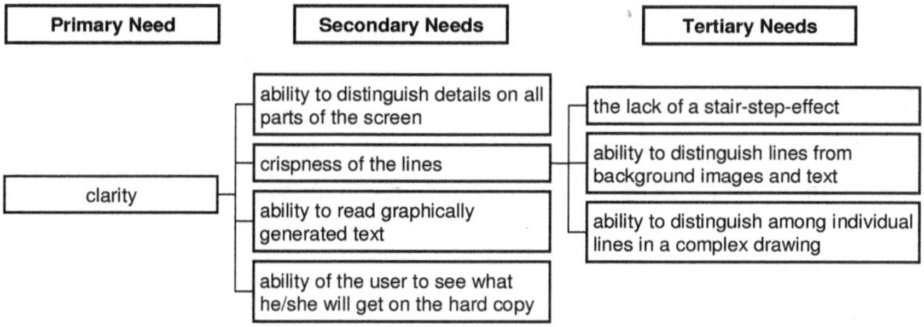

Abbildung 23: Hierarchische Struktur der Kundenanforderungen am Beispiel eines PC-Bildschirms (auszugsweise).[439]

Im Hinblick auf die erläuterte hierarchische Struktur lassen sich die Primary Needs auch als Kundenanforderungen erster Ordnung, die Secondary Needs entsprechend als Kundenanforderungen zweiter Ordnung und die Tertiary Needs als Kundenanforderungen dritter Ordnung interpretieren. Die Kundenanforderungen zweiter und dritter Ordnung stellen stets eine Konkretisierung der jeweils direkt hierarchisch übergeordneten Kundenanforderung erster bzw. zweiter Ordnung dar.

Nach der Erläuterung des Aufbaus der hierarchischen Kundenanforderungsstruktur ist nachfolgend eine adäquate Vorgehensweise zur Ermittlung dieser Struktur in allgemeiner Form aufzuzeigen. In der Literatur existieren mit dem so genannten „Laddering", der „Faktorenanalyse", dem „Group Consensus Process" und dem „Customer Sort and Cluster Process" insgesamt vier unterschiedliche Methoden zur hierarchischen Strukturierung von Kundenanforderungen.[440] Im Hinblick auf den vorgeschlagenen dreistufigen Aufbau der Kundenanforderungsstruktur werden jedoch lediglich die beiden letztgenannten Methoden empfohlen.[441] Aus diesem Grunde beschränken sich die weiteren Ausführungen auf den Group Consensus Process und den Customer Sort and Cluster Process, während zur detaillierten Beschreibung des Laddering[442] und der Faktorenanalyse[443] auf die entsprechende

[439] Vgl. Griffin/Hauser (1993), S. 5.
[440] Vgl. im Folgenden Schmidt (1996), S. 139 ff.
[441] Vgl. Griffin/Hauser (1993), S. 12.
[442] Vgl. z. B. Reynolds/Gutman (1988), S. 11 ff.

Basisliteratur verwiesen werden soll. Sowohl der Group Consensus Process als auch der Customer Sort and Cluster Process verwenden als Eingangsdaten die Kundenanforderungen, deren Ermittlung im vorherigen Abschnitt beschrieben worden ist. Beide Methoden sehen zudem im Ergebnis die hierarchische Strukturierung in Kundenanforderungen erster, zweiter und dritter Ordnung vor.

Im Group Consensus Process erfolgt die hierarchische Strukturierung der Kundenanforderungen in Form einer Gruppendiskussion durch das Target-Costing-Team. In einem ersten Schritt sind die einzelnen Kundenanforderungen unterschiedlichen Klassen mit jeweils ähnlichen Kundenanforderungen zuzuordnen. Zur Durchführung dieser Klassifizierung werden die Kundenanforderungen aus der im vorherigen Verfahrensschritt des Target Costing abgeleiteten aggregierten Kundenanforderungsliste jeweils auf separaten Kärtchen festgehalten. Jedes Gruppenmitglied erhält einen ungefähr gleich großen Stapel mit willkürlich ausgewählten Anforderungskärtchen. Zu Beginn liest ein Mitglied der Gruppe eine beliebige Kundenanforderung aus seinem Stapel laut vor und heftet das entsprechende Kärtchen an eine Tafel. Anschließend ordnen die übrigen Gruppenmitglieder Kärtchen mit ähnlichen Kundenanforderungen dem erstgenannten Eigenschaftskärtchen an der Tafel zu, indem sie die Kärtchen in dessen Nähe heften. Jede Zuordnung wird in der Gruppe diskutiert und kann bei Einvernehmen in der Gruppe auch geändert werden. Dieses Procedere ist so lange zu wiederholen, bis jede Kundenanforderung einer Klasse mit jeweils ähnlichen Anforderungen an der Tafel zugeordnet und innerhalb der Gruppe ein Konsens über die gewählte Zuordnung erreicht worden ist. Als Ergebnis dieses Schritts liegen mehrere Kundenanforderungsklassen vor, die unterschiedliche Anforderungsmengen mit jeweils ähnlichen Anforderungen beinhalten.

In einem zweiten Schritt ist die Kundenanforderungsmenge einer Klasse in die beschriebene hierarchische Kundenanforderungsstruktur mit der Unterteilung in Kundenanforderungen erster, zweiter und dritter Ordnung überzuleiten. *Griffin/ Hauser* empfehlen dafür die Anordnung der Eigenschaftskärtchen einer Klasse in einem so genannten hierarchischen Baumdiagramm (Affinity Chart). Um jeweils eine übergeordnete Kundenanforderung zu finden, kann sowohl ein Kärtchen aus der

---

[443] Vgl. z. B. Urban/Hauser (1993), S. 233 ff.

betreffenden Kundenanforderungsmenge ausgewählt als auch ein neues Kärtchen eingeführt werden. Während des gesamten Procedere ist auf Wunsch der Gruppe die Änderung der Kärtchenzuordnung und die Bildung neuer Klassen stets möglich.[444] Bei der Erstellung des Baumdiagramms ist grundsätzlich sicherzustellen, dass keine der dadurch gebildeten Teilmengen mehr als neun Kundenanforderungen enthält, da die anschließend durchzuführende Conjoint-Analyse sonst an die Grenze ihrer Praktikabilität stößt.[445] Falls diese Grenze für eine Teilmenge überschritten wird, ist dem Baumdiagramm eine weitere Teilmenge gleicher Ordnung hinzuzufügen, um die Anzahl von Kundenanforderungen je Teilmenge auf die zulässige Anzahl reduzieren zu können.

Im Gegensatz zum Group Consensus Process erfolgt die hierarchische Strukturierung der Kundenanforderungen im Customer Sort and Cluster Process nicht durch das Target-Costing-Team, sondern durch potenzielle Käufer des betrachteten Produkts beispielsweise in Form explorativer Interviews. Auch im Customer Sort and Cluster Process werden die zuvor ermittelten Kundenanforderungen auf Kärtchen festgehalten und es wird jedem Teilnehmer einer repräsentativen Stichprobe ein Stapel willkürlich ausgewählter Kundenanforderungen zur Verfügung gestellt. Der Proband wird gebeten, diese Kundenanforderungen nach seiner subjektiven Einschätzung zu klassifizieren, indem er jeweils ähnliche Kundenanforderungen zu einer Klasse zusammenfasst. Dabei bleiben die Definition und die Anzahl der zu bildenden Klassen dem potenziellen Kunden frei überlassen. Anschließend wird der Proband aufgefordert, aus jeder der von ihm selbst definierten Klassen eine Kundenanforderung auszuwählen, die seiner Meinung nach am besten die Anforderungen der jeweiligen Klasse repräsentiert. Als nützliches Hilfsmittel zur Erfassung der individuellen Kundenanforderungskategorisierungen dient die so genannte „Kundenanforderungs-Kundenanforderungs-Matrix“, deren Zellen darüber Auskunft geben, wie häufig eine Kundenanforderung KA_1 (Zeile) mit einer Kundenanforderung KA_2 (Spalte) der gleichen Klasse zugeordnet wurde. Zusätzlich wird in dieser Matrix festgehalten, wie

---

444 Vgl. Griffin/Hauser (1993), S. 12 f.
445 Vgl. nochmals Theuerkauf (1989), S. 1180.

häufig eine Kundenanforderung als repräsentatives Beispiel ihrer Kategorie ausgewählt wurde.[446]

In einem zweiten Schritt wird auf Grundlage der erläuterten Matrix die hierarchische Kundenanforderungsstruktur mit den Anforderungen erster, zweiter und dritter Ordnung erstellt.[447] *Griffin/Hauser* empfehlen für diesen Schritt den Einsatz der Clusteranalyse. Die beschriebene Matrix aus dem Customer Sort Process dient als Basis dieser Clusteranalyse, deren Cluster durch ihren häufigsten Repräsentanten bezeichnet werden.[448] Sollte sich aus der Matrix kein eindeutig repräsentatives Beispiel ableiten lassen, so entscheidet das Target-Costing-Team über die auszuwählende Kundenanforderung.

In einer Fallstudie am Beispiel eines Transportwagens für Fertiggerichte führten *Griffin/Hauser* einen Customer Sort and Cluster Process mit mehreren Probanden auf Basis von insgesamt 210 Kundenanforderungen durch und ermittelten auf diese Weise eine hierarchische Kundenanforderungsstruktur mit im Einzelnen 7 Primary Needs, 22 Secondary Needs und 191 Tertiary Needs.[449] Diese hierarchische Kundenanforderungsstruktur des Fallbeispiels ist in nachfolgender Tabelle 19 auszugsweise dargestellt. [450]

---

[446] Vgl. Griffin/Hauser (1992), S. 22 f.

[447] Vgl. Griffin/Hauser (1992), S. 23. Zur detaillierten Beschreibung der einzelnen hierarchischen Verfahren der Clusteranalyse vgl. z. B. Bacher (1994); Backhaus/Erichson/Plinke/Weiber (2000).

[448] Griffin/Hauser weisen anhand eines Beispiels nach, dass das so genannte Ward-Verfahren, das Average-Linkage-Verfahren sowie das Complete-Linkage-Verfahren als hierarchische Verfahren der Clusteranalyse zu vergleichbaren Ergebnissen führen; vgl. Griffin/Hauser (1993), S. 13.

[449] Vgl. Griffin/Hauser (1992), S. 24 f. Die Differenz von zehn Kundenanforderungen zwischen der Kundenanforderungsstruktur und der Kundenanforderungsliste lässt sich damit begründen, dass die Probanden insgesamt zehn zusätzliche Anforderungen bei der Durchführung des Strukturierungsprozesses neu definiert haben.

[450] Vgl. Griffin/Hauser (1993), S. 13 f.; Urban/Hauser (1993), S. 229 ff.

No.	Primary Needs	Secondary Needs	Tertiary Needs
1.	Attractiveness	4	20
2.	Carries many things	4	21
3.	Maintains temperature	5	39
4.	Right size	3	29
5.	Easy to move	2	23
6.	Convenience	2	29
7.	Works as a container	2	30
	Total	**22**	**191**

Tabelle 19: Hierarchische Kundenanforderungsstruktur am Beispiel eines Transportwagens für Fertiggerichte (auszugsweise).[451]

Aus Tabelle 19 wird unmittelbar ersichtlich, dass die Primary Need „Works as a container" zwei hierarchisch untergeordnete Secondary Needs enthält und diesen wiederum insgesamt 30 Tertiary Needs zugeordnet sind. Es lässt sich feststellen, dass für das Fallbeispiel die oben unterstellte Randbedingung, dass sämtliche Kundenanforderungsteilmengen in der hierarchischen Struktur maximal neun Elemente enthalten dürfen, nicht erfüllt ist. Zur Erfüllung dieser Randbedingung ist in diesem Fall eine Modifizierung der hierarchischen Kundenanforderungsstruktur durch das Target-Costing-Team erforderlich. Diese Modifikation kann im vorliegenden Fall beispielsweise darin bestehen, dass das Target-Costing-Team zwei ursprünglich den Tertiary Needs zugeordneten Kundenanforderungen als Secondary Needs definiert, um durch eine veränderte Zuordnung der verbleibenden Anzahl von 28 Tertiary Needs zu den dann vorliegenden vier Secondary Needs die Erfüllung dieser Randbedingung gewährleisten zu können.

Im Folgenden soll nun untersucht werden, welches der beschriebenen beiden Verfahren für die Lösung der vorliegenden Problemstellung zu präferieren ist. Der Vorteil in der Anwendung des Group Consensus Process liegt in der hohen Identifi-

451 Modifiziert entnommen aus Griffin/Hauser (1992), S. 25.

kation des Target-Costing-Teams mit der von ihm selbst erarbeiteten Kundenanforderungsstruktur. Ein Nachteil dieser Methode besteht darin, dass sich die Interpretation des Target-Costing-Teams verselbständigen kann und in diesem Fall die Kundenorientierung nicht mehr gewährleistet ist. Im Gegensatz dazu kann bei der Anwendung des Customer Sort and Cluster Process durch die direkte Einbeziehung potenzieller Kunden die Kundenorientierung im Allgemeinen gewährleistet werden. *Griffin/Hauser* stellen bei mehreren direkten Vergleichen beider Methoden heraus, dass der Customer Sort and Cluster Process auch aus Sicht der Gruppenmitglieder eines Group Consensus Process zu einer eher kundenorientierten Eigenschaftsstruktur führt. Die letztgenannte Methode entspricht den Autoren zufolge eher der technischen Sicht der Produktentwicklung.[452] Aus den genannten Gründen soll im Folgenden der Customer Sort and Cluster Process als geeignete Methode zur Durchführung der hierarchischen Strukturierung von Kundenanforderungen empfohlen werden.

Zur formalen Darstellung der hierarchischen Kundenanforderungsstruktur eignet sich die Verwendung von Indexmengen. Im Einzelnen sind je nach Strukturstufe folgende drei Arten von Kundenanforderungsmengen (M) zu unterscheiden: Die auf der obersten Kundenanforderungsstufe enthaltenen Kundenanforderungen erster Ordnung (Primary Needs) p (p=1,...,P) in Bezug auf das Gesamtprodukt sind formal als Kundenanforderungsmenge MP_0 darzustellen. Einer Kundenanforderung erster Ordnung p sind wiederum Kundenanforderungen zweiter Ordnung (Secondary Needs) s (s=1,...,S) direkt zuzuordnen, so dass diese Beziehung formal durch die jeweilige Kundenanforderungsmenge MS_p ausgedrückt werden kann. Für die Kundenanforderung erster Ordnung p enthält MS_p die Indizes der Kundenanforderungen zweiter Ordnung s, die der betreffenden Kundenanforderung erster Ordnung zugeordnet sind. Schließlich lässt sich die Strukturbeziehung einer Kundenanforderung zweiter Ordnung s zu den direkt untergeordneten Kundenanforderungen dritter Ordnung (Tertiary Needs) t formal mittels der Kundenanforderungsmenge MT_s darstellen. Für die Kundenanforderung zweiter Ordnung s enthält MT_s die Indizes der Kundenanforderungen dritter Ordnung t, die dieser Kundenanforderung zweiter Ordnung zugeordnet sind.

---

[452] Vgl. Griffin/Hauser (1993), S. 12 ff.

Aus der Literatur liegt keine empirisch abgesichert vollständige hierarchische Kundenanforderungsstruktur in Bezug auf Automobile vor. *Hauser/Clausing* veröffentlichten am Beispiel einer Autotür die in Abbildung 24 dargestellte hierarchische Kundenanforderungsstruktur auf Basis der erläuterten Differenzierung in Kundenanforderungen erster, zweiter und dritter Ordnung.[453]

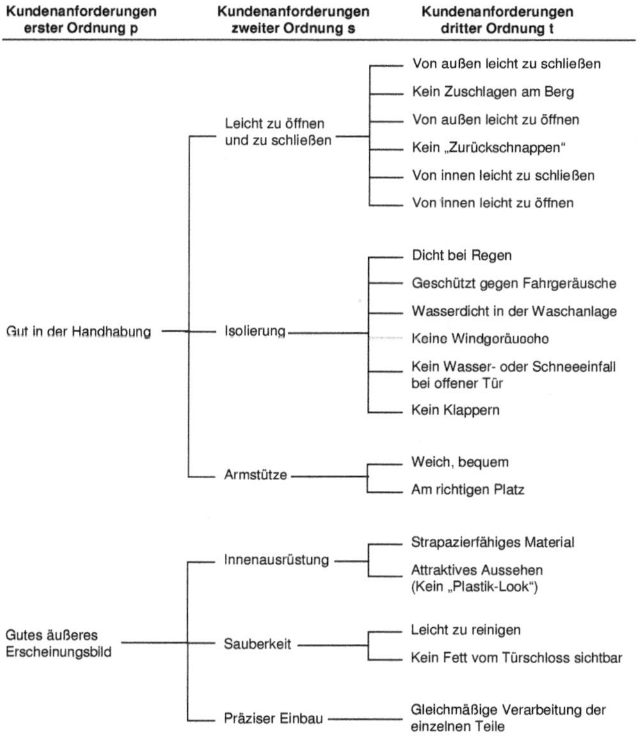

Abbildung 24: Hierarchische Kundenanforderungsstruktur am Beispiel einer Autotür.[454]

Das nachfolgend eingeführte Anwendungsbeispiel hat das fiktive Automobil-Entwicklungsprojekt E 2006 zum Gegenstand, dessen Kundenanforderungen vollständig zu ermitteln und in eine hierarchische Struktur zu überführen sind. In

---

[453] Vgl. Hauser/Clausing (1995), S. 60 f.
[454] Entnommen aus Hauser/Clausing (1995), S. 61.

Abbildung 25 ist auszugsweise die dreistufige Kundenanforderungsstruktur des E 2006 dargestellt, welche mit Hilfe der vorgeschlagenen Methoden abgeleitet worden sein könnte. [455]

[455] In dem vorliegenden Anwendungsbeispiel wurde die auszugsweise dargestellte fiktive Kundenanforderungsstruktur unter Berücksichtigung der Daten aus Tabelle 18, den Abbildungen 21 und 22 sowie der definierten Randbedingung von maximal neun Elementen je Teilmenge abgeleitet.

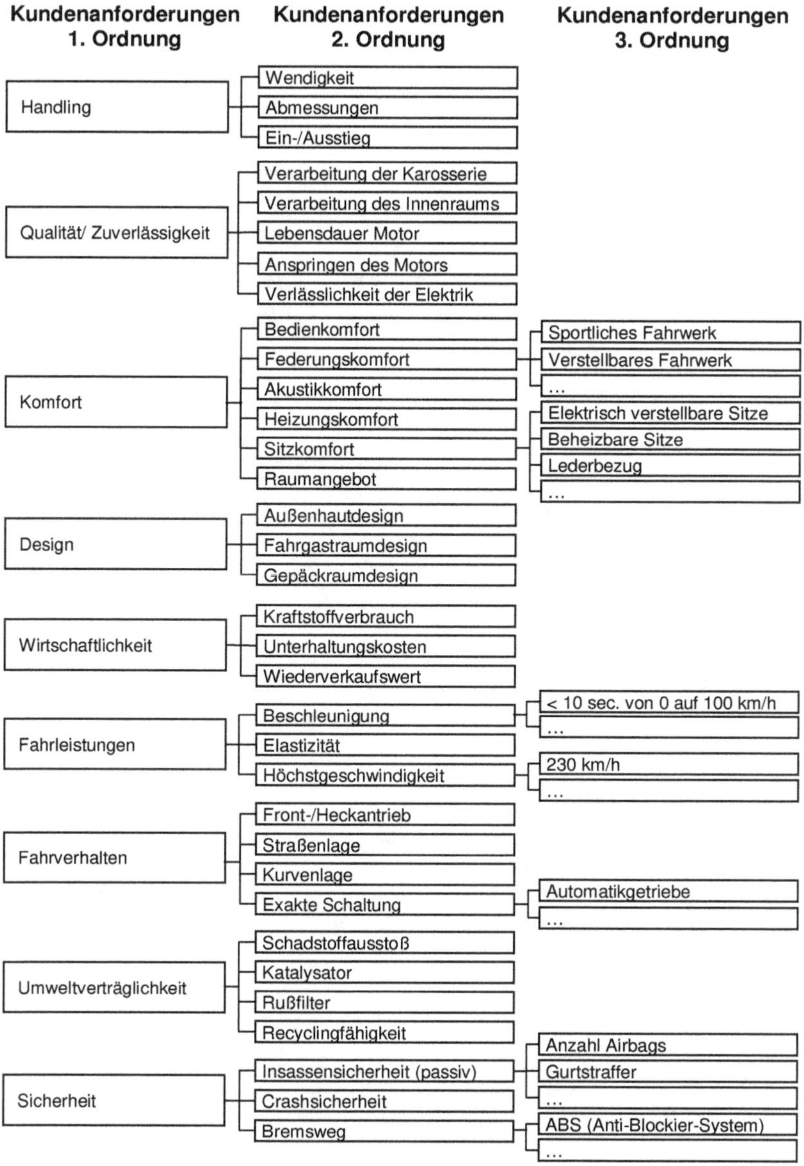

Abbildung 25: Hierarchische Kundenanforderungsstruktur des E 2006 (auszugsweise).

Da die gesamte Kundenanforderungsstruktur eines komplexen Produkts am Beispiel eines Automobils in dieser Arbeit nicht vollständig abgebildet werden kann, sollen sich die weiteren Ausführungen über das Anwendungsbeispiel auf eine Kundenanforderungsstruktur mit insgesamt zwei Kundenanforderungen erster, vier Kundenanforderungen zweiter und acht Kundenanforderungen dritter Ordnung mit jeweils zwei Elementen je Kundenanforderungsmenge beschränken.

Der im weiteren Verlauf zu betrachtende Ausschnitt der hierarchischen Kundenanforderungsstruktur des E 2006 mit insgesamt 14 Kundenanforderungen auf drei Hierarchiestufen lässt sich unter Berücksichtigung der oben genannten Erläuterungen formal gemäß Abbildung 26 darstellen.

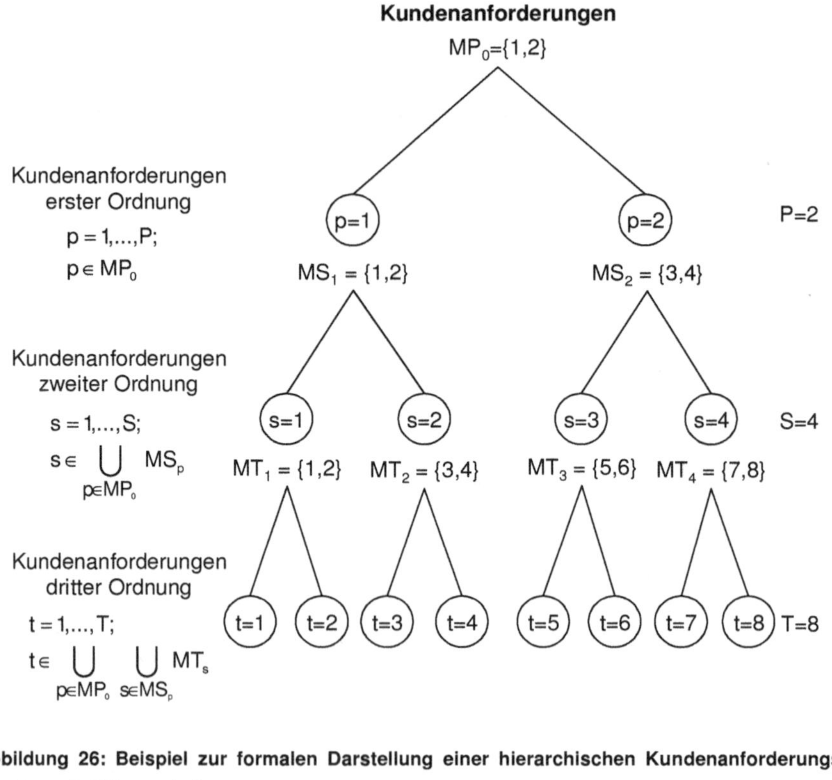

Abbildung 26: Beispiel zur formalen Darstellung einer hierarchischen Kundenanforderungsstruktur mit Hilfe von Indexmengen.

Bleibt man bei der hier unterstellten Obergrenze von neun Elementen je Kundenanforderungsmenge MP_0, MS_p und MT_s, so beträgt die (absolute) Obergrenze der Kundenanforderungen erster Ordnung 9 ($P \leq 9$), der Kundenanforderungen zweiter Ordnung 9^2 ($S \leq 9^2$) und der Kundenanforderungen dritter Ordnung 9^3 ($T \leq 9^3$) Elemente.

Zusammenfassend lässt sich feststellen, dass mit Hilfe der beschriebenen Methodik sowohl die vollständige und differenzierte Erhebung von Kundenanforderungen an ein Automobil als auch die hierarchische Strukturierung dieser Kundenanforderungen unter Berücksichtigung der Kundenorientierung gewährleistet werden kann. Diese hierarchische Strukturierung bildet gleichzeitig die Voraussetzung für die Anwendbarkeit der Conjoint-Analyse zur Bestimmung der kundenanforderungsbezogenen Bedeutungsgrade. Ein Vorschlag einer Vorgehensweise zur Bestimmung dieser Bedeutungsgrade mit Hilfe der Conjoint-Analyse findet sich in Abschnitt C.III.3.

2. Festlegung von Produktzielkosten

Es wurde bereits erläutert, dass der Fokus der vorliegenden Erweiterung des Grundkonzepts des Target Costing für komplexe Produkte auf dem Verfahrensschritt der Zielkostenspaltung liegt. Die Festlegung von Zielkosten für ein komplexes Gesamtprodukt ist analog dem Grundkonzept des Target Costing für einfache Produkte nach der unterstellten Reinform des Market-into-Company-Ansatzes gemäß der in Abschnitt B.II.1.b) beschriebenen Vorgehensweise durchzuführen. Als Eingangsgröße für die Zielkostenspaltung mit Hilfe des mehrstufigen Target-Costing-Konzepts sollen im Gegensatz zum Grundkonzept des Target Costing nicht die spaltbaren Produktzielkosten PZK_s, sondern die gesamten Produktzielkosten PZK_g verwendet werden, da die Ermittlung der nichtspaltbaren Produktzielkosten PZK_n Gegenstand der Zielkostenspaltung im mehrstufigen Target-Costing-Konzept ist.

Mit Bezugnahme auf das eingeführte Anwendungsbeispiel soll für das Automobilprojekt E 2006 von einem Zielverkaufspreis ZVP in Höhe von 25.000 GE/PME und einer geforderten Umsatzrendite r_u von 0,2 (=20 %) ausgegangen werden. Unter Verwendung von (4) und (5) ergeben sich die Gewinnspanne GS und die gesamten Produktzielkosten PZK_g zu den in Tabelle 20 enthaltenen Werten.

ZVP	25.000 [GE/PME]
$-$ GS mit $GS = r_u \cdot ZVP$	5.000 [GE/PME]
$= PZK_g = (1 - r_u) \cdot ZVP$	20.000 [GE/PME]

Tabelle 20: Produktzielkosten des E 2006.

3. Ermittlung von Bedeutungsgraden für Kundenanforderungen

a) Bestehende methodische Basis

Zur Ermittlung von Kundenurteilen in Form absoluter Bedeutungsgrade von Kundenanforderungen im Rahmen des Target Costing wird in der Literatur häufig die Conjoint-Analyse empfohlen.[456] Auch außerhalb des Target Costing wird in dem Conjoint Measurement derzeit die einzige marktforscherische „Schlüsseltechnologie" zur Messung von Kundenurteilen gesehen.[457] In der Literatur wird jedoch teilweise ignoriert, dass die traditionelle Conjoint-Analyse auf maximal neun Kundenanforderungen anwendbar ist.[458] *Engel* zeigt diese Beschränkung zwar auf, er sieht jedoch darin keine wesentlichen Auswirkungen auf die Aussagegenauigkeit der Methode für das Target Costing.[459] *Seidenschwarz* schlägt den alternativen Einsatz neuerer Verfahrensvarianten der Conjoint-Analyse vor, die die Berücksichtigung einer größeren Anzahl von Kundenanforderungen ermöglichen und nennt explizit die adaptive und die Hybrid-Conjoint-Analyse.[460]

In der Hybrid-Conjoint-Analyse geben die Befragten zunächst im kompositionellen Teil direkte Urteile über sämtliche Kundenanforderungen und deren Ausprägungen

---

[456] Vgl. z. B. Arnaout/Hildebrandt/Werner (1998), S. 306 ff.; Coenenberg (2003), S. 445; Joos-Sachse (2004), S. 242; Seidenschwarz (1993), S. 199 ff. Allgemeine Erläuterungen über dieses Verfahren finden sich z. B. bei Sattler/Hensel-Börner/Krüger (2001), S. 771 ff.; Schubert (1991), S. 114 ff.; Theuerkauf (1989), S. 1179 ff.; Wittink/Vriens/Burhenne (1994), S. 41 ff.

[457] Vgl. Trommsdorff (1993), S. 27.

[458] Vgl. z. B. Horváth/Niemand/Wolbold (1993), S. 8; Kremin-Buch (2004), S. 112 f.; Kucher/Simon (2002), S. 197 ff.; Coenenberg/Fischer/Schmitz (1994), S. 9 f.

[459] Vgl. Engel (1991), S. 367.

[460] Vgl. Seidenschwarz (1993), S. 207.

ab, während sie im dekompositionellen Teil anschließend ausgewählte Merkmalskombinationen ganzheitlich bewerten. Durch die Verknüpfung beider Teilergebnisse werden die Bedeutung einzelner Eigenschaften und deren Ausprägungen ermittelt. Die Anzahl der von jedem Befragten zu beurteilenden Produktkonzepte lässt sich mit Hilfe dieser Methode deutlich reduzieren.[461] Die Besonderheit der adaptiven Conjoint-Analyse liegt darin, dass die Datenerhebung computergestützt erfolgt und sie sich aus diesem Grunde zur Verarbeitung einer größeren Produkteigenschaftsmenge eignen soll.[462] Die Eignung der adaptiven Conjoint-Analyse zur Berücksichtigung einer hohen Anzahl von Produkteigenschaften wird jedoch lediglich vermutet, da der Nachweis in empirischen Studien bislang nicht erbracht worden ist.[463] Die Eignung beider Ansätze für die vorliegende Problemstellung muss demzufolge grundsätzlich in Frage gestellt werden.

Eine weitere, neuere Variante der Conjoint-Analyse, die bislang noch nicht im Kontext der Target-Costing-Literatur erwähnt worden ist, stellt die von *Oppewal et al.* entwickelte so genannte hierarchische Conjoint-Analyse dar.[464] Sie gewährleistet die Berücksichtigung größerer Kundenanforderungsmengen durch die Verwendung hierarchischer Strukturen. Die Autoren empfehlen die Strukturierung der Kundenanforderungen auf Basis logischer und praktischer Erwägungen, wie beispielsweise mit Hilfe der oben beschriebenen Methode des Customer Sort and Cluster Process. Die hierarchische Conjoint-Analyse greift auf eine vorab ermittelte hierarchische Kundenanforderungsstruktur zurück und besteht aus mehreren teilmengenbezogenen Subexperimenten. Im Hinblick auf die oben vorgeschlagene Struktur mit den darin enthaltenen Kundenanforderungen erster, zweiter und dritter Ordnung ist jede in dieser Struktur enthaltene Kundenanforderungsmenge MP_0, MS_p (p=1,...,P) und MT_s (s=1,...,S) als Gegenstand eines eigenständigen Subexperiments aufzufassen. Mit Hilfe eines geeigneten Schätzverfahrens wird die Gewichtung des Teilnutzens der Kundenanforderungen in einer Indexmenge untereinander durch die Befragten

461 Vgl. Schubert (1991), S. 149.
462 Vgl. Schubert (1991), S. 148.
463 Vgl. Schmidt (1996), S. 241 f.
464 Vgl. im Folgenden Oppewal/Louviere/Timmermans (1994), S. 92 ff.

bewertet.[465] So lässt sich in einem eigenständig durchzuführenden Subexperiment der jeweilige Anteil der Kundenanforderungen erster Ordnung p in der Kundenanforderungsmenge MP_0 an dem vom Produkt ausgehenden Gesamtnutzen bestimmen. In jeweils einem Subexperiment können zudem die Anteile der in der Kundenanforderungsmenge MS_p enthaltenen Indizes der Kundenanforderungen zweiter Ordnung s an dem Gesamtnutzen einer zugeordneten Kundenanforderung erster Ordnung p ermittelt werden. Zur Bestimmung dieser Anteile für sämtliche Kundenanforderungen zweiter Ordnung s ist die Durchführung von insgesamt P Subexperimenten erforderlich. Bei einer Beschränkung der Anzahl der Kundenanforderungen erster Ordnung auf maximal neun Elemente ist entsprechend die Durchführung von maximal neun Subexperimenten erforderlich. Analog dazu lassen sich jeweils in einem eigenständigen Subexperiment die Anteile der in der Kundenanforderungsmenge MT_s enthaltenen Indizes der Kundenanforderungen dritter Ordnung t an dem Gesamtnutzen einer zugeordneten Kundenanforderung zweiter Ordnung s bestimmen. Zur Gewährleistung der vollständigen Ermittlung dieser Anteile für sämtliche Kundenanforderungen dritter Ordnung t sind insgesamt S Subexperimente durchzuführen. Bei einer Beschränkung der Anzahl der Kundenanforderungen zweiter Ordnung hinsichtlich einer Kundenanforderung erster Ordnung auf neun sind maximal 9^2 Subexperimente durchzuführen. Die Durchführung sämtlicher Subexperimente kann generell in beliebiger Reihenfolge erfolgen. Die erläuterte Vorgehensweise bildet die Grundlage für die im Folgenden vorgeschlagene Methodik zur Ermittlung von Bedeutungsgraden für Kundenanforderungen.

b) Vorschlag einer Methodik zur Ermittlung von Bedeutungsgraden für Kundenanforderungen

Im Hinblick auf die Ermittlung von Bedeutungsgraden für Kundenanforderungen im mehrstufigen Target-Costing-Konzept zeigt der Aufbau der beschriebenen hierarchischen Kundenanforderungsstruktur einerseits eine Ähnlichkeit zu der Einteilung der Funktionen in Funktionsbereiche nach *Tanaka* auf. Andererseits ähnelt der beschriebene Ablauf der hierarchischen Conjoint-Analyse der von *Tanaka* vorgeschlagenen

---

[465] Zur Beschreibung möglicher Schätzverfahren vgl. Schmidt (1996), S. 197 f.

Vorgehensweise für die indirekte Methode zur Bestimmung der Funktionsbedeutungsgrade. Der wesentliche Unterschied in den beiden Ansätzen in Bezug auf den Aufbau der Funktions- bzw. Kundenanforderungshierarchie liegt in der Anzahl der zu Grunde liegenden Strukturstufen und Teilmengen. Während *Tanaka* mit den Funktionsbereichen auf der oberen und den Funktionen auf der unteren Stufe lediglich zwei Hierarchiestufen unterstellt, umfasst die oben beschriebene Struktur drei Hierarchiestufen. Der Ansatz von *Tanaka* berücksichtigt entsprechend den Funktionsbereichen zwei Teilmengen, denen er eine nicht begrenzte Anzahl von harten bzw. weichen Funktionen zuordnet, während die hier unterstellte Struktur auf der obersten Stufe auf neun und auf der mittleren Stufe auf 9^2 Teilmengen begrenzt ist.

Bei der Gegenüberstellung der Vorgehensweisen beider Ansätze lässt sich feststellen, dass der wesentliche Unterschied in den jeweils unterstellten Methoden zur Ermittlung der Kundenurteile in Form von Bedeutungsgraden liegt.[466] *Tanaka* empfiehlt zur Ermittlung der Bedeutungsgrade für die Funktionsbereiche eine direkte Kundenbefragung, während er für die Ermittlung der Bedeutungsgrade hinsichtlich der Produktfunktionen keinen konkreten Vorschlag macht. Im Gegensatz dazu soll für den hier vorliegenden Ansatz die Ermittlung dieser Bedeutungsgrade mit Hilfe der im vorherigen Abschnitt beschriebenen hierarchischen Conjoint-Analyse unterstellt werden. Aufgrund der aufgezeigten Strukturgleichheit beider Ansätze sollen für die nachfolgend in allgemeiner Form zu beschreibende Herleitung der erforderlichen Bedeutungsgrade die Begriffsdefinitionen aus dem Grundkonzept der Zielkostenspaltung auf Produktfunktionen weitestgehend übernommen werden. Die gemäß dem Grundkonzept der Funktionsmethode zu ermittelnden Gewichtungen der erläuterten beiden Funktionsbereiche werden auch als absolute Bedeutungsgrade bezeichnet, da diese sich direkt auf den vom Produkt ausgehenden Gesamtnutzen beziehen. Im Gegensatz dazu sind die Funktionsgewichte der einzelnen Produktfunktionen in Bezug auf den jeweiligen Funktionsbereich als bedingte Bedeutungsgrade von Produktfunktionen definiert, da sich diese auf den direkt (hierarchisch) übergeordneten Funktionsbereich beziehen. Erst in einem weiteren Schritt werden die absoluten Bedeutungsgrade von Produktfunktionen in Bezug auf das Gesamtprodukt mittels

---

[466] Vgl. im Folgenden noch einmal Abschnitt B.II.2.a).

Multiplikation der beiden zuvor erläuterten Bedeutungsgrade berechnet. In Anlehnung an das beschriebene Grundkonzept der Zielkostenspaltung auf Produktfunktionen sollen im Folgenden die Bedeutungsgrade der Kundenanforderungen erster Ordnung als absolute Bedeutungsgrade bezeichnet werden, da sie sich analog zu den Bedeutungsgraden der Funktionsbereiche direkt auf das Gesamtprodukt beziehen. Die mit Hilfe der hierarchischen Conjoint-Analyse zu ermittelnden Bedeutungsgrade der Kundenanforderungen zweiter und dritter Ordnung, die sich auf die jeweils direkt hierarchisch übergeordnete Kundenanforderung erster bzw. zweiter Ordnung beziehen, sollen analog zu den Bedeutungsgraden der Produktfunktionen gemäß dem Grundkonzept als bedingte Bedeutungsgrade bezeichnet werden. Im weiteren Verlauf dieses Abschnitts erfolgt in allgemeiner Form die Erläuterung der absoluten und bedingten Bedeutungsgrade von Kundenanforderungen, die als Eingangsgrößen für die anschließend durchzuführende Zielkostenspaltung auf Kundenanforderungen und Erzeugniselemente im mehrstufigen Target-Costing-Konzept erforderlich sind. Die Vorgehensweise bei der Ermittlung dieser Bedeutungsgrade soll in Anlehnung an die Unterteilung der hierarchischen Conjoint-Analyse in Subexperimente in drei Schritten erfolgen.

In einem ersten Subexperiment sind die Anteile sämtlicher Kundenanforderungen erster Ordnung p (p=1,...,P) in der Kundenanforderungsmenge MP_0 an dem vom Produkt ausgehenden Gesamtnutzen zu bestimmen (erster Schritt). Dieser Anteil einer Kundenanforderung erster Ordnung p soll als absoluter Bedeutungsgrad BG_p' dieser Kundenanforderung bezeichnet werden. Die Summe der absoluten Bedeutungsgrade BG_p' der Kundenanforderungen erster Ordnung p (p=1,...,P), die in der Kundenanforderungsmenge MP_0 (mit $p \in MP_0$) enthalten sind, muss definitionsgemäß in Bezug auf das Gesamtprodukt den Wert eins annehmen und somit

$$(33) \qquad \sum_{p \in MP_0} BG_p' = 1$$

gelten, da sich sämtliche Anteile stets zu eins addieren. Der dimensionslose Bedeutungsgrad BG_p' lässt sich als derjenige Anteil am Gesamtnutzen des Produkts auffassen, der aus dem Beitrag der entsprechenden Kundenanforderung erster Ordnung p (p=1,...,P) hervorgeht.

Anschließend sind in je einem Subexperiment für jede Kundenanforderungsmenge MS_p die Anteile aller zugehörigen Kundenanforderungen zweiter Ordnung s ($s \in MS_p$) an dem Gesamtnutzen der direkt übergeordneten Kundenanforderung erster Ordnung p (p=1,...,P) zu bestimmen (zweiter Schritt). Dieser Anteil einer Kundenanforderung zweiter Ordnung s soll als bedingter Bedeutungsgrad BBG_s'' dieser Kundenanforderung im Hinblick auf die direkt hierarchisch übergeordnete Kundenanforderung erster Ordnung p mit $s \in MS_p$ bezeichnet werden. Die Summe der bedingten Bedeutungsgrade BBG_s'' sämtlicher Kundenanforderungen zweiter Ordnung s, die in der Kundenanforderungsmenge MS_p enthalten sind ($s \in MS_p$), in Bezug auf die direkt übergeordnete Kundenanforderung erster Ordnung p muss gemäß

$$(34) \qquad \sum_{s \in MS_p} BBG_s'' = 1 \qquad (p \in MP_0)$$

stets gleich eins sein. Der dimensionslose bedingte Bedeutungsgrad BBG_s'' entspricht dem Anteil am Gesamtnutzen der Kundenanforderung erster Ordnung p, der durch die entsprechende Kundenanforderung zweiter Ordnung s erfüllt wird.

Abschließend sind in je einem Subexperiment für jede Kundenanforderungsmenge zweiter Ordnung MT_s die Anteile aller zugehörigen Kundenanforderungen dritter Ordnung t ($t \in MT_s$) an dem Gesamtnutzen der zugeordneten Kundenanforderung zweiter Ordnung s (s=1,...,S) zu bestimmen (dritter Schritt). Dieser Anteil einer Kundenanforderung dritter Ordnung t soll als bedingter Bedeutungsgrad BBG_t''' dieser Kundenanforderung im Hinblick auf die direkt hierarchisch übergeordnete Kundenanforderung zweiter Ordnung s mit $t \in MT_s$ bezeichnet werden. Die Summe der bedingten Bedeutungsgrade BBG_t''' sämtlicher Kundenanforderungen dritter Ordnung t, die in einer Kundenanforderungsmenge MT_s ($t \in MT_s$) enthalten sind, muss in Bezug auf die direkt übergeordnete Kundenanforderung zweiter Ordnung s stets den Wert eins annehmen und folglich

$$(35) \qquad \sum_{t \in MT_s} BBG_t''' = 1 \qquad (s \in MS_p;\, p \in MP_0)$$

gelten. Der ebenfalls dimensionslose bedingte Bedeutungsgrad BBG_t''' einer Kundenanforderung dritter Ordnung t hinsichtlich der direkt übergeordneten Kundenanforderung zweiter Ordnung s lässt sich als derjenige Anteil am Gesamtnutzen der Kundenanforderung s auffassen, der aus dem Beitrag der entsprechenden Kundenanforderung t hervorgeht. Unterstellt man eine maximale Anzahl von neun Elementen je Kundenanforderungsmenge, so sind in diesem Schritt insgesamt maximal 9^2 Subexperimente durchzuführen, um sämtliche bedingten Bedeutungsgrade BBG_t''' bestimmen zu können. Über alle drei beschriebenen Schritte ist die hierarchische Conjoint-Analyse dann in insgesamt $1+P+S\leq 91$ ($P\leq 9$; $S\leq 9^2$) Subexperimente zu unterteilen.

Bezüglich der in Abbildung 26 dargestellten hierarchischen Kundenanforderungsstruktur des eingeführten Anwendungsbeispiels ist für die Durchführung der hierarchischen Conjoint-Analyse deren Unterteilung in insgesamt $1+P+S=7$ Subexperimente erforderlich, so dass jeder der in dieser Struktur enthaltenen Knotenpunkte ein eigenständiges Subexperiment darstellt. Bezogen auf das Anwendungsbeispiel mögen sich unter Verwendung von (33) bis (35) die absoluten Bedeutungsgrade BG_p' sowie die bedingten Bedeutungsgrade BBG_s'' und BBG_t''' zu den in der nachfolgenden Abbildung 27 enthaltenen Werten ergeben.

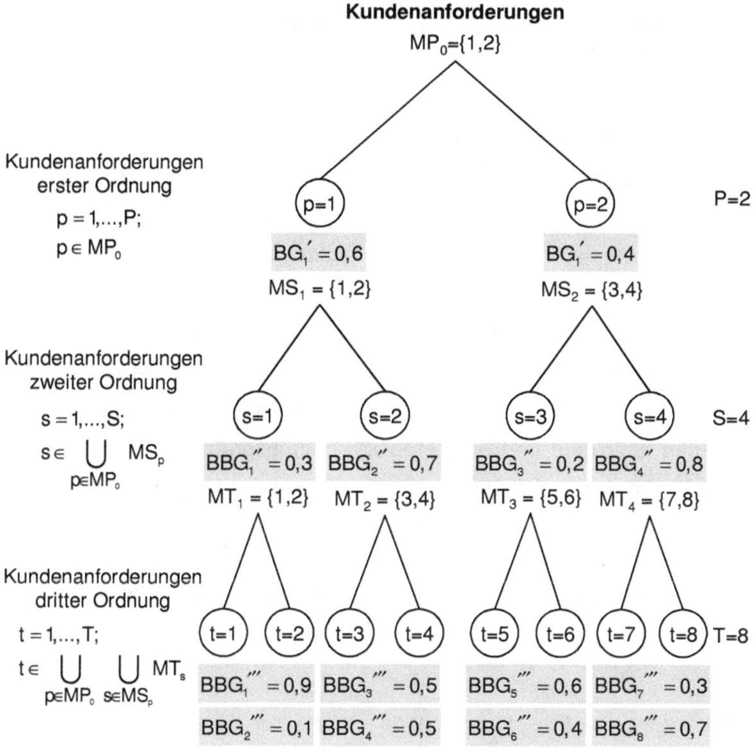

Abbildung 27: Absolute bzw. bedingte Bedeutungsgrade von Kundenanforderungen in der hierarchischen Kundenanforderungsstruktur des E 2006.

Zusammenfassend lässt sich feststellen, dass die vorgeschlagene und oben formal beschriebene Methodik die Ermittlung der Bedeutungsgrade für sämtliche Kundenanforderungen der erläuterten mehrstufigen Kundenanforderungsstruktur gewährleistet, die für die anschließend durchzuführende Zielkostenspaltung nach der Funktionsmethode erforderlich sind. Der vorliegende Ansatz kann somit als konzeptionelle Erweiterung des Grundkonzepts von *Tanaka* im Hinblick auf mehrstufige Kundenanforderungsstrukturen aufgefasst werden.

Des Weiteren gewährleistet die vorgeschlagene Methodik im Gegensatz zum Grundkonzept nach *Tanaka* die geforderte Kundenorientierung, da diese sowohl die Ermittlung sämtlicher absoluter Bedeutungsgrade der Kundenanforderungen erster

Ordnung als auch sämtlicher bedingter Bedeutungsgrade der Kundenanforderungen zweiter und dritter Ordnung mit Hilfe der hierarchischen Conjoint-Analyse unter Berücksichtigung der Urteile potenzieller Kunden ermöglicht. Wie bereits aufgezeigt, gewährleistet der Ansatz von *Tanaka* hingegen diese Kundenorientierung lediglich für die Festlegung der absoluten Bedeutungsgrade (der Funktionsbereiche). Hingegen kann der praktikable Einsatz der Conjoint-Analyse für das Fallbeispiel des Tintenschreibers bei der Festlegung der absoluten Bedeutungsgrade für die (Einzel-) Funktionen aufgrund einer nicht zulässigen Anzahl von insgesamt siebzehn weichen und fünfzehn harten Funktionen in je einem Experiment ausgeschlossen werden. Der vorliegende Ansatz kann somit auch als Erweiterung des Grundkonzepts unter besonderer Berücksichtigung der Kundenorientierung aufgefasst werden. Die beschriebenen absoluten und bedingten Bedeutungsgrade von Kundenanforderungen bilden die Eingangsgröße der in den nachfolgenden Abschnitten zu erläuternden Festlegung kundenanforderungsbezogener Zielkosten.

4. Festlegung kundenanforderungsbezogener Zielkosten

a) Bestehende methodische Basis

Im Grundkonzept der Funktionsmethode stehen zur Ableitung von Zielkosten für Kundenanforderungen grundsätzlich zwei verschiedene Verfahren mit unterschiedlichen Informationsbedarfen zur Verfügung. Das indirekte bzw. im vorliegenden Fall als dreistufig charakterisierbare Verfahren sieht zunächst eine Aufspaltung der Produktzielkosten auf die einzelnen Kundenanforderungen erster Ordnung p gemäß den absoluten Bedeutungsgraden BG_p' vor. In einem zweiten Schritt sind diese Zielkosten einer Kundenanforderung erster Ordnung auf die hierarchisch direkt untergeordneten Kundenanforderungen s gemäß den bedingten Bedeutungsgraden BBG_s'' aufzuteilen. Der dritte Schritt beinhaltet schließlich die Disaggregation der Zielkosten einer Kundenanforderung zweiter Ordnung auf die hierarchisch direkt untergeordneten Kundenanforderungen dritter Ordnung t unter Verwendung der bedingten Bedeutungsgrade BBG_t'''.

Bei der Verwendung des direkten bzw. einstufigen Verfahrens erfolgt hingegen eine unmittelbare Aufteilung der Produktzielkosten auf die Kundenanforderungen dritter Ordnung. Da letztlich beide Verfahren die vollständige Aufspaltung der Produktzielkosten auf die Kundenanforderungen dritter Ordnung entsprechend der von potenziellen Kunden beigemessenen Bedeutung vorsehen, müssen indirektes und direktes Verfahren analog zum Grundkonzept stets zu identischen Zielkosten für die Kundenanforderungen dritter Ordnung führen. *Glaser* stellt hinsichtlich des Grundkonzepts der Funktionsmethode heraus, dass das direkte Verfahren in der Praxis offensichtlich bevorzugt eingesetzt wird.[467] Im Folgenden ist zu überprüfen, ob der zusätzliche Informationsgehalt des indirekten Verfahrens, der durch die explizite Berücksichtigung der Bedeutungsgrade und der Zielkosten von Kundenanforderungen erster und zweiter Ordnung für den weiteren Verlauf des Target Costing entsteht, zur Lösung der vorliegenden Problemstellung von Bedeutung ist.

Wie bereits erläutert, stellen die Kundenanforderungen zweiter und dritter Ordnung stets eine Konkretisierung der jeweils direkt hierarchisch übergeordneten Kundenanforderung erster bzw. zweiter Ordnung dar. Hinsichtlich der oben beschriebenen dreistufigen Kundenanforderungsstruktur wurde in Anlehnung an *Griffin/Hauser* unterstellt, dass für die Produktentwicklung der Detaillierungsgrad der Kundenanforderungen dritter Ordnung ausreichend ist, um auf deren Grundlage konkrete technische Lösungen zur Erfüllung der übergeordneten Kundenanforderungen erster und zweiter Ordnung erarbeiten zu können.[468] Entsprechend dieser Voraussetzung soll für den weiteren Verlauf dieser Arbeit davon ausgegangen werden, dass das Target-Costing-Team in der Lage ist, ausschließlich auf Basis der Kundenanforderungen dritter Ordnung einen für den weiteren Verlauf des Fahrzeugentwicklungsprojektes erforderlichen (Grob-)Entwurf des betreffenden Automobils entwickeln zu können. Demzufolge ist eine Berücksichtigung von Kundenanforderungen erster und zweiter Ordnung für das mehrstufige Target-Costing-Konzept als nicht erforderlich anzusehen und es erfolgt daher nachstehend ausschließlich die Darstellung des direkten Verfahrens zur Festlegung kundenanforderungsbezogener Zielkosten.

---

[467] Vgl. Glaser (2002), S. 227.
[468] Vgl. hierzu Abschnitt C.III.1.c)ii) und Griffin/Hauser (1993), S. 5.

b) Vorschlag einer Methodik zur Zielkostenfestlegung für Kundenanforderungen

In Anlehnung an das Grundkonzept des direkten Verfahrens sind zur Ermittlung der Zielkosten für die Kundenanforderungen dritter Ordnung in einem ersten Schritt deren absolute Bedeutungsgrade zu ermitteln. Der absolute Bedeutungsgrad BG_t''' einer Kundenanforderung dritter Ordnung t (t=1,...,T) hinsichtlich des Gesamturteils potenzieller Kunden über das Produkt lässt sich mittels Multiplikation des entsprechenden bedingten Bedeutungsgrades BBG_t''' mit dem bedingten Bedeutungsgrad BBG_s'' der direkt übergeordneten Kundenanforderung zweiter Ordnung s $(s=1,...,S;\ t \in MT_s)$ und dem absoluten Bedeutungsgrad BG_p' der wiederum s direkt übergeordneten Kundenanforderung erster Ordnung p $(p=1,...,P;\ s \in MS_p)$ wie folgt berechnen:

$$(36) \qquad BG_t''' = BBG_t''' \cdot BBG_s'' \cdot BG_p' \qquad (t \in MT_s;\ s \in MS_p;\ p \in MP_0)$$

Der ebenfalls dimensionslose absolute Bedeutungsgrad BG_t''' einer Kundenanforderung dritter Ordnung t (t=1,...,T) entspricht dem Anteil, den die betreffende Kundenanforderung zur Erfüllung des vom Produkt ausgehenden Gesamtnutzens beiträgt. Um eine vollständige Verteilung der Produktzielkosten auf die einzelnen Kundenanforderungen dritter Ordnung gewährleisten zu können, nimmt

$$(37) \qquad \sum_{p \in MP_0} \sum_{s \in MS_p} \sum_{t \in MT_s} BG_t''' = 1$$

zufolge die Summe der absoluten Bedeutungsgrade BG_t''' sämtlicher Kundenanforderungen dritter Ordnung t stets den Wert eins an.

Für eine Kundenanforderung dritter Ordnung t (t=1,...,T) weisen die in Geldeinheiten pro Produktmengeneinheit zu messenden Zielkosten ZK_t einen Betrag in Höhe von

$$(38) \qquad ZK_t = BG_t''' \cdot PZK_g \qquad (t=1,...T;\ t \in MT_s;\ s \in MS_p;\ p \in MP_0)$$

auf, so dass der aus (37) und (38) hervorgehende Ausdruck

(39) $$\sum_{t=1}^{T} ZK_t = PZK_g \cdot \sum_{t=1}^{T} BG_t''' = PZK_g \qquad (t = 1,...T;\ t \in MT_s;\ s \in MS_p;\ p \in MP_0)$$

stets erfüllt ist. Mit Hilfe der erläuterten Methodik können die gesamten Produktzielkosten eines Produkts vollständig auf die Kundenanforderungen dritter Ordnung t aufgespalten werden.

Bezogen auf das Anwendungsbeispiel lassen sich unter Verwendung der Angaben aus Abbildung 27 und Tabelle 20 sowie bei Anwendung von (36) und (38) unter Beachtung von (37) die absoluten Bedeutungsgrade BG_t''' sowie die Zielkosten ZK_t (in GE/PME) der Kundenanforderungen dritter Ordnung t (t=1,...,8) zu den in nachfolgender Tabelle 21 enthaltenen Werten ableiten.

t	Bezeichnung der Kundenanforderung dritter Ordnung t	BG_t'''	ZK_t [GE/PME]
1	Kundenanforderung 1	0,162	3.240
2	Kundenanforderung 2	0,018	360
3	Kundenanforderung 3	0,21	4.200
4	Kundenanforderung 4	0,21	4.200
5	Kundenanforderung 5	0,048	960
6	Kundenanforderung 6	0,032	640
7	Kundenanforderung 7	0,096	1.920
8	Kundenanforderung 8	0,224	4.480
	Summe	1	20.000

Tabelle 21: Absolute Bedeutungsgrade und Zielkosten von Kundenanforderungen dritter Ordnung.

Aus den bereits genannten Gründen ist die Kenntnis von Zielkosten von Kundenanforderungen nicht ausreichend für eine effektive Kostensteuerung; daher ist die Ermittlung von Zielkosten für die einzelnen Erzeugniselemente des Gesamtprodukts erforderlich. Die komponentenbezogene Kostenspaltung nach dem Grundkonzept des Target Costing bezieht sich generell auf einen bestimmten (Grob-)Entwurf des geplanten Produkts. In den nachfolgenden Abschnitten ist die diesem Entwurf zu Grunde liegende zweistufige Erzeugnisstruktur auf die wesentlich komplexere Erzeugnisstruktur eines Automobils zu übertragen.

5. Erfassung der Erzeugnisstruktur von Automobilen für das Target Costing

a) Bestehende methodische Basis

Unter einer Erzeugnisstruktur (product structure) bzw. dem synonym zu verwendenden Begriff der Erzeugnisgliederung kann allgemein die Aufteilung eines Gesamtprodukts in kleinere Einheiten verstanden werden. Diese Aufteilung kann zu einer funktions- oder fertigungs- bzw. montageorientierten Struktur führen.[469] Im Folgenden soll analog zum Grundkonzept des Target Costing grundsätzlich die fertigungsorientierte Erzeugnisstruktur unterstellt werden. Kennzeichnend für eine solche Struktur ist das Vorhandensein von Einzelteilen, die in der Regel nicht mehr zerlegbar sind und zu Gruppen zusammengefasst werden. Zweckmäßigerweise werden solche Einzelteile und Gruppen hierarchisch strukturiert. In dieser hierarchischen Erzeugnisstruktur werden allgemein Gruppen niederer und Gruppen höherer Ordnung unterschieden. Die Gruppen niederer Ordnung stellen Untergruppen dar, die sich tendenziell auf den unteren Erzeugnisstufen der hierarchischen Struktur befinden und zu Gruppen höherer Ordnung zusammengefasst werden, welche sich tendenziell auf den oberen Erzeugnisstufen befinden. Insbesondere für komplexe Produkte mit einer Vielzahl von Fertigungsstufen wird eine schematische Darstellung dieses hierarchischen Aufbaus aufgrund der besseren Überschaubarkeit empfohlen.[470] Die Erfassung einer Erzeugnisstruktur kann mit Hilfe einer Strukturstückliste erfolgen, die die genaue Zusammensetzung eines Gesamtprodukts bzw. einer Baugruppe angibt.[471]

---

[469] Vgl. Pahl/Beitz (1993), S. 474.
[470] Vgl. Pahl/Beitz (1993), S. 475.
[471] Vgl. Glaser/Geiger/Rohde (1992), S. 13 f.

In der Literatur werden grundsätzlich zyklische und nichtzyklische Erzeugnisstrukturen unterschieden.[472] Für die Fertigung von Stückgütern, wie beispielsweise Automobilen, sind die nichtzyklischen Erzeugnisstrukturen von vorrangiger Bedeutung. Diese lassen sich weiterhin in serielle, konvergierende, divergierende und allgemeine Erzeugnisstrukturen differenzieren. Abbildung 28 zeigt beispielhaft die durch entsprechende Gozintographen veranschaulichten Topologien nichtzyklischer Erzeugnisstrukturen.

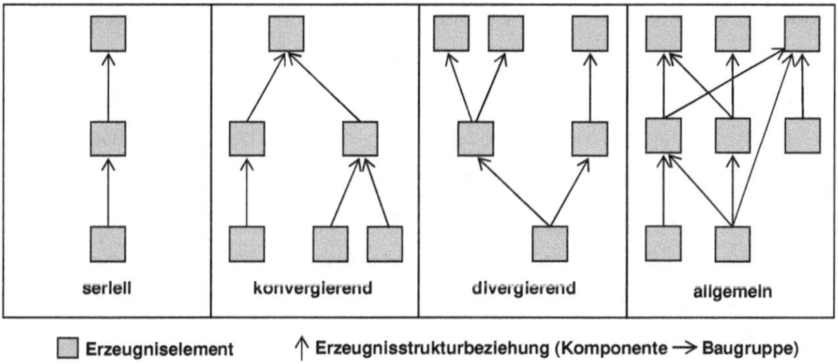

Abbildung 28: Topologien nichtzyklischer Erzeugnisstrukturen.[473]

Meyr ordnet die Erzeugnisstruktur eines Automobils dem Modelltyp der konvergierenden nichtzyklischen Erzeugnisstrukturen zu.[474] In konvergierenden Strukturen wird aus mehreren Rohstoffen ggf. über Zwischenprodukte ein Endprodukt gefertigt. Jedes Erzeugniselement hat dabei genau eine übergeordnete Erzeugnisart, während sich jede Produktart neben den Rohstoffen aus einer oder mehreren untergeordneten Materialarten zusammensetzen kann. Konvergierende Strukturen werden in der Literatur auch als „Montagestrukturen" bzw. „assembly structures" oder „assembly systems" bezeichnet. *Petersen* weist jedoch darauf hin, dass diese Topologie für die Montageindustrie, zu der die Automobilhersteller i. w. S. gehören, lediglich einen Sonderfall darstellt, da dort typischerweise Teilearten für jeweils mehrere unter-

---

[472] Vgl. im Folgenden zur detaillierten Differenzierung von zyklischen und nichtzyklischen Erzeugnisstrukturen Petersen (1998), S. 11 ff.
[473] Entnommen aus Petersen (1998), S. 13.
[474] Vgl. Meyr (o. Jg.), S. 6.

schiedliche Baugruppen bzw. Endprodukte verwendet werden und somit in der Regel allgemeine Strukturen vorliegen.[475] Im Kontext des Target Costing soll im Folgenden jedoch von einem Fahrzeugentwicklungsprojekt mit genau einer Produktart ausgegangen werden, so dass im Rahmen dieser Arbeit für ein Automobil eine konvergierende Erzeugnisstruktur zu Grunde gelegt wird.

Im Folgenden sind die konvergierenden Erzeugnisstrukturen weiter zu detaillieren und die verschiedenen (Erzeugnis-)Elementarten in der Erzeugnisstruktur eines Automobils zu definieren. Allgemein lassen sich mit dem (Gesamt-)Erzeugnis, der (Bau-)Gruppe und dem (Einzel-)Teil drei Elementarten in einer nichtzyklisch konvergierenden Erzeugnisstruktur unterscheiden. Ein Erzeugnis stellt im Allgemeinen einen physisch zusammenhängenden, aus einer Anzahl von (Bau-)Gruppen und/oder Teilen bestehenden Gegenstand als Fertigungsendergebnis dar und kann synonym zum Begriff Gesamtprodukt verwendet werden. Unter einer Baugruppe wird allgemein ein physisch zusammenhängender, aus zwei oder mehr Teilen und/oder (Bau-)Gruppen niederer Ordnung bestehender Gegenstand verstanden, während ein Teil in der Regel einen nicht mehr zerlegbaren Gegenstand darstellt.[476] Die Begriffe Baugruppe und Teil bzw. Einzelteil sollen im Folgenden unter dem Oberbegriff der Erzeugniselementart zusammengefasst werden. Abbildung 29 zeigt ein Beispiel für eine konvergierende Erzeugnisstruktur mit Zuordnung der drei Erzeugniselementarten, deren Erzeugnisstrukturbeziehungen mit Hilfe der dargestellten Verbindungslinien ausgedrückt sind.

---

475 Zur detaillierten Abgrenzung der Topologien nichtzyklischer Erzeugnisstrukturen vgl. Petersen (1998), S. 11 ff.

476 Vgl. Pahl/Beitz (1993), S. 474 f.

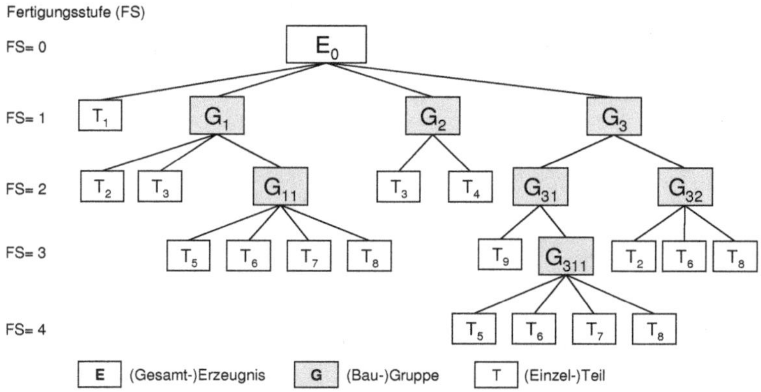

Abbildung 29: Beispiel für eine konvergierende Erzeugnisstruktur.[477]

Wie bereits aufgezeigt, stellen in einer fertigungsorientierten Erzeugnisstruktur die Fertigungsstufen das Bildungskriterium für die Erzeugnisstufen dar. Das Erzeugnis E_0 in Abbildung 29 auf der obersten Fertigungsstufe FS=0 stellt zugleich das Erzeugniselement mit dem höchsten darin enthaltenen Wertschöpfungsanteil dar, während der in den hierarchisch untergeordneten Erzeugniselementen enthaltene Wertschöpfungsanteil mit zunehmender Fertigungsstufe FS (FS=1,...,4) tendenziell abnimmt. Sind in einer Erzeugnisstruktur sämtliche für die Herstellung eines Produkts erforderlichen Fertigungsstufen enthalten, so wird diese auch als vollständige Erzeugnisstruktur eines Produkts bezeichnet.[478]

b) Vorschlag einer Methodik zur formalen Abbildung der Erzeugnisstruktur von Automobilen

Im vorherigen Abschnitt wurde aufgezeigt, dass sich die Erzeugnisstruktur eines komplexen Produkts mittels Baugruppen und Teilen sowie den zugehörigen Erzeugnisstrukturbeziehungen vollständig abbilden lässt, so dass zur Erfassung der Erzeugnisstruktur eines Automobils ausschließlich diese beiden Erzeugniselementarten Verwendung finden sollen. In allgemeiner Form lässt sich die mehrstufige Erzeugnis-

---

[477] Vgl. Pahl/Beitz (1993), S. 475.
[478] Vgl. Pahl/Beitz (1993), S. 475.

struktur eines Automobils mittels Erzeugniselementen und Hierarchiestufen durch Zuordnung der einzelnen Erzeugniselemente zu den verschiedenen Hierarchiestufen h (h = 0, 1,..., e) beschreiben (vgl. Abbildung 30).

Hierarchiestufe			Erzeugniselement			
h=0			m_0			
h=1	m_0+1	m_0+2	m_0+3	...	m_1-1	m_1
h=2	m_1+1	m_1+2	m_1+3	...	m_2-1	m_2
h=3	m_2+1	m_2+2	m_2+3	...	m_3-1	m_3
...	...	...	...	...	...	...
h=e-2	m_{e-3}+1	m_{e-3}+2	m_{e-3}+3	...	m_{e-2}-1	m_{e-2}
h=e-1	m_{e-2}+1	m_{e-2}+2	m_{e-2}+3	...	m_{e-1}-1	m_{e-1}
h=e	m_{e-1}+1	m_{e-1}+2	m_{e-1}+3	...	m_e -1	m_e

Abbildung 30: Nummerierungsschema für Erzeugniselemente eines Automobils.

Diese allgemeine Erzeugnisstruktur eines Automobils kann beliebig viele Erzeugniselemente auf beliebig vielen Hierarchiestufen enthalten. Lediglich die oberste Ebene h=0 enthält stets ausschließlich das Element m_0, welches das Gesamtfahrzeug darstellt. Im Hinblick auf die erläuterten Erzeugniselementarten können sämtliche Erzeugniselemente auf den Ebenen h=1 bis h=e-1 sowohl Bauteile als auch Baugruppen darstellen. Lediglich die Erzeugniselemente auf der untersten Erzeugnisebene h=e enthalten ausschließlich Bauteile, da diese definitionsgemäß nicht mehr zerlegbare Gegenstände repräsentieren.

Zur Darstellung der Erzeugnisstrukturbeziehungen in der hier zu Grunde liegenden nichtzyklischen konvergierenden Erzeugnisstruktur eignet sich die Verwendung von Indexmengen. Eine Erzeugnisstrukturbeziehung drückt stets die Zuordnung eines Erzeugniselements k, welches in der mehrstufigen Erzeugnisstruktur sowohl ein

Bauteil als auch eine Baugruppe darstellen kann, zu einer hierarchisch übergeordneten Baugruppe i aus. Diese Erzeugnisstrukturbeziehung kann allgemein durch die Indexmenge $k \in K_i$ ausgedrückt werden. Mit Hilfe der beschriebenen Symbolik zur Darstellung einer Erzeugnisstruktur mit beliebiger Komplexität einschließlich der Darstellung der Beziehungen zwischen den einzelnen Elementen über- bzw. untergeordneter Hierarchiestufen in Form von Indexmengen lässt sich jedes beliebige Automobil unabhängig von der Anzahl der Erzeugnisstufen und Erzeugniselemente und damit auch unabhängig vom jeweiligen Automobilhersteller und Fahrzeugmodell in allgemeiner Form abbilden.

Wie schon erwähnt, enthält die Erzeugnisstruktur neuerer Automobile bis zu fünfzehn Erzeugnisstufen mit insgesamt mehreren tausend Erzeugniselementen. Aufgrund der daraus entstehenden hohen Komplexität, die gesamthaft in dieser Arbeit nicht darstellbar ist, soll die zu entwickelnde Methodik für das mehrstufige Target-Costing-Konzept mit Hilfe eines abzugrenzenden Teilbereichs dieser komplexen Erzeugnisstruktur exemplarisch beschrieben werden. Mit Bezugnahme auf das eingeführte Anwendungsbeispiel des Automobilentwicklungsprojekts soll im weiteren Verlauf dieser Arbeit von dem in Abbildung 31 dargestellten Ausschnitt der Erzeugnisstruktur des E 2006 ausgegangen werden.

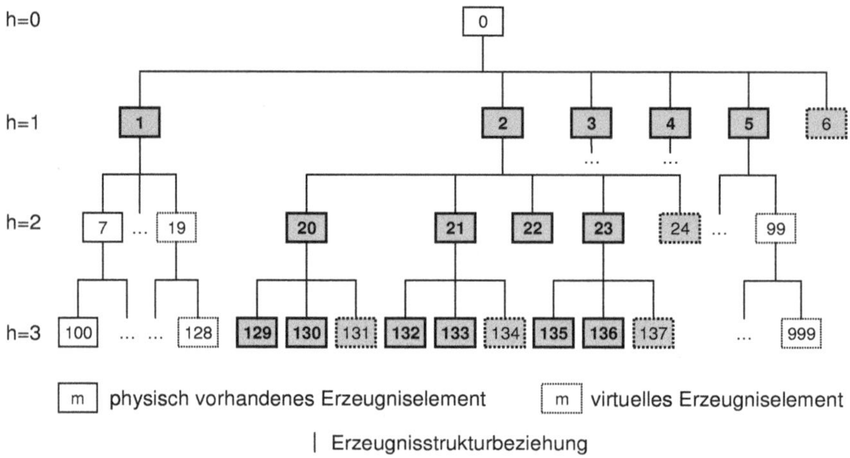

Abbildung 31: Erzeugnisstruktur des E 2006 (auszugsweise).

Die auszugsweise dargestellte Erzeugnisstruktur des E 2006 enthält insgesamt zwanzig Erzeugniselemente zuzüglich des Gesamtfahrzeugs m_0=0 auf vier Erzeugnisstufen h (h=0,...,3). Diejenigen Erzeugniselemente in der Erzeugnisstruktur, die sich wiederum aus jeweils mehreren hierarchisch untergeordneten Erzeugniselementen zusammensetzen, sind definitionsgemäß als Baugruppen zu bezeichnen. Entsprechend sind diejenigen Erzeugniselemente, denen keine weiteren Elemente hierarchisch untergeordnet bzw. die nicht weiter zerlegbar sind, als Bauteile aufzufassen. Im Hinblick auf den in Abbildung 31 hervorgehobenen Betrachtungsbereich soll das jeweils letzte Erzeugniselement k einer übergeordneten Gruppe i in Abgrenzung zu den physisch vorhandenen Erzeugniselementen ein virtuelles Erzeugniselement darstellen. Diese virtuellen Erzeugniselemente sind stets der Erzeugniselementart der Bauteile zuordenbar, da sie nicht weiter zerlegt werden. Auf die Notwendigkeit der Berücksichtigung virtueller Bauteile und die Differenzierung von den physisch vorhandenen Erzeugniselementen wird im weiteren Verlauf dieser Arbeit detailliert eingegangen. Der im Folgenden gemäß Abbildung 31 zu betrachtende Ausschnitt der Erzeugnisstruktur des E 2006 beinhaltet insgesamt fünfzehn physisch vorhandene und fünf virtuelle Erzeugniselemente.

Wie bereits oben erläutert, soll die Darstellung der Erzeugnisstrukturbeziehungen zwischen den einzelnen Erzeugniselementen mittels Indexmengen erfolgen. Diese Indexmengen drücken die jeweilige Erzeugnisstrukturbeziehung zwischen einem (physisch vorhandenen oder auch virtuellen) Erzeugniselement k und der Baugruppe i mit $k \in K_i$ aus. Zur Abgrenzung der physisch vorhandenen von den virtuellen Erzeugniselementen lassen sich die Erzeugnisstrukturbeziehungen der Erstgenannten mit Hilfe einer weiteren Indexmenge P_i darstellen. Die Menge P_i stellt alle physisch vorhandenen Erzeugniselemente dar und ist gemäß

$$(40) \qquad P_i \subseteq K_i \qquad (i = 1,...,m)$$

stets als Teilmenge von K_i aufzufassen. Für den Fall, dass P_i eine echte Teilmenge von K_i ($P_i \subset K_i$) darstellt, enthält K_i ein virtuelles Erzeugniselement. Enthält die Indexmenge P_i kein physisch vorhandenes Erzeugniselement, so wird der Indexmenge K_i kein virtuelles Erzeugniselement zugeordnet, so dass für diesen Fall $K_i = P_i = \{ \}$ gilt. Im letztgenannten Fall stellt i definitionsgemäß ein Bauteil dar. Unter Beachtung der grafisch dargestellten Erzeugnisstrukturbeziehungen in Abbildung 31 lassen sich diese alternativ für die einzelnen Erzeugnisstufen in Form von Indexmengen gemäß nachstehender Tabelle 22 darstellen.

Erzeugnisstufe		Erzeugnisstrukturbeziehung	
Baugruppe i	Erzeugnis-element k	Indexmenge $k \in P_i$	Indexmenge $k \in K_i$
h=0	h=1	$P_0 = \{1;2;3;4;5\}$	$K_0 = \{1;2;3;4;5;6\}$
h=1	h=2	$P_1 = \{\ \}$; $P_2 = \{20;21;22;23\}$; $P_3 = \{\ \}$; $P_4 = \{\ \}$; $P_5 = \{\ \}$	$K_1 = \{\ \}$; $K_2 = \{20;21;22;23;24\}$; $K_3 = \{\ \}$; $K_4 = \{\ \}$; $K_5 = \{\ \}$; $K_6 = \{\ \}$
h=2	h=3	$P_{20} = \{129;130\}$; $P_{21} = \{132;133\}$; $P_{22} = \{\ \}$; $P_{23} = \{135;136\}$	$K_{20} = \{129;130;131\}$; $K_{21} = \{132;133;134\}$; $K_{22} = \{\ \}$; $K_{23} = \{135;136;137\}$; $K_{24} = \{\ \}$
h=3	h=4	$P_{129} = \{\ \}$; $P_{130} = \{\ \}$; $P_{132} = \{\ \}$; $P_{133} = \{\ \}$; $P_{135} = \{\ \}$; $P_{136} = \{\ \}$	$K_{129} = \{\ \}$; $K_{130} = \{\ \}$; $K_{131} = \{\ \}$; $K_{132} = \{\ \}$; $K_{133} = \{\ \}$; $K_{134} = \{\ \}$; $K_{135} = \{\ \}$; $K_{136} = \{\ \}$; $K_{137} = \{\ \}$

Tabelle 22: Erzeugnisstrukturbeziehungen für den E 2006 in Form von Indexmengen.

Mit Hilfe der in Abbildung 31 und Tabelle 22 enthaltenen Informationen lassen sich die Erzeugnisstruktur, die Erzeugniselemente und sämtliche für das mehrstufige Target-Costing-Konzept erforderlichen Erzeugnisstrukturbeziehungen für den ausgewählten Betrachtungsbereich vollständig beschreiben. Zu einer Erzeugnisstruktur im üblichen Sinne gehören des Weiteren die so genannten Produktionskoeffizienten. Ein Produktionskoeffizient drückt allgemein die Mengenrelation von Input zu Output für einen Produktionsfaktor aus. Er gibt an, wie viele Mengeneinheiten eines Erzeugniselements für die Herstellung einer Produktmengeneinheit benötigt werden.[479] Diese Produktionskoeffizienten gehen bei der Produktionsplanung in die

---

[479] Vgl. z. B. Dyckhoff (2006), S. 130; Dinkelbach/Rosenberg (2002), S. 107.

Stücklisten für die verschiedenen herzustellenden Erzeugnisse ein.[480] In der hier zu Grunde liegenden Erzeugnisstruktur können diese Produktionskoeffizienten zu eins normiert werden, indem die jeweils für die Herstellung eines Produkts erforderlichen Mengeneinheiten eines Erzeugniselements zu einem Teile- oder Baugruppensatz zusammengefasst werden. Beispielsweise sind für die Herstellung eines Automobils in der Regel vier Reifen erforderlich. Betrachtet man diese vier Reifen als Teile- bzw. Reifensatz, so beziehen sich die im weiteren Verlauf des Target Costing festzulegenden Zielkosten für das Erzeugniselement „Reifen" auf den gesamten Reifensatz. Die Produktionskoeffizienten werden gemäß dem hier vorliegenden Begriffsverständnis einer Erzeugnisstruktur im Kontext des Target Costing nicht berücksichtigt. Im Anschluss an die Erfassung der Erzeugnisstruktur von Automobilen für das Target Costing sind im nächsten Verfahrensschritt des mehrstufigen Target-Costing-Konzepts als Gegenstand der nachfolgenden Abschnitte die Bedeutungsgrade für die einzelnen Erzeugniselemente zu ermitteln.

6. Festlegung von Bedeutungsgraden für Erzeugniselemente

a) Bestehende methodische Basis

Das Grundkonzept des indirekten Verfahrens der Funktionsmethode sieht die Bestimmung bedingter und absoluter Bedeutungsgrade von Produktkomponenten für einstufige Erzeugnisstrukturen vor. Der bedingte Bedeutungsgrad eines Erzeugniselements in einer einstufigen Erzeugnisstruktur hinsichtlich einer Kundenanforderung entspricht dem Anteil dieser Kundenanforderung, der durch die betreffende Komponente erfüllt wird und ist vom Target-Costing-Team festzulegen. Im weiteren Verlauf dieser Arbeit sei hinsichtlich der Kundenanforderungen generell von einer Bezugnahme auf Kundenanforderungen dritter Ordnung auszugehen, sofern keine ausdrückliche Kennzeichnung als Kundenanforderungen erster oder zweiter Ordnung erfolgt. Der absolute Bedeutungsgrad einer Komponente hinsichtlich einer Kundenanforderung lässt sich für einstufige Erzeugnisstrukturen durch Multiplikation des in Abschnitt C.III.3 erläuterten absoluten Bedeutungsgrades $BG_t^{'''}$ der Kundenanforderung t mit dem bedingten Bedeutungsgrad des betreffenden Erzeugniselements

480 Vgl. z. B. Glaser/Geiger/Rohde (1992), S. 14 ff.

hinsichtlich dieser Kundenanforderung ermitteln. Infolge der im Grundkonzept der Funktionsmethode unterstellten einstufigen Erzeugnisstruktur beziehen sich sowohl der bedingte als auch der absolute Bedeutungsgrad eines Erzeugniselements stets auf das Gesamtprodukt bzw. auf den von diesem ausgehenden Gesamtnutzen. Der bedingte Bedeutungsgrad eines Erzeugniselements hinsichtlich einer Kundenanforderung entspricht dem Nutzenanteil dieser Kundenanforderung, der durch das betreffende Erzeugniselement anteilig an dem vom Produkt ausgehenden Gesamtnutzen erfüllt wird. Entsprechend lässt sich der absolute Bedeutungsgrad eines Erzeugniselements hinsichtlich einer einzelnen Kundenanforderung als derjenige Anteil an dem vom Produkt ausgehenden Gesamtnutzen auffassen, der aus dem Beitrag des betreffenden Erzeugniselements zur Erfüllung dieser Kundenanforderung hervorgeht.

Im Hinblick auf die erläuterte mehrstufige Erzeugnisstruktur eines komplexen Produkts berücksichtigt das Grundkonzept der Funktionsmethode lediglich die Erzeugnisstrukturbeziehungen zwischen dem Gesamtprodukt und der obersten Erzeugnisstufe, welche mittels der erläuterten Indexmengen K_0 bzw. P_0 ausgedrückt werden. Dieses Grundkonzept ist ausschließlich auf die Baugruppen höchster Ordnung (Hauptbaugruppen) auf der in Abbildung 30 dargestellten obersten Erzeugnisstufe h=1, jedoch nicht auf die hierarchisch untergeordneten Erzeugnisstufen h>1 anwendbar. Aus bereits genannten Gründen wird jedoch eine Bestimmung von Zielkosten für sämtliche Erzeugniselemente der mehrstufigen Erzeugnisstruktur als erforderlich angesehen, so dass zur Festlegung dieser Zielkostenanteile entsprechende Bedeutungsgrade für sämtliche Erzeugniselemente auf den Erzeugnisebenen h (h=1,...,e) zu definieren sind.

Zur Gewährleistung der Kundenorientierung der Zielkosten für sämtliche Erzeugniselemente empfiehlt sich die Erweiterung des beschriebenen Grundkonzepts des indirekten Verfahrens der Funktionsmethode. Zur Festlegung der Bedeutungsgrade für sämtliche Erzeugniselemente aus der mehrstufigen Erzeugnisstruktur sind zwei unterschiedliche Vorgehensweisen denkbar. Die erste Vorgehensweise sieht die direkte Bestimmung des bedingten Bedeutungsgrades aller Erzeugniselemente hinsichtlich einer Kundenanforderung durch das Target-Costing-Team vor. Dieser bedingte Bedeutungsgrad würde dem Anteil der jeweiligen Kundenanforderung entsprechen, der durch das betreffende Erzeugniselement anteilig am Gesamtprodukt erfüllt würde. Im Hinblick auf die unterstellte Anzahl von mehreren tausend Erzeugniselementen in der Erzeugnisstruktur eines Automobils sind die in Bezug auf die gesamte Erzeugniselementmenge abzuleitenden bedingten Bedeutungsgrade für sämtliche Erzeugniselemente aufgrund der Vielzahl der in dieser Menge enthaltenen Elemente jedoch zu gering und daher intuitiv nicht erfassbar. Beispielsweise würde ein festzulegender bedingter Bedeutungsgrad eines Erzeugniselements bei einem Automobil mit genau eintausend Erzeugniselementen einen durchschnittlichen Wert von 10^{-3} aufweisen. Die erste Vorgehensweise ist aufgrund dieses multivariablen Datenermittlungsproblems als nicht praktikabel anzusehen und soll deshalb verworfen werden.

Die zweite Vorgehensweise, deren Anwendung für den weiteren Verlauf dieser Arbeit unterstellt werden soll, greift bei der Festlegung der bedingten Bedeutungsgrade für die Erzeugniselemente der mehrstufigen Erzeugnisstruktur auf die oben erläuterte Unterteilung der Gesamtmenge von Erzeugniselementen in Indexmengen zurück. Im Gegensatz zu den im Grundkonzept der Funktionsmethode beschriebenen bedingten Bedeutungsgraden nehmen die bei der zweiten Vorgehensweise zu bestimmenden bedingten Bedeutungsgrade von Erzeugniselementen hinsichtlich einer Kundenanforderung nicht direkt Bezug auf das Gesamtprodukt, sondern sie drücken denjenigen Anteil dieser Kundenanforderung an der Grundgesamtheit der unmittelbar übergeordneten Baugruppe aus, der durch das entsprechende Erzeugniselement erfüllt wird. Zur eindeutigen Differenzierung sollen letztgenannte Bedeutungsgrade im Folgenden grundsätzlich als partielle bedingte Bedeutungsgrade definiert werden. In Abgrenzung dazu sollen diejenigen Bedeutungsgrade, die direkt Bezug auf das Gesamtprodukt nehmen, als globale bedingte Bedeutungsgrade bezeichnet werden.

Wie bereits erläutert, ist gemäß dem Grundkonzept des indirekten Verfahrens der Funktionsmethode zur Bestimmung von erzeugniselementbezogenen Zielkosten die Kenntnis der absoluten Bedeutungsgrade der betreffenden Erzeugniselemente hinsichtlich des Gesamtprodukts in Bezug auf jede einzelne Kundenanforderung erforderlich. Analog zu den oben genannten Definitionen sollen diese Bedeutungsgrade im Folgenden grundsätzlich als globale absolute Bedeutungsgrade von Erzeugniselementen bezeichnet werden, da sie den Anteil des betreffenden Erzeugniselements an dem vom Produkt ausgehenden Gesamtnutzen ausdrücken. Hingegen sollen die Bedeutungsgrade von Erzeugniselementen, die den Anteil des betreffenden Erzeugniselements am Gesamtnutzen der direkt übergeordneten Baugruppe ausdrücken, im Folgenden als partielle absolute Bedeutungsgrade von Erzeugniselementen definiert werden.

In den nachfolgenden Abschnitten erfolgt zuerst der Vorschlag einer Vorgehensweise zur Festlegung sämtlicher bedingter Bedeutungsgrade von Erzeugniselementen, die zur Ermittlung der partiellen und globalen absoluten Bedeutungsgrade von Erzeugniselementen erforderlich sind. Anschließend wird eine Vorgehensweise zur Festlegung sämtlicher partieller und globaler absoluten Bedeutungsgrade von Erzeugniselementen aufgezeigt, auf deren Basis Zielkosten für alle Erzeugniselemente der mehrstufigen Erzeugnisstruktur eines komplexen Produkts abgeleitet werden können. Die Darstellung erfolgt in allgemeiner Form und wird anhand des eingeführten Anwendungsbeispiels exemplarisch erläutert. Zur eindeutigen Unterscheidung sollen nachfolgend grundsätzlich sämtliche partiellen Bedeutungsgrade mit „~" und sämtliche globalen Bedeutungsgrade mit „^" gekennzeichnet werden.

b) Vorschlag einer Methodik zur Ermittlung bedingter Bedeutungsgrade für Erzeugniselemente

i) Partielle bedingte Bedeutungsgrade von Erzeugniselementen

In einem ersten Schritt sind die partiellen bedingten Bedeutungsgrade der insgesamt m Erzeugniselemente (hinsichtlich der jeweils unmittelbar übergeordneten Baugruppe) in Bezug auf die Gesamtheit der Kundenanforderungen zu bestimmen. Die betreffenden Bedeutungsgrade sollen als „partiell bedingt" definiert werden, da sie sich einerseits auf die unmittelbar übergeordnete Baugruppe (partiell) und andererseits jeweils auf eine bestimmte Kundenanforderung (bedingt) beziehen. Der dimensionslose partielle bedingte Bedeutungsgrad $\widetilde{BBG}_{k,i,t}$ eines Erzeugniselements k hinsichtlich der unmittelbar übergeordneten Baugruppe i ($i=1,\dots,m; k \in K_i$) in Bezug auf die Kundenanforderung t ($t=1,\dots,T$) entspricht dem Anteil an der Gesamterfüllung dieser Kundenanforderung durch die betreffende Baugruppe, der auf das betreffende Erzeugniselement entfällt. Daraus lässt sich unmittelbar die Bedingung ableiten, dass der partielle bedingte Bedeutungsgrad $\widetilde{BBG}_{k,i,t}$ nur für diejenigen Kundenanforderungen t definiert ist, zu deren Erfüllung die Baugruppe i beiträgt. Diese Bedingung ist für eine Kundenanforderung t genau dann erfüllt, wenn zur Erfüllung dieser Kundenanforderung neben dem Erzeugniselement i des Weiteren die Baugruppe e (e=1,...,m) beiträgt, welche dem Erzeugniselement i unmittelbar übergeordnet ist ($i \in K_e$). Folglich muss zur Erfüllung dieser Bedingung der partielle bedingte Bedeutungsgrad $\widetilde{BBG}_{i,e,t}$ der Baugruppe i (i=1,...,m) hinsichtlich der i unmittelbar übergeordneten Baugruppe e (e=1,...,m; $i \in K_e$) in Bezug auf die betreffende Kundenanforderung t (t=1,...,T) gemäß

(41) $\widetilde{BBG}_{i,e,t} > 0$ ($i \in K_e$; e=1,...,m; t=1,...,T)

einen Wert größer null annehmen. Für alle anderen partiellen bedingten Bedeutungsgrade $\widetilde{BBG}_{i,e,t}$ der Kundenanforderungen t, zu deren Erfüllung die Baugruppe e (e=1,...,m; $i \in K_e$) nicht beiträgt und (41) somit nicht erfüllt ist, ist stets der Wert null anzusetzen.

In Abschnitt C.II.3 wurde als Anforderung an das mehrstufige Target-Costing-Konzept eine ursachenorientierte Kostenverteilung auf sämtliche Erzeugniselemente eines komplexen Produkts definiert und zugleich herausgestellt, dass zur Erfüllung dieser Anforderung eine unveränderte Übernahme des Grundkonzepts der Zielkostenspaltung nicht möglich ist. Es wurde zudem aufgezeigt, dass daraus für die Zurechnung von Zielkosten das Erfordernis zur Differenzierung in spaltbare und nichtspaltbare Kostenbestandteile entsteht und diese Differenzierung auf Basis einer vorangegangenen Nutzenspaltung erfolgen soll. In Abschnitt C.III.5.b) wurde zudem aufgezeigt, dass die Menge der Erzeugniselemente K_i sowohl die in der Baugruppe i physisch enthaltenen Erzeugniselemente ($k \in P_i$) als auch ein virtuelles Erzeugniselement enthält. Ein (Teil-)Nutzen, der direkt durch ein physisch vorhandenes Erzeugniselement verursacht wird, lässt sich diesem direkt als Einzel-Nutzen zurechnen. Hingegen lässt sich ein (Teil-)Nutzen, der durch mehrere Erzeugniselemente gleichzeitig entsteht, auf Grundlage des Verursachungsprinzips als Gemein-

Nutzen lediglich dem übergeordneten Kalkulationsobjekt zuordnen. Zur Gewährleistung einer operationalen Ermittlung dieses Gemein-Nutzens soll das virtuelle Bauteil analog zu den physischen Erzeugniselementen als Objekt der Nutzenspaltung definiert werden. Der Gemein-Nutzen der übergeordneten Baugruppe i, der durch mehrere physisch vorhandene Erzeugniselemente gleichzeitig entsteht, ist dem in dieser Baugruppe enthaltenen virtuellen Bauteil k ($k \in P_i$) mittels Festlegung des zugehörigen partiellen bedingten Bedeutungsgrades $\widetilde{BBG}_{k,i,t}$ zuzuordnen. Ein möglicher Gemein-Nutzen entsteht beispielsweise dann, wenn eine Kundenanforderung nicht durch einzelne Erzeugniselemente in einer Baugruppe, sondern durch die ganzheitliche Wirkung der Erzeugniselemente in einer Baugruppe untereinander erfüllt wird.

Unter der Voraussetzung, dass (41) erfüllt ist, sind die partiellen bedingten Bedeutungsgrade $\widetilde{BBG}_{k,i,t}$ nur für diejenigen Kundenanforderungen t zu ermitteln, zu deren Erfüllung die betreffende Baugruppe i beiträgt. Setzt man des Weiteren voraus, dass dieser Beitrag ausschließlich durch die in der betreffenden Baugruppe physisch enthaltenen Erzeugniselemente k (k=1,…,m) sowie durch die ganzheitliche Wirkung der einzelnen Erzeugniselemente untereinander erfolgt, so muss die Summe der partiellen bedingten Bedeutungsgrade $\widetilde{BBG}_{k,i,t}$ den Wert eins annehmen und folglich

$$(42) \qquad \sum_{k \in K_i} \widetilde{BBG}_{k,i,t} = 1 \qquad (\widetilde{BBG}_{i,e,t} > 0 \text{ mit } i \in K_e;\ e=1,...,m;\ t=1,...,T;\ K_i \neq \{\ \})$$

gelten. Der zulässige Wertebereich für die Festlegung eines partiellen bedingten Bedeutungsgrades $\widetilde{BBG}_{k,i,t}$ ergibt sich aus der Relation

$$(43) \qquad 0 \leq \widetilde{BBG}_{k,i,t} \leq 1 \qquad (\widetilde{BBG}_{i,e,t} > 0 \text{ mit } i \in K_e;\ k \in K_i;\ e=1,...,m;\ t=1,...,T;\ K_i \neq \{\ \}).$$

Die Summe der partiellen bedingten Bedeutungsgrade eines Erzeugniselements über sämtliche Kundenanforderungen, zu deren Erfüllung die Baugruppe beiträgt, genügt zugleich der Relation

$$(44) \qquad 0 < \sum_{t=1}^{T} \widetilde{BBG}_{k,i,t} < T \quad (\widetilde{BBG}_{i,e,t} > 0 \text{ mit } i \in K_e; k \in K_i; e=1,...,m; t=1,...,T; K_i \neq \{\ \}).$$ [481]

Unter Beachtung von (41) bis (44) wird ersichtlich, dass zur Bestimmung der partiellen bedingten Bedeutungsgrade $\widetilde{BBG}_{k,i,t}$ der Erzeugniselemente k vorab zu klären ist, ob die Baugruppe i zu der Erfüllung der Kundenanforderung t beiträgt oder nicht. Im Hinblick auf den hierarchischen Aufbau der Erzeugnisstruktur empfiehlt sich daher eine Top-Down-Vorgehensweise bei der Festlegung der partiellen bedingten Bedeutungsgrade für sämtliche Erzeugniselemente in der Erzeugnisstruktur, so dass sich die bei der Anwendung von (44) zu berücksichtigenden Kundenanforderungen vorab mit Hilfe von (41) identifizieren lassen.

Für die Festlegung der beschriebenen partiellen bedingten Bedeutungsgrade für jedes Erzeugniselement in der mehrstufigen Erzeugnisstruktur existieren analog zum Grundkonzept der Funktionsmethode keine mathematischen Algorithmen. Die betreffenden Werte stellen vielmehr das Ergebnis eigenständiger Abstimmungsprozesse für jede Baugruppe i bzw. Indexmenge K_i mit $K_i \neq \{\ \}$ zwischen den Mitarbeitern des Target-Costing-Teams dar. Aufgrund des Interpretationsspielraums bezüglich der jeweiligen Beiträge der Erzeugniselemente zur Erfüllung der verschiedenen Kundenanforderungen und des unterschiedlichen Verhandlungsgeschicks der betreffenden Mitarbeiter ist die Festlegung der partiellen bedingten Bedeutungsgrade im Allgemeinen nicht frei von Willkür.[482]

Aus mehreren zu erläuternden Gründen erscheint die Durchführung sämtlicher Abstimmungsprozesse in einer identischen Teamzusammensetzung nicht zweckmäßig und zudem wenig praktikabel. Aufgrund der Vielzahl durchzuführender Abstimmungsprozesse und unter Berücksichtigung des zeitlichen Aspekts erscheint grundsätzlich eine parallele Durchführung mehrerer Abstimmungsprozesse mit unterschiedlicher Teamzusammensetzung sinnvoll. Dies lässt sich unter anderem

---

[481] Unter der Voraussetzung, dass jede Baugruppe zur Erfüllung zumindest einer Kundenanforderung t beiträgt, sind folgende Grenzfälle grundsätzlich auszuschließen:

$$\sum_{t=1}^{T} \widetilde{BBG}_{k,i,t} = T; \sum_{t=1}^{T} \widetilde{BBG}_{k,i,t} = 0 \qquad (\widetilde{BBG}_{i,e,t} > 0 \text{ mit } i \in K_e; k \in K_i; e=1,...,m; t=1,...,T; K_i \neq \{\ \}).$$

[482] Vgl. Joos-Sachse (2004), S. 243.

damit begründen, dass konkrete Anforderungen an die Teamzusammenstellung hinsichtlich der Fachkompetenz über die zu bewertenden Erzeugniselemente bestehen. Beispielsweise erscheint es nicht empfehlenswert, den Abstimmungsprozess für Erzeugnisstrukturbeziehungen auf der untersten Hierarchiestufe unter ausschließlicher Mitwirkung des Gesamtprojektleiters und möglicher Teilprojektleiter für die Hauptbaugruppen durchzuführen, da diese vermutlich über weniger Fachwissen auf der Bauteilebene eines Automobils verfügen als die verantwortlichen Konstrukteure des jeweiligen Bauteils und die verantwortlichen Mitglieder des Target-Costing-Teams für die übergeordnete Gruppe. Hingegen erscheint die Beteiligung der Gesamtverantwortlichen an den Abstimmungsprozessen für die einzelnen Baugruppen höchster Ordnung (Hauptbaugruppen) zweckmäßig, um deren Identifikation mit den Ergebnissen des Target Costing gewährleisten zu können.

Im Idealfall sind sämtliche Mitglieder des Target-Costing-Teams je nach individueller Verantwortung und spezifischer Fachkompetenz hinsichtlich der jeweils betrachteten Baugruppe in mindestens einen Abstimmungsprozess mit einzubeziehen. Dadurch kann einerseits die Identifikation der einzelnen Mitglieder mit dem Ergebnis der späteren erzeugniselementbezogenen Zielkostenfestlegung erhöht und andererseits eine ausreichende Qualität der jeweils festzulegenden partiellen bedingten Bedeutungsgrade gewährleistet werden. Grundvoraussetzung dafür ist jedoch das Vorhandensein der genannten spezifischen Fachkompetenzen bei den jeweiligen Mitgliedern des Target-Costing-Teams.

Als Ergebnis des Abstimmungsprozesses hinsichtlich einer Baugruppe i sind die partiellen bedingten Bedeutungsgrade $\widetilde{BBG}_{k,i,t}$ in einer Matrix festzuhalten, deren generelle Struktur Tabelle 23 zu entnehmen ist.[483]

[483] Teilweise sind die bedingten Bedeutungsgrade in der in Kapitel B beschriebenen Funktionskostenmatrix enthalten. Aufgrund der Vielzahl der infolge mehrerer voneinander unabhängiger Abstimmungsprozesse entstehenden Matrizen wird an dieser Stelle die Darstellung in einer separaten Matrix empfohlen.

	t	1	...	T
	Bezeichnung der Kundenanforderung	Kundenanforderung 1	...	Kundenanforderung T
k	Bezeichnung des Erzeugniselements k			
1	Erzeugniselement 1	$\widetilde{BBG}_{1,i,1}$	...	$\widetilde{BBG}_{1,i,T}$
...	...	...	...	...
m	Erzeugniselement m	$\widetilde{BBG}_{m,i,1}$	...	$\widetilde{BBG}_{m,i,T}$

Tabelle 23: Matrix der partiellen bedingten Bedeutungsgrade der Erzeugniselemente einer Baugruppe i.

Mit Bezugnahme auf das eingeführte Anwendungsbeispiel sind unter Berücksichtigung der in Tabelle 22 enthaltenen Daten für insgesamt fünf Baugruppen die partiellen bedingten Bedeutungsgrade der jeweils zugehörigen Erzeugniselemente hinsichtlich der betreffenden übergeordneten Baugruppe für die in Tabelle 21 enthaltenen Kundenanforderungen t zu bestimmen. Die jeweils relevanten Erzeugniselemente werden durch die fünf Indexmengen K_0, K_2, K_{20}, K_{21}, und K_{23} repräsentiert. Definitionsgemäß sind für die Baugruppe K_{22}= { } keine partiellen bedingten Bedeutungsgrade festzulegen. Unter Beachtung von (41) bis (43) sei von den in Tabelle 24 enthaltenen partiellen bedingten Bedeutungsgraden der Erzeugniselemente k hinsichtlich der jeweils übergeordneten Baugruppe i (i=0; 2; 20; 21; 23) in Bezug auf die Kundenanforderungen t (t=1,...,8) auszugehen.

	t	1	2	3	4	5	6	7	8
k	Bezeichnung der Kundenanforderung t / Bezeichnung des Erzeugniselements k	KA 1	KA 2	KA 3	KA 4	KA 5	KA 6	KA 7	KA 8
1	Erzeugniselement 1	0,05	0,10	0,15	0,20	0,20	0,10	0,15	0,20
2	Erzeugniselement 2	0,10	0,40	0,30	0,10	0,10	0,15	0,25	0,15
3	Erzeugniselement 3	0,15	0,15	0,20	0,05	0,05	0,15	0,20	0,45
4	Erzeugniselement 4	0,35	0,20	0,10	0,15	0,40	0,20	0,15	0,10
5	Erzeugniselement 5	0,15	0,05	0,20	0,20	0,15	0,30	0,10	0,05
6	Erzeugniselement 6	0,20	0,10	0,05	0,30	0,10	0,10	0,15	0,05

i=0: $K_0 = \{1;2;3;4;5;6\}$

	t	1	2	3	4	5	6	7	8
k	Bezeichnung der Kundenanforderung t / Bezeichnung des Erzeugniselements k	KA 1	KA 2	KA 3	KA 4	KA 5	KA 6	KA 7	KA 8
20	Erzeugniselement 20	0,40	0,15	0,10	0,20	0,30	0,20	0,10	0,20
21	Erzeugniselement 21	0,20	0,35	0,45	0,10	0,05	0,30	0,15	**0**
22	Erzeugniselement 22	0,20	0,25	0,25	0,20	0,15	0,10	0,15	0,15
23	Erzeugniselement 23	0,10	0,20	0,10	0,20	0,25	0,25	0,25	0,35
24	Erzeugniselement 24	0,10	0,05	0,10	0,30	0,25	0,15	0,35	0,30

i=2: $K_2 = \{20;21;22;23;24\}$

	t	1	2	3	4	5	6	7	8
k	Bezeichnung der Kundenanforderung t / Bezeichnung des Erzeugniselements k	KA 1	KA 2	KA 3	KA 4	KA 5	KA 6	KA 7	KA 8
129	Erzeugniselement 129	0,15	0,50	0,20	0,15	0,30	0,15	0,60	0,40
130	Erzeugniselement 130	0,45	0,25	0,35	0,35	0,45	0,45	0,20	0,30
131	Erzeugniselement 131	0,40	0,25	0,45	0,50	0,25	0,40	0,20	0,30

i=20: $K_{20} = \{129;130;131\}$

	t	1	2	3	4	5	6	7	8
k	Bezeichnung der Kundenanforderung t / Bezeichnung des Erzeugniselements k	KA 1	KA 2	KA 3	KA 4	KA 5	KA 6	KA 7	KA 8
132	Erzeugniselement 132	0,25	0,40	0,35	0,20	0,10	0,30	0,50	**0**
133	Erzeugniselement 133	0,65	0,45	0,55	0,35	0,20	0,40	0,20	**0**
134	Erzeugniselement 134	0,10	0,15	0,10	0,45	0,70	0,30	0,30	**0**

i=21: $K_{21} = \{132;133;134\}$

	t	1	2	3	4	5	6	7	8
k	Bezeichnung der Kundenanforderung t / Bezeichnung des Erzeugniselements k	KA 1	KA 2	KA 3	KA 4	KA 5	KA 6	KA 7	KA 8
135	Erzeugniselement 135	0,10	0,35	0,25	0,30	0,15	0,25	0,10	0,70
136	Erzeugniselement 136	0,30	0,40	0,35	0,50	0,30	0,35	0,60	0,25
137	Erzeugniselement 137	0,60	0,25	0,40	0,20	0,55	0,40	0,30	0,05

i=23: $K_{23} = \{135;136;137\}$

Tabelle 24: Partielle bedingte Bedeutungsgrade der Erzeugnisstruktur des E 2006.

Aufgrund des in der Baugruppe i=2 bzw. der Indexmenge K_2 festgelegten partiellen bedingten Bedeutungsgrades $\widetilde{BBG}_{21,2,8} = 0$ ist unter Beachtung von (41) die Kundenanforderung t=8 für die partiellen bedingten Bedeutungsgrade $\widetilde{BBG}_{k,21,t}$ der in i=21 ($k \in K_{21}$) enthaltenen Erzeugniselemente k (k=132,133,134) nicht zu berücksichtigen, so dass für die entsprechenden partiellen bedingten Bedeutungsgrade $\widetilde{BBG}_{132,21,8}$, $\widetilde{BBG}_{133,21,8}$ und $\widetilde{BBG}_{134,21,8}$ definitionsgemäß der Wert null anzusetzen ist. Dieser Zusammenhang ist in Tabelle 24 entsprechend grafisch hervorgehoben.

ii) Globale bedingte Bedeutungsgrade von Erzeugniselementen

Nach Festlegung sämtlicher partieller bedingter Bedeutungsgrade $\widetilde{BBG}_{k,i,t}$ der Erzeugniselemente k hinsichtlich der jeweils unmittelbar übergeordneten Baugruppe i in Bezug auf die Gesamtheit der Kundenanforderungen t, die durch die Baugruppe i erfüllt werden, sind in einem zweiten Schritt diese partiellen bedingten Bedeutungsgrade auf das Gesamtprodukt m_0 zu beziehen. Der betreffende Bedeutungsgrad wird als „global bedingt" definiert, da er sich einerseits in Abgrenzung zu dem beschriebenen partiellen bedingten Bedeutungsgrad nicht auf die unmittelbar übergeordnete Baugruppe i, sondern stets auf das (globale) Gesamtprodukt bezieht. Andererseits bezieht sich dieser Bedeutungsgrad analog zum partiellen bedingten Bedeutungsgrad auf eine bestimmte Kundenanforderung t (bedingt).

Der globale bedingte Bedeutungsgrad $\widehat{BBG}_{k,t}$ eines Erzeugniselements k (k=1,...,m) in Bezug auf eine Kundenanforderung t (t=1,...,T) entspricht dem Anteil an der Gesamterfüllung dieser Kundenanforderung durch das (Gesamt-)Produkt, der auf das betreffende Erzeugniselement entfällt. Der dimensionslose globale bedingte Bedeutungsgrad $\widehat{BBG}_{k,t}$ eines Erzeugniselements k lässt sich als Produkt des zugehörigen partiellen bedingten Bedeutungsgrades $\widetilde{BBG}_{k,i,t}$ und der partiellen bedingten Bedeutungsgrade von sämtlichen dem Erzeugniselement k unmittelbar und mittelbar übergeordneten Baugruppen berechnen. Unter Berücksichtigung der mehrstufigen Erzeugnisstruktur in allgemeiner Form gemäß Abbildung 30 soll die Berechnungsmethodik für ein Erzeugniselement k auf der Erzeugnisstufe h=3 beispielhaft erläutert werden. Der globale bedingte Bedeutungsgrad $\widehat{BBG}_{k,t}$ eines Erzeugniselements k ($k=m_2+1,\ldots,m_3$) auf der Erzeugnisstufe h=3 lässt sich durch

Multiplikation des entsprechenden partiellen bedingten Bedeutungsgrades $\widehat{BBG}_{k,i,t}$ ($i=m_1+1,\ldots,m_2$; $k \in K_i$) mit dem partiellen bedingten Bedeutungsgrad $\widehat{BBG}_{i,z,t}$ ($z=m_0+1,\ldots,m_1$; $i \in K_z$) der k unmittelbar übergeordneten Baugruppe i und dem partiellen bedingten Bedeutungsgrad $\widehat{BBG}_{z,0,t}$ ($z \in K_0$) der wiederum der Baugruppe i unmittelbar bzw. dem Erzeugniselement k mittelbar übergeordneten Baugruppe z wie folgt berechen:

(45) $$\widehat{BBG}_{k,t} = \widehat{BBG}_{k,i,t} \cdot \widehat{BBG}_{i,z,t} \cdot \widehat{BBG}_{z,0,t}$$

$$(t=1,\ldots,T;\ k=m_2+1,\ldots,m_3;\ i=m_1+1,\ldots,m_2;\ z=m_0+1,\ldots,m_1;\ k \in K_i;\ i \in K_z;\ z \in K_0).$$

Im Hinblick auf das eingeführte Anwendungsbeispiel lässt sich beispielsweise der globale bedingte Bedeutungsgrad $\widehat{BBG}_{132,1}$ des Erzeugniselements k=132 hinsichtlich des Gesamtprodukts $m_0=0$ in Bezug auf die Kundenanforderung t=1 mit Hilfe der in den Tabellen 22 und 24 enthaltenen Informationen unter Anwendung von (45) wie folgt berechnen:

$$\widehat{BBG}_{132,1} = \widehat{BBG}_{132,21,1} \cdot \widehat{BBG}_{21,2,1} \cdot \widehat{BBG}_{2,0,1} = 0,25 \cdot 0,2 \cdot 0,1 = 0,005$$

$$(t=1;\ k=132;\ i=21;\ z=2;\ k \in K_i;\ i \in K_z;\ z \in K_0).$$

In allgemeiner Form lässt sich der globale bedingte Bedeutungsgrad $\widehat{BBG}_{k,t}$ eines Erzeugniselements k (k=1,…,m) auf einer beliebigen Erzeugnisstufe h (h=1,…,e) in Bezug auf eine Kundenanforderung t, zu deren Erfüllung das betreffende Erzeugniselement beiträgt, mittels

(46) $$\widehat{BBG}_{k,t} = \widehat{BBG}_{k,i,t} \cdot \ldots \cdot \widehat{BBG}_{z,0,t} \qquad (t=1,\ldots,T;\ i=1,\ldots,m;\ k \in K_i;\ \ldots\ ;\ z \in K_0)$$

berechnen, so dass durch rekursive Anwendung von (46) beispielsweise für h=3 die Relation (45) abgeleitet werden kann. Der erste Faktor in (46) repräsentiert stets den partiellen bedingten Bedeutungsgrad $\widehat{BBG}_{k,i,t}$ des entsprechenden Erzeugniselements k, während der letzte Faktor grundsätzlich den partiellen bedingten Bedeutungsgrad $\widehat{BBG}_{z,0,t}$ der Baugruppe höchster Ordnung darstellt, die dem Erzeugniselement k mittelbar übergeordnet ist und direkt in das Gesamtprodukt $m_0=0$ einfließt. Einen Sonderfall stellen die globalen bedingten Bedeutungsgrade für Erzeugniselemente auf der Ebene h=1 dar. Für diesen Fall ergibt sich bei der Anwendung von

(46) auf der rechten Seite der Relation lediglich ein Faktor, so dass für die Baugruppen höchster Ordnung die globalen bedingten Bedeutungsgrade identisch mit den entsprechenden partiellen bedingten Bedeutungsgraden sind. Mit Hilfe von (46) lassen sich nun sämtliche für den weiteren Verlauf der Zielkostenspaltung erforderlichen globalen bedingten Bedeutungsgrade auf Basis der zuvor ermittelten partiellen bedingten Bedeutungsgrade herleiten.

Die Summe der globalen bedingten Bedeutungsgrade $\widehat{BBG}_{k,t}$ sämtlicher Erzeugniselemente k (k=1,...,m) einer mehrstufigen Erzeugnisstruktur mit h Ebenen ($h \geq 2$) nimmt stets einen Wert größer eins an, so dass

$$(47) \qquad \sum_{k=1}^{m} \widehat{BBG}_{k,t} > 1 \qquad (t = 1,...,T)$$

gilt, da mehrstufige Erzeugnisstrukturen gemäß der aufgezeigten Charakteristik stets auch Baugruppen enthalten, die dadurch gekennzeichnet sind, dass untergeordnete Erzeugniselemente direkt in diese einfließen.

Neben den Baugruppen enthält die mehrstufige Erzeugnisstruktur eines komplexen Produkts zudem stets Erzeugniselemente, die nicht mehr zerlegbar sind und nachfolgend zu identifizieren sind. Gemäß oben genannter Definition gehören hierzu ausschließlich die (physisch vorhandenen oder virtuellen) Bauteile. Definitionsgemäß stellt ein Erzeugniselement genau dann ein Bauteil dar, wenn dessen zugehörige Indexmengen K_i keine weiteren Erzeugniselemente enthält und der Inhalt dieser Indexmenge folglich der leeren Menge (K_i={ }) entspricht. Die Menge der Erzeugniselemente i (i=1,...,m), für die K_i die leere Menge darstellt, soll als Menge B bezeichnet werden, die wie folgt definiert sei:

$$(48) \qquad B := \{ i \mid K_i = \{\ \}, i = 1,...,m \}.$$

Die Summe der globalen bedingten Bedeutungsgrade aller Erzeugniselemente k der Menge B ($k \in B$), welche der Grundgesamtheit sämtlicher physisch vorhandener und virtueller Bauteile entspricht, nimmt hinsichtlich des Gesamtprodukts in Bezug auf die Kundenanforderung t (t=1,...,T)

(49) $\sum_{k \in B} \widehat{BBG}_{k,t} = 1$ (t=1,...,T)

zufolge stets den Wert eins an.

Die ermittelten globalen bedingten Bedeutungsgrade $\widehat{BBG}_{k,t}$ der Erzeugniselemente k (k=1,...,m) sind in einer Matrix zusammenzufassen, deren generelle Struktur nachfolgender Tabelle 25 zu entnehmen ist.[484]

k	t / Bezeichnung der Kundenanforderung / Bezeichnung des Erzeugniselements k	1	...	T
	Bezeichnung der Kundenanforderung	Kundenanforderung 1	...	Kundenanforderung T
1	Erzeugniselement 1	$\widehat{BBG}_{1,1}$	...	$\widehat{BBG}_{1,T}$
...	...	...	...	...
m	Erzeugniselement m	$\widehat{BBG}_{m,1}$	...	$\widehat{BBG}_{m,T}$

Tabelle 25: Matrix der globalen bedingten Bedeutungsgrade von Erzeugniselementen.

Die Summe der globalen bedingten Bedeutungsgrade $\widehat{BBG}_{k,t}$ der Erzeugniselemente k ($k \in K_i$) einer Baugruppe i (i=1,...,m) in Bezug auf eine Kundenanforderung t (t=1,...,T) entspricht dem globalen bedingten Bedeutungsgrad $\widehat{BBG}_{i,t}$ dieser Baugruppe, so dass stets

(50) $\sum_{k \in K_i} \widehat{BBG}_{k,t} = \widehat{BBG}_{i,t}$ (t = 1,...,T; i = 1,...,m)

gilt. Unter Beachtung von (50) ist eine vollständige Spaltung des von der Baugruppe i ausgehenden Gesamtnutzens auf die darin enthaltenen Erzeugniselemente k stets gewährleistet. Infolge der oben unterstellten Proportionalität zwischen dem jeweiligen Nutzenanteil eines Erzeugniselements und den im weiteren Verlauf des Target

[484] Vgl. nochmals Fußnote 483.

Costing zu ermittelnden erzeugniselementbezogenen Zielkosten ist somit eine wesentliche Voraussetzung zur vollständigen Spaltung der Zielkosten einer Baugruppe auf die darin enthaltenen Erzeugniselemente erfüllt.

Bezogen auf das Anwendungsbeispiel ergeben sich unter Berücksichtigung der Angaben aus den Tabellen 22 und 24 bei Verwendung von (46) die globalen bedingten Bedeutungsgrade $\widehat{BBG}_{k,t}$ sämtlicher Erzeugniselemente k zu den in nachstehender Tabelle 26 enthaltenen Werten.

	t	1	2	3	4	5	6	7	8
	Bezeichnung der Kundenanforderung t	KA 1	KA 2	KA 3	KA 4	KA 5	KA 6	KA 7	KA 8
k	Bezeichnung des Erzeugniselements k	$\widehat{BBG}_{k,1}$	$\widehat{BBG}_{k,2}$	$\widehat{BBG}_{k,3}$	$\widehat{BBG}_{k,4}$	$\widehat{BBG}_{k,5}$	$\widehat{BBG}_{k,6}$	$\widehat{BBG}_{k,7}$	$\widehat{BBG}_{k,8}$
1	Erzeugniselement 1	0,05	0,10	0,15	0,20	0,20	0,10	0,15	0,20
2	Erzeugniselement 2	0,10	0,40	0,30	0,10	0,10	0,15	0,25	0,15
3	Erzeugniselement 3	0,15	0,15	0,20	0,05	0,05	0,15	0,20	0,45
4	Erzeugniselement 4	0,35	0,20	0,10	0,15	0,40	0,20	0,15	0,10
5	Erzeugniselement 5	0,15	0,05	0,20	0,20	0,15	0,30	0,10	0,05
6	Erzeugniselement 6	0,20	0,10	0,05	0,30	0,10	0,10	0,15	0,05
20	Erzeugniselement 20	0,04	0,060	0,03	0,02	0,03	0,03	0,025	0,03
21	Erzeugniselement 21	0,02	0,140	0,135	0,01	0,005	0,045	0,038	0
22	Erzeugniselement 22	0,02	0,100	0,075	0,02	0,015	0,015	0,038	0,023
23	Erzeugniselement 23	0,01	0,08	0,03	0,02	0,025	0,038	0,063	0,053
24	Erzeugniselement 24	0,01	0,020	0,03	0,03	0,025	0,023	0,088	0,045
129	Erzeugniselement 129	0,006	0,030	0,006	0,003	0,009	0,005	0,015	0,012
130	Erzeugniselement 130	0,018	0,015	0,011	0,007	0,014	0,014	0,005	0,009
131	Erzeugniselement 131	0,016	0,015	0,014	0,01	0,008	0,012	0,005	0,009
132	Erzeugniselement 132	0,005	0,056	0,047	0,002	0,001	0,014	0,019	0
133	Erzeugniselement 133	0,013	0,063	0,074	0,004	0,001	0,018	0,008	0
134	Erzeugniselement 134	0,002	0,021	0,014	0,005	0,004	0,014	0,011	0
135	Erzeugniselement 135	0,001	0,028	0,008	0,006	0,004	0,009	0,006	0,037
136	Erzeugniselement 136	0,003	0,032	0,011	0,01	0,008	0,013	0,038	0,013
137	Erzeugniselement 137	0,006	0,020	0,012	0,004	0,014	0,015	0,019	0,003

Tabelle 26: Globale bedingte Bedeutungsgrade der Erzeugniselemente des E 2006. [485]

[485] Sämtliche Werte sind auf drei Dezimalstellen gerundet.

Des Weiteren lassen sich mit Hilfe der in Tabelle 22 enthaltenen Informationen die (physisch vorhandenen und virtuellen) Bauteile ableiten, so dass die Indexmenge B für das vorliegende Anwendungsbeispiel folgende Erzeugniselemente k enthält:

$$B=\{1;3;4;5;6;22;24;129;130;131;132;133;134;135;136;137\}$$

Unter Beachtung der in der Menge B enthaltenen Erzeugniselemente k sowie der in Tabelle 26 enthaltenen Daten ergibt sich bei Überprüfung von (49) für die Summe der globalen bedingten Bedeutungsgrade $\widehat{BBG}_{k,t}$ aller Erzeugniselemente k dieser Menge B ($k \in B$) beispielsweise für die Kundenanforderung t=3 gemäß

$$\begin{aligned}&\sum_{k\in B}\widehat{BBG}_{k,3} \qquad (i=1,...,m)\\&=0{,}15+0{,}2+...+0{,}011+0{,}012\\&=1\end{aligned}$$

der Wert eins, so dass (49) für die Kundenanforderung t=3 erfüllt ist.

Mit Hilfe der allgemein beschriebenen Vorgehensweise lassen sich die Urteile der Mitarbeiter des Target-Costing-Teams über sämtliche Erzeugniselemente in einer mehrstufigen Erzeugnisstruktur hinsichtlich des Gesamtprodukts in Bezug auf sämtliche Kundenanforderungen ermitteln. Wie bereits erläutert, ist zur Gewährleistung der geforderten Kundenorientierung die Kenntnis der bedingten Bedeutungsgrade von Erzeugniselementen nicht ausreichend. Im Folgenden soll in Anlehnung an das indirekte Verfahren der Funktionsmethode eine adäquate Vorgehensweise zur Ermittlung der globalen absoluten Bedeutungsgrade für sämtliche Elemente einer mehrstufigen Erzeugnisstruktur aufgezeigt werden.

c) Vorschlag einer Methodik zur Ermittlung absoluter Bedeutungsgrade für Erzeugniselemente

Analog zu den in den vorherigen Abschnitten beschriebenen bedingten Bedeutungsgraden soll auch für die zu ermittelnden absoluten Bedeutungsgrade von Erzeugniselementen der mehrstufigen Erzeugnisstruktur eine Differenzierung in partielle absolute und globale absolute Bedeutungsgrade durchgeführt werden. Für die Ermittlung von erzeugniselementbezogenen Zielkosten ist die Kenntnis der globalen absoluten Bedeutungsgrade der betreffenden Erzeugniselemente ausreichend und die Kenntnis der partiellen bedingten Bedeutungsgrade dieser Elemente nicht explizit erforderlich. Für die Zuliefererintegration werden sich letztere Bedeutungsgrade jedoch aus noch zu erläuternden Gründen als notwendig erweisen.

i) Globale absolute Bedeutungsgrade von Erzeugniselementen

Die Ermittlung der globalen absoluten Bedeutungsgrade eines Erzeugniselements erfolgt in zwei Schritten: Der erste Schritt sieht die Bestimmung des globalen absoluten Bedeutungsgrades in Bezug auf eine Kundenanforderung vor. Gegenstand des zweiten Schritts ist die Ableitung des globalen absoluten Bedeutungsgrades in Bezug auf sämtliche Kundenanforderungen.

Der globale absolute Bedeutungsgrad $\widehat{BG}_{k,t}$ eines Erzeugniselements k (k=1,...,m) in Bezug auf die Kundenanforderung t (t=1,...,T) lässt sich im ersten Schritt durch Multiplikation des entsprechenden partiellen bedingten Bedeutungsgrades $\widetilde{BBG}_{k,t}$ mit dem absoluten Bedeutungsgrad BG_t''' der betreffenden Kundenanforderung t gemäß der Relation

$$(51) \qquad \widehat{BG}_{k,t} = \widetilde{BBG}_{k,t} \cdot BG_t''' \qquad (t = 1,...,T;\ k = 1,...,m)$$

ermitteln.

Der dimensionslose globale absolute Bedeutungsgrad $\widehat{BG}_{k,t}$ eines Erzeugniselements k in Bezug auf die Kundenanforderung t drückt denjenigen Anteil an dem vom Produkt ausgehenden Gesamtnutzen aus, der aus dem Beitrag des betreffenden Erzeugniselements zur Erfüllung dieser Kundenanforderung hervorgeht. Definitionsgemäß sind in $\widehat{BG}_{k,t}$ die Urteile potenzieller Kunden und in $\widetilde{BBG}_{k,t}$ die Urteile der Mitarbeiter des Target-Costing-Teams enthalten, so dass der globale absolute Bedeutungsgrad $\widehat{BG}_{k,t}$ unter Beachtung von (51) auch als das Ergebnis einer Verknüpfung der beiden genannten Urteile charakterisiert werden kann. Somit wird die geforderte Kundenorientierung bei der Festlegung von $\widehat{BG}_{k,t}$ stets gewährleistet.

Im zweiten Schritt ist der globale absolute Bedeutungsgrad $\widehat{BG}_k$ eines Erzeugniselements k (in Bezug auf die Gesamtheit der Kundenanforderungen) zu ermitteln. Die Berechnung von $\widehat{BG}_k$ erfolgt durch Summation der globalen absoluten Bedeutungsgrade $\widehat{BG}_{k,t}$ des entsprechenden Erzeugniselements k (k=1,...,m) über sämtliche Kundenanforderungen t (t=1,...,T) gemäß

$$(52) \qquad \widehat{BG}_k = \sum_{t=1}^{T} \widehat{BG}_{k,t} \qquad (k = 1,...,m).$$

Dieser ebenfalls dimensionslose Bedeutungsgrad $\widehat{BG}_k$ kennzeichnet den Anteil, den ein Erzeugniselement k entsprechend den durch (51) und (52) verknüpften Urteilen von potenziellen Kunden (ausgedrückt als $\widehat{BG}_t'''$) sowie den Mitarbeitern des Target-Costing-Teams (ausgedrückt als $\widehat{BBG}_{k,t}$) zur Erfüllung des vom (Gesamt-)Produkt m_0 ausgehenden Gesamtnutzens beiträgt. Um eine vollständige Nutzenspaltung auf die in der mehrstufigen Struktur enthaltenen, physisch vorhandenen und virtuellen Bauteile gewährleisten zu können, muss die Summe der globalen absoluten Bedeutungsgrade $\widehat{BG}_k$ über alle Erzeugniselemente k der Menge B ($k \in B$) stets den Wert eins annehmen und folglich

$$(53) \qquad \sum_{k \in B} \widehat{BG}_k = 1$$

gelten. Die erläuterten globalen absoluten Bedeutungsgrade $\widehat{BG}_{k,t}$ und $\widehat{BG}_k$ lassen sich wiederum in einer Matrix darstellen, deren generelle Struktur Tabelle 27 zu entnehmen ist.

	t	1	...	T	
	Bezeichnung der Kundenanforderung	Kunden-anforderung 1	...	Kunden-anforderung T	
k	Bezeichnung des Erzeugniselements k				$\widehat{BG}_k$
1	Erzeugniselement 1	$\widehat{BG}_{1,1}$	...	$\widehat{BG}_{1,T}$	$\widehat{BG}_1$
...	...	...	...	...	...
m	Erzeugniselement m	$\widehat{BG}_{m,1}$	...	$\widehat{BG}_{m,T}$	$\widehat{BG}_m$

Tabelle 27: Matrix der globalen absoluten Bedeutungsgrade von Erzeugniselementen.

Bezogen auf das Anwendungsbeispiel ergeben sich unter Berücksichtigung der Angaben aus den Tabellen 21 und 26 bei Anwendung von (51) und (52) die globalen absoluten Bedeutungsgrade $\widehat{BG}_{k,t}$ und $\widehat{BG}_k$ der betrachteten Erzeugniselemente zu den in Tabelle 28 enthaltenen Werten.

k	t	1	2	3	4	5	6	7	8	
	Bezeichnung der Kundenanforderung t	KA 1	KA 2	KA 3	KA 4	KA 5	KA 6	KA 7	KA 8	
	Bezeichnung des Erzeugniselements k	$\widehat{BG}_{k,1}$	$\widehat{BG}_{k,2}$	$\widehat{BG}_{k,3}$	$\widehat{BG}_{k,4}$	$\widehat{BG}_{k,5}$	$\widehat{BG}_{k,6}$	$\widehat{BG}_{k,7}$	$\widehat{BG}_{k,8}$	$\widehat{BG}_{k}$
1	Erzeugniselement 1	0,0081	0,0018	0,0315	0,042	0,0096	0,0032	0,0144	0,0448	0,1554
2	Erzeugniselement 2	0,0162	0,0072	0,063	0,021	0,0048	0,0048	0,024	0,0336	0,1746
3	Erzeugniselement 3	0,0243	0,0027	0,042	0,0105	0,0024	0,0048	0,0192	0,1008	0,2067
4	Erzeugniselement 4	0,0567	0,0036	0,021	0,0315	0,0192	0,0064	0,0144	0,0224	0,1752
5	Erzeugniselement 5	0,0243	0,0009	0,042	0,042	0,0072	0,0096	0,0096	0,0112	0,1468
6	Erzeugniselement 6	0,0324	0,0018	0,0105	0,063	0,0048	0,0032	0,0144	0,0112	0,1413
20	Erzeugniselement 20	0,00648	0,00108	0,0063	0,0042	0,00144	0,00096	0,0024	0,00672	0,02958
21	Erzeugniselement 21	0,00324	0,00252	0,02835	0,0021	0,00024	0,00144	0,0036	0	0,04149
22	Erzeugniselement 22	0,00324	0,0018	0,01575	0,0042	0,00072	0,00048	0,0036	0,00504	0,03483
23	Erzeugniselement 23	0,00162	0,00144	0,0063	0,0042	0,0012	0,0012	0,006	0,01176	0,03372
24	Erzeugniselement 24	0,00162	0,00036	0,0063	0,0063	0,0012	0,00072	0,0084	0,01008	0,03498
129	Erzeugniselement 129	0,00097	0,00054	0,00126	0,00063	0,00043	0,00014	0,00144	0,00269	0,00811
130	Erzeugniselement 130	0,00292	0,00027	0,00221	0,00147	0,00065	0,00043	0,00048	0,00202	0,01044
131	Erzeugniselement 131	0,00259	0,00027	0,00284	0,0021	0,00036	0,00038	0,00048	0,00202	0,01104
132	Erzeugniselement 132	0,00081	0,00101	0,00992	0,00042	0,00002	0,00043	0,0018	0	0,01442
133	Erzeugniselement 133	0,00211	0,00113	0,01559	0,00074	0,00005	0,00058	0,00072	0	0,02091
134	Erzeugniselement 134	0,00032	0,00038	0,00284	0,00095	0,00017	0,00043	0,00108	0	0,00616
135	Erzeugniselement 135	0,00016	0,0005	0,00158	0,00126	0,00018	0,0003	0,0006	0,00823	0,01281
136	Erzeugniselement 136	0,00049	0,00058	0,00221	0,0021	0,00036	0,00042	0,0036	0,00294	0,01269
137	Erzeugniselement 137	0,00097	0,00036	0,00252	0,00084	0,00066	0,00048	0,0018	0,00059	0,00822

Tabelle 28: Globale absolute Bedeutungsgrade der Erzeugniselemente des E 2006. [486]

Die Summe der globalen absoluten Bedeutungsgrade $\widehat{BBG}_{k,t}$ aller Erzeugniselemente k der Menge B mit

$$B=\{1;3;4;5;6;22;24;129;130;131;132;133;134;135;136;137\}$$

besitzt unter Verwendung der in Tabelle 28 enthaltenen Daten gemäß

[486] Sämtliche Werte sind auf fünf Dezimalstellen gerundet.

$$\sum_{k \in B} \widehat{BG}_k$$
$$= 0,1554 + 0,2067 + ... + 0,00822$$
$$= 1$$

den Wert eins, so dass (53) für das vorliegende Beispiel erfüllt ist.

ii) Partielle absolute Bedeutungsgrade von Erzeugniselementen

Die Ermittlung der partiellen absoluten Bedeutungsgrade von Erzeugniselementen erfolgt ebenfalls in zwei Schritten. Der erste Schritt sieht die Berechnung des partiellen absoluten Bedeutungsgrades $\widetilde{BG}_{k,t}$ eines Erzeugniselements k (k=1,...,m; $k \in K_i$) in Bezug auf die Kundenanforderung t (t=1,...,T) vor. Die Berechnung von $\widetilde{BG}_{k,t}$ erfolgt durch Multiplikation des entsprechenden partiellen bedingten Bedeutungsgrades $\widetilde{BBG}_{k,i,t}$ mit dem absoluten Bedeutungsgrad $\widehat{BG}_t'''$ der betreffenden Kundenanforderung mittels

$$\text{(54)} \qquad \widetilde{BG}_{k,t} = \widetilde{BBG}_{k,i,t} \cdot \widehat{BG}_t''' \qquad (t = 1,...n;\ i = 1,...,m;\ k \in K_i).$$

Der ebenfalls dimensionslose partielle absolute Bedeutungsgrad $\widetilde{BG}_{k,t}$ eines Erzeugniselements k in Bezug auf die Kundenanforderung t lässt sich als derjenige Anteil am Gesamtnutzen der Baugruppe i auffassen, der aus dem Beitrag des betreffenden Erzeugniselements zur Gesamterfüllung dieser Kundenanforderung durch diese Baugruppe hervorgeht.

Gegenstand des zweiten Schritts ist die Ermittlung des partiellen absoluten Bedeutungsgrades $\widetilde{BG}_k$ eines Erzeugniselementes k (k=1,...,m; $k \in K_i$) in Bezug auf die Gesamtheit der Kundenanforderungen. Dieser ebenfalls dimensionslose Bedeutungsgrad $\widetilde{BG}_k$ lässt sich durch Summation der zuvor ermittelten partiellen absoluten Bedeutungsgrade $\widetilde{BG}_{k,t}$ des entsprechenden Erzeugniselements k über sämtliche Kundenanforderungen t (t=1,...,T) mittels

$$\text{(55)} \qquad \widetilde{BG}_k = \sum_{t=1}^{T} \widetilde{BG}_{k,t} \qquad (k \in K_i)$$

herleiten. Der Bedeutungsgrad $\widetilde{BG}_k$ eines Erzeugniselements k (k=1,...,m; $k \in K_i$) kennzeichnet den Anteil am Gesamtnutzen der direkt übergeordneten Baugruppe i, den das betreffende Erzeugniselement k entsprechend den durch (54) und (55) verknüpften Urteilen von potenziellen Kunden (ausgedrückt als $\widehat{BG}_t'''$) sowie den Mitarbeitern des Target-Costing-Teams (ausgedrückt als $\widetilde{BBG}_{k,i,t}$) zur Erfüllung des von der betreffenden Baugruppe ausgehenden Gesamtnutzens beiträgt.

Die Summe der partiellen absoluten Bedeutungsgrade $\widetilde{BG}_k$ aus sämtlichen Erzeugniselementen k einer übergeordneten Baugruppe i ($k \in K_i$) muss

(56) $$\sum_{k \in K_i} \widetilde{BG}_k = 1$$

zufolge stets den Wert eins annehmen. Die partiellen absoluten Bedeutungsgrade $\widetilde{BG}_{k,t}$ und $\widetilde{BG}_k$ lassen sich wiederum als Matrix darstellen, deren generelle Struktur Tabelle 29 zu entnehmen ist.

	t	1	...	T	
	Bezeichnung der Kundenanforderung	Kunden-anforderung 1	...	Kunden-anforderung T	
k	Bezeichnung des Erzeugniselements k				$\widetilde{BG}_k$
1	Erzeugniselement 1	$\widetilde{BG}_{1,1}$	...	$\widetilde{BG}_{1,T}$	$\widetilde{BG}_1$
...	...	...	...	...	...
m	Erzeugniselement m	$\widetilde{BG}_{1,m}$	...	$\widetilde{BG}_{m,T}$	$\widetilde{BG}_m$

Tabelle 29: Matrix der partiellen absoluten Bedeutungsgrade von Erzeugniselementen.

Wie bereits oben aufgezeigt, ist für die Ermittlung von Zielkosten für Erzeugniselemente die Kenntnis der partiellen absoluten Bedeutungsgrade von Erzeugniselementen nicht explizit erforderlich, so dass diese bezogen auf das Anwendungsbeispiel nachfolgend lediglich exemplarisch für eine Baugruppe ermittelt werden sollen. Auf Basis der in den Tabellen 21 und 24 enthaltenen Daten ergeben sich bei Anwendung von (54) und (55) für die in der Baugruppe i=2 enthaltenen Erzeugniselemente k (k=20,...,24) die partiellen absoluten Bedeutungsgrade $\widetilde{BG}_{k,t}$ und $\widetilde{BG}_k$ zu den in nachfolgender Tabelle 30 enthaltenen Werten.

	t	1	2	3	4	5	6	7	8	
	Bezeichnung der Kundenanforderung t	KA 1	KA 2	KA 3	KA 4	KA 5	KA 6	KA 7	KA 8	
k	Bezeichnung des Erzeugniselements k	$\widetilde{BG}_{k,1}$	$\widetilde{BG}_{k,2}$	$\widetilde{BG}_{k,3}$	$\widetilde{BG}_{k,4}$	$\widetilde{BG}_{k,5}$	$\widetilde{BG}_{k,6}$	$\widetilde{BG}_{k,7}$	$\widetilde{BG}_{k,8}$	$\widetilde{BG}_k$
20	Erzeugniselement 20	0,0648	0,0027	0,021	0,042	0,0144	0,0064	0,0096	0,0448	0,2057
21	Erzeugniselement 21	0,0324	0,0063	0,0945	0,021	0,0024	0,0096	0,0144	0	0,1806
22	Erzeugniselement 22	0,0324	0,0045	0,0525	0,042	0,0072	0,0032	0,0144	0,0336	0,1898
23	Erzeugniselement 23	0,0162	0,0036	0,021	0,042	0,012	0,008	0,024	0,078	0,2052
24	Erzeugniselement 24	0,0162	0,0009	0,021	0,063	0,012	0,0048	0,0336	0,0672	0,2187

Tabelle 30: Partielle absolute Bedeutungsgrade von Erzeugniselementen des E 2006 hinsichtlich der Baugruppe i (i=2). [487]

Die Summe der partiellen globalen Bedeutungsgrade der Erzeugniselemente k (k=20,...,24; $k \in K_i$) hinsichtlich der unmittelbar übergeordneten Baugruppe i (i=2) besitzt gemäß

$$\sum_{k \in K_2} \widetilde{BG}_{k,2} = 0,2057 + ... + 0,2187 = 1$$

den Wert eins, so dass (55) für das vorliegende Beispiel erfüllt ist.

Mit Hilfe der in den vorherigen Abschnitten ermittelten globalen absoluten Bedeutungsgrade von Erzeugniselementen lassen sich nunmehr die Zielkosten für sämtliche in der mehrstufigen Erzeugnisstruktur enthaltenen Erzeugniselemente festlegen. Hierfür wird im nachfolgenden siebten Verfahrensschritt des mehrstufigen Target-Costing-Konzepts eine geeignete Vorgehensweise aufgezeigt.

---

487 Sämtliche Werte sind auf vier Dezimalstellen gerundet.

7. Festlegung erzeugniselementbezogener Zielkosten

a) Bestehende methodische Basis

i) Hierarchische Strukturierung planungsrelevanter Kosten für Erzeugniselemente

Das Grundkonzept des Target Costing sieht für einstufige Erzeugnisstrukturen die Unterscheidung der gesamten Produktzielkosten PZK_g in spaltbare und nichtspaltbare Anteile PZK_s und PZK_n vor. Die nichtspaltbaren Zielkostenanteile gehen im Gegensatz zu den spaltbaren Anteilen nicht in den Spaltungsprozess ein. In Abschnitt C.II.3 wurde bereits aufgezeigt, dass zur Gewährleistung einer ursachenorientierten Kostenzurechnung auf sämtliche Erzeugniselemente eines komplexen Produkts eine unveränderte Übernahme dieses Grundkonzepts nicht möglich ist und daher für jedes Kalkulationsobjekt eine Differenzierung in spaltbare und nichtspaltbare Zielkostenanteile zu erfolgen hat. In der mehrstufigen Erzeugnisstruktur eines komplexen Produkts stellen neben dem Gesamtprodukt sämtliche darin enthaltenen Baugruppen eigenständige Kalkulationsobjekte dar.

Die nachfolgend zu erläuternde hierarchische Strukturierung planungsrelevanter Kosten für Erzeugniselemente basiert auf der Erkenntnis von *Schweitzer/Küpper*: „Zufriedenstellende Ergebnisse haben bisher [lediglich] Ansätze des Target Costing auf der Basis von Einzelkosten erbracht."[488] Die Autoren beziehen sich in ihrer Aussage auf die oben erläuterte Problematik bei der Festlegung spaltbarer und nichtspaltbarer Produktzielkosten, dass den spaltbaren Produktzielkosten die Einzelkosten derjenigen (Haupt-)Baugruppen gegenüberzustellen sind, die direkt in das Gesamtprodukt eingehen. Die Gemeinkosten dieser (Haupt-)Baugruppen hingegen gehen als nichtspaltbare Produktzielkosten nicht in den Spaltungsprozess ein. Überträgt man diesen Ansatz unter weiterer Beachtung des Verursachungsprinzips auf die mehrstufige Erzeugnisstruktur eines komplexen Produkts, so sind für eine Baugruppe die Einzelkosten der darin enthaltenen Erzeugniselemente den spaltbaren Zielkosten dieser Baugruppe gegenüberzustellen. Im Gegensatz dazu sind die Gemeinkosten dieser Erzeugniselemente der betreffenden direkt übergeordneten Baugruppe zuzurechnen, da sie bezüglich dieser Baugruppe Einzelkosten

---

[488] Schweitzer/Küpper (2003), S. 709.

darstellen. Diesen erzeugniselementbezogenen Gemeinkosten sind die nichtspaltbaren Zielkosten der betreffenden Baugruppe gegenüberzustellen.

In Abbildung 32 ist die erläuterte Klassifizierung planungsrelevanter Kosten, die im weiteren Verlauf des mehrstufigen Target-Costing-Konzepts unterstellt wird, am Beispiel der fiktiven Erzeugnisstruktur eines Gesamtprodukts m_0 mit zwei Baugruppen i=1, 2 und vier Bauteilen k=11, 12, 21, 22 veranschaulichend dargestellt.

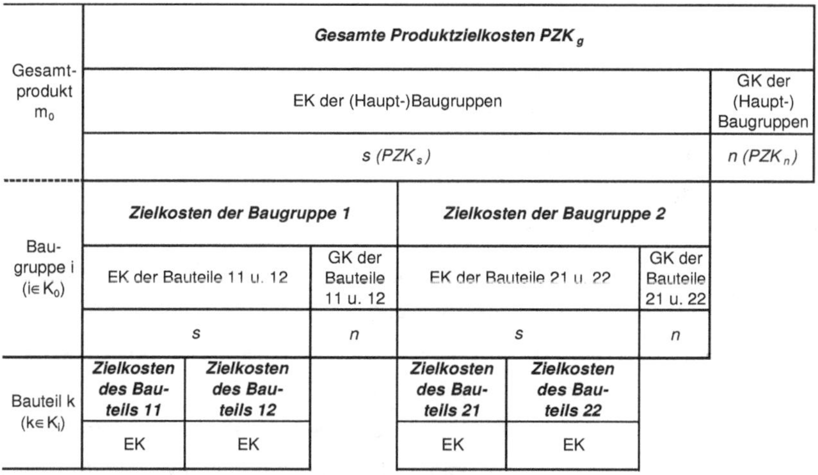

EK: Einzelkosten; GK: Gemeinkosten;
s: spaltbare Zielkostenanteile; n: nichtspaltbare Zielkostenanteile

Abbildung 32: Hierarchische Strukturierung planungsrelevanter Kosten für Erzeugniselemente.

ii) Ermittlung spaltbarer und nichtspaltbarer Zielkostenanteile für Baugruppen

Es wurde bereits darauf hingewiesen, dass in der Literatur keine operationale Vorgehensweise zur Festlegung der nichtspaltbaren Produktzielkosten PZK_n vorzufinden ist.[489] In der Praxis der Automobilindustrie erfolgt die Festlegung dieser nichtspaltbaren Produktzielkosten beispielsweise gemäß der Kostenstruktur des Vorgängermodells. Danach ergeben sich die nichtspaltbaren Produktzielkosten für das zu entwickelnde Nachfolgemodell durch Multiplikation der zuvor ermittelten

[489] Vgl. hierzu ausführlich Abschnitt B.II.1.c)

gesamten Produktzielkosten mit dem Anteilssatz der Gemeinkosten an der Summe aus sämtlichen Einzel- und Gemeinkosten, die in der Vergangenheit bei dem betreffenden Vorgängermodell aufgetreten sind.[490] Der genannte Praxisansatz erscheint jedoch zur Lösung der hier vorliegenden Problemstellung nicht anwendbar, da nicht nur ein einziger nichtspaltbarer Zielkostenanteil für das Gesamtfahrzeug zu ermitteln, sondern jeder Baugruppe ein spezifischer nichtspaltbarer Zielkostenanteil zuzuweisen ist. Eine mögliche analoge Ableitung dieser Anteile auf Basis der Erzeugnisstruktur eines Vorgängermodells ist aufgrund differierender Erzeugnisstrukturen zwischen Nachfolge- und Vorgängermodell, die infolge diverser Produktinnovationen zwangsläufig entstehen, nur in eingeschränkter Form möglich. Für die vorliegende Problemstellung ist diese Vorgehensweise daher zu verwerfen und anstelle dessen ein eigener Ansatz zu entwickeln.

Nachfolgend soll unter Berücksichtigung der geforderten Kundenorientierung und der ursachenorientierten Kostenverteilung eine operationale, kundenorientierte und verursachungsgerechte Vorgehensweise zur Ermittlung spaltbarer und nichtspaltbarer Zielkostenanteile für die Elemente der Erzeugnisstruktur eines komplexen Produkts aufgezeigt werden. Zu Beginn dieses Kapitels wurde erläutert, dass für die Zielkostenspaltung im mehrstufigen Target-Costing-Konzept analog zum Grundkonzept des Target Costing eine Proportionalität zwischen dem jeweiligen Nutzenanteil eines Erzeugniselements und den zuzuordnenden Zielkosten unterstellt werden soll. Demzufolge erfolgt die Zielkostenzurechnung auf Basis einer vorangegangenen „Nutzenspaltung". Die Einhaltung des Verursachungsprinzips bei der Nutzenspaltung wurde durch Berücksichtigung der virtuellen Bauteile bei der oben beschriebenen Festlegung der partiellen bedingten Bedeutungsgrade der Erzeugniselemente in Bezug auf die Kundenanforderungen ermöglicht. Wie bereits erläutert, drückt der partielle bedingte Bedeutungsgrad $\widetilde{BBG}_{k,i,t}$ des physisch vorhandenen Erzeugniselements k in Bezug auf die Kundenanforderung t den Nutzenanteil an dem von der übergeordneten Baugruppe i ausgehenden Gesamtnutzen aus, der diesem Erzeugniselement unter Einhaltung des Verursachungsprinzips eindeutig zuordenbar ist (Einzel-Nutzen). Hingegen drückt der partielle bedingte Bedeutungsgrad $\widetilde{BBG}_{k,i,t}$ des

---

[490] Vgl. Nitschke (1998), S. 149; Claassen/Hilbert (1993), S. 160 f.

zugehörigen virtuellen Bauteils den Nutzenanteil an dem von der übergeordneten Baugruppe i ausgehenden Gesamtnutzen aus, der durch die ganzheitliche Wirkung der physisch vorhandenen Erzeugniselemente dieser Baugruppe untereinander entsteht (Gemein-Nutzen). Daher sind die im weiteren Verlauf des Target Costing zu ermittelnden Zielkosten der physisch vorhandenen Bauteile einer Baugruppe den Einzelkosten dieser Baugruppe gegenüberzustellen. Hingegen sollen den Zielkosten des virtuellen Bauteils der betreffenden Baugruppe die Gemeinkosten dieser Baugruppe gegenübergestellt werden.

b) Vorschlag einer Methodik zur Zielkostenfestlegung für Erzeugniselemente

Ausgehend von den gesamten Produktzielkosten PZK_g lassen sich auf Basis des zuvor ermittelten globalen absoluten Bedeutungsgrades $\widehat{BG}_k$ eines Erzeugniselements k die (gesamten) erzeugniselementbezogenen Zielkosten ZK_k (in GE/PME) unmittelbar mittels

$$ZK_k = \widehat{BG}_k \cdot PZK_g \qquad (k = 1,...,m;\ k \in K_i) \tag{57}$$

herleiten. Unter Beachtung von (51), (54) und (57) wird ersichtlich, dass bei der Berechnung von $\widehat{BG}_k$ einerseits die jeweiligen partiellen bedingten Bedeutungsgrade $\widehat{BBG}_{k,i,t}$ des Erzeugniselements k in Bezug auf die Gesamtheit der Kundenanforderungen t (t=1,...,T) und andererseits die absoluten Bedeutungsgrade $\widehat{BG}_t'''$ der betreffenden Kundenanforderungen als Eingangsgrößen verwendet werden. Gemäß der oben erläuterten hierarchischen Strukturierung planungsrelevanter Kosten für Erzeugniselemente enthält ZK_k ausschließlich spaltbare Zielkostenanteile der k direkt übergeordneten Baugruppe i, sofern k ein physisch vorhandenes Erzeugniselement darstellt und gleichzeitig $k \in P_i$ gilt. Sollte k jedoch das virtuelle Erzeugniselement repräsentieren und somit $k \in K_i$ und $k \notin P_i$ gelten, so drückt ZK_k entsprechend die nichtspaltbaren Zielkostenanteile der betreffenden Baugruppe aus.

Die gesamten Zielkosten ZKG_i (in GE/PME) der k unmittelbar übergeordneten Baugruppe i ($k \in K_i$) entsprechen der Summe sämtlicher Zielkostenanteile, die den physisch vorhandenen Erzeugniselementen und dem virtuellen Element zugewiesen worden sind und lassen sich mittels

$$(58) \qquad ZKG_i = \sum_{k \in K_i} ZK_k \qquad (i=1,...,m)$$

berechnen.

Die Summe sämtlicher Zielkostenanteile, die auf die in der Baugruppe i physisch vorhandenen Erzeugniselemente k ($k \in P_i$) verteilt worden sind, entspricht den spaltbaren Zielkosten ZKS_i (in GE/PME) dieser Baugruppe gemäß

$$(59) \qquad ZKS_i = \sum_{k \in P_i} ZK_k \qquad (i=1,...,m;\ P_i \subset K_i).$$

Nach Kenntnis von ZKG_i und ZKS_i lassen sich die nichtspaltbaren Zielkostenanteile ZKN_i (in GE/PME) der Baugruppe i mittels

$$(60) \qquad ZKN_i = ZKG_i - ZKS_i \qquad (i=1,...,m)$$

herleiten. ZKN_i entspricht den Zielkostenanteilen, die dem virtuellen Erzeugniselement k der betreffenden Baugruppe oben als Zielkosten ZK_k zugewiesen worden sind.

Unter Verwendung von (59) lassen sich die spaltbaren Produktzielkosten PZK_s bzw. ZKS_0 (in GE/PME) entsprechend

$$(61) \qquad PZK_s = ZKS_0 = \sum_{k \in P_0} ZK_k$$

als die verwendeten Ausgangsdaten rekonstruieren. Eine vollständige Verteilung der spaltbaren Produktzielkosten auf die Elemente der mehrstufigen Erzeugnisstruktur ist somit stets gewährleistet.

Die nicht spaltbaren PZK_n bzw. ZKN_0 (in GE/PME) ergeben sich schließlich wiederum unter Verwendung von (60) aus der Differenz der gesamten Produktzielkosten PZK_g bzw. ZKG_0 und den spaltbaren Produktzielkosten PZK_s gemäß

$$(62) \qquad PZK_n = ZKN_0 = PZK_g - PZK_s.$$

PZK_n entspricht dabei den Kosten, die dem virtuellen Erzeugniselement z ($z \in K_0$) auf der obersten Erzeugnisstufe als Zielkosten ZK_z zugewiesen worden sind. Eine vollständige Aufteilung der gesamten Produktzielkosten ist stets gewährleistet, da die Summe der globalen absoluten Bedeutungsgrade $\widehat{BG}_k$ über alle Erzeugniselemente k der Menge B ($k \in B$) gemäß (53) stets den Wert eins annimmt.

Bezogen auf das Anwendungsbeispiel ergeben sich für den E 2006 unter Beachtung der Angaben aus den Tabellen 20, 22 und 28 bei Anwendung von (57) bis (60) die Zielkosten für die Erzeugniselemente k und die Baugruppen i (in GE/PME) zu den in Tabelle 31 enthaltenen Werten.

k	i	Bezeichnung des Erzeugniselements k sowie der Indexmengen P_i und K_i	$\widehat{BG}_k$	ZK_k	ZKS_i	ZKN_i	ZKG_i
1	0	Erzeugniselement 1	0,1554	3.108			
2	0	Erzeugniselement 2	0,1746	3.492			
3	0	Erzeugniselement 3	0,2067	4.134			
4	0	Erzeugniselement 4	0,1752	3.504			
5	0	Erzeugniselement 5	0,1468	2.936			
	P_0	**Baugruppe P_0={1,2,3,4,5}**		**17.174**	**17.174**		**17.174**
6	*0*	*Erzeugniselement 6*	*0,1413*	*2.826*		*2.826*	
	K_0	**Baugruppe K_0={1,2,3,4,5,6}**		**20.000**	**17.174**	**2.826**	**20.000**
20	2	Erzeugniselement 20	0,0296	592			
21	2	Erzeugniselement 21	0,0415	830			
22	2	Erzeugniselement 22	0,0348	697			
23	2	Erzeugniselement 23	0,0337	674			
	P_2	**Baugruppe P_2={20,21,22,23}**		**2.792**	**2.792**		**2.792**
24	*2*	*Erzeugniselement 24*	*0,0350*	*700*		*700*	*700*
	K_2	**Baugruppe K_2={20,21,22,23,24}**		**3.492**	**2.792**	**700**	**3.492**
129	20	Erzeugniselement 129	0,0081	162			
130	20	Erzeugniselement 130	0,0104	209			
	P_{20}	**Baugruppe P_{20}={129,130}**		**371**	**371**		**371**
131	*20*	*Erzeugniselement 131*	*0,0110*	*221*		*221*	*221*
	K_{20}	**Baugruppe K_{20}={129,130,131}**		**592**	**371**	**221**	**592**
132	21	Erzeugniselement 132	0,0144	288			
133	21	Erzeugniselement 133	0,0209	418			
	P_{21}	**Baugruppe P_{21}={132,133}**		**707**	**707**		**707**
134	*21*	*Erzeugniselement 134*	*0,0062*	*123*		*123*	*123*
	K_{21}	**Baugruppe K_{21}={132,133,134}**		**830**	**707**	**123**	**830**
135	23	Erzeugniselement 135	0,0128	256			
136	23	Erzeugniselement 136	0,0127	254			
	P_{23}	**Baugruppe P_{23}={135,136}**		**510**	**510**		**510**
137	*23*	*Erzeugniselement 137*	*0,0082*	*164*		*164*	*164*
	K_{23}	**Baugruppe K_{23}={135,136,137}**		**674**	**510**	**164**	**674**

Tabelle 31: Zielkosten von Erzeugniselementen und Baugruppen des E 2006.[491]

[491] Sämtliche Zielkosten (in GE/PME) sind auf ganzzahlige Werte gerundet.

Abschließend sind sämtliche in den vorherigen Abschnitten erläuterten Berechnungsvorschriften, die für die Zielkostenspaltung im mehrstufigen Target-Costing-Konzept erforderlich sind, in Tabelle 32 zusammenfassend dargestellt.

Bezugs-/ Kalkulations-objekt		Ermittlung von Bedeutungsgraden		Ermittlung von Zielkosten		
		absolut	bedingt	spalt-bar	nichtspaltbar	gesamt
Kunden-anforderung t		$\sum_{p \in MP_0} BG_p' = 1$ $BG_t''' = BBG_t''' \cdot BBG_s'' \cdot BG_p'$ $\sum_{p \in MP_0} \sum_{s \in MS_p} \sum_{t \in MT_s} BG_t''' = 1$	$\sum_{s \in MS_p} BBG_s'' = 1$ $\sum_{t \in MT_s} BBG_t''' = 1$	-	-	$ZK_t = BG_t''' \cdot PZK_g$ $\sum_{t=1}^{T} ZK_t = PZK_g \cdot \sum_{t=1}^{T} BG_t''' = PZK_g$
Erzeug-nis-element k	par-tiell	$\widetilde{BG}_{k,t} = \widetilde{BBG}_{k,i,t} \cdot \widehat{BG}_t'''$ $\widetilde{BG}_k = \sum_{t=1}^{T} \widetilde{BG}_{k,t}$ $\sum_{k \in K_i} \widetilde{BG}_k = 1$	$\sum_{k \in K_i} \widetilde{BBG}_{k,i,t} = 1$ $0 \leq \widetilde{BBG}_{k,i,t} \leq 1$ $0 < \sum_{t=1}^{T} \widetilde{BBG}_{k,i,t} < T$	-	-	$ZK_k = \widehat{BG}_k \cdot PZK_g$
	glo-bal	$\widehat{BG}_{k,t} = \widehat{BBG}_{k,t} \cdot \widehat{BG}_t'''$ $\widehat{BG}_k = \sum_{t=1}^{T} \widehat{BG}_{k,t}$ $\sum_{k \in BV} \widehat{BG}_k = 1$	$\widehat{BBG}_{k,t} = \widetilde{BBG}_{k,i,t} \cdot \ldots \cdot \widetilde{BBG}_{z,0,t}$ $\sum_{k=1}^{m} \widehat{BBG}_{k,t} > 1$ $\sum_{k \in B} \widehat{BBG}_{k,t} = 1$			
Baugruppe i		-	$\widetilde{BBG}_{i,e,t} > 0$ $\sum_{k \in K_i} \widetilde{BBG}_{k,t} = \widetilde{BBG}_{i,t}$	$ZKS_i = \sum_{k \in P_i} ZK_k$	$ZKN_i = ZKG_i - ZKS_i$	$ZKG_i = \sum_{k \in K_i} ZK_k$
Gesamt-produkt m_0		-	-	$PZK_s = ZKS_0 = \sum_{k \in P_0} ZK_k$	$PZK_n = ZKN_0 = PZK_g - PZK_s$	-

Tabelle 32: Berechnungsvorschriften zur Ermittlung von Bedeutungsgraden und Zielkosten im mehrstufigen Target-Costing-Konzept.

D. Integration von Automobilzulieferern in das mehrstufige Target-Costing-Konzept

I. Begriffliche Grundlagen

In Abschnitt B.IV.1 wurden bereits bestehende Definitionsansätze einer Zuliefererintegration in das Target Costing vorgestellt sowie eine vorläufige Arbeitsdefinition eingeführt. Diese Arbeitsdefinition, in der die Zuliefererintegration in das Target Costing als kooperative Ausgestaltung der Verfahrensschritte (des Target Costing) zwischen mehreren rechtlich und wirtschaftlich selbständigen Unternehmungen auf unterschiedlichen Wertschöpfungsstufen charakterisiert wurde, soll nun im Hinblick auf das vorliegende mehrstufige Target-Costing-Konzept spezifiziert werden. Dabei sind nachfolgende drei Fragestellungen von vorrangiger Bedeutung. Die erste Frage beinhaltet die Abgrenzung des Betrachtungsbereichs der Zuliefererintegration für die vorliegende Aufgabenstellung hinsichtlich der beteiligten Unternehmungen. In der zweiten Fragestellung sind unterschiedliche Integrationsformen und deren Anwendungsbereich für das Target Costing zu erörtern. Gegenstand der dritten Fragestellung ist schließlich die Konkretisierung der identifizierten Integrationsformen bezüglich der Zulieferer integrierenden Ausgestaltung der Verfahrensschritte des Target Costing.

Zur Beantwortung der ersten Fragestellung wurde bereits erläutert, dass die Zuliefererintegration in der Literatur als vertikale Form der Kooperation zwischen zwei Unternehmungen aufgefasst wird. Anhand der von dieser Integration betroffenen Wertschöpfungsstufen werden als vertikale Kooperationsformen die (vertikale) Vorwärts- und Rückwärtsintegration unterschieden. Aus Sicht des Zulieferers stellt die vertikale Kooperationsform eine Vorwärtsintegration dar, während sie aus Herstellersicht als Rückwärtsintegration aufzufassen ist.[492] Gegenstand der nachfolgenden Ausführungen sind ausschließlich mögliche Integrationsformen zwischen dem Automobilhersteller und dessen Direktzulieferern aus Herstellersicht.[493] Folglich werden weder mögliche Formen der vertikalen Integration von einzelnen Zulieferern auf unterschiedlichen Wertschöpfungsstufen untereinander noch die vertikale

---

[492] Vgl. Wildemann (1998), S. 94.
[493] Zur Definition des Zuliefererbegriffs vgl. noch einmal ausführlich Abschnitt B.III.1.a).

Vorwärtsintegration aus Zulieferersicht zum vorgelagerten Automobilhersteller betrachtet.

Nachdem das Verständnis der Zuliefererintegration in das Target Costing in Bezug auf die daran beteiligten Unternehmungen spezifiziert ist, sind nun unterschiedliche (Kooperations-)Formen der vertikalen Rückwärtsintegration von (Direkt-)Zulieferern aufzuzeigen und deren Anwendungsbereich für die vorliegende Aufgabenstellung abzugrenzen. In der Literatur wird eine vertikale Unternehmungskooperation als freiwillige Zusammenarbeit selbständig bleibender Unternehmungen in Form einer Geschäftsbeziehung beschrieben, deren Zweck darin liegt, für beide Seiten einen nur in dieser Kooperationsform erzielbaren Wert zu realisieren.[494] Eine solche kooperative Geschäftsbeziehung zwischen einem Hersteller und einem Zulieferer liegt jedoch nur dann vor, wenn sowohl Anbieter (Zulieferer) als auch Nachfrager (Hersteller) über Autonomie verfügen und deren Aktivitäten nicht einer hierarchischen Koordination unterliegen.[495] *Campbell* stellt diesbezüglich heraus, dass in industriellen Märkten neben partnerschaftlichen (cooperative) des Weiteren so genannte wettbewerbsorientierte (competitive) und kontrollierende (command) Formen einer Geschäftsbeziehung anzutreffen sind.[496] In der Literatur werden die Begriffe Geschäftsbeziehung und kooperative Geschäftsbeziehung jedoch häufig synonym verwendet.[497] Auch die oben erläuterten Integrationsansätze von *Seidenschwarz et al.* und *Möller* zur Ausgestaltung einer Geschäftsbeziehung zwischen Hersteller und Zulieferer im Target Costing unterstellen grundsätzlich die kooperative Form.[498] Die im Rahmen dieser Arbeit durchgeführten Interviews bei mehreren Automobilzulieferern führten jedoch allesamt zu dem Ergebnis, dass in der Praxis der Automobilindustrie keineswegs ausschließlich die kooperative Form einer Geschäftsbeziehung zwischen Hersteller und Zulieferer anzutreffen ist.[499] Aus diesem Grunde sollen nachfolgend bei der Zuliefererintegration in das Target Costing der Automobilherstel-

---

[494] Vgl. Werani (1998), S. 16.
[495] Vgl. Werani (1998), S. 17.
[496] Vgl. Campbell (1985), S. 387 ff.
[497] Vgl. z. B. Schütze (1992), S. 30, 35; Möller (2002), S. 61 ff.
[498] Vgl. Möller (2002), S. 62, Seidenschwarz/Niemand (1994), S. 262 ff.; Seidenschwarz (1993), S. 236 f.
[499] Quelle: Interviews Nr. Z 1 bis Z 7.

ler partnerschaftliche, wettbewerbsorientierte und kontrollierende Formen einer Geschäftsbeziehung differenziert Berücksichtigung finden.

Zur Beantwortung der dritten Fragestellung ist schließlich der Betrachtungsbereich in der jeweiligen Form einer Geschäftsbeziehung in Bezug auf das Target Costing abzugrenzen. Gemäß der vorliegenden Aufgabenstellung soll sich die Darstellung von Geschäftsbeziehungen auf diejenigen Schnittstellen zwischen Hersteller und Zulieferer beschränken, die für die Durchführung der Verfahrensschritte des Target Costing erforderlich sind. Andere Schnittstellen einer Geschäftsbeziehung, wie beispielsweise die Lieferantenanalyse, die Vertragsgestaltung mit Zulieferern oder die Beschaffungsrealisation, sind nicht Gegenstand der weiteren Betrachtungen.

Nach Klärung der genannten drei zentralen Fragestellungen kann eine spezifizierte Begriffsbestimmung der Zuliefererintegration durchgeführt werden. Unter einer Zuliefererintegration in das Target Costing soll im Folgenden die Gestaltung derjenigen Schnittstellen in einer partnerschaftlichen, wettbewerbsorientierten oder kontrollierenden Form einer Geschäftsbeziehung zwischen Hersteller und (Direkt-)Zulieferer verstanden werden, die bei der Durchführung der Verfahrensschritte des Target Costing zu berücksichtigen sind.

In Abschnitt B.III.1.a) wurde aufgezeigt, dass die von einem Zulieferer fremdbezogenen Erzeugnishauptteile auch als Vorprodukte bezeichnet werden. Im Hinblick auf die erläuterte Erzeugnisstruktur eines komplexen Produkts stellen die darin enthaltenen Erzeugniselemente definitionsgemäß Erzeugnishauptteile dar. Infolgedessen seien sämtliche physisch vorhandenen Elemente der Erzeugnisstruktur eines Automobils, die in der Regel nach Durchführung einer Make-or-buy-Entscheidung von einem Zulieferer fremdbezogen werden, als Vorprodukte aufzufassen. In der formalen Darstellung der Erzeugnisstruktur eines Automobils wurden im Einzelnen (physisch vorhandene) Bauteile und Baugruppen als Erzeugniselementarten differenziert, die im Falle eines Fremdbezugs von einem Zulieferer auch als Vorproduktarten bezeichnet werden können. In Anlehnung an die Praxis der Automobilindustrie, in der eine Vielzahl unterschiedlicher Vorproduktarten unter dem Oberbegriff der Baugruppe unterschieden wird, erscheint für die im weiteren Verlauf dieser Arbeit durchzuführende Typisierung von Zulieferern eine weitere Differenzierung dieser Vorproduktart erforderlich. Die von einem Automobilzulieferer fremdbezogenen

Baugruppen werden in der Praxis unter anderem als Systeme, Module, Zusammenbauten oder Komponenten bezeichnet. Sowohl in der Literatur als auch in der betrieblichen Praxis ist jedoch keine eindeutige Abgrenzung dieser Begriffe vorzufinden.[500] *Schindele* kam in einer empirischen Untersuchung zu dem Ergebnis, dass alle sieben deutschen Automobilhersteller beispielsweise die Begriffe System und Modul unterschiedlich definieren.[501] Infolge dieser fehlenden Hersteller übergreifenden Begriffsdefinitionen soll auf einen pragmatischen Ansatz zur Differenzierung bzw. Typisierung von Vorprodukten zurückgegriffen werden, der in der Literatur allgemein für die montageorientierte Fertigung komplexer Produkte empfohlen wird.[502] Dieser Ansatz sieht eine Typisierung von Vorprodukten nach dem Kriterium der (Vorprodukt-)Komplexität in Systeme, Subsysteme und Teile vor, wobei die beiden erstgenannten Typen definitionsgemäß Baugruppen darstellen:

- Systeme (auch: Module, Aggregate) als die relativ wenigen hoch komplexen Hauptbestandteile eines komplexen Endprodukts, die typischerweise erst im abschließenden Endmontageprozess miteinander verbunden werden.

- Subsysteme (auch: Teilmodule, Submodule, Komponenten) als komplexe Vorprodukte, die sowohl Hauptbestandteile von Systemen oder übergeordneten Subsystemen sein als auch direkt in das Endprodukt einfließen können.

- Teile (auch Bauteile, Einzelteile) als relativ einfache, in der Regel nicht weiter zerlegbare Vorprodukte, die großteils in Subsysteme, teils auch in Systeme oder direkt in das Endprodukt eingehen.

Die Grenzen zwischen diesen Vorprodukttypen sind fließend, so dass die Zuordnung eines Vorprodukts zu einem Typ im Allgemeinen nicht frei von Willkür ist. In Abbildung 33 ist der Zusammenhang zwischen den differenzierten Vorproduktarten in einer beispielhaften mehrstufigen Erzeugnisstruktur veranschaulichend dargestellt.

---

[500] Vgl. z. B. Abend (1992), S. 158 f.; Becker (2005), S. 16.
[501] Vgl. Schindele (1996), S. 83 ff.
[502] Vgl. im Folgenden Eicke/Femerling (1991), S. 21 f.; Fieten (1991), S. 66 ff.; Freund (1990), S. 72 f.; Klatt (1997), S. 84.

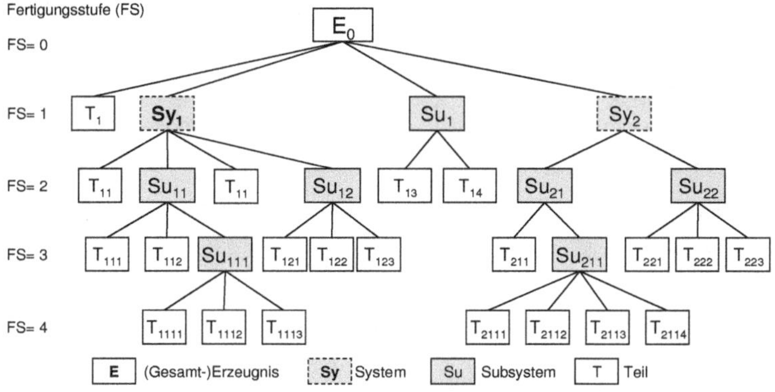

Abbildung 33: Abgrenzung von Vorproduktarten in einer mehrstufigen Erzeugnisstruktur.

Im bisherigen Verlauf dieser Arbeit wurde für das Target Costing stets das Vorliegen einer Neuproduktentwicklung unterstellt. Für die Integration von Zulieferern in das Target Costing sollen im Folgenden für die Entwicklung von Vorprodukten eines Automobils neben der Neuentwicklung die Anpassungs- bzw. Variantenkonstruktion als alternative Art der Vorproduktentwicklung Berücksichtigung finden, da de facto nicht sämtliche Vorprodukte eines Automobils einer Neuentwicklung bedürfen. Die beiden genannten Entwicklungsarten unterscheiden sich hinsichtlich der jeweils durchzuführenden so genannten Konkretisierungsstufen bzw. Phasen des Entwickelns. Die Neuentwicklung repräsentiert den Idealfall für die Durchführung des Target Costing und beinhaltet im Einzelnen die Konkretisierungsstufen der Definition von Anforderungen, des Konzipierens, des Entwerfens und des Ausarbeitens. Als Ergebnis des Konzipierens liegt das technische Produktkonzept und als Ergebnis des Entwerfens der erzeugniselementbezogene (Grob-)Entwurf des Produkts vor. Die höchste Konkretisierungsstufe stellt das Ausarbeiten dar, dessen Ergebnis schließlich die Detailkonstruktion des betreffenden Produktentwurfs ist.[503] Bei der BMW AG werden beispielsweise die Konkretisierungsstufen des Konzipierens und des Entwerfens zu der so genannten „frühen Phase" des Produktentstehungsprozes-

---

[503] Vgl. Ehrlenspiel/Kiewert/Lindemann (1998), S. 58 f.

ses zusammengefasst und die Konkretisierungsstufe des Ausarbeitens als Serienentwicklungsphase bezeichnet.[504]

Im Gegensatz zu der Neuentwicklung wird bei der Anpassungs- bzw. Variantenkonstruktion nach Abschluss der Anforderungsdefinition (als erste Konkretisierungsstufe des Entwickelns) das Produktkonzept eines bereits bestehenden Produkts übernommen. Diese Entwicklungsart beschränkt sich auf die Konkretisierungsstufen des Entwerfens und des Ausarbeitens und beinhaltet im Wesentlichen konstruktive Änderungen des vorhandenen Produktentwurfs beispielsweise in Abmessungen, Formen oder Lage der darin enthaltenen Erzeugniselemente.[505] Die Konkretisierungsstufe des Konzipierens kann in dieser Entwicklungsart vollständig und die des Entwerfens teilweise übersprungen werden.

In Abbildung 34 ist der Zusammenhang zwischen den allgemeinen Konkretisierungsstufen des Entwickelns, den Entwicklungsphasen eines Automobils am Beispiel der BMW AG und den Entwicklungsarten veranschaulichend dargestellt.

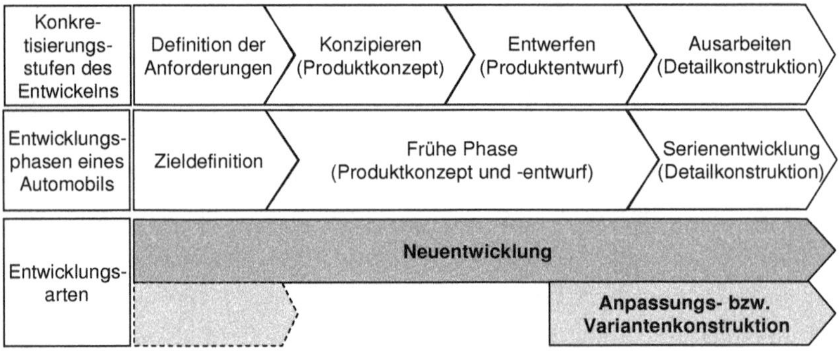

Abbildung 34: Zusammenhang zwischen Konkretisierungsstufen des Entwickelns, Entwicklungsphasen eines Automobils und Entwicklungsarten.

504 Vgl. Richter (2005), S. 9.
505 Vgl. Ehrlenspiel/Kiewert/Lindemann (1998), S. 58 f.

II. Typisierung der Integration von Automobilzulieferern in das Target Costing der Hersteller

Es wurde bereits aufgezeigt, dass die Form der Geschäftsbeziehung zwischen Hersteller und Zulieferer bei der Ableitung von Integrationstypen für das Target Costing Berücksichtigung finden muss. Aus diesem Grunde sollen in Anlehnung an den Ansatz von *Campbell*, welcher zwischen kontrollierenden, partnerschaftlichen und wettbewerbsorientierten Formen einer Geschäftsbeziehung unterscheidet, für das Target Costing insgesamt drei Zuliefererintegrationstypen unterstellt werden. Die nachfolgend beschriebenen Typen werden als machtbasiertes, kooperatives und entkoppeltes Target Costing bezeichnet und stellen Idealtypen dar, zwischen denen in der Realität fließende Grenzen existieren.

1. Machtbasiertes Target Costing

Der Ansatz des machtbasierten Target Costing wurde von *Cooper/Slagmulder* entwickelt und in der deutschsprachigen Literatur bislang lediglich von *Goldbach* aufgegriffen.[506] *Cooper/Slagmulder* untersuchen in ihrem Ansatz über das so genannte „Chained Target Costing“ die Schnittstellen zwischen Hersteller und Zulieferer mit dem Fokus auf der Fragestellung, wie die Zielkosten für die bezogenen Vorprodukte bestimmt werden können. Die Autoren differenzieren zwischen „legislation” als machtbasierter und „negotiation” als verhandlungsbasierter Ausgestaltung des Target Costing zwischen Hersteller und Zulieferer.

Das Hauptmerkmal des machtbasierten Target Costing liegt in der einseitigen, herstellerbezogenen Vorgabe sämtlicher Schnittstelleninhalte, die zwischen Hersteller und Zulieferer für die Durchführung des Target Costing erforderlich sind.

Im Wesentlichen beinhalten diese Vorgaben

- die Vorproduktzielkosten,
- den (Grob-)Entwurf des zu realisierenden Vorprodukts,

---

506 Vgl. im Folgenden Cooper/Slagmulder (1999), S. 192 f., Goldbach (2003), S. 192 ff.

- die Zielkosten für die Vorproduktelemente,
- die möglichen Maßnahmen zur Zielkostensicherung.

Die Vorproduktzielkosten werden im machtbasierten Target Costing vom Hersteller ohne Einbezug potenzieller Zulieferer festgelegt und diesen vorgegeben. Verhandlungen über diese Vorproduktzielkosten finden in der Regel nicht statt. Der vom Hersteller ebenfalls ohne Berücksichtigung der Zulieferer vorgegebene (Grob-) Entwurf des zu realisierenden Vorprodukts enthält Art und Anzahl der Vorproduktelemente. Des Weiteren kann der Hersteller im machtbasierten Target Costing dem Zulieferer detaillierte Kostenziele für die einzelnen Vorproduktelemente vorgeben. *Cooper/Slagmulder* bezeichnen diese disaggregierte Zielkostenvorgabe für Vorproduktelemente als „Individual Target Costs“.[507] Die Vorproduktzielkosten, der (Grob-) Entwurf des betreffenden Vorprodukts sowie die Zielkosten für die einzelnen Erzeugniselemente des Vorprodukts bilden neben weiteren technischen Spezifikationen den Inhalt eines so genannten Lastenhefts,[508] welches vom Target-Costing-Team des Herstellers erstellt wird. Der Hersteller macht die Einhaltung sämtlicher Inhalte dieses Lastenheftes zur Bedingung für eine mögliche Auftragsvergabe. Im machtbasierten Target Costing muss der Zulieferer die vorgegebenen Vorproduktzielkosten als Zielverkaufspreis in sein internes Target Costing übernehmen und mit Hilfe einer geeigneten Methode unter Berücksichtigung der von ihm zu realisierenden Gewinnspanne seine internen Zielkosten für das Vorprodukt sowie für die ebenfalls vorgegebenen Vorproduktelemente ermitteln. Nach Auftragsvergabe schreibt der Hersteller im Verfahrensschritt der Zielkostenerreichung dem ausgewählten Zulieferer die aus seiner Sicht erforderlichen Maßnahmen zur Realisierung der vorgegebenen Zielkosten vor. Dafür ist die Kenntnis des Kostenreduktionsbedarfs für das betreffende Vorprodukt erforderlich, den der Hersteller beispielsweise eigenständig durch Gegenüberstellung des zuliefererbezogenen Angebotspreises mit der Zielkostenvorgabe ermitteln kann. *Cooper/Slagmulder* bezeichnen diese Form der Zulieferer integrierenden Ausgestaltung des Target Costing als „subordination" und sehen

[507] Vgl. Cooper/Slagmulder (1999), S. 194 f.

[508] Weitere technische Spezifikationen, die in der Regel in einem Lastenheft enthalten sind, stellen beispielsweise Maß- und Oberflächentoleranzen, Materialarten und die Beschreibung von konstruktiven Schnittstellen zu anderen Vorprodukten dar.

einen erhöhten Koordinationsaufwand an der Schnittstelle zwischen Hersteller und Zulieferer.[509]

Der beschriebene Integrationstyp des machtbasierten Target Costing schränkt die Freiheitsgrade des Zulieferers hinsichtlich der Beeinflussbarkeit seines Zielverkaufspreises, des Vorproduktentwurfs und der Zielkostensicherung erheblich ein. Aus Sicht des Herstellers liegt die einzige Aufgabe des Zulieferers darin, das betreffende Vorprodukt gemäß vorgegebener Spezifikationen und Liefermengen zum vorgegebenen Termin in der gewünschten Qualität bereitzustellen. Der vom Zulieferer zu erbringende Leistungsumfang beinhaltet im Wesentlichen Produktionsleistungen sowie die Serienentwicklung des Vorprodukts auf Basis des vorgegebenen Entwurfs.

Das machtbasierte Target Costing ist durch einen beidseitig überwiegend restriktiven Umgang mit Informationen gekennzeichnet. Der Hersteller hält zumeist Informationen über eigene Kostenstrukturen und Gewinnspannen sowie Know-how verdeckt, da er befürchtet, durch eine höhere Transparenz gegenüber dem Zulieferer seine Machtposition zu verlieren. Des Weiteren besteht für den Hersteller die Gefahr, dass der Zulieferer bei Kenntnis seiner internen Kostenstrukturen und Gewinnspannen die Zielkostenvorgaben nicht akzeptieren würde. Entsprechend versucht der Zulieferer, auch seine eigenen Kostenstrukturen und Gewinnspannen geheim zu halten, da er befürchtet, dass der Hersteller bei deren Kenntnis eine weitere Reduzierung der Vorproduktzielkosten fordern könnte.[510] Diese Geheimhaltung gelingt dem Zulieferer jedoch im machtbasierten Target Costing überwiegend nicht, da der Hersteller als mächtigster Akteur der Geschäftsbeziehung vom Zulieferer die Offenlegung seiner Kostenstrukturen und Gewinnspannen fordert: *„Der OEM verlangt von uns die Offenlegung unserer detaillierten Kalkulation bis auf die einzelnen Kostenarten und Zuschlagssätze. Dann lässt er diese [Kalkulation] Position für Position von seinen Kostenanalysten prüfen und sagt uns dann, unser Materialgemeinkostenzuschlag wäre über dem Benchmark und der Einkaufspreis für ein bestimmtes Material wäre höher als beim Angebot des Wettbewerbers. Manche OEMs schreiben uns sogar unsere maximal zulässige Umsatzrendite vor.“*[511] In der Praxis der Automobilindustrie

[509] Vgl. Cooper/Slagmulder (1999), S. 193 f.
[510] Vgl. Cooper/Slagmulder (1999), S. 192 ff.; Goldbach (2003), S. 192 f.
[511] Zitat Interview Nr. Z 3.

bezeichnet man diese Forderung der Automobilhersteller als „gläserne Kalkulation".[512]

Das angeführte Zitat eines Interviewpartners aus der Automobilzuliefererindustrie verdeutlicht, dass die Geschäftsbeziehung zwischen Hersteller und Zulieferer im machtbasierten Target Costing überwiegend als konfrontativ charakterisierbar ist.[513] Sowohl Hersteller als auch Zulieferer versuchen, jeweils ihre eigenen Ziele zu verwirklichen, ohne dabei die Ziele des jeweils anderen Akteurs in Betracht zu ziehen. Die Sichtweise der beteiligten Akteure entspricht einer autonomen Gewinnmaximierung. Der Hersteller als mächtigster Akteur in der Geschäftsbeziehung nutzt das Target Costing als Instrument, um dem Zulieferer die Verantwortung für die Einhaltung der Zielkosten sowie der Qualität und Funktionalität des betreffenden Vorprodukts zu übertragen. Dabei bleibt grundsätzlich unberücksichtigt, ob der jeweilige Zulieferer überhaupt in der Lage ist, die vorgegebenen Ziele erreichen zu können.

Goldbach erweitert den Begriff des machtbasierten Target Costing von *Cooper/ Slagmulder,* der ausschließlich die Dominanz des Herstellers in der Geschäftsbeziehung beinhaltet, um die Perspektive der Zulieferer dominierten Verhandlungsmacht. Diese liegt dann vor, wenn der Zulieferer die vorgegebenen Zielkosten des Herstellers bewusst ignoriert, da er der Überzeugung ist, dass der Hersteller auf keinen anderen Zulieferer zurückgreifen kann und folglich von ihm abhängig ist.[514]

2. Kooperatives Target Costing

Der Integrationstyp des kooperativen Target Costing geht ebenfalls auf *Cooper/ Slagmulder* zurück, die in ihrem Ansatz über das Chained Target Costing die kooperative Ausgestaltung des Target Costing zwischen Hersteller und Zulieferer als „negotiation" bezeichnen.[515]

---

[512] Quelle: Interview Nr. Z 3.

[513] Im Rahmen dieser Arbeit wurden vom Autor Interviews mit insgesamt zehn Experten aus diversen Unternehmungen der Automobilindustrie geführt.

[514] Vgl. Goldbach (2003), S. 194.

[515] Vgl. im Folgenden Cooper/Slagmulder (1999), S. 192 f., Goldbach (2003), S. 197 ff.

Die wesentlichen Merkmale des kooperativen Target Costing liegen im Einzelnen in

- der gemeinsamen Festlegung der Vorproduktzielkosten,
- der herstellerbezogenen Erhebung von Kundenurteilen und Vorgabe der Kundenanforderungen, die von dem betreffenden Vorprodukt zu erfüllen sind,
- der überwiegend autonomen Entwicklung eines (Grob-)Entwurfs des betreffenden Vorprodukts durch den Zulieferer,
- der überwiegend autonomen Festlegung der Zielkosten für die Vorproduktelemente durch den Zulieferer und
- der gemeinsamen Auswahl von Kostenreduktionsmaßnahmen zur Zielkostensicherung.

Die gemeinsame Festlegung der Vorproduktzielkosten im kooperativen Target Costing stellt das Ergebnis von (Preis-)Verhandlungen zwischen Hersteller und Zulieferer dar. Der Hersteller ermittelt vorab autonom vorläufige Vorproduktzielkosten, die für potenzielle Zulieferer als Orientierungshilfe aufzufassen sind. Er erstellt ein Lastenheft, in dem die zu erfüllenden Kundenanforderungen sowie mögliche konstruktive Schnittstellen zu anderen Vorprodukten beschrieben sind. Die Entwicklung des Vorproduktentwurfs auf Basis des Lastenhefts und die Festlegung der Zielkosten für die darin enthaltenen Vorproduktelemente unter Berücksichtigung der vorläufigen Vorproduktzielkosten werden im Gegensatz zum machtbasierten Target Costing überwiegend autonom von den potenziellen Zulieferern durchgeführt.

Im kooperativen Target Costing ist die Einhaltung der vorläufigen Vorproduktzielkosten nicht zwingend erforderlich. Nach Auswahl eines Zulieferers beginnen die eigentlichen (Preis-)Verhandlungen über die Vorproduktzielkosten und die Teilziele für die einzelnen Vorproduktelemente. Die herstellerbezogene Verhandlungsbasis bilden die zuvor ermittelten vorläufigen Produktzielkosten, während aus Zulieferersicht der vorab abgegebene Angebotspreis den Ausgang der (Preis-)Verhandlungen darstellt. Die letztlich zu vereinbarenden verbindlichen bzw. endgültigen Vorproduktzielkosten werden in der Regel auf einen Wert zwischen den vom Hersteller gewünschten vorläufigen Vorproduktzielkosten und dem zugehörigen Angebotspreis des Zulieferers festgelegt. Die erforderlichen Kostenreduktionsmaßnahmen werden vom Hersteller und vom ausgewählten Zulieferer ebenfalls gemeinsam festgelegt.

Der beschriebene Integrationstyp des kooperativen Target Costing ist durch eine hohe Schnittstellenkomplexität in der Hersteller-Zulieferer-Beziehung bei der Festlegung der Vorproduktzielkosten und der Entwicklung des Vorproduktentwurfs gekennzeichnet. Eine derartige Schnittstellenkomplexität kann beispielsweise infolge eines erhöhten Verhandlungs- und Abstimmungsbedarfs im Target Costing entstehen. Im Gegensatz zum machtbasierten Target Costing werden weder die Vorproduktzielkosten, die Teilziele für die Vorproduktelemente noch der Vorproduktentwurf durch den Hersteller diktiert. Lediglich die vorgegebenen Kundenanforderungen, die vom betreffenden Vorprodukt zu erfüllen sind, sind nicht verhandelbar, da eine Nichterfüllung möglicherweise den vom Gesamtprodukt ausgehenden Kundennutzen beinträchtigen könnte. Aus den genannten Gründen verfügt der Zulieferer im kooperativen Target Costing über wesentlich höhere Freiheitsgrade als im machtbasierten Target Costing.

Goldbach vertritt die Meinung, dass im kooperativen Target Costing neben den Vorproduktzielkosten auch die Gesamtproduktzielkosten und demzufolge die Ziel-Gewinnspanne des Herstellers gemeinsam mit den Zulieferern festgelegt bzw. verhandelt werden sollten. Die Autorin verweist in ihrer Begründung auf die Primärquelle von *Cooper/Slagmulder*.[516] Zu dieser Argumentation bleibt jedoch kritisch anzumerken, dass *Cooper/Slagmulder* die erläuterten Verhandlungen zwischen Hersteller und Zulieferer ausschließlich für das betreffende Vorprodukt und nicht für das Gesamtprodukt vorschlagen.[517] In dieser Arbeit soll in Anlehnung an *Cooper/ Slagmulder* davon ausgegangen werden, dass im kooperativen Target Costing keine Verhandlungen zwischen Hersteller und Zulieferern über die Höhe der Gesamtproduktzielkosten stattfinden, da in der Regel eine Vielzahl von Lieferanten an diesen Verhandlungen beteiligt werden müssten und eine solche Vorgehensweise aus diesem Grunde nicht praktikabel erscheint.

Das kooperative Target Costing zeichnet sich durch einen beidseitig offenen Umgang mit Informationen aus. Sowohl Hersteller als auch Zulieferer tauschen im Idealfall gegenseitig Informationen über Kostenstrukturen, Gewinnspannen sowie Know-how aus. Insbesondere der Austausch von Know-how kann oftmals zu Kos-

---

516 Vgl. Goldbach (2003), S. 197.
517 Vgl. Cooper/Slagmulder (1999), S. 193.

teneinsparungen führen, da der Änderungsaufwand im Entwicklungsprozess des Vorprodukts infolge eines permanenten Dialogs zwischen Hersteller und Zulieferer in der Regel deutlich reduziert werden kann. Im Gegensatz zum machtbasierten Target Costing werden dem jeweils anderen Akteur beispielsweise die (kostenfreie) Nutzung von Patenten gewährt und Lizenzen (kostenfrei) überlassen und es wird gegenseitig auf die Einhaltung von Schutzrechten verzichtet, sofern diese zur gemeinsamen Zielerreichung dienen. Die Geschäftsbeziehung zwischen Hersteller und Zulieferer im kooperativen Target Costing ist überwiegend als partnerschaftlich charakterisierbar. Hersteller und Zulieferer versuchen gemeinsam, die ausgehandelten Ziele zu erreichen. Der Hersteller nutzt das Target Costing bei diesem Integrationstyp als Instrument, gemeinsam mit dem Zulieferer sämtliche vorproduktbezogenen Einsparungspotenziale zu identifizieren und zu realisieren.[518] Dabei steht das so genannte „Profit-Sharing" im Vordergrund, welches darauf beruht, dass der Hersteller dem Zulieferer eine ausreichende Gewinnspanne gewährt, damit dieser dauerhaft existieren und den Hersteller somit langfristig beliefern kann.

3. Entkoppeltes Target Costing

Der Integrationstyp des entkoppelten Target Costing lässt sich im Gegensatz zu den beiden erstgenannten Typen durch eine relativ lose Schnittstelle zwischen Hersteller und Zulieferer bei der Durchführung des Target Costing charakterisieren. Das entkoppelte Target Costing ist durch eine fehlende Endproduktsicht des Zulieferers gekennzeichnet, so dass zwei weitgehend voneinander unabhängige Target-Costing-Prozesse auf Hersteller- und Zuliefererseite existieren.

Die Gestaltung der Schnittstellen zwischen Hersteller und Zulieferer erfolgt im entkoppelten Target Costing nicht in Form einer direkten kooperativen oder machtbasierten Geschäftsbeziehung, sondern überwiegend indirekt über einen zwischengeschalteten, eigenständigen Absatzmarkt für das betreffende Vorprodukt. Der Hersteller ist nur einer von mehreren bzw. vielen Nachfragern eines identischen oder ähnlichen Vorprodukts auf diesem Vorproduktmarkt. Folglich orientiert sich die Durchführung des internen Target Costing bei den potenziellen Zulieferern an

518 Vgl. Cooper/Slagmulder (1999), S. 192 ff.; Goldbach (2003), S. 197 ff.

diesem Absatzmarkt und nicht an dem spezifischen Fahrzeugentwicklungsprojekt des Herstellers. Diese autonome Durchführung des Target Costing durch den Zulieferer hat zur Folge, dass dieser die Vorproduktzielkosten, die Kundenanforderungen an das betreffende Vorprodukt sowie den Vorproduktentwurf selbständig festlegt. Im Gegensatz zu den oben beschriebenen Integrationstypen liegt im entkoppelten Target Costing zu Beginn der Geschäftsbeziehung zwischen Hersteller und Zulieferer bereits ein marktfähiges Vorprodukt vor. Der Hersteller beauftragt im entkoppelten Target Costing bei vergleichbarer Vorproduktqualität und -funktionalität überwiegend den Zulieferer mit den niedrigsten realisierbaren Vorproduktzielkosten.

Der Zulieferer besitzt im entkoppelten Target Costing den größten konstruktiven Gestaltungsspielraum für das Vorprodukt. Die tendenziell losen Schnittstellen zwischen Hersteller und Zulieferer führen zu einem überwiegend restriktiven Umgang mit Informationen beispielsweise über Kosten, Gewinnspannen und Know-how. Die Hersteller-Zulieferer-Beziehungen sind weder konfrontativ wie beim machtbasierten Target Costing noch vertrauensbasiert wie beim kooperativen Target Costing. Sie lassen sich überwiegend als wettbewerbsorientiert charakterisieren, da die Integration des Zulieferers in der Regel über den zwischengeschalteten Absatzmarkt erfolgt. Wie beim machtbasierten Target Costing verfolgen die beteiligten Akteure beim entkoppelten Target Costing jeweils das primäre Ziel der autonomen Gewinnmaximierung und berücksichtigen nicht das langfristige Überleben des jeweils anderen Akteurs als Zielkomponente.

III. Nähere Kennzeichnung und Prüfung der Adäquanz der Integrationstypen

1. Abhängigkeit der Adäquanz eines Integrationstyps von der Form der Geschäftsbeziehung

Die Lösung des vorliegenden Entscheidungsproblems zur Auswahl eines adäquaten Integrationstyps ergibt sich aus den mit dem Target Costing verfolgten Zwecksetzungen unter Berücksichtigung der Restriktionen, die sich aus der jeweils vorliegenden Form einer Geschäftsbeziehung zwischen Hersteller und Zulieferer ergeben. Wie bereits erwähnt, unterscheidet *Campbell* zwischen wettbewerbsorientierten, partnerschaftlichen und kontrollierenden Formen einer Geschäftsbeziehung. Das Zustandekommen einer Geschäftsbeziehung in einer der drei genannten Formen wird durch die so genannte Interaktionsstrategie auf Hersteller- und Zuliefererseite bestimmt. *Campbell* entwickelte auf Basis der jeweils von Hersteller (Purchasing) und Zulieferer (Marketing) gewählten Interaktionsstrategie ein Interaktionsmodell, welches in Abbildung 35 dargestellt ist.[519] Dieses im Folgenden kurz zu erläuternde Modell ist nicht als Entscheidungsmodell, sondern lediglich als definitorisches Modell ohne jeglichen empirischen Gehalt aufzufassen und soll für die vorliegende Arbeit ausschließlich zur Visualisierung der möglichen Formen einer Geschäftsbeziehung zwischen Hersteller und Zulieferer verwendet werden. Nach Darstellung der Formen einer Geschäftsbeziehung zwischen Hersteller und Zulieferer sollen diese den definierten Integrationstypen direkt zugeordnet werden. Der Zweck dieser Zuordnung liegt einerseits darin, dass die jeweils einem Integrationstyp zugeordnete Form der Geschäftsbeziehung zwischen Hersteller und Zulieferer gleichzeitig für die Adäquanz des betreffenden Integrationstyps von entscheidender Bedeutung ist. Andererseits soll aufgezeigt werden, dass mit Hilfe der drei definierten Integrationstypen sämtliche Formen einer Geschäftsbeziehung zwischen Hersteller und Zulieferer berücksichtigt werden können und die durchgeführte Typisierung somit als vollständig anzusehen ist.

---

[519] Vgl. Campbell (1985), S. 386 ff.

Abbildung 35: Interaktionsmodell von Geschäftsbeziehungen zwischen Herstellern und Zulieferern.[520]

Das Interaktionsmodell ist als vereinfachtes Abbild der Realität zu verstehen, dessen Inhalt die Definition von bestimmten Bezeichnungen für entsprechende Kombinationen von zwei Merkmalen darstellt. Diese beiden Merkmale beinhalten die jeweils von Hersteller (Buyer) und Zulieferer (Supplier) zu Beginn einer Geschäftsbeziehung gewählte Interaktionsstrategie zur Bestimmung der Austauschbedingungen. Im Einzelnen werden sowohl auf Hersteller- als auch auf Zuliefererseite die wettbewerbsorientierte, die partnerschaftliche und die kontrollierende Interaktionsstrategie auf den beiden Achsen des Interaktionsmodells unterschieden. Aus der dargestellten Matrix können Hersteller und Zulieferer nicht ablesen, in welchem der neun enthaltenen Felder sie sich befinden. Ein Hersteller kann seine eigene Position in der Matrix beispielsweise unter Berücksichtigung der Anzahl weiterer Abnehmer und der Anzahl der Zulieferer bestimmen, während ein Zulieferer beispielsweise die Anzahl der Hersteller und die Anzahl seiner Wettbewerber bei seiner Positionierung in der Matrix zu berücksichtigen hat. Die jeweilige Position von Hersteller und Zulieferer in dieser Matrix ist somit nicht frei wählbar. Demzufolge ist auch die jeweils zu wählende

[520] Entnommen aus Campbell (1985), S. 387.

Interaktionsstrategie durch die Marktform und die vorherrschenden Wettbewerbsverhältnisse weitgehend vorbestimmt.

Gemäß Abbildung 35 ergeben sich theoretisch neun Varianten einer Geschäftsbeziehung zwischen Hersteller und Zulieferer, von denen in drei Fällen (mismatch) das Zustandekommen einer Geschäftsbeziehung als unwahrscheinlich anzusehen ist. Die verbleibenden sechs Varianten fasst *Campbell* zu insgesamt drei Typen einer Geschäftsbeziehung zusammen: Der erste Typ charakterisiert Geschäftsbeziehungen mit einem einseitigen Abhängigkeitsverhältnis eines Akteurs (vgl. Abbildung 35, Felder 6 und 8). Den Inhalt des zweiten Typs stellen Geschäftsbeziehungen mit einem gegenseitigen Abhängigkeitsverhältnis dar (vgl. Abbildung 35, Feld 5). Unter dem drittem Typ können Geschäftsbeziehungen zusammengefasst werden, in denen beide Akteure weitgehend unabhängig voneinander sind (vgl. Abbildung 35, Felder 1, 3 und 7). Gegenstand der nachfolgenden Abschnitte ist die nähere Kennzeichnung der oben definierten Integrationstypen, die unter anderem durch eine direkte Zuordnung zu den erläuterten Typen einer Geschäftsbeziehung erfolgen soll.

2. Nähere Kennzeichnung des machtbasierten Target Costing

Ein wesentliches Charakteristikum für die Adäquanz des machtbasierten Target Costing liegt darin, dass der beschriebene erste Typ einer Geschäftsbeziehung zwischen Hersteller und Zulieferer vorliegt, der durch ein einseitiges Abhängigkeitsverhältnis eines Akteurs gekennzeichnet ist. Ein machtbasiertes Target Costing mit Dominanz des Zulieferers ist durchführbar, wenn der Zulieferer die kontrollierende und der Hersteller zugleich die partnerschaftliche Interaktionsstrategie verfolgen. Eine wesentliche Voraussetzung für diese Konstellation sind Markt- und Wettbewerbsverhältnisse, in denen der Zulieferer als monopolistischer Anbieter (Captive Market) auftritt (vgl. Abbildung 35, Feld 6). Es wurde jedoch oben bereits erläutert, dass diese Marktform in der Automobilindustrie einen Sonderfall darstellt. Für die weiteren Ausführungen wird daher für die Durchführung des machtbasierten Target Costing in der Automobilindustrie grundsätzlich die einseitig dominierte Verhandlungsmacht durch den Hersteller unterstellt (vgl. Abbildung 35, Feld 8). Nach *Campbell* liegt dieser Typ einer Geschäftsbeziehung genau dann vor, wenn der Hersteller die kontrollierende und der Zulieferer zugleich die partnerschaftliche Interaktionsstrategie verfolgt. Das wesentliche Merkmal der kontrollierenden Interaktionsstrategie (command) des Herstellers liegt darin, dass er eine dominierende Stärkeposition in der geplanten Geschäftsbeziehung erlangen und die Austauschbedingungen mit dem Zulieferer allein bestimmen möchte.[521] Dieser Typ der Geschäftsbeziehung erfordert eine hohe Wettbewerbsintensität auf der Anbieterseite des betreffenden Zulieferermarkts (Subcontract Market) und ist als die in der Praxis der Automobilindustrie vorherrschende Marktform anzusehen.[522]

In der oben durchgeführten Typisierung der Integrationsformen von Automobilzulieferern in das Target Costing der Hersteller wurde als Merkmal des machtbasierten Integrationstyps unterstellt, dass der zugehörige Vorproduktentwurf vom Hersteller vorgegeben wird. Diese Vorgabe ohne Einbezug potenzieller Zulieferer setzt spezifisches Know-how im Target-Costing-Team des Herstellers bezüglich des betreffenden Vorprodukts voraus. In der Praxis der Automobilzuliefererindustrie ist festzustellen, dass der Hersteller dem Zulieferer tendenziell dann den Vorproduktentwurf vorschreibt, wenn das betreffende Vorprodukt eine Anpassungs- bzw. Variantenkonstruktion darstellt: „*Die OEMs geben uns meistens nur dann detaillierte Spezifikationen für die angefragte Baugruppe vor, wenn diese auf einem bereits existierenden Konzept aus dem Vorgängermodell oder einer anderen Baureihe basiert. In diesem Fall verfügt der OEM über genug Know-how aus dem Vorprojekt und kann uns somit problemlos detaillierte Vorgaben machen, indem er ein paar geometrische Festlegungen und Toleranzen ändert. Das Lastenheft umfasst in diesem Fall meistens bis zu zwanzig Seiten.*“[523] Diese Aussage eines Gesprächspartners der im Rahmen dieser Arbeit durchgeführten Interviews wurde von nahezu allen anderen Interviewpartnern aus der Automobilzuliefererindustrie bestätigt. Als Charakteristikum für die Anwendung des machtbasierten Target Costing soll daher verallgemeinernd abgeleitet werden, dass für das betreffende Vorprodukt dessen technisches Konzept bereits vorliegt. Der vom Hersteller ohne Einbezug potenzieller Zulieferer zu entwickelnde Vorproduktentwurf basiert überwiegend auf einem bereits bestehenden Vorproduktkonzept beispielsweise aus einem vorherigen Fahrzeugprojekt, dessen zugehöriger Vorproduktentwurf mit Hilfe von konstruktiven Änderungen projektspezifisch ange-

---

521 Vgl. Möller/Wilson (1994), S. 71.
522 Vgl. Abschnitt B.III.1.
523 Zitat Interview Nr. Z 5.

passst wird. Bei der hier unterstellten Entwicklungsart handelt es sich definitionsgemäß um eine Anpassungs- bzw. Variantenkonstruktion. Als weiteres Charakteristikum für die Anwendung des machtbasierten Target Costing kann somit tendenziell davon ausgegangen werden, dass es sich bei der Entwicklung des betreffenden Vorprodukts nicht um eine Neuentwicklung, sondern um eine Anpassungs- bzw. Variantenkonstruktion handelt.

Auf Zuliefererseite ist für die Adäquanz des machtbasierten Target Costing zusätzlich die Bereitschaft zur Orientierung seines internen Target Costing an den Vorproduktzielkosten des Herstellers (Market into Company) erforderlich. Orientiert sich ein Zulieferer beispielsweise an den Vorproduktzielkosten der Wettbewerber (Out of Competitor), so besteht für den Hersteller die Gefahr, dass der Zulieferer trotz Hersteller dominierter Verhandlungsmacht die vorgegebenen Vorproduktzielkosten nicht akzeptiert. Der Zulieferer könnte davon ausgehen, dass sämtliche Wettbewerber den Out-of-Competitor-Ansatz wählen und der Hersteller seine Vorgaben somit nicht mehr durchsetzen kann. In diesem Fall sind die Voraussetzungen für die Durchführung eines machtbasierten Target Costing nicht mehr gegeben und anstelle dessen der Integrationstyp des entkoppelten Target Costing anzuwenden. In der Praxis der Automobilindustrie wird der Market-into-Company-Ansatz dem Out-of-Competitor-Ansatz tendenziell dann vorgezogen, wenn das betreffende Vorprodukt durch einen hohen abnehmerbezogenen Differenzierungsgrad gekennzeichnet ist: *„Wir können uns nicht nach den Preisen der Wettbewerber richten, denn jedes Produkt ist völlig unterschiedlich, und folglich gibt es auch keinen Marktpreis. Manchmal verlieren wir auch einen Auftrag, weil der Wettbewerber bei einem OEM unbedingt zum Zuge kommen will und einen Kampfpreis vermutlich sogar unterhalb der Selbstkosten macht. Deshalb zählen für uns nur der Zielpreis des Kunden und unsere eigenen Kostenstrukturen.“*[524]

---

[524] Zitat Interview Nr. Z 4.

3. Nähere Kennzeichnung des kooperativen Target Costing

Das wesentliche Charakteristikum für die Adäquanz des kooperativen Target Costing liegt in einer partnerschaftlichen Geschäftsbeziehung zwischen Hersteller und Zulieferer gemäß dem oben beschriebenen zweiten Typ. Dieser Typ ist durch ein gegenseitiges Abhängigkeitsverhältnis beider Akteure gekennzeichnet (vgl. Abbildung 35, Feld 5) und erfordert eine partnerschaftliche Interaktionsstrategie sowohl vom Hersteller als auch vom Zulieferer. *Campbell* bezeichnet die dafür erforderliche Marktform, in der beide Akteure tendenziell voneinander abhängig sind, in Anlehnung an *Arndt* als domestizierten bzw. gebändigten Markt (domesticated market).[525] Für das vorliegende Interaktionsmodell ist dieser Begriff lediglich als Bezeichnung des Schnittpunktes der mittleren Spalte mit der mittleren Zeile der erläuterten Matrix zu verstehen. Das wesentliche Merkmal einer partnerschaftlichen Interaktionsstrategie (cooperative) liegt darin, dass beide Akteure bewusst gemeinsam nach Zielen und Vorgehensweisen suchen möchten, um die Austauschbedingungen für die geplante Geschäftsbeziehung festzulegen.[526]

Unter Berücksichtigung von Wirtschaftlichkeitsaspekten werden potenzielle Zulieferer das kooperative Target Costing gegenüber dem machtbasierten Target Costing mit Dominanz des Herstellers grundsätzlich vorziehen. Hingegen wird der Hersteller unter ausschließlicher Berücksichtigung dieser Wirtschaftlichkeitsaspekte seinerseits das machtbasierte Target Costing bevorzugen, da dieser Integrationstyp tendenziell die Erreichung der von ihm vorgegebenen Vorproduktzielkosten sicherstellt und die oben genannten Zwecksetzungen des Target Costing besser erfüllt. Wie bereits erläutert, sind die Voraussetzungen für die Durchführung eines machtbasierten Target Costing in der Automobilzuliefererindustrie aufgrund der hohen Wettbewerbsintensität im Beschaffungsmarkt generell gegeben, so dass der Hersteller aufgrund seiner Verhandlungsmacht das machtbasierte Target Costing theoretisch auf nahezu alle Zuliefererbeziehungen anwenden könnte. Im Folgenden soll nun erläutert werden, unter welchen Bedingungen ein Automobilhersteller dennoch tendenziell

---

525 Vgl. Campbell (1985), S. 386 ff. Zum Konzept der domestizierten Märkte, vgl. Arndt (1979), S. 70 ff.

526 Vgl. Werani (1998), S. 5.

den Integrationstyp des kooperativen Target Costing gegenüber dem machtbasierten Target Costing bevorzugt.

Nach herrschender Meinung steigt das Erfordernis zur Abstimmung von Aktivitäten zwischen Hersteller und dem Zulieferer im Hinblick auf ein Vorprodukt primär mit zunehmendem Grad der abnehmerbezogenen Differenzierung des Herstellers gegenüber seinen Wettbewerbern, mit zunehmender Vorproduktkomplexität sowie mit zunehmendem wirtschaftlichen Gewicht (gemessen anhand der Höhe der Beschaffungskosten) des betreffenden Vorprodukts.[527] Folglich wird der Hersteller tendenziell dann den Integrationstyp des kooperativen Target Costing wählen, wenn es sich bei dem betreffenden Vorprodukt um ein relativ komplexes Erzeugniselement mit einem relativ hohen Anteil an den Gesamtproduktzielkosten handelt, welches für den Hersteller gleichzeitig von strategischer Bedeutung zur Differenzierung seiner Produkte gegenüber den Wettbewerbern ist: *„OEMs wie Porsche und BMW binden uns bei der Entwicklung der Fahrwerkskomponenten wesentlich enger ein als beispielsweise Volkswagen, weil sie besonderen Wert auf die Sportlichkeit des Fahrwerks legen.“*[528]

Eine weiteres Charakteristikum für die Adäquanz des kooperativen Target Costing für ein bestimmtes Vorprodukt ist fehlendes Entwicklungs-Know-how bezüglich des betreffenden Vorprodukts auf Herstellerseite, während der Zulieferer genau über dieses spezifische Know-how verfügt. Dieser Fall ist überwiegend bei vorproduktbezogenen Neuentwicklungen gegeben, da der Hersteller bei dieser Entwicklungsart in der Regel nicht auf bestehende Vorproduktkonzepte und -entwürfe aus möglichen Vorgänger- oder Referenzmodellen zurückgreifen kann. Die vom Zulieferer zu erbringende Leistung beschränkt sich im Gegensatz zum machtbasierten Target Costing in diesem Fall nicht primär auf Produktionsleistungen, sondern sie enthält zusätzlich umfangreiche Entwicklungsleistungen insbesondere auf den Konkretisierungsstufen des Konzipierens und des Entwerfens. Der Hersteller verfolgt dabei das primäre Ziel, vom Know-how des Zulieferers zu profitieren.

---

[527] Vgl. Kaufmann (1993), S. 107 f.; Sauer (1990), S. 108 f.; McMillan (1990), S. 42. Zur ausführlichen Beschreibung der Differenzierungsstrategie, vgl. z. B. Monczka/Landeros (1989), S. 14 ff.; Kleinau (1995), S. 198 ff.

[528] Zitat Interview Z 3.

Die Anwendung des kooperativen Target Costing erfordert im Allgemeinen eine möglichst frühe Einbindung der potenziellen Zulieferer in den Produktentstehungsprozess. Der Hersteller kann seinen Zulieferern im kooperativen Target Costing in der Regel ohne dessen vorherigen Einbezug in die Konkretisierungsstufe des Entwerfens keinen Vorproduktentwurf und damit auch keine detaillierten Kostenziele für die darin enthaltenen Erzeugniselemente vorgeben, da ihm das erforderliche Know-how fehlt, um diesen Entwurf selbständig entwickeln zu können.

4. Nähere Kennzeichnung des entkoppelten Target Costing

Für die Adäquanz des entkoppelten Target Costing liegt das wesentliche Charakteristikum darin, dass der oben beschriebene dritte Typ einer Geschäftsbeziehung zwischen Hersteller und Zulieferer vorliegt. Dieser Typ ist durch eine beidseitige Unabhängigkeit von Hersteller und Zulieferer gekennzeichnet (vgl. Abbildung 35, Felder 1, 3 und 7). Das Zustandekommen der in Abbildung 35 in den Feldern eins und drei dargestellten Varianten einer Geschäftsbeziehung setzt Zulieferermarktverhältnisse ähnlich einem vollkommenen Markt (perfect market) bzw. einem Verkäufermarkt (seller's market) voraus. Im Hinblick auf die Automobilindustrie und die oben beschriebene Situation der Zulieferer stellen diese beiden Varianten einer Geschäftsbeziehung lediglich einen Sonderfall dar und sollen daher im weiteren Verlauf dieser Arbeit nicht weiter betrachtet werden. Aus den genannten Gründen ist als Charakteristikum für die Adäquanz des entkoppelten Target Costing in der Automobilindustrie das Vorliegen der in Abbildung 35 in Feld sieben dargestellten Variante einer Geschäftsbeziehung zwischen Hersteller und Zulieferer zu nennen, die für den Zulierferermarkt die Marktverhältnisse eines Käufermarktes (buyer's market) unterstellt und als typisch für die Automobilindustrie anzusehen ist. Diese Variante einer Geschäftsbeziehung, die demzufolge im Rahmen der Automobilindustrie gleichzeitig den oben erläuterten dritten Typ vollständig repräsentiert, erfordert eine kontrollierende Interaktionsstrategie vom Hersteller bei gleichzeitig wettbewerbsorientierter Interaktionsstrategie des Zulieferers. Der Hersteller versucht infolge der von ihm verfolgten kontrollierenden Interaktionsstrategie und seiner Unabhängigkeit von einem Zulieferer analog zum machtbasierten Target Costing eine dominierende Stärkeposition zu erlangen. Er verfügt jedoch aufgrund der gleichzeitigen Unabhängigkeit des Zulieferers diesem gegenüber lediglich über eine eingeschränkte Verhandlungsmacht. Im Folgenden soll erläutert werden, unter welchen Bedingungen beide Akteure tendenziell voneinander unabhängig sind, um weitere Charakteristika für die Adäquanz des entkoppelten Target Costing ableiten zu können.

Wichtigstes Indiz für die Abhängigkeit bzw. Unabhängigkeit eines Zulieferers von einem Hersteller ist der Anteil des Herstellers am Gesamtumsatz des betreffenden Zulieferers.[529] Ein weiteres Merkmal für die Unabhängigkeit des Zulieferers ist der abnehmerbezogene Differenzierungsgrad des betreffenden Vorprodukts. Ein Zulieferer ist tendenziell dann von einem Automobilhersteller unabhängig, wenn er weitgehend standardisierte Vorprodukte mit geringem bzw. im Idealfall ohne abnehmerbezogenen Differenzierungsgrad herstellt und sich seine Umsatzstruktur aus möglichst vielen homogenen Anteilen voneinander unabhängiger Automobilhersteller sowie weiterer Hersteller aus anderen Branchen zusammensetzt.

Die Unabhängigkeit eines Herstellers von einem potenziellen Zulieferer hängt im Wesentlichen von den Zulieferermarktverhältnissen ab, welche sich mittels dreier Einzelmerkmale charakterisieren lassen: Die Anzahl potenzieller Bezugsquellen, die Zuliefererdifferenzierung und die Existenz von Substitutionsvorprodukten. Im Hinblick auf diese Einzelmerkmale liegen Zulieferermarktverhältnisse, die zur Unabhängigkeit eines Herstellers vom betreffenden Zulieferermarkt führen, tendenziell dann vor, wenn mehrere alternative Bezugsquellen, eine geringe Differenzierung der potenziellen Zulieferer und Substitutionsvorprodukte vorzufinden sind.[530]

Das Erfordernis zur vorproduktbezogenen Abstimmung der Aktivitäten zwischen Hersteller und Zulieferer sinkt tendenziell mit abnehmendem Grad der abnehmerbezogenen Differenzierung des Herstellers gegenüber dessen Wettbewerbern, mit abnehmender Vorproduktkomplexität sowie mit abnehmenden Beschaffungskosten für das betreffende Vorprodukt.[531] Demzufolge sind die Vorprodukte, für die ein entkoppeltes Target Costing vorwiegend in Frage kommt, als relativ einfach und standardisiert charakterisierbar. Zudem zeichnen sie sich durch einen geringen relativen Anteil an den Gesamtproduktzielkosten und eine relativ geringe strategi-

---

529 Vgl. Wingert (1997), S. 228.
530 Vgl. Spur/Hahn (1989), S. 67; Kaufmann (1993), S. 107.
531 Vgl. hierzu noch einmal Abschnitt D.III.3.

sche Relevanz für den Hersteller aus. Des Weiteren muss der Zulieferer als Bedingung für die Adäquanz des entkoppelten Target Costing über ein hohes spezifisches Know-how sowohl bezüglich der Entwicklung als auch der Produktion des betreffenden Vorprodukts verfügen, da er dieses überwiegend eigenständig entwickelt und produziert. Schließlich sollte der Zulieferer detaillierte Kenntnisse über die Anforderungen potenzieller Kunden auf dem zugehörigen Absatzmarkt besitzen, um ein entkoppeltes (internes) Target Costing durchführen zu können.

Die erläuterten Charakteristika zur jeweiligen Adäquanz der Zuliefererintegrationstypen für das Target Costing sind in Tabelle 33 zusammenfassend dargestellt.

Charakteristikum		**Machtbasiertes Target Costing**	**Kooperatives Target Costing**	**Entkoppeltes Target Costing**
Abhängigkeitsverhältnis der Akteure		einseitige Abhängigkeit des Zulieferers	gegenseitige Abhängigkeit der Akteure	beidseitige Unabhängigkeit der Akteure
Interaktionsstrategie	Hersteller	kontrollierend	partnerschaftlich	kontrollierend
	Zulieferer	partnerschaftlich	partnerschaftlich	wettbewerbsorientiert
Erforderliches Know-how	Hersteller	hohes Entwicklungs-Know-how	niedriges bis mittleres Entwicklungs-Know-how	kein Entwicklungs- und Produktions-Know-how erforderlich
	Zulieferer	niedriges/mittleres Entwicklungs-Know-how sowie hohes Produktions-Know-how	hohes Entwicklungs- und Produktions-Know-how	hohes Entwicklungs- und Produktions-Know-how
Entwicklungsart des Vorprodukts		Anpassungs- bzw. Variantenkonstruktion	Neuentwicklung	keine Entwicklung im Target Costing-Projekt
Abnehmerbezogener Differenzierungsgrad des Vorprodukts (tendenziell)		mittel	hoch	gering
Strategische Relevanz des Vorprodukts für den Hersteller (tendenziell)		mittel	hoch	gering
Relativer Anteil der Vorproduktzielkosten an den Gesamtproduktzielkosten (tendenziell)		mittel	hoch	gering
Leistungsumfang des Zulieferers		abnehmerbezogene Produktions- und Logistikleistungen	abnehmerbezogene Entwicklungs-, Produktions- und Logistikleistungen	absatzmarktbezogene Entwicklungs-, Produktions- und Logistikleistungen

Tabelle 33: Jeweilige Charakteristika zur Kennzeichnung der Adäquanz der Zuliefererintegrationstypen für das Target Costing.

IV. Typisierung der Automobilzulieferer nach ihrer Integration in das Target Costing des Herstellers

Entsprechend den erläuterten Integrationstypen soll in den nachfolgenden Abschnitten eine Typisierung der Automobilzulieferer durchgeführt werden, die auf einer bei der BMW AG im praktischen Einsatz verwendeten Differenzierung von Zulieferern basiert. Der Umfang und das Niveau der jeweils von einem Zulieferer übertragenen Entwicklungsleistung stellen die entscheidenden Kriterien dieser Typisierung dar.[532] Im Folgenden werden die Zulieferertypen des Systempartners, des Serienentwicklungszulieferers und des Marktzulieferers im Einzelnen differenziert. Die zu erläuternden Zulieferertypen stellen Idealtypen dar, zwischen denen in der Realität fließende Grenzen existieren. Auf Basis dieser Differenzierung soll anschließend eine mögliche Parallelität zwischen den Integrations- und den Zulieferertypen aufgezeigt werden, so dass jeder Zulieferer, der in einer bestimmten Integrationsform mit dem Automobilhersteller steht, im Idealfall einem entsprechenden Zulieferertyp zugeordnet werden kann.

1. Systempartner

Unter einem Systempartner soll im Folgenden ein Automobilzulieferer verstanden werden, der gemeinsam mit dem Hersteller komplexe Vorprodukte entwickelt, die durch einen hohen Grad der abnehmerbezogenen Differenzierung gegenüber dessen Wettbewerbern sowie einen relativ hohen Zielkostenanteil an den Gesamtproduktzielkosten gekennzeichnet und zugleich von hoher strategischer Bedeutung für den Hersteller sind. Nach Abschluss der gemeinsamen Vorproduktentwicklung erfolgt die Produktion und Lieferung dieser komplexen Vorprodukte überwiegend eigenverantwortlich durch den Systempartner. Unter Berücksichtigung der oben erläuterten Charakteristika der jeweiligen Integrationstypen können als Systempartner diejenigen Automobilzulieferer aufgefasst werden, die nach dem kooperativen Integrationstyp in das Target Costing der Hersteller einzubinden sind. Im Hinblick auf die oben durchgeführte Differenzierung von Erzeugniselementen in der Erzeugnisstruktur eines Automobils stellen diese komplexen Vorprodukte überwiegend Syste-

532 Vgl. Kilper (2000), S. 20.

me dar. In der Literatur finden sich als weitere Bezeichnungen dieses Zulierertyps die Begriffe Systemlieferant[533], Integrationspartner[534], First-Tier-Supplier[535], Entwicklungspartner[536] oder Kernlieferant,[537] die überwiegend synonym verwendet werden.[538]

Generell muss ein Systempartner Basisanforderungen wie Vorprodukt- und Prozessqualität sowie Liefertreue erfüllen. Die wichtigste spezifische Anforderung an den Systempartner stellt ein zugleich hohes Entwicklungs- und Produktions-Know-how bezüglich des betreffenden Vorprodukts dar: Die BMW AG beispielsweise fordert von einem Systempartner Kernkompetenzen in der Konzept-, Entwurfs- und Serienentwicklung integrierter Systeme inklusive der eigenständigen Auswahl und Steuerung von Unterzulieferern für die einzelnen Vorproduktelemente sowie die Lieferung des kompletten (endmontagefähigen) Systems. Der Systempartner übernimmt in der Regel die Gesamtverantwortung für die Entwicklung, Produktion und Lieferung des betreffenden Systems und sollte aus Sicht der BMW AG im Idealfall in der Lage sein, durch die Integration von Bestandteilen eines Systems neue funktionale Synergien oder Produktivitätsfortschritte erschließen zu können.[539] Des Weiteren fordert die BMW AG von ihren Entwicklungspartnern eine hohe Innovationsfähigkeit.[540]

Die Chancen für den Entwicklungspartner liegen in der langfristigen vertraglichen Bindung des Herstellers in der Regel in Form von Langzeitverträgen über die gesamte Marktphase des Produktlebenszyklus (Life-Cycle-Contracts) sowie dem hohen abnehmerbezogenen Differenzierungsgrad des Vorprodukts, der dem Hersteller einen möglichen Wechsel des Zulieferers während des Produktlebenszyklus wesentlich erschwert. Die Erfüllung der genannten Anforderungen erfordert bei dem

---

533 Vgl. z. B. Wildemann (1996), S. 52, Schindele (1996), S. 83 ff.
534 Vgl. z. B. Möller (2002), S. 151 f.
535 Vgl. z. B. Abend (1992), S. 135 ff.
536 Vgl. z. B. Wildemann (1992), S. 400 ff.
537 Vgl. z. B. Traudt (2002), S. 394.
538 In der Literatur wird des Weiteren der Typ des Black-Box-Zulieferers beschrieben, der neben der Produktion und Lieferung die Entwicklung des betreffenden Vorprodukts nach den Anforderungen des Herstellers ohne dessen Einbezug durchführt; vgl. z. B. Seidenschwarz/Niemand (1994), S. 264. Die im Rahmen dieser Arbeit durchgeführten Experteninterviews führten jedoch zu dem Ergebnis, dass dieser Zulieferertyp in der Automobilindustrie in jüngster Zeit nicht mehr praxisrelevant ist.
539 Vgl. Richter (2005), S. 8.
540 Vgl. Kilper (2000), S. 20.

Systempartner den Aufbau von Kapazitäten im Entwicklungsbereich. Die dafür erforderlichen Aufwendungen betragen bei den Systempartnern oftmals circa zehn Prozent des Gesamtumsatzes.[541] Die genannten Anforderungen implizieren zudem die Fähigkeit und die Bereitschaft zu umfangreichen Investitionen insbesondere in Produktionsanlagen und Spezialwerkzeuge. Ein wesentliches Risiko für den Entwicklungspartner liegt in der Übernahme der Gesamtverantwortung für das betreffende Vorprodukt während der gesamten Entwicklungs- und Produktionsphase, so dass beispielsweise der Hersteller Gewährleistungsansprüche für möglicherweise auftretende Entwicklungsfehler und -verzögerungen geltend machen kann. Ein weiteres Risiko für den Systempartner liegt in einer möglichen Imitationsstrategie des Herstellers. Die beschriebene hohe Kapitalintensität stellt zudem eine Risikogefahr für den Systempartner dar.[542]

Die Übernahme von Entwicklungsleistungen bei gleichzeitiger Gesamtverantwortung für ein komplexes Vorprodukt durch den Systempartner erfordert dessen frühzeitige Einbindung in den Produktentstehungsprozess des betreffenden Automobils. Im Idealfall erfolgt die Nominierung bzw. Vorauswahl potenzieller Zulieferer bereits vor Beginn der Konzeptentwicklung für das betreffende Vorprodukt. Sämtliche nominierten Zulieferer erhalten ein identisches Lastenheft, in dem die Konzeptanforderungen des Herstellers an das zu entwickelnde System definiert sind, die im Wesentlichen durch die erläuterten Kundenanforderungen bestimmt werden. Jeder nominierte Zulieferer entwickelt überwiegend eigenständig auf Basis dieser Anforderungen ein technisches Vorproduktkonzept und präsentiert dieses beim Hersteller. Die Zuliefererauswahl erfolgt auf Basis eines so genannten Konzeptwettbewerbs bzw. Request for Concept. In der Praxis der Automobilindustrie werden für einen Konzeptwettbewerb, der zumeist drei bis vier Monate dauert,[543] in der Regel insgesamt vier bis fünf potenzielle Zulieferer nominiert. In Abbildung 36 sind die genannten Zeitpunkte der Nominierung potenzieller Systempartner und der Auswahl eines Systempartners im Produktentstehungsprozess eines Automobils veranschaulichend dargestellt.

---

[541] Vgl. Wildemann (1992), S. 400.
[542] Vgl. Möller (2002), S. 151.
[543] Vgl. Kilper (2000), S. 20 f.

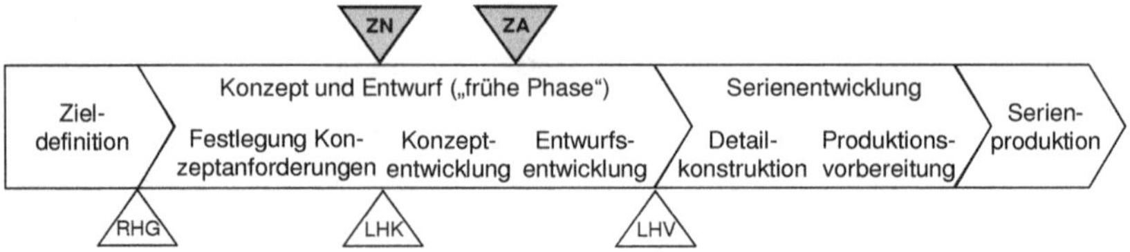

RHG: Verabschiedung Rahmenheft Gesamtfahrzeug;
LHK: Verabschiedung Lastenheft für die Anforderungen an das Vorproduktkonzept;
LHV: Verabschiedung Lastenheft für das Vorprodukt;
ZN: Zulieferernominierung für das Vorprodukt;
ZA: Zuliefererauswahl für das Vorprodukt.

Abbildung 36: Zeitpunkt der Einbindung von Systempartnern in den Produktentstehungsprozess eines Automobils.

Infolge der frühzeitigen Einbindung in den Produktentstehungsprozess und der autonomen Entwicklung des Vorproduktkonzepts verfügt der Systempartner tendenziell über einen relativ hohen Gestaltungsspielraum hinsichtlich des betreffenden Vorprodukts, so dass die Möglichkeiten zur frühzeitigen Kostenbeeinflussung durch den Systempartner als hoch einzustufen sind. Als Beispiele für Systeme eines Automobils, die von einem Entwicklungspartner bezogen werden, können Instrumententafeln (Cockpits), Achsen und Türmodule genannt werden.

2. Serienentwicklungszulieferer

Unter einem Serienentwicklungszulieferer soll im Folgenden ein Automobilzulieferer verstanden werden, der einen vom Hersteller vorgegebenen Vorproduktentwurf bis zur Serienreife weiterentwickelt und anschließend das betreffende Vorprodukt produziert sowie an den Hersteller liefert. Das Vorprodukt ist in der Regel durch eine mittlere bis hohe Komplexität, einen mittleren Grad der abnehmerbezogenen Differenzierung des Herstellers gegenüber dessen Wettbewerbern und einen mittleren relativen Zielkostenanteil an den Gesamtproduktzielkosten gekennzeichnet und je nach Herstellerstrategie für diesen zugleich von geringer bis mittlerer strategischer Bedeutung. Nach Abschluss der Serienentwicklung, welche im Wesentlichen die Detailkonstruktion und die Produktionsvorbereitung beinhaltet und zur Umsetzung des Produktentwurfs in ein produktionsfähiges Vorprodukt erforderlich ist, wird dieses Vorprodukt von dem Serienentwicklungszulieferer überwiegend eigenverantwortlich produziert und an den Hersteller geliefert. Der Hersteller stellt durch diese Form der

Zulieferereinbindung die Ergänzung seiner Wissensressourcen sicher.[544] Unter Berücksichtigung der oben erläuterten Charakteristika der jeweiligen Integrationstypen können als Serienentwicklungszulieferer diejenigen Automobilzulieferer aufgefasst werden, die nach dem machtbasierten Integrationstyp in das Target Costing der Hersteller einzubinden sind. Im Hinblick auf die oben durchgeführte Differenzierung von Erzeugniselementen in der Erzeugnisstruktur eines Automobils stellen diese Vorprodukte überwiegend Subsysteme dar. In der Literatur finden sich als weitere Bezeichnungen dieses Zuliefertyps die Begriffe Produkt-/Prozesspartner[545], Second-Tier-Supplier[546], Produktionsspezialist[547] oder Detailvorgabezulieferer[548], die überwiegend synonym verwendet werden.

Grundsätzlich muss der Serienentwicklungszulieferer analog zum Systempartner Basisanforderungen wie Vorprodukt- und Prozessqualität sowie Liefertreue erfüllen. Ein hohes Produktions-Know-how bezüglich des betreffenden Vorprodukts stellt die wichtigste spezifische Anforderung an den Serienentwicklungszulieferer dar. Die BMW AG beispielsweise fordert von einem Serienentwicklungszulieferer lediglich eingeschränkte Entwicklungskompetenz, aber hohes Produktions-Know-how. Des Weiteren sollte ein Serienentwicklungszulieferer in der Lage sein, seine Unterzulieferer selbständig koordinieren zu können.[549]

Die Vorteile für den Serienentwicklungszulieferer gegenüber dem Entwicklungspartner liegen in der geringeren Vorproduktverantwortung, da er in der Regel nicht die Entwicklung des Vorprodukts verantworten muss. Des Weiteren ist der überwiegend unentgeltliche Ressourcenaufwand bis zur Auftragsvergabe bei einem Serienentwicklungszulieferer geringer als bei einem Systempartner, da die Konzeptentwicklung vom Hersteller durchgeführt wird. Die für eine Geschäftsbeziehung mit dem Hersteller erforderlichen Kapazitäten im Entwicklungsbereich sind demzufolge im Vergleich zu einem Systempartner bei einem Serienentwicklungszulieferer als geringer anzusehen.

---

544 Vgl. Wildemann (2004), S. 38.
545 Vgl. z. B. Möller (2002), S. 153 f.
546 Vgl. z. B. Abend (1992), S. 135 ff.
547 Vgl. z. B. Wildemann (1992), S. 399 f.
548 Vgl. z. B. Seidenschwarz/Niemand (1994), S. 264.
549 Vgl. Kilper (2000), S. 20.

Die Risiken für den Serienentwicklungszulieferer liegen im Gegensatz zum Systempartner in der vertraglichen Bindung des Herstellers überwiegend in Form von Rahmenverträgen, die lediglich eine Laufzeit von zwei bis drei Jahren beinhalten. Nach Ende dieser Rahmenverträge erfolgt eine erneute Ausschreibung der betreffenden Subsysteme. Diese erneute Ausschreibung führt einerseits in der Regel zu einer erheblichen Reduzierung der ursprünglichen Beschaffungspreise, so dass der Serienentwicklungszulieferer unter permanentem Druck zur Umsetzung von sämtlichen realisierbaren Kostenreduktionsmaßnahmen steht. Andererseits besteht für den ursprünglich beauftragten Serienentwicklungszulieferer die Gefahr, dass der Hersteller im Rahmen der Ausschreibung einen anderen Zulieferer beauftragt, was zu Produktionsüberkapazitäten bei dem betreffenden Serienentwicklungszulieferer führen kann. Zur Vermeidung dieser Überkapazitäten sind Investitionen in flexible Fertigungsanlagen erforderlich, welche zu einer steigenden Kapitalintensität führen können.[550] Letztere stellt wiederum eine Risikogefahr für den Serienentwicklungszulieferer dar.

Die Übernahme der Konzept- und Entwurfsentwicklung für das betreffende Vorprodukt durch den Hersteller führt im Vergleich zu einem Systempartner zu einer späteren Einbindung des Serienentwicklungszulieferers in den Produktentstehungsprozess eines Automobils. Die Nominierung potenzieller Serienentwicklungszulieferer durch den Hersteller erfolgt im Gegensatz zu der Nominierung potenzieller Systempartner erst nach der Entwicklung des Vorproduktentwurfs zu Beginn der Serienentwicklungsphase. Sämtliche nominierten Zulieferer erhalten ein identisches Lastenheft, in dem der zu realisierende Vorproduktentwurf mit den Vorproduktelementen detailliert beschrieben ist. Die Zuliefererauswahl erfolgt auf Basis eines so genannten Serienentwicklungswettbewerbs,[551] dessen grundsätzlicher Ablauf einem Konzeptwettbewerb entspricht. In Abbildung 37 sind die genannten Zeitpunkte der Nominierung und Auswahl eines Serienentwicklungszulieferers im Produktentstehungsprozess eines Automobils veranschaulichend dargestellt.

550 Vgl. Wildemann (1992), S. 399.
551 Vgl. Kilper (2000), S. 20.

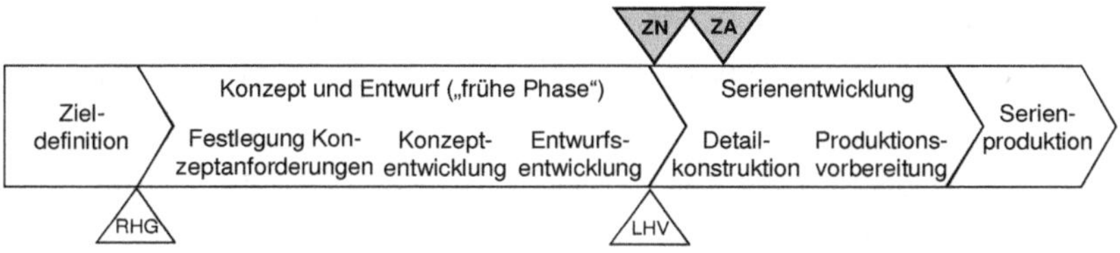

RHG: Verabschiedung Rahmenheft Gesamtfahrzeug;
LHV: Verabschiedung Lastenheft für das Vorprodukt;
ZN: Zulieferernominierung für das Vorprodukt;
ZA: Zuliefererauswahl für das Vorprodukt.

Abbildung 37: Zeitpunkt der Einbindung von Serienentwicklungszulieferern in den Produktentstehungsprozess eines Automobils.

Infolge der relativ späten Einbindung in den Produktentstehungsprozess erst ab der Serienentwicklungsphase und der herstellerbezogenen Vorgabe von Vorproduktkonzept und -entwurf verfügt der Serienentwicklungszulieferer in der Regel lediglich während der Detailkonstruktion und der Produktionsvorbereitung über Gestaltungsspielräume hinsichtlich des betreffenden Vorprodukts. Die Möglichkeiten des Serienentwicklungszulieferers zur frühzeitigen Kostenbeeinflussung sind demzufolge tendenziell gering. In der Automobilindustrie können als Subsysteme, die von einem Serienentwicklungszulieferer bezogen werden, beispielsweise Einspritzanlagen, Getriebe und Scheinwerfer genannt werden.

3. Marktzulieferer

Im Folgenden soll unter einem Marktzulieferer ein Automobilzulieferer verstanden werden, der unabhängig vom Hersteller einfache Vorprodukte für einen eigenständigen Absatzmarkt entwickelt, die durch einen hohen Standardisierungsgrad und einen relativ geringen Zielkostenanteil an den Gesamtproduktzielkosten gekennzeichnet und zugleich nicht von strategischer Bedeutung für den Hersteller sind. Ein Marktzulieferer wird im Gegensatz zu den beiden anderen erläuterten Zulieferertypen vom Hersteller nicht intensiv in den Produktentstehungsprozess eines Automobils einbezogen. Unter Berücksichtigung der oben erläuterten Charakteristika der jeweiligen Integrationstypen können als Marktzulieferer diejenigen Automobilzulieferer aufgefasst werden, die nach dem entkoppelten Integrationstyp in das Target Costing der Hersteller einzubinden sind. Im Hinblick auf die oben durchgeführte Differenzierung von Erzeugniselementen in der Erzeugnisstruktur eines Automobils stellen die Vorprodukte, die von einem Marktzulieferer bezogen werden, überwiegend Teile dar. In der Literatur finden sich als weitere Bezeichnungen dieses Zulieferertyps die Begriffe Teilefertiger[552], Third-Tier-Supplier[553] oder Katalogzulieferer[554], die überwiegend synonym verwendet werden.

Der Marktzulieferer muss aus Sicht des Automobilherstellers lediglich Basisanforderungen wie Vorprodukt- und Prozessqualität sowie Liefertreue erfüllen. Die wesentliche Chance des Marktzulieferers gegenüber den anderen Zulieferertypen liegt in der wirtschaftlichen Unabhängigkeit von einem Hersteller. Das hauptsächliche Risiko für den Marktlieferanten liegt in der vorherrschenden kurzfristigen Art der Geschäftsbeziehung, die vom Hersteller überwiegend in Form von kurzfristigen Standardverträgen mit einer Laufzeit von unter zwei Jahren bestimmt wird.[555] Infolgedessen steht der Marktzulieferer unter permanentem Druck zur Realisierung von Kostenreduktionsmaßnahmen, um nach Beendigung des kurzfristigen Liefervertrags in Beabsichtigung einer erneuten Beauftragung durch den Hersteller weiterhin wettbewerbsfähig bleiben zu können.

Die fehlende Übernahme von abnehmerspezifischen Entwicklungsleistungen jeglicher Art für das betreffende Vorprodukt führt zu einer relativ späten und oberflächlichen Einbindung des Marktzulieferers in den Produktentstehungsprozess eines Automobils. Die Nominierung potenzieller Marktzulieferer durch den Hersteller erfolgt erst während der Serienentwicklungsphase. Am Beispiel der BMW AG werden Marktzulieferer überwiegend 12-18 Monate vor Serienstart bzw. Start of Production (SOP) nominiert. Die Zuliefererauswahl erfolgt auf Basis eines Ausschreibungsverfahrens, welches in der Praxis der Automobilindustrie auch als Produzentenwettbewerb bezeichnet wird.[556] In Abbildung 38 sind die genannten Zeitpunkte der Nominierung potenzieller Marktzulieferer und der Auswahl eines Marktzulieferers im Produktentstehungsprozess eines Automobils veranschaulichend aufgeführt.

---

552 Vgl. z. B. Wildemann (1996), S. 43 f., Schindele (1996), S. 83 ff.
553 Vgl. z. B. Abend (1992), S. 135 ff.
554 Vgl. z. B. Seidenschwarz/Niemand (1994), S. 264.
555 Vgl. Wildemann (2004), S. 26.
556 Vgl. Kilper (2000), S. 20.

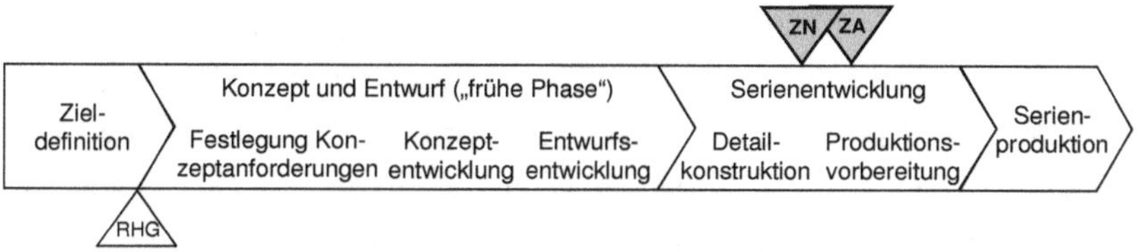

RHG: Verabschiedung Rahmenheft Gesamtfahrzeug;
ZN: Zulieferernominierung für das Vorprodukt;
ZA: Zuliefererauswahl für das Vorprodukt.

Abbildung 38: Zeitpunkt der Einbindung von Marktzulieferern in den Produktentstehungsprozess eines Automobils.

In der Regel handelt es sich bei den betreffenden Vorprodukten um bereits entwickelte marktfähige Produkte. Diese werden für das Fahrzeugentwicklungsprojekt überwiegend nicht mehr modifiziert, so dass der Marktlieferant in diesem Fall über keinerlei Gestaltungsspielräume verfügt. Dementsprechend stehen dem Marktzulieferer im Rahmen des herstellerbezogenen Target-Costing-Projekts zumeist auch keine Möglichkeiten zur Beeinflussung der Vorproduktzielkosten zur Verfügung. Als Beispiele für Teile eines Automobils, die von einem Markzulieferer bezogen werden, können Zündkerzen, Glühlampen, Autobatterien und Reifen genannt werden.

V. Integrationstypspezifische Ausgestaltung der Verfahrensschritte zur Zielkostenspaltung

1. Abgrenzung des Betrachtungsbereichs

Gegenstand der nachfolgenden Abschnitte ist die Zulieferer integrierende Ausgestaltung der Zielkostenspaltung für die oben erläuterten Integrationstypen des Target Costing auf Basis des entwickelten mehrstufigen Target-Costing-Konzepts. Vorab soll überprüft werden, welche der oben erläuterten sieben Verfahrensschritte zur Ausgestaltung der Zielkostenspaltung für sämtliche Integrationstypen unverändert übernommen werden können.

Eine Integration von Zulieferern in den oben beschriebenen ersten Verfahrensschritt des mehrstufigen Target-Costing-Konzepts, welcher die vollständige Erfassung und Strukturierung von Kundenanforderungen beinhaltet, erscheint grundsätzlich nicht praktikabel, da gemäß der beschriebenen Charakterisierung der Zulieferertypen zu diesem Zeitpunkt des Target-Costing-Projekts noch keine potenziellen Zulieferer nominiert sind. Zudem sollte bei der Durchführung dieses Verfahrensschritts die Kundensicht im Vordergrund stehen, während der Hersteller überwiegend Moderationsaufgaben übernimmt. Des Weiteren würde ein möglicher Einbezug von Zulieferern in diesen Verfahrensschritt keinen wesentlichen zusätzlichen Erkenntnisgewinn liefern, so dass der erste Verfahrensschritt aus Abschnitt C.III.1 für die Zulieferer integrierende Ausgestaltung der Zielkostenspaltung unverändert übernommen werden kann. Wie bereits in der Beschreibung der Integrationstypen aufgezeigt worden ist, erscheint auch eine Integration von Zulieferern in den zweiten Verfahrensschritt des mehrstufigen Target-Costing-Konzepts, der die Festlegung der Produktzielkosten vorsieht, nicht praktikabel. Demzufolge soll grundsätzlich die autonome Durchführung dieses Verfahrensschrittes durch den Hersteller unterstellt werden. Ein Vorschlag für eine geeignete Vorgehensweise zur Festlegung von Produktzielkosten wurde in Abschnitt C.III.2 aufgezeigt. Eine Integration von Zulieferern in den dritten Verfahrensschritt, welcher die Ermittlung von Bedeutungsgraden für die zuvor erfassten und strukturierten Kundenanforderungen beinhaltet, erscheint analog zu den für den ersten Verfahrensschritt genannten Gründen nicht praktikabel, so dass auch dieser Verfahrensschritt gemäß der in Abschnitt C.III.3 beschriebenen Vorgehensweise vom Hersteller ohne Einbezug potenzieller Zulieferer durchzuführen ist. Aus den bereits für den ersten und dritten Verfahrensschritt genannten Gründen erscheint auch eine Integration von Zulieferern in die Festlegung kundenanforderungsbezogener Zielkosten gemäß dem vierten Verfahrensschritt weder praktikabel noch sinnvoll. Wie bereits bei der Beschreibung dieses Verfahrensschritts in Abschnitt C.III.4 erläutert, ist dessen Durchführung zur Festlegung von Zielkosten für einzelne Erzeugniselemente bzw. Vorprodukte nicht explizit erforderlich, so dass auf eine Berücksichtigung in den weiteren Betrachtungen verzichtet werden soll.

Der Betrachtungsbereich einer möglichen Integration von Zulieferern in die Zielkostenspaltung soll sich aus den oben genannten Gründen auf die Ausgestaltung der erläuterten Verfahrensschritte fünf, sechs und sieben beschränken.[557] In Tabelle 34 ist die Abgrenzung des Betrachtungsbereichs der Zuliefererintegration in das Target

[557] Vgl. hierzu noch einmal ausführlich die Abschnitte C.III.5 bis C.III.7.

Costing für die im weiteren Verlauf dieses Kapitels relevanten Verfahrensschritte des mehrstufigen Target Costing-Konzepts zusammenfassend dargestellt.

Verfahrensschritt	Bezeichnung des Verfahrensschritts/ Betrachtungsbereich	Autonome Durchführung durch den Hersteller	Mögliche Integration von Zulieferern	Querverweis auf Abschnitt
1.	Erfassung und Strukturierung von Kundenanforderungen	X		C.III.1.
2.	Festlegung von Produktzielkosten	X		C.III.2.
3.	Ermittlung von Bedeutungsgraden für Kundenanforderungen	X		C.III.3.
4.	Festlegung kundenanforderungsbezogener Zielkosten	X		C.III.4.
5.	Erfassung der Erzeugnisstruktur von Automobilen für das Target Costing		X	C.III.5.
6.	Festlegung von Bedeutungsgraden für Erzeugniselemente		X	C.III.6.
7.	Festlegung erzeugniselementbezogener Zielkosten		X	C.III.7.

Tabelle 34: Abgrenzung des Betrachtungsbereichs der möglichen Integration von Zulieferern in das mehrstufige Target-Costing-Konzept.

Für die nachfolgend aufzuzeigenden Vorgehensweisen zur Integration von Zulieferern in das kooperative, machtbasierte bzw. entkoppelte Target Costing soll einerseits grundsätzlich davon ausgegangen werden, dass sämtliche Ausgangsdaten aus den Verfahrensschritten eins bis drei zu diesem Zeitpunkt des Target-Costing-Projekts bereits vorhanden sind. Andererseits soll grundsätzlich unterstellt werden, dass vom Hersteller zum Zeitpunkt der Zielkostenfestlegung für ein Vorprodukt mit Hilfe geeigneter Instrumente die Make-or-buy-Entscheidung über die Eigenfertigung oder den Fremdbezug dieses Vorprodukts bereits getroffen worden ist.

2. Kooperatives Target Costing zur Integration von Systempartnern

a) Benötigte Ausgangsdaten

Mit Bezugnahme auf die oben durchgeführte Abgrenzung der Verfahrensschritte, für die eine Zuliefererintegration in Frage kommt, wird für die Durchführung der Verfahrensschritte eins bis drei im Rahmen des kooperativen Target Costing die unveränderte Übernahme der in den Abschnitten C.III.1 bis C.III.3 erläuterten Vorgehensweisen unterstellt. Gemäß dem entwickelten Target-Costing-Konzept ist im Anschluss daran zur Festlegung erzeugniselementbezogener Zielkosten die im fünften Verfahrensschritt beschriebene Erfassung der Erzeugnisstruktur eines Automobils erforderlich (vgl. Abschnitt C.III.5).

Klatt stellt heraus, dass Make-or-buy-Entscheidungen für Vorprodukte in der Automobilindustrie erst dann getroffen werden können, wenn vorab die Fertigungsstufen und damit auch die Erzeugnisstruktur für das zu entwickelnde Automobil festgelegt worden sind.[558] Daraus lässt sich unmittelbar ableiten, dass eine Integration von Systempartnern in die Erfassung der Erzeugnisstruktur eines Automobils zu dem im fünften Verfahrensschritt unterstellten Zeitpunkt des Target-Costing-Projekts nicht praktikabel erscheint und diese Erfassung demzufolge im kooperativen Target Costing vom Hersteller autonom durchzuführen ist.

Bei der Formulierung des fünften Verfahrensschritts wurde analog zum Grundkonzept des Target Costing implizit unterstellt, dass der Hersteller über ausreichendes Know-how zur vollständigen Kenntnis der Erzeugnisstruktur des zu entwickelnden Automobils auf allen Erzeugnisstufen verfügt. Im Hinblick auf die erläuterten Entwicklungsarten stellen diejenigen Vorprodukte, die nach dem kooperativen Target Costing von einem Systempartner zu beziehen sind, in der Regel Neuentwicklungen dar. Bei der Typisierung der Zulieferer wurde jedoch zugleich herausgestellt, dass der Automobilhersteller in der Regel nicht über ausreichendes Entwicklungs-Know-how verfügt, um ohne Einbezug eines potenziellen Systempartners eigenständig einen erzeugniselementbezogenen Systementwurf entwickeln zu können. Folglich

---

[558] Vgl. Klatt (1997), S. 84 f.

kann eine vollständige Erfassung der Erzeugnisstruktur des zu entwickelnden Automobils durch den Hersteller zu diesem Zeitpunkt des Target-Costing-Projekts nicht durchgeführt werden. Aus diesem Grunde ist vorerst von einer unvollständigen Erzeugnisstruktur auszugehen, die im weiteren Verlauf des kooperativen Target Costing nach Durchführung der Make-or-Buy-Entscheidungen für alle Systeme und nach Auswahl sämtlicher Systempartner mit deren Unterstützung in eine vollständige Erzeugnisstruktur zu überführen ist.

Im Hinblick auf die definierten Erzeugniselementarten in der mehrstufigen Erzeugnisstruktur eines Automobils lässt sich ein System als Baugruppe i auffassen, dessen Erzeugniselemente $k \in K_i$ aufgrund der unterstellten unvollständigen Erzeugnisstruktur zu diesem Zeitpunkt des Target-Costing-Projekts nicht bekannt sind. Demzufolge lässt sich ein System k in der formalen Darstellung zunächst der Menge B zuordnen, die oben als Menge der Erzeugniselemente i, für die K_i der leeren Menge ($K_i=\{\ \}$) entspricht, definiert worden ist. Zur Abgrenzung der physisch vorhandenen von den virtuellen Erzeugniselementen in der Menge B sei die Menge BP einzuführen, die sämtliche physisch vorhandenen Erzeugniselemente enthält, für die P_i

(63) $$BP := \{ i \mid P_i = \{\ \}, i = 1,\dots,m \}$$

zufolge der leeren Menge entspricht. Die in der Menge BP enthaltenen (physisch vorhandenen) Erzeugniselemente $k \in BP$ stellen sowohl Systeme als auch Bauteile dar. Für eine eindeutige Zuordnung der Systeme soll die Menge der Systeme SY eingeführt werden, die gemäß

(64) $$SY \subset BP$$

stets als echte Teilmenge der Menge BP aufzufassen ist. SY enthält sämtliche Systeme k, die in der Erzeugnisstruktur von Automobilen vorab als solche definiert worden sind. Erst im weiteren Verlauf des kooperativen Target Costing nach Vervollständigung der Erzeugnisstruktur für das betrachtete Vorprodukt weist das System k den Charakter einer Baugruppe i auf. Folglich ist die vollständige Spaltung der systembezogenen Zielkosten auf die einzelnen Erzeugniselemente des betreffenden Systems erst zu einem späteren Zeitpunkt des Target-Costing-Projekts nach Kenntnis sämtlicher Erzeugniselemente dieses Systems möglich.

Zur Festlegung der Vorproduktzielkosten für ein System k mit Integration eines Systempartners nach dem kooperativen Target Costing soll auf das bereits eingeführte Anwendungsbeispiel zurückgegriffen werden. Unter Berücksichtigung der in Abbildung 31 dargestellten mehrstufigen Erzeugnisstruktur des E 2006 soll das Erzeugniselement k=22 mit $k \in K_2$ ein System darstellen, welches von einem auszuwählenden Systempartner fremdbezogen werden soll.

b) Festlegung vorläufiger hersteller- und zuliefererbezogener Zielkosten für Systeme

Als ein wesentliches Merkmal des kooperativen Target Costing wurde herausgestellt, dass die Festlegung der Vorproduktzielkosten für ein System das Ergebnis von Verhandlungen zwischen Hersteller und Zulieferer darstellt. Grundlage dieser Verhandlungen bilden die vom Hersteller mit Hilfe des mehrstufigen Target-Costing-Konzepts zu ermittelnden Vorproduktzielkosten, die für potenzielle Zulieferer als Orientierungshilfe aufzufassen sind. Die Ausgangsbasis für die Festlegung dieser Vorproduktzielkosten eines Systems k durch den Hersteller stellen die mit Hilfe der Verfahrensschritte sechs und sieben gemäß der erläuterten Vorgehensweise (ohne Einbezug potenzieller Systemzulieferer) zu ermittelnden systembezogenen Zielkosten ZK_k dar.[559] Im Hinblick auf die Zielkosten ZK_k sieht die für das mehrstufige Target-Costing-Konzept entwickelte Spaltungsmethodik keine weitere Unterscheidung in spaltbare und nichtspaltbare Kostenbestandteile vor. Die unmittelbare Verwendung der systembezogenen Zielkosten ZK_k als Orientierungshilfe für die vom potenziellen Systempartner zu realisierenden Zielkosten erscheint jedoch aus nachfolgend zu erläuternden Gründen nicht sinnvoll.

Im Zusammenhang mit der Definition der kooperativen Integrationsform wurde aufgezeigt, dass sowohl Hersteller als auch Zulieferer Entwicklungsleistungen hinsichtlich des betreffenden Systems erbringen. Infolgedessen fallen beim Hersteller systembezogene Entwicklungskosten an. Zur Gewährleistung einer effektiven

---

[559] Vgl. hierzu die Abschnitte C.III.6 und C.III.7.

Kostensteuerung bei der Zielkostenkontrolle sind diesen herstellerbezogenen Entwicklungskosten Zielkosten mit einem Wert größer null gegenüberzustellen.

Aus den genannten Gründen erscheint für die Zielkostenspaltung im Rahmen des kooperativen Target Costing eine Unterteilung der Zielkosten ZK_k eines Systems k in hersteller- und zuliefererbezogene Zielkostenanteile erforderlich. Im Folgenden sollen zur Abgrenzung von den erzeugniselementbezogenen Zielkosten die systembezogenen Zielkosten durchgängig mit „$\overline{}$" gekennzeichnet werden. In der Definition der kooperativen Integrationsform wurde bereits darauf hingewiesen, dass die vom Hersteller zu ermittelnden zuliefererbezogenen Zielkostenanteile als Orientierungshilfe für potenzielle Systempartner aufzufassen sind und demzufolge vorläufigen Charakter besitzen. Im kooperativen Target Costing sollen aus Gründen der Praktikabilität auch die gleichzeitig festzulegenden herstellerbezogenen Zielkostenanteile lediglich als Orientierungshilfe angesehen und erst nach Abschluss der Verhandlungen mit dem ausgewählten Systempartner verbindlich festgelegt werden. Aufgrund dieses vorläufigen Charakters der vorab zu ermittelnden Zielkostenanteile sollen diese im Folgenden stets mit „*" gekennzeichnet und als vorläufige herstellerbezogene Zielkostenanteile $\overline{ZKH_k}^*$ (in GE/VPME) und vorläufige zuliefererbezogene Zielkostenanteile $\overline{ZKZ_k}^*$ (in GE/VPME) bezeichnet werden. Zur Vermeidung einer Überschreitung der vorab vom Hersteller festgelegten Zielkosten ZK_k des betreffenden Systems k sollen diese gemäß

$$(65) \qquad ZK_k = \overline{ZKH_k}^* + \overline{ZKZ_k}^* \qquad (k \in SY)$$

der Summe der vorläufigen hersteller- und zuliefererbezogenen Zielkostenanteile entsprechen.

Während die vorläufigen zuliefererbezogenen Zielkosten $\overline{ZKZ_k}^*$ eines Systems k im kooperativen Target Costing den Zielkostenanteilen entsprechen, die dem potenziellen Systempartner als Orientierungshilfe zur Verfügung zu stellen sind, können die vorläufigen herstellerbezogenen Zielkosten $\overline{ZKH_k}^*$ eines Systems k dem Target-Costing-Team als vorläufiges Budget für die eigene Entwicklung dieses Systems vorgegeben werden. Analog zur Festlegung nichtspaltbarer Produktzielkosten im

Grundkonzept des Target Costing kann auch für die Festlegung von $\overline{ZKH_k}^*$ keine operationale Vorgehensweise angegeben werden.

Zur Gewährleistung der praktikablen Durchführung des kooperativen Target Costing soll in dieser Arbeit $\overline{ZKH_k}^*$ mit Hilfe eines vom Target-Costing-Team festzulegenden Schlüssels bestimmt werden. Dieser dimensionslose Schlüssel α_k drückt den vom Target-Costing-Team geschätzten relativen Anteil der herstellerbezogenen Entwicklungsleistung an der gesamthaft in dem betreffenden System k ($k \in SY$) enthaltenen Wertschöpfung aus, die von Zulieferer und Hersteller zu erbringen ist. α_k ist gemäß der Relation

(66) $0 \leq \alpha_k < 1$

festzulegen.[560] Die vorläufigen herstellerbezogenen Vorproduktzielkosten $\overline{ZKH_k}^*$ für das betreffende System k ($k \in SY$) lassen sich unter Einhaltung von (66) mittels

(67) $\overline{ZKH_k}^* = ZK_k \cdot \alpha_k$ $\qquad (k \in SY;\ 0 \leq \alpha_k < 1)$

berechnen. Unter Verwendung von (65) und (67) können schließlich die vorläufigen zuliefererbezogenen Zielkosten $\overline{ZKZ_k}^*$ des betreffenden Systems k gemäß

(68) $\overline{ZKZ_k}^* = ZK_k \cdot (1 - \alpha_k)$ $\qquad (k \in SY;\ 0 \leq \alpha_k < 1)$

bestimmt werden.

c) Ermittlung des partiellen absoluten Bedeutungsgrades für Kundenanforderungen im Hinblick auf Systeme

Zur Gewährleistung der Kundenorientierung des Target Costing sind den potenziellen Systempartnern diejenigen Kundenanforderungen t zur Verfügung zu stellen, zu deren Erfüllung das betreffende System k beitragen soll. Im Idealfall erhalten die

---

560 Grundsätzlich ist der Grenzfall $\alpha_k = 1$ auszuschließen, da diese Festlegung einer vollständigen Eigenfertigung des betreffenden Systems durch den Hersteller entspricht und infolgedessen dann die Integration eines Systempartners für dieses System hinfällig wäre.

konkurrierenden Systempartner zusätzlich Informationen über die Bedeutungsgrade der einzelnen Kundenanforderungen aus Kunden- und Herstellersicht, um diese analog zum Grundkonzept des Target Costing bei der Systementwicklung verwenden zu können. Dazu eignet sich die Verwendung der im sechsten Verfahrensschritt in Abschnitt C.III.6 definierten partiellen absoluten Bedeutungsgrade $\widetilde{BG}_{k,t}$ eines Systems k (k=1,...,m; $k \in K_i$) in Bezug auf die Kundenanforderung t (t=1,...,T). Definitionsgemäß berücksichtigt $\widetilde{BG}_{k,t}$ sowohl die Urteile potenzieller Kunden (ausgedrückt als $\widetilde{BG}_t'''$) als auch die Urteile der Mitarbeiter des Target-Costing-Teams (ausgedrückt als $\widetilde{BBG}_{k,i,t}$). Der Bedeutungsgrad $\widetilde{BG}_{k,t}$ nimmt stets Bezug auf die dem System k direkt übergeordnete Baugruppe i. Im Falle des (isolierten) Fremdbezugs eines einzelnen Systems aus dieser Baugruppe von einem Systempartner sind jedoch im kooperativen Target Costing diesem Systempartner ausschließlich die Bedeutungsgrade zur Verfügung zu stellen, die sich auf das betreffende System beziehen.

Aus den genannten Gründen ist die Einführung des partiellen absoluten Bedeutungsgrades $BG_{k,t}$ einer Kundenanforderung t (t=1,...,T), zu deren Erfüllung das System k ($k \in SY$) beiträgt, im Hinblick auf dieses Systems erforderlich. Der Bedeutungsgrad $BG_{k,t}$ lässt sich mittels Division des partiellen absoluten Bedeutungsgrades $\widetilde{BG}_{k,t}$ des betreffenden Systems k durch den ebenfalls bereits eingeführten partiellen absoluten Bedeutungsgrad $\widetilde{BG}_k$ dieses Systems über alle Kundenanforderungen, zu deren Erfüllung k beiträgt, wie folgt berechnen:

(69) $$BG_{k,t} = \frac{\widetilde{BG}_{k,t}}{\widetilde{BG}_k} \qquad (k \in SY;\ t=1,\ldots,T).$$

Der dimensionslose partielle absolute Bedeutungsgrad $BG_{k,t}$ einer Kundenanforderung t im Hinblick auf das System k entspricht dem Anteil, den die betreffende Kundenanforderung gemäß den verknüpften Urteilen potenzieller Kunden und der Mitarbeiter des Target-Costing-Teams zur Erfüllung des von dem System k ausgehenden Gesamtnutzens beiträgt. Er lässt sich als derjenige Anteil an dem Gesamtnutzen des Systems k auffassen, der auf die betreffende Kundenanforderung t entfällt.

Die Summe der partiellen absoluten Bedeutungsgrade $BG_{k,t}$ über alle Kundenanforderungen, zu deren Erfüllung ein System k beiträgt, muss im Hinblick auf dieses System stets den Wert eins annehmen und

$$(70) \qquad \sum_t BG_{k,t} = 1 \qquad\qquad (k \in SY)$$

gelten. Die Erfüllung von (70) ist durch die Anwendung von (69) stets gewährleistet.

Für das eingeführte Anwendungsbeispiel ergeben sich beispielsweise für das System k=22 unter Verwendung der in Tabelle 30 enthaltenen Daten bei Anwendung von (69) die partiellen absoluten Bedeutungsgrade $BG_{22,t}$ zu den in Tabelle 35 enthaltenen Werten.

	t	1	2	3	4	5	6	7	8	
	Bezeichnung der Kundenanforderung t	KA 1	KA 2	KA 3	KA 4	KA 5	KA 6	KA 7	KA 8	
k	Bezeichnung des Systems k	$BG_{22,1}$	$BG_{22,2}$	$BG_{22,3}$	$BG_{22,4}$	$BG_{22,5}$	$BG_{22,6}$	$BG_{22,7}$	$BG_{22,8}$	$\sum_t BG_{22,t}$
22	System 22	0,17	0,02	0,28	0,22	0,04	0,02	0,07	0,18	1

Tabelle 35: Partielle absolute Bedeutungsgrade der Kundenanforderungen t in Bezug auf ein System.[561]

d) Durchführung eines Konzeptwettbewerbs zur Auswahl geeigneter Systempartner

Wie bereits bei der Typisierung der Integrationsformen erläutert, erfolgt der erstmalige Einbezug potenzieller Systempartner im kooperativen Target Costing im Rahmen der Durchführung eines Konzeptwettbewerbs. Sämtliche nominierten Zulieferer erhalten zu Beginn des Konzeptwettbewerbs im Idealfall ein identisches Lastenheft vom Hersteller, welches im Hinblick auf das kooperative Target Costing folgende Daten enthalten sollte:

---

[561] Sämtliche Werte sind auf zwei Dezimalstellen gerundet.

- die ermittelten vorläufigen zuliefererbezogenen Zielkosten $\overline{ZKZ}_k^*$ des betreffenden Systems k (k=1,...,m),
- die identifizierten Kundenanforderungen t (t=1,...,T), zu deren Erfüllung das betreffende System beitragen soll, sowie
- die ermittelten partiellen absoluten Bedeutungsgrade $BG_{k,t}$ dieser Kundenanforderungen t im Hinblick auf das betreffende System k.

Der Hersteller verlangt im Rahmen des Konzeptwettbewerbs von jedem nominierten Zulieferer, auf Basis des definierten Lastenhefts überwiegend eigenständig ein Konzept und einen Grobentwurf für das betreffende System zu entwickeln. Zusätzlich fordert der Hersteller von jedem nominierten Systempartner die Abgabe eines Angebotspreises für das betreffende System auf Basis der im Lastenheft beschriebenen Anforderungen. Dieser aggregierte Angebotspreis beinhaltet sämtliche, auf eine Mengeneinheit des betreffenden Systems bezogenen, Entwicklungs-, Produktions- und Logistikleistungen, die nach einem möglichen Vertragsabschluss vom Systempartner zu erbringen sind. In jüngster Zeit werden die potenziellen Systempartner des Weiteren im Rahmen der so genannten „gläsernen Angebotskalkulation" immer häufiger vom Automobilhersteller dazu aufgefordert, bereits zu diesem Zeitpunkt des Target-Costing-Projekts zusätzlich disaggregierte Angebotspreise für die einzelnen Erzeugniselemente des entwickelten groben Systementwurfs zu nennen.[562] Der Hersteller verfolgt mit dieser Anforderung unter anderem die Zielsetzung, einzelne Positionen der konkurrierenden Angebote sämtlicher potenzieller Systempartner miteinander vergleichen zu können. Diese Zielsetzung widerspricht jedoch dem Grundgedanken des kooperativen Target Costing, das grundsätzlich eine partnerschaftliche Geschäftsbeziehung unterstellt. Aus diesem Grunde soll im Folgenden davon ausgegangen werden, dass sich die Anforderungen des Herstellers an die potenziellen Systempartner zu diesem Zeitpunkt des Target-Costing-Projekts auf die Abgabe eines aggregierten Angebotspreises für das betreffende (Gesamt-)System k beschränken.

Angesichts der erläuterten Anforderungen des Herstellers empfiehlt sich auf Zuliefererseite im Rahmen des Konzeptwettbewerbs die Durchführung eines internen

[562] Quelle: Interview Nr. Z 4.

Target Costing. Sämtliche dafür erforderlichen Ausgangsdaten sind dem Lastenheft des Herstellers zu entnehmen. Der potenzielle Systempartner sollte die vom Hersteller genannten vorläufigen zuliefererbezogenen Zielkosten $\overline{ZKZ}_k^*$ für das betreffende System k direkt als vorläufigen zuliefererbezogenen Zielpreis $\overline{ZPZ}_k^*$ (in GE/VPME) gemäß

$$(71) \qquad \overline{ZPZ}_k^* = \overline{ZKZ}_k^* \qquad (k=1,\ldots m)$$

in sein Target Costing übernehmen.

Die vom Zulieferer zu entwickelnden Systeme stellen definitionsgemäß komplexe Vorprodukte dar, deren Erzeugnisstruktur mehrere Stufen enthält. Auf die Ausgestaltung der vom Zulieferer bis zum Abschluss des Konzeptwettbewerbs durchzuführenden Verfahrensschritte der Zielkostenfestlegung für das System k und der Zielkostenspaltung auf die darin enthaltenen Erzeugniselemente soll an dieser Stelle verzichtet werden, da die entsprechende Vorgehensweise den oben erläuterten Verfahrensschritten zwei, vier, fünf, sechs und sieben zu entnehmen ist.[563] Im Anschluss daran erfolgt die Ermittlung des bereits erwähnten Angebotspreises durch den jeweiligen potenziellen Systempartner. Im Allgemeinen ist davon auszugehen, dass dieser zuliefererbezogene Angebotspreis $\overline{AP}_k$ (in GE/VPME) nicht unterhalb der vorläufigen zuliefererbezogenen Zielkosten $\overline{ZKZ}_k^*$ für dieses System, also gemäß der Relation

$$(72) \qquad \overline{AP}_k \geq \overline{ZKZ}_k^* \qquad (k \in SY)$$

festgelegt wird. Diese Vermutung lässt sich damit begründen, dass der Hersteller als Entscheidungskriterium für die Auswahl des Systempartners nicht primär die Einhaltung von $\overline{ZKZ}_k^*$ heranzieht. „*Wenn wir wissen, dass wir eindeutig das beste Konzept anbieten, aber gleichzeitig den Zielpreis nicht einhalten können, dann geben wir dementsprechend auch einen höheren Angebotspreis ab und werden dennoch häufig vom OEM ausgewählt. Das schafft uns den erforderlichen Spielraum für die*

[563] Vgl. ausführlich die Abschnitte C.III.2 sowie C.III.4 bis C.III.7.

anschließenden Preisverhandlungen.'[564] Darüber hinaus besteht in der Regel keine Motivation, einen Angebotspreis unterhalb der vorläufigen Produktzielkosten zu benennen, um beispielsweise daraufhin direkt vom Hersteller beauftragt zu werden, da dem Zulieferer bekannt ist, dass die Höhe des Angebotspreises für den Hersteller in dieser Phase des Konzeptwettbewerbs eher von sekundärer Bedeutung ist. Somit ergibt sich die Relation (72). Das Target-Costing-Team des Automobilherstellers wertet nach Vorliegen der Ergebnisse sämtlicher nominierter potenzieller Entwicklungspartner die einzelnen Konzepte und (Grob-)Entwürfe aus, bewertet diese und führt anschließend Preisvergleiche durch. Aufgrund der bereits bei der Zulieferertypisierung erläuterten strategisch hohen Relevanz eines Systems für den Automobilhersteller liegt der Fokus der Systempartnerauswahl in der Regel primär auf dem Differenzierungspotenzial und der Innovationsfähigkeit des jeweiligen Systemkonzepts sowie auf den bisherigen Erfahrungen mit dem betreffenden Systempartner,[565] während die Einhaltung von $\overline{ZKZ_k}^*$ zu diesem Zeitpunkt des Target-Costing-Projekts für den Hersteller überwiegend von sekundärer Bedeutung ist.

e) Festlegung verbindlicher hersteller- und zuliefererbezogener Zielkosten für Systeme

Nach Auswahl eines geeigneten Systempartners mit Hilfe des im vorherigen Abschnitt beschriebenen Konzeptwettbewerbs sind in einem nächsten Schritt die zuliefererbezogenen Zielkosten für das betreffende System verbindlich festzulegen. Gemäß der erläuterten Charakterisierung des kooperativen Target Costing sind diese Zielkosten gemeinsam vom Hersteller und dem ausgewählten Systempartner festzulegen und stellen in der Regel das Ergebnis intensiver Preisverhandlungen dar. Ausgangsbasis dieser Preisverhandlungen bilden auf Herstellerseite die vorab ermittelten vorläufigen zuliefererbezogenen Zielkosten $\overline{ZKZ_k}^*$ und auf Zuliefererseite der Angebotspreis $\overline{AP_k}$ für das betreffende System k. Im Idealfall legt der Hersteller dem Zulieferer zusätzlich die vorab festgelegten vorläufigen herstellerbezogenen Zielkosten $\overline{ZKH_k}^*$ für das betreffende System offen. In diesem Fall können die

---

[564] Zitat Interview Nr. Z 6.
[565] Vgl. Wildemann (2004), S. 59 f.

Verhandlungen zwischen Hersteller und Systempartner neben den eigentlichen Preisverhandlungen auch weitere Verhandlungen wie beispielsweise über eine Neuverteilung der vom Systempartner zu erbringenden Entwicklungsleistung beinhalten. Infolgedessen werden dem Zulieferer gegebenenfalls höhere Zielkosten zugebilligt, wenn gleichzeitig die (verbindlichen) herstellerbezogenen Zielkosten $\overline{ZKH_k}$ (in GE/VPME) für das betreffende System entsprechend reduziert werden können.

Tendenziell ist davon auszugehen, dass die verbindlichen herstellerbezogenen Zielkosten $\overline{ZKH_k}$ für ein System k nicht oberhalb der vorläufigen herstellerbezogenen Zielkosten $\overline{ZKH_k}^*$ für dieses System, sondern gemäß

$$(73) \qquad \overline{ZKH_k} \leq \overline{ZKH_k}^* \qquad (k \in SY)$$

festgelegt werden, da sonst die vorherige Festlegung des Schlüssels α_k grundsätzlich in Frage zu stellen wäre.

Parallel zur Bestimmung von $\overline{ZKH_k}$ sind im kooperativen Target Costing die verbindlichen zuliefererbezogenen Zielkosten $\overline{ZKZ_k}$ für ein System k (in GE/VPME) gemäß der Relation

$$(74) \qquad \overline{AP_k} \geq \overline{ZKZ_k} \geq \overline{ZKZ_k}^* \qquad (k \in SY)$$

gemeinsam festzulegen. Nach endgültiger Festlegung der Zielkostenanteile übernimmt der ausgewählte Systempartner die verbindlichen zuliefererbezogenen Zielkosten $\overline{ZKZ_k}$ für das betreffende System k als verbindlichen zuliefererbezogenen Zielpreis $\overline{ZPZ_k}$ (in GE/VPME) gemäß

$$(75) \qquad \overline{ZKZ_k} = \overline{ZPZ_k} \qquad (k \in SY)$$

in sein internes Target Costing.

In Abbildung 39 ist der spezifizierte Ablauf zur Festlegung verbindlicher hersteller- und zuliefererbezogener Zielkosten für ein System auf Basis der vorhandenen Ausgangsdaten aus dem mehrstufigen Target-Costing-Konzept veranschaulichend dargestellt.

Erforderliche Ausgangsdaten aus dem mehrstufigen Target Costing-Modell	$ZK_k = \overline{ZKH_k}^* + \overline{ZKZ_k}^*$	
Festlegung vorläufiger hersteller- und zuliefererbezogener Zielkosten durch den Hersteller	$\overline{ZKH_k}^* = ZK_k \cdot \alpha_k$	$\overline{ZKZ_k}^* = ZK_k \cdot (1-\alpha_k)$
Übernahme der vorläufigen zulieferer-bezogenen Zielkosten als Zielpreis in das Target Costing des Zulieferers		$\overline{ZPZ_k}^* = \overline{ZKZ_k}^*$
Festlegung eines Angebotspreises durch den Zulieferer		$\overline{AP_k} \geq \overline{ZKZ_k}^*$
Kooperative Festlegung verbindlicher hersteller- und zuliefererbezogener Zielkosten	$\overline{ZKH_k} \leq \overline{ZKH_k}^*$	$\overline{AP_k} \geq \overline{ZKZ_k} \geq \overline{ZKZ_k}^*$

Abbildung 39: Methodik zur Ermittlung verbindlicher hersteller- und zuliefererbezogener Zielkosten für ein System.

Mit Bezugnahme auf das eingeführte Anwendungsbeispiel soll für das System k=22 von einem Schlüssel $\alpha_k = 0{,}1$ ausgegangen werden. Unter Verwendung der in Tabelle 31 enthaltenen Daten und Anwendung von (67) bzw. (68) ergeben sich die vorläufigen herstellerbezogenen Zielkosten $\overline{ZKH_{22}}^*$ und die vorläufigen zuliefererbezogenen Zielkosten $\overline{ZKZ_{22}}^*$ zu den in Tabelle 36 in der ersten Zeile enthaltenen Werten. Des Weiteren sei unter Verwendung von (71) und Beachtung von (72) von dem in Tabelle 36 in der zweiten Zeile enthaltenen vorläufigen zuliefererbezogenen Zielpreis $\overline{ZPZ_{22}}^*$ sowie dem Angebotspreis $\overline{AP_{22}}$ auszugehen. Die Festlegung der verbindlichen hersteller- und zuliefererbezogenen Zielkosten $\overline{ZKH_{22}}$ und $\overline{ZKZ_{22}}$ soll schließlich unter Beachtung der Relationen (65), (73) und (74) zu den in Tabelle 36 in der letzten Zeile enthaltenen Werten erfolgen.

Bezeichnung der Teilschritte	Ausgangsdaten	Berechnung	durchführende(r) Akteur(e)
Festlegung vorläufiger hersteller- und zuliefererbezogener Zielkosten für ein System k	$\overline{ZK_{22}} = 697$ GE $\alpha_k = 0{,}1$	$\overline{ZKH_{22}}^{*} = \overline{ZK_{22}} \cdot \alpha_k$ $= 70$ GE $\overline{ZKZ_{22}}^{*} = \overline{ZK_{22}} \cdot (1-\alpha_k)$ $= 627$ GE	Hersteller autonom
Festlegung eines zuliefererbezogenen Zielpreises und Angebotspreises für ein System k	$\overline{ZKZ_{22}}^{*} = 627$ GE	$\overline{ZPZ_{22}}^{*} = \overline{ZKZ_{22}}^{*}$ $= 627$ GE $AP_{22} \geq \overline{ZKZ_{22}}^{*}$ $AP_{22} = 700$ GE	jeder nominierte Systempartner autonom
Festlegung verbindlicher hersteller- und zuliefererbezogener Zielkosten für ein System k	$\overline{ZKZ_{22}}^{*} = 627$ GE $\overline{AP_{22}} = 680$ GE	$\overline{AP_{22}} \geq \overline{ZKZ_{22}} \geq \overline{ZKZ_{22}}^{*}$ $\overline{ZKZ_{22}} = 650$ GE $\overline{ZKH_{22}} = 47$ GE $\overline{ZK_{22}} = \overline{ZKZ_{22}} + \overline{ZKH_{22}}$ $= 697$ GE	Hersteller und ausgewählter Systempartner gemeinsam

Tabelle 36: Hersteller- und zuliefererbezogene Zielkosten eines Systems.[566]

Im Anschluss an die kooperative Festlegung von $\overline{ZKZ_k}$ ist die beschriebene unvollständige mehrstufige Erzeugnisstruktur des zu entwickelnden Fahrzeugs im Hinblick auf das betreffende System k zu vervollständigen. Grundlage dafür bildet der im Rahmen des Konzeptwettbewerbs von dem ausgewählten Systempartner entwickelte erzeugniselementbezogene Systementwurf. Im Falle eines zusätzlichen Erkenntnisgewinns infolge der Zusammenarbeit zwischen Hersteller und Systempartner kann dieser Entwurf in begrenztem Maße modifiziert werden. Sollten diese Modifikationen zusätzliche Kosten auf Zuliefererseite verursachen, so sind die vorher vereinbarten zuliefererbezogenen und herstellerbezogenen Zielkosten für das betreffende System k gegebenenfalls entsprechend anzupassen.

[566] Sämtliche Werte sind auf ganze Dezimalstellen gerundet.

f) Festlegung verbindlicher zuliefererbezogener Zielkosten für die Erzeugniselemente von Systemen

Nach der gemeinsamen Festlegung der verbindlichen zuliefererbezogenen Zielkosten $\overline{ZKZ_k}$ und des erzeugniselementbezogenen (Grob-)Entwurfs für das betreffende System k erfolgt die kooperative Spaltung der Zielkosten $\overline{ZKZ_k}$ auf die einzelnen Erzeugniselemente dieses Systems. Zu diesem Zeitpunkt des Target-Costing-Projektes stellt der Systempartner die intern festzulegenden bedingten und absoluten Bedeutungsgrade des entwickelten Systementwurfs zur Verfügung. Die im sechsten Verfahrensschritt erläuterten partiellen bedingten Bedeutungsgrade der Erzeugniselemente, die vom Systempartner eigenständig festgelegt worden sind, können in Abstimmung mit dem Target-Costing-Team des Herstellers gegebenenfalls modifiziert werden.

Nach endgültiger Festlegung der partiellen bedingten Bedeutungsgrade der Erzeugniselemente eines Systems erfolgt die gemeinsame Ermittlung der globalen bedingten Bedeutungsgrade sowie der globalen absoluten und partiellen absoluten Bedeutungsgrade der einzelnen Erzeugniselemente des betreffenden Systems. Die Durchführung dieser Verfahrensschritte entspricht im Wesentlichen der im sechsten Verfahrensschritt aufgezeigten Vorgehensweise unter zusätzlicher Berücksichtigung von (69), so dass an dieser Stelle auf weitere Erläuterungen verzichtet und stattdessen auf die Abschnitte C.III.6 und D.V.2.c) verwiesen wird. Die Festlegung der Zielkosten für die einzelnen Erzeugniselemente des betreffenden Systems erfolgt im kooperativen Target Costing ebenfalls gemeinsam zwischen Hersteller und Systempartner. Die dafür erforderlichen Teilschritte sind der in Abschnitt C.III.7 erläuterten Vorgehensweise zur Durchführung des siebten Verfahrensschritts zu entnehmen.

3. Machtbasiertes Target Costing zur Integration von Serienentwicklungszulieferern

a) Benötigte Ausgangsdaten

Analog zu der beschriebenen Vorgehensweise der Integration von Zulieferern in das kooperative Target Costing soll für das machtbasierte Target Costing davon ausgegangen werden, dass die für den ersten, zweiten und dritten Verfahrensschritt in den

Abschnitten C.II.1 bis C.III.3 beschriebenen Vorgehensweisen unverändert übernommen werden können. Diese drei Verfahrensschritte beinhalten im Einzelnen die Erfassung und Strukturierung von Kundenanforderungen, die Festlegung von Produktzielkosten sowie die Ermittlung von Bedeutungsgraden für Kundenanforderungen. Im Gegensatz zur Vorproduktart des Systems im kooperativen Target Costing kann die Erzeugnisstruktur eines Subsystems definitionsgemäß vom Hersteller ohne Einbezug potenzieller Serienentwicklungszulieferer erfasst werden. Für das machtbasierte Target Costing soll daher grundsätzlich unterstellt werden, dass der Hersteller die Erzeugnisstrukturen für sämtliche Subsysteme kennt, so dass deren Erfassung entsprechend der in Abschnitt C.III.5 beschriebenen Vorgehensweise (fünfter Verfahrensschritt) vom Hersteller autonom durchgeführt werden kann.

Jedes Subsystem stellt in der formalen Erzeugnisstruktur eine (physisch vorhandene) Baugruppe i mit mehreren Erzeugniselementen $k \in P_i$ dar. Die Menge der Subsysteme SU in dieser Erzeugnisstruktur enthält definitionsgemäß die Baugruppen i, für die P_i gemäß

(76) $$SU := \{ i \mid P_i \neq \{\ \}, i = 1, \ldots, m \}$$

nicht der leeren Menge entspricht.

Zur machtbasierten Festlegung der Zielkosten für das Subsystem i und zu deren Spaltung auf die einzelnen Erzeugniselemente k dieses Subsystems mit Integration eines Serienentwicklungszulieferers soll auf das bereits eingeführte Anwendungsbeispiel zurückgegriffen werden. Darin soll die Baugruppe i=20 ein Subsystem darstellen, welches von einem potenziellen Serienentwicklungszulieferer fremdbezogen werden soll (vgl. Abbildung 31). Das Subsystem i=20 besteht aus den physisch vorhandenen Erzeugniselementen k=129, 130 sowie dem virtuellen Erzeugniselement k=131.

Die Ausgangsbasis für die Durchführung des machtbasierten Target Costing bilden die mit Hilfe des erläuterten mehrstufigen Target-Costing-Konzepts vom Hersteller ohne den Einbezug potenzieller Serienentwicklungszulieferer zu ermittelnden gesamten Zielkosten ZKG_i eines Subsystems i. Zusätzlich sind die vorab zu ermittelnden spaltbaren und nichtspaltbaren Zielkostenbestandteile ZKS_i und ZKN_i

dieses Subsystems i zu berücksichtigen. Die Ermittlung von ZKG_i, ZKS_i und ZKN_i erfolgt im machtbasierten Target Costing analog zu der in den Verfahrensschritten sechs und sieben vorgeschlagenen Vorgehensweise, so dass an dieser Stelle auf weitere Erläuterungen verzichtet werden soll.[567]

b) Festlegung hersteller- und zuliefererbezogener Zielkosten für Subsysteme

Im Zusammenhang mit der Typisierung der Integrationsformen von Zulieferern in das Target Costing der Hersteller wurde herausgestellt, dass im machtbasierten Target Costing dem potenziellen Serienentwicklungszulieferer sowohl das Vorproduktkonzept als auch der (Grob-)Entwurf dieses Vorprodukts vom Hersteller vorgegeben wird. Letzterer wird vom Hersteller auf Basis eines bereits bestehenden Vorproduktkonzepts und -entwurfs mittels Modifikationen im Rahmen der beschriebenen Anpassungs- bzw. Variantenkonstruktion abgeleitet. Infolge des entstehenden Entwicklungsaufwands für diese Modifikationen fallen beim Hersteller in der Regel subsystembezogene Entwicklungskosten an. Zur Gewährleistung einer effektiven Kostensteuerung bei der Zielkostenkontrolle sind diesen herstellerbezogenen Entwicklungskosten Zielkosten mit einem Wert größer null gegenüberzustellen.

Aus den genannten Gründen erscheint für die Zielkostenspaltung im Rahmen des machtbasierten Target Costing analog zum kooperativen Target Costing eine Unterteilung der Zielkosten ZKG_i eines Subsystems i in hersteller- und zuliefererbezogene Zielkostenanteile erforderlich. Gegenstand der nachfolgenden Ausführungen ist die Beschreibung einer allgemeinen Vorgehensweise zur Spaltung der gesamten Zielkosten ZKG_i eines Subsystems i in die (gesamten) herstellerbezogenen Zielkosten ZKH_i (in GE/VPME) und die (gesamten) zuliefererbezogenen Zielkosten ZKZ_i (in GE/VPME) des betreffenden Subsystems i.

Im Allgemeinen ist im machtbasierten Target Costing davon auszugehen, dass die Summe der aufzuspaltenden Zielkostenanteile ZKH_i und ZKZ_i für das betreffende

---

567 Vgl. hierzu die Abschnitte C.III.6 und C.III.7.

Subsystem i den vorher festgelegten gesamten Zielkosten ZKG_i dieses Subsystems entspricht, so dass

$$ZKG_i = ZKH_i + ZKZ_i \qquad (i \in SU) \tag{77}$$

gilt.

Im Folgenden soll überprüft werden, ob zur Ermittlung von ZKH_i und ZKZ_i die oben festgelegte Aufspaltung der gesamten Zielkosten ZKG_i des Subsystems i in spaltbare und nichtspaltbare Anteile ZKS_i und ZKN_i verwendet werden kann. Der Großteil der auf Zuliefererseite entstehenden Kosten für ein Subsystem i ist direkt den darin enthaltenen Erzeugniselementen k ($k \in K_i$) zuordenbar, wie beispielsweise Material- oder Fertigungseinzelkosten für ein bestimmtes Erzeugniselement k. Dieser Anteil an den gesamten Zielkosten ZKG_i des betreffenden Subsystems entspricht den spaltbaren Zielkosten ZKS_i dieses Systems. Des Weiteren können jedoch beim Serienentwicklungszulieferer Kosten entstehen, die lediglich dem Subsystem als übergeordnetem Kalkulationsobjekt zugerechnet werden können, wie beispielsweise Entwicklungskosten für die subsystembezogene Detailkonstruktion und Endmontagekosten für den Zusammenbau des betreffenden Subsystems. Auch diesen Kosten sind zur Gewährleistung einer effektiven Kostensteuerung bei der Zielkostenkontrolle Zielkosten mit einem Wert größer null gegenüberzustellen. Definitionsgemäß stellen diese Zielkosten nichtspaltbare Zielkosten ZKN_i des betreffenden Subsystems i dar.

Aus den genannten Gründen erscheint zur Aufspaltung von ZKG_i in zuliefererbezogene und herstellerbezogene Zielkostenbestandteile ZKZ_i und ZKH_i in einem ersten Schritt die Aufspaltung der nichtspaltbaren Zielkosten ZKN_i des betreffenden Subsystems i in herstellerbezogene und zuliefererbezogene nichtspaltbare Zielkostenanteile erforderlich. Analog zur Festlegung nichtspaltbarer herstellerbezogener Zielkosten für ein System im kooperativen Target Costing kann auch hierfür keine operationale Vorgehensweise angegeben werden. Zur Gewährleistung der praktikablen Durchführung des machtbasierten Target Costing sollen in dieser Arbeit die nichtspaltbaren herstellerbezogenen Zielkosten $ZKNH_i$ (in GE/VPME) eines Subsystems i mit Hilfe eines vom Target-Costing-Team des Herstellers festzulegenden Schlüssels bestimmt werden. Der dimensionslose Schlüssel α_i drückt den vom

Target-Costing-Team geschätzten relativen Anteil der herstellerbezogenen Entwicklungskosten an den gesamten nichtspaltbaren Zielkosten ZKN_i des betreffenden Subsystems i aus. α_i ist folglich gemäß der Relation

(78) $0 \leq \alpha_i < 1$

festzulegen.[568] Die nichtspaltbaren herstellerbezogenen Vorproduktzielkosten $ZKNH_i$ eines Subsystem i lassen sich mittels

(79) $ZKNH_i = ZKN_i \cdot \alpha_i$ $(i \in SU;\ 0 \leq \alpha_i < 1)$

berechnen. Sie sollten dem Target-Costing-Team des Herstellers als Entwicklungsbudget vorgegeben werden. Die nichtspaltbaren zuliefererbezogenen Zielkosten $ZKNZ_i$ (in GE/VPME) eines Subsystems i können unter Einhaltung von (78) mittels

(80) $ZKNZ_i = ZKN_i \cdot (1 - \alpha_i)$ $(i \in SU)$

berechnet werden. Unter Verwendung von (79) und (80) lassen sich die nichtspaltbaren Zielkosten ZKN_i eines Subsystems i mittels

(81) $ZKN_i = ZKNH_i + ZKNZ_i$ $(i \in SU)$

rekonstruieren.

In einem zweiten Schritt sind die spaltbaren Zielkosten ZKS_i eines Subsystems i in hersteller- und zuliefererbezogene Zielkostenbestandteile zu unterteilen. Im machtbasierten Target Costing kann unterstellt werden, dass beim Hersteller in der Regel keine Entwicklungskosten anfallen, die direkt dem Erzeugniselement $k \in K_i$ eines Subsystems i zuordenbar sind. Die Zielkosten, die als spaltbare herstellerbezogene Zielkosten $ZKSH_i$ (in GE/VPME) eines Subsystems i zu bezeichnen sind, nehmen folglich im machtbasierten Target Costing gemäß

[568] Grundsätzlich ist der Grenzfall $\alpha_i = 1$ auszuschließen, da diese Festlegung einer vollständigen Eigenfertigung des betreffenden Subsystems durch den Hersteller entspricht und infolgedessen dann die Integration eines Serienentwicklungszulieferers für dieses Subsystem hinfällig wäre.

(82) $ZKSH_i = 0$ $(i \in SU)$

den Wert null an.

Unter Berücksichtigung von (82) und der Bedingung, dass sich die (gesamten) herstellerbezogenen Zielkosten ZKH_i eines Subsystems i ausschließlich aus spaltbaren und nichtspaltbaren Zielkostenanteilen zusammensetzen, entspricht ZKH_i den nichtspaltbaren herstellerbezogenen Zielkosten $ZKNH_i$ (in GE/VPME) dieses Systems i gemäß

(83) $ZKH_i = ZKNH_i$ $(i \in SU)$.

Im Hinblick auf die Ermittlung der spaltbaren zuliefererbezogenen Zielkosten $ZKSZ_i$ (in GE/VPME) eines Subsystems i lässt sich unter Berücksichtigung von (82) unmittelbar ableiten, dass sämtliche spaltbaren Zielkosten ZKS_i eines Systems i spaltbare zuliefererbezogene Zielkosten $ZKSZ_i$ (in GE/VPME) darstellen und folglich

(84) $ZKSZ_i = ZKS_i$ $(i=1,\ldots,m)$

gilt. Schließlich lassen sich die (gesamten) zuliefererbezogenen Zielkosten ZKZ_i des betreffenden Subsystems i durch Addition der nichtspaltbaren und spaltbaren zuliefererbezogenen Zielkosten $ZKSZ_i$ und $ZKNZ_i$ gemäß

(85) $ZKZ_i = ZKSZ_i + ZKNZ_i$ $(i \in SU)$

berechnen.

In Abbildung 40 ist der in den beschriebenen zwei Schritten spezifizierte Ablauf zur Ermittlung von hersteller- und zuliefererbezogenen Zielkosten ZKH_i und ZKZ_i eines Subsystems i auf Basis der vorhandenen Ausgangsdaten aus dem mehrstufigen Target-Costing-Konzept veranschaulichend dargestellt.

Erforderliche Ausgangsdaten aus dem mehrstufigen Target-Costing-Modell	$ZKG_i = ZKS_i + ZKN_i$		
	ZKS_i	ZKN_i	
Schritt 1: Spaltung der nichtspaltbaren Zielkosten eines Systems in hersteller- und zuliefererbezogene Anteile	$ZKSZ_i = ZKS_i$	$ZKNZ_i = ZKN_i \cdot (1-\alpha_i)$	$ZKNH_i = ZKN_i \cdot \alpha_i$
Schritt 2: Zuordnung der Zielkostenanteile zu Hersteller und Zulieferer	$ZKZ_i = ZKSZ_i + ZKNZ_i$		$ZKH_i = ZKNH_i$

Abbildung 40: Spaltungsmethodik zur Ermittlung hersteller- und zuliefererbezogener Zielkosten für ein Subsystem.

c) Festlegung zuliefererbezogener Zielkosten für die Erzeugniselemente von Subsystemen

Während dem Hersteller ausschließlich die nichtspaltbaren herstellerbezogenen Zielkosten $ZKNH_i$ eines Subsystems als Kostenziel vorgegeben werden, beinhalten die (gesamten) zuliefererbezogenen Zielkosten ZKZ_i dieses Subsystems unter Beachtung von (85) neben den nichtspaltbaren zuliefererbezogenen Zielkosten $ZKNZ_i$ sämtliche subsystembezogenen spaltbaren Zielkostenanteile ZKS_i. Definitionsgemäß sind ausschließlich die spaltbaren Zielkosten ZKS_i eines Subsystems i auf die darin enthaltenen Erzeugniselemente k aufzuspalten, während die nichtspaltbaren Zielkosten ZKN_i dem Subsystem i als übergeordnetem Kalkulationsobjekt zuordenbar sind. Die Zielkosten ZK_k eines Erzeugniselements $k \in P_i$ lassen sich unmittelbar mit Hilfe der im siebten Verfahrensschritt beschriebenen Vorgehensweise berechnen, welche die Festlegung erzeugniselementbezogener Zielkosten beinhaltet. Die Summe der Zielkosten ZK_k sämtlicher Erzeugniselemente k eines Subsystems i entspricht unter Verwendung von (59) stets den spaltbaren Zielkosten ZKS_i des betreffenden Subsystems i.[569]

[569] Vgl. noch einmal Abschnitt C.III.7.

Mit Bezugnahme auf das eingeführte Anwendungsbeispiel soll für das Subsystem i=20 unter Beachtung von (78) von einem Schlüssel $\alpha_i = 0,6$ ausgegangen werden. Mit Hilfe der in Tabelle 31 enthaltenen Daten ergeben sich unter Anwendung von (79) bis (85) spaltbare und nichtspaltbare hersteller- und zuliefererbezogene Zielkostenanteile zu den in Tabelle 37 enthaltenen Werten.

Spaltungs-bereich	nichtspaltbar	spaltbar	gesamt
hersteller-bezogen	$ZKNH_{20} = ZKN_{20} \cdot \alpha_i$ $= 221\ GE \cdot 0,6$ $= 133\ GE$	-	$ZKH_{20} = ZKNH_{20}$ $= 133\ GE$
zulieferer-bezogen	$ZKNZ_{20} = ZKN_{20} \cdot (1-\alpha_i)$ $= 221\ GE \cdot 0,4$ $= 88\ GE$	$ZK_{129} = 162\ GE$ $ZK_{130} = 209\ GE$	$ZKZ_{20} = ZKSZ_{20} + ZKNZ_{20}$ $= 371\ GE + 88\ GE$ $= 459\ GE$
gesamt	$ZKN_{20} = ZKNH_{20} + ZKNZ_{20}$ $= 133\ GE + 88\ GE$ $= 221\ GE$	$ZKS_{20} = \sum_{k \in P_{20}} ZK_k$ $= ZK_{129} + ZK_{130}$ $= 162\ GE + 209\ GE$ $= 371\ GE$	$ZKG_{20} = ZKS_{129} - ZKN_{130}$ $= 371\ GE + 221\ GE$ $= 592\ GE$

Tabelle 37: Hersteller- und zuliefererbezogene Zielkostenanteile eines Subsystems.[570]

Im machtbasierten Target Costing erfolgt die Durchführung der beschriebenen Vorgehensweise autonom durch den Hersteller ohne den Einbezug potenzieller Serienentwicklungszulieferer. Die erste Schnittstelle im Target Costing zwischen Hersteller und den nominierten Serienentwicklungszulieferern entsteht bei der Vorgabe des Lastenheftes zu Beginn des Serienentwicklungswettbewerbs. Dieses Lastenheft sollte folgende, für das Target Costing relevante Vorgaben beinhalten:

- Die (gesamten) zuliefererbezogenen Zielkosten ZKZ_i für das betreffende Subsystem,

[570] Sämtliche Werte sind auf ganze Dezimalstellen gerundet.

- den erzeugniselementbezogenen (Grob-)Entwurf des Subsystems i mit den enthaltenen Erzeugniselementen $k \in P_i$,
- die Zielkosten ZK_k je Erzeugniselement k sowie
- die zuliefererbezogenen nichtspaltbaren Zielkosten $ZKNZ_i$ für das betreffende Subsystem als Residualgröße.

Des Weiteren besteht die Möglichkeit, dass der Hersteller dem Serienentwicklungszulieferer die Kundenanforderungen, zu deren Erfüllung das betreffende Subsystem beitragen soll, mitsamt der zugehörigen Bedeutungsgrade zur Verfügung stellt. Der dadurch entstehende zusätzliche Informationsgehalt für den Zulieferer ist jedoch kritisch zu betrachten, da der Subsystementwurf, der gemäß dem Target Costing in der Regel auf Basis der Kundenanforderungen entwickelt wird, im machtbasierten Target Costing bereits Gegenstand der herstellerbezogenen Vorgaben ist und vom Zulieferer nur noch im begrenzten Maße beeinflussbar ist. Die betreffenden Bedeutungsgrade werden lediglich zur Ableitung von Zielkosten für die Erzeugniselemente eines Subsystems benötigt. Diese Zielkostenanteile sind im machtbasierten Target Costing jedoch bereits durch den Hersteller festgelegt worden, so dass die Bedeutungsgrade dem Zulieferer keinen zusätzlichen Informationsgehalt liefern.

Nach Übermittlung der für das Target Costing relevanten Daten übernimmt der potenzielle Serienentwicklungszulieferer diese in sein internes Target Costing. Im Gegensatz zum kooperativen Target Costing sind im machtbasierten Target Costing die vom Hersteller genannten zuliefererbezogenen Zielkosten ZKZ_i für das betreffende Subsystem i als verbindliche Vorgabe für den potenziellen Serienentwicklungszulieferer aufzufassen, deren Einhaltung für den Hersteller Grundvoraussetzung für die Zuliefererauswahl im Rahmen des Serienentwicklungswettbewerbs ist. Folglich übernimmt der Zulieferer die zuliefererbezogenen Zielkosten ZKZ_i als Vorproduktzielpreis gemäß

(86) $$ZPZ_i \leq ZKZ_i \qquad (i \in SU)$$

in sein internes Target Costing.

Für die Festlegung seiner internen Vorproduktzielkosten stehen dem potenziellen Serienentwicklungszulieferer die oben genannten Methoden gemäß dem Grundkonzept des Target Costing zur Verfügung. Im Rahmen der zuliefererinternen Zielkostenspaltung auf die einzelnen vom Hersteller vorgegebenen Erzeugniselemente sollten die ebenfalls vorgegebenen Zielkosten ZK_k der einzelnen Erzeugniselemente k Berücksichtigung finden. Der potenzielle Serienentwicklungszulieferer kann beispielsweise die jeweiligen Verhältnisse der Zielkostenanteile ZK_k aller Erzeugniselemente k sowie der nichtspaltbaren zuliefererbezogenen Zielkosten $ZKNZ_i$ an den gesamten zuliefererbezogenen Zielkosten ZKZ_i ermitteln. Diese Verhältnisse kann er anschließend als Schlüssel für die Aufspaltung der vorab festgelegten internen Vorproduktzielkosten auf die einzelnen (vorgegebenen) Erzeugniselemente k sowie für die Festlegung der nichtspaltbaren internen Vorproduktzielkosten verwenden. Nach Abschluss der Zielkostenspaltung erarbeitet der potenzielle Serienentwicklungszulieferer einen Detailentwurf des betreffenden Subsystems. Nach Durchführung der internen Zielkostenkontrolle gemäß dem Grundkonzept des Target Costing entscheidet der Zulieferer, ob er bei gleichzeitiger Sicherstellung einer gewünschten Gewinnspanne die ermittelten Zielkosten realisieren kann.

Der Hersteller verlangt von jedem potenziellen Zulieferer im Rahmen des Serienentwicklungswettbewerbs sowohl die Abgabe eines Angebotspreises AP_i (in GE/VPME) für das betreffende Subsystem i als auch von disaggregierten Angebotspreisen AP_k (in GE/VPME) für die einzelnen Erzeugniselemente k dieses Subsystems i ($k \in P_i$). Im Allgemeinen ist davon auszugehen, dass der Angebotspreis AP_i des Subsystems i entweder exakt den zuliefererbezogenen Zielkosten ZKZ_i für das betreffende Subsystem entspricht oder diese unterschreitet, so dass

$$(87) \qquad AP_i \leq ZKZ_i \qquad (i=1,\ldots,m)$$

gilt. Von einer Unterschreitung der Zielkosten ZKZ_k durch den Angebotspreis AP_i ist tendenziell dann auszugehen, wenn der betreffende potenzielle Serienentwicklungszulieferer sich im Rahmen des Serienentwicklungswettbewerbs Wettbewerbsvorteile gegenüber den anderen nominierten Zulieferern verschaffen will.

Nach Erhalt der angeforderten Informationen von sämtlichen nominierten Serienentwicklungszulieferern wertet der Hersteller anschließend die einzelnen Vorschläge bezüglich des Detailentwurfs für das betreffende Subsystem sowie die zugehörigen

Angebote aus und bewertet diese. Grundsätzliche Voraussetzung für den Hersteller zur Auswahl eines bestimmten Zulieferers ist die Einhaltung von (87). Weitere Kriterien der Zuliefererauswahl stellen unter anderem die Qualität des vorgeschlagenen Detailentwurfs für das betreffende Subsystem sowie die Beständigkeit, Logistikkompetenz und allgemeine Wettbewerbsfähigkeit des betreffenden Zulieferers dar.[571]

4. Entkoppeltes Target Costing zur Integration von Marktzulieferern

a) Benötigte Ausgangsdaten

Wie bereits bei der Typisierung der Integrationsformen von Zulieferern für das Target Costing der Hersteller erläutert worden ist, ist das entkoppelte Target Costing durch eine relativ lose Schnittstelle zwischen Hersteller und Marktzulieferer gekennzeichnet. Eine Einbindung von potenziellen Marktzulieferern in die Festlegung von teilebezogenen Zielkosten findet in der Regel nicht statt. Demzufolge soll im Folgenden für das entkoppelte Target Costing unterstellt werden, dass die im Rahmen des entwickelten mehrstufigen Target-Costing-Konzepts erläuterte Vorgehensweise mit sämtlichen Verfahrensschritten unverändert übernommen werden kann.[572]

Jedes (physisch vorhandene) Teil stellt in der formalen Erzeugnisstruktur analog zu einem System ein Erzeugniselement $k \in P_i$ dar, für das P_i der leeren Menge ($P_i = \{\ \}$) entspricht. Demzufolge lässt sich ein Teil k zunächst der Menge BP zuordnen, die oben als Menge sämtlicher physisch vorhandener Erzeugniselemente, für die P_i der leeren Menge ($P_i = \{\ \}$) entspricht, definiert worden ist. Die Menge TE der Teile $k \in TE$ dieser Erzeugnisstruktur ist gemäß

(88) $TE \subset BP$

[571] Vgl. o. V. (1998), S. 33.

[572] Vgl. hierzu die Abschnitte C.III.1 bis C.III.3 und C.III.5 bis C.III.7. Der vierte Verfahrensschritt, der die Festlegung von kundenanforderungsbezogenen Zielkosten beschreibt, bleibt an dieser Stelle unberücksichtigt, da er für die Ermittlung von teilebezogenen Zielkosten nicht explizit erforderlich ist (vgl. Abschnitt C.III.4).

stets als echte Teilmenge von BP aufzufassen. Da die Menge BP definitionsgemäß ausschließlich physisch vorhandene Systeme und Teile beinhaltet, lässt sie sich als Vereinigungsmenge der Mengen TE und SY gemäß

(89) $BP = SY \cup TE$

stets rekonstruieren.

Im Gegensatz zu einem System ist ein Teil definitionsgemäß nicht mehr zerlegbar, so dass für dieses keine eigene Erzeugnisstruktur zu erfassen ist. Das entkoppelte Target Costing geht für ein Teil $k \in TE$ jeweils von Zielkosten ZK_k aus, die der Hersteller wie oben (vgl. Abschnitt C.III.7) beschrieben festlegt, ohne hierbei potenzielle Marktzulieferer einzubeziehen. Mit Bezugnahme auf das eingeführte Anwendungsbeispiel soll in der mehrstufigen Erzeugnisstruktur des E 2006 (vgl. Abbildung 31) das Erzeugniselement k=136 ein Teil darstellen, welches von einem Marktzulieferer fremdbezogen werden soll.

b) Festlegung hersteller- und zuliefererbezogener Zielkosten für Teile

Ein Teil stellt definitionsgemäß die Vorproduktart mit der geringsten Komplexität dar. In der Regel handelt es sich bei einem Teil um ein serienreifes Standardvorprodukt, dessen Vorproduktkonzept und -entwurf bereits von der Zuliefererindustrie entwickelt worden ist. Demzufolge fallen weder beim Hersteller noch beim potenziellen Marktzulieferer teilebezogene Entwicklungskosten innerhalb des betreffenden Target-Costing-Projekts an. Die Zielkosten für ein Teil sind im Gegensatz zu den Zielkosten für ein System bzw. ein Subsystem nicht in hersteller- und zuliefererbezogene Zielkostenanteile aufzuteilen, da beim Hersteller keine teilebezogenen Kosten anfallen, denen mögliche Zielkosten gegenüberzustellen wären.

Aus den genannten Gründen sind die zuliefererbezogenen Zielkosten ZKZ_k (in GE/VPME) eines Teils $k \in TE$ vom Hersteller in Höhe der vorab von diesem festgelegten Zielkosten ZK_k für das betreffende Teil gemäß

(90) $ZKZ_k = ZK_k$ $(k \in TE)$

zu bestimmen.

Diese zulieferebezogenen Zielkosten ZKZ_k für ein Teil $k \in TE$ dienen als Vorgabe für das anschließend durchzuführende Ausschreibungsverfahren, zu dessen Beginn in der Regel fünf bis zehn potenzielle Marktzulieferer für das betreffende Teil nominiert werden. Jeder dieser nominierten Marktzulieferer erhält vom Hersteller eine im Idealfall identische Anfrage, welche neben der Teilespezifizierung als zusätzliche Information die vorab festgelegten zulieferebezogenen Zielkosten ZKZ_k für das betreffende Teil k beinhaltet. Der Hersteller fordert sämtliche potenziellen Marktzulieferer zur Abgabe eines Angebots auf, welches unter anderem einen verbindlichen Angebotspreis AP_k (in GE/VPME) für das betreffende Teil $k \in TE$ enthält.

Im Gegensatz zum machtbasierten Target Costing kann ein potenzieller Marktzulieferer im entkoppelten Target Costing zumeist die betreffenden Zielkosten ZKZ_k nicht in sein internes Target Costing übernehmen, da es sich bei dem betreffenden Teil in der Regel um ein bestehendes (Standard-)Vorprodukt handelt, welches von diesem potenziellen Marktzulieferer bereits bis zur Serienreife entwickelt worden ist. Den Ausgangspunkt dieses von dem Target Costing des Herstellers entkoppelten Target Costing des potenziellen Marktzulieferers bildet ein von diesem vor Beginn der Vorproduktentwicklung eigenständig festzulegender Zielverkaufspreis ZVP_k (in GE/VPME) für das betreffende Teil $k \in TE$. Die Vorgehensweise in diesem zuliefererinternen Target-Costing-Projekt entspricht dem oben beschriebenen Grundkonzept des Target Costing, so dass an dieser Stelle auf weitere Erläuterungen verzichtet werden soll.

Der Idealfall des entkoppelten Target Costing liegt dann vor, wenn der vom potenziellen Zulieferer vor Beginn der Vorproduktentwicklung prognostizierte Zielverkaufspreis ZVP_k für das betreffende Teil k die vom Hersteller geforderten zulieferebezogenen Zielkosten ZKZ_k für dieses Teil gemäß

(91) $ZVP_k \le ZKZ_k$ $(k \in TE)$

nicht überschreitet. Bei Einhaltung von (91) empfiehlt sich für den potenziellen Marktzulieferer die Festlegung des Angebotspreises AP_k für das betreffende Teil k gemäß der Relation

(92) $ZVP_k \le AP_k \le ZKZ_k$ $(k \in TE)$.

Im Hinblick auf das eingeführte Anwendungsbeispiel soll für das Teil k=136 von den in Tabelle 31 enthaltenen Zielkosten ZK_{136} in Höhe von 254 GE ausgegangen werden. Unter Anwendung von (90) ergeben sich die vom Hersteller zu ermittelnden zuliefererbezogenen Zielkosten ZKZ_{136} zu den in Tabelle 38 in der ersten Zeile enthaltenen Werten. Zur Durchführung des entkoppelten Target Costing soll für das Anwendungsbeispiel von zwei potenziellen Marktzulieferern A und B ausgegangen werden, denen jeweils vom Hersteller identische, zuliefererbezogene Zielkosten ZKZ_{136} vorgegeben werden. Der vor Beginn der Vorproduktentwicklung von den potenziellen Marktzulieferern festzulegende Vorproduktzielpreis ZVP_{136} soll bei Marktzulieferer A im Anwendungsbeispiel 270 GE betragen, während für Marktzulieferer B von 250 GE auszugehen ist. Die Festlegung des von den potenziellen Marktzulieferern A und B jeweils unter Berücksichtigung von (91) und (92) zu ermittelnden Angebotspreises AP_{126} soll zu den in Tabelle 38 in der zweiten und dritten Zeile enthaltenen Werten erfolgen.

Akteur im Target Costing	Benötigte Ausgangsdaten	Zielkostenfestlegung für das Teil k=136	Festlegung von Angebotspreisen für das Teil k=136
Hersteller	$ZK_{136} = 254$ GE	$ZKZ_{136} = ZK_{136}$ $= 254$ GE	-
potenzieller Marktzulieferer A	$ZKZ_{136} = 254$ GE $ZVP_{136} = 270$ GE	-	$ZVP_{136} \leq ZKZ_{136}$ (ist <u>nicht</u> erfüllt) $AP_{136} = ZVP_{136} = 270$ GE $ZVP_{136} \leq AP_{136} \leq ZKZ_{136}$ (ist <u>nicht</u> erfüllt)
potenzieller Marktzulieferer B	$ZKZ_{136} = 254$ GE $ZVP_{136} = 250$ GE	-	$ZVP_{136} \leq ZKZ_{136}$ (ist erfüllt) $AP_{136} = ZVP_{136} = 250$ GE $ZVP_{136} \leq AP_{136} \leq ZKZ_{136}$ (ist erfüllt)

Tabelle 38: Zuliefererbezogene Zielkostenanteile, Ziel- und Angebotspreise eines Teils.[573]

Für die Auswahl eines Marktzulieferers stellt die Einhaltung der vom Hersteller vorgegebenen Zielkosten ZKZ_k für das betreffende Teil $k \in TE$ ein Vorauswahlkriterium („K.o.-Kriterium") dar, da im Allgemeinen die Auswahl eines Marktzulieferers stark kostenorientiert erfolgt. Hingegen sind die Vorprodukteigenschaften eines Teils für den Hersteller im Gegensatz zu denen eines Systems bzw. Subsystems in der Regel eher von sekundärer Bedeutung. Beispielsweise fordert die BMW AG von ihren Marktzulieferern grundsätzlich die Kostenführerschaft im betreffenden Wettbewerbsumfeld, während sie hinsichtlich der Teilequalität lediglich die Erfüllung von Basisanforderungen voraussetzt.[574] Aus den genannten Gründen ist für das Anwendungsbeispiel davon auszugehen, dass der Automobilhersteller für den Fremdbezug des Teils k=136 bei identischer Erfüllung der sonstigen Auswahlkriterien den potenziellen Marktzulieferer B beauftragen wird.

---

573 Sämtliche Werte sind auf ganze Dezimalstellen gerundet.
574 Vgl. Kilper (2000), S. 20.

Sämtliche Berechnungsvorschriften aus den vorherigen Abschnitten, die für die integrationstypspezifische Ausgestaltung der Verfahrensschritte zur Zielkostenspaltung Relevanz besitzen, sind in Tabelle 39 noch einmal zusammenfassend dargestellt.

Target Costing-Objekt		Kooperatives Target Costing für ein System k	Machtbasiertes Target Costing für ein Subsystem i	Entkoppeltes Target Costing für ein Teil k
Definition des Erzeugniselements in der Erzeugnisstruktur		$k \in SY$	$i \in SU$	$k \in TE$
Erforderliche Ausgangsdaten		ZK_k	$ZKG_i = ZKS_i + ZKN_i$	ZK_k
Verteilungsschlüssel		$0 \le \alpha_k < 1$	$0 \le \alpha_i < 1$	-
Hersteller-bezogene Zielkosten für ein Vorprodukt	vorläufig	$\overline{ZKH_k}^* = ZK_k \cdot \alpha_k$	-	-
	verbindlich	$\overline{ZKH_k} \le \overline{ZKH_k}^*$	$ZKNH_i = ZKN_i \cdot \alpha_i$ $ZKH_i = ZKNH_i$	-
Zulieferer-bezogene Zielkosten für ein Vorprodukt	vorläufig	$\overline{ZKZ_k}^* = ZK_k \cdot (1-\alpha_k)$	-	-
	verbindlich	$\overline{AP_k} > \overline{ZKZ_k} > \overline{ZKZ_k}^*$	$ZKNZ_i = ZKN_i \cdot (1-\alpha_i)$ $ZKSZ_i = ZKS_i$ $ZKZ_i = ZKSZ_i + ZKNZ_i$	$ZKZ_k = ZK_k$
Partielle absolute Bedeutungsgrade für Kundenanforderungen im Hinblick auf ein System		$BG_{k,t} = \frac{\widetilde{BG_{k,t}}}{\widetilde{BG_k}}$	-	-
Zuliefererbezogener Zielpreis für ein Vorprodukt		$\overline{ZPZ_k}^* = \overline{ZKZ_k}^*$ $\overline{ZPZ_k} = \overline{ZKZ_k}$	$ZPZ_i \le ZKZ_i$	$ZVP_k \le ZKZ_k$
Zuliefererbezogener Angebotspreis für ein Vorprodukt		$\overline{AP_k} \ge \overline{ZKZ_k}^*$	$AP_i \le ZKZ_i$	$ZVP_k \le AP_k \le ZKZ_k$

Tabelle 39: Relevante Berechnungsvorschriften für die integrationstypspezifische Ausgestaltung der Zielkostenspaltung.

VI. Spezifizierung der Zielkostenerreichung im Rahmen des Zulieferer integrierenden Target Costing

Analog zum Grundkonzept des Target Costing ist im Allgemeinen von einer Überschreitung der zuvor festgelegten zulieferer- und herstellerbezogenen Zielkosten für ein Vorprodukt durch die diesen gegenüberzustellenden Standardkosten auszugehen. Im weiteren Verlauf des Target-Costing-Projekts sind daher geeignete Maßnahmen zur Beseitigung bzw. Reduzierung der Kostenüberscheitungen zu ergreifen und die nach deren Durchführung anfallenden effektiven bzw. geschätzten Kosten auf ihre Zulässigkeit bezüglich vorprodukt- und erzeugniselementbezogener Kontrollkriterien zu überprüfen.

1. Instrumente zur Zielkostensicherung

a) Isolierte Maßnahmen zur Zielkostensicherung

Unter isolierten Maßnahmen zur Zielkostensicherung sollen im Folgenden einseitige Maßnahmen verstanden werden, die jeweils von einem Akteur der Geschäftsbeziehung ohne Einbezug des anderen Akteurs durchgeführt werden können. Grundsätzlich stehen dem ausgewählten Zulieferer zur Sicherung der gemeinsam vereinbarten bzw. machtbasiert vorgegebenen zuliefererbezogenen Zielkosten für ein Vorprodukt sowie für die darin enthaltenen Erzeugniselemente dieselben Maßnahmen zur Verfügung, die in der Literatur auch im Hinblick auf das Grundkonzept des Target Costing diskutiert werden und bereits in Abschnitt B.II.3.b)i) erläutert wurden. Bei der Typisierung der Zuliefererintegrationsformen wurde bereits aufgezeigt, dass die Freiheitsgrade des Zulieferers bei der Zielkostensicherung vom jeweils vorliegenden Integrationstyp abhängig sind. Im entkoppelten Target Costing verfügt der ausgewählte Marktzulieferer tendenziell über relativ große Freiheitsgrade hinsichtlich der Zielkostensicherung, da dieser Integrationstyp durch eine relativ lose Schnittstelle zwischen Hersteller und Zulieferer gekennzeichnet ist und der betreffende Zulieferer aufgrund des zwischengeschalteten Absatzmarktes tendenziell unabhängig von einem bestimmten Hersteller ist.

Im Gegensatz dazu verfügt der im Rahmen des machtbasierten Target Costing ausgewählte Serienentwicklungszulieferer lediglich über stark eingeschränkte

Freiheitsgrade bei der Zielkostensicherung, da die einzuleitenden Kostenreduktionsmaßnahmen überwiegend vom Hersteller bestimmt werden. Der Zulieferer kann im machtbasierten Target Costing in der Regel eigenständig keine Kostenreduktionsmaßnahmen zur Sicherung seiner Zielkosten einleiten. Eine vom Hersteller bei der machtbasierten Zielkostensicherung verfolgte Zwecksetzung liegt in der Vermeidung des Zielkostensyndroms. Der Hersteller ist infolge der einseitigen Festlegung über sämtliche Kostenreduktionsmaßnahmen informiert und kann diese hinsichtlich möglicher Qualitätseinbußen des Vorprodukts überprüfen und frühzeitig gegensteuern, insofern diese aus seiner Sicht zu einem Zielkostensyndrom führen können.

Im kooperativen Target Costing verfügt der ausgewählte Systempartner über mittlere Freiheitsgrade bei der Einleitung von isolierten Maßnahmen zur Zielkostensicherung. Er kann diejenigen Maßnahmen, die nicht zu einer Beeinflussung der Vorproduktqualität führen können, eigenständig festlegen und umsetzen. Als Beispiel für Maßnahmen ohne Einfluss auf die Vorproduktqualität ist die Einführung erfolgszielorientierter Prämienlohnsysteme zu nennen. Des Weiteren kann der Systempartner auch Kostenreduktionsmaßnahmen vorschlagen, die zu einer Beeinflussung der Vorproduktqualität führen können, wie beispielsweise die Substitution von Werkstoffen oder der Entfall von Arbeitsgängen (z. B. durch Eliminierung von Prüfvorgängen). Diese Art von Maßnahmen bedarf jedoch der Zustimmung des Herstellers, da dieser wiederum die Vermeidung des Zielkostensyndroms anstrebt und jede vorgeschlagene Maßnahme dieser Art hinsichtlich möglicher Qualitätseinbußen des betreffenden Vorprodukts überprüft.

Neben den isolierten Maßnahmen zur Sicherung der zuliefererbezogenen Vorproduktzielkosten sind des Weiteren isolierte Maßnahmen zur Sicherung der herstellerbezogenen Vorproduktzielkosten zu nennen, die von den in der Literatur diskutierten Maßnahmen abweichen können. Den herstellerbezogenen Vorproduktzielkosten stehen im Zulieferer integrierenden Target Costing überwiegend Standardkosten gegenüber, die vorproduktbezogene Entwicklungskosten beinhalten. Zur Sicherung der Kostenziele für die herstellerbezogenen Entwicklungskosten kann beispielsweise die eigene Entwicklungstiefe verringert werden, indem Teilbereiche der gesamthaft vom Hersteller zu erbringenden Entwicklungsleistung an externe Ingenieurbüros vergeben werden. Gegebenenfalls können auch weitere Entwicklungsleistungen auf den ausgewählten Zulieferer des betreffenden Vorprodukts übertragen werden. Zudem können zur Sicherung der Kostenziele im Entwicklungsbereich organisatorische Maßnahmen im Hinblick auf das Projektmanagement, wie beispielsweise die Straffung der teilprojektbezogenen Entwicklungsorganisation für das betreffende Vorprodukt, eingeleitet werden.[575] Neben den genannten isolierten Maßnahmen der Zielkostensicherung können im Rahmen des Zulieferer integrierenden Target Costing zudem Zulieferer integrierende Instrumente eingesetzt werden, die in den nachfolgenden Abschnitten beschrieben werden sollen.

b) Zulieferer integrierende Instrumente zur Zielkostensicherung

i) Instrumente zur kurzfristigen Zielkostensicherung

In der Literatur wird neben den oben beschriebenen isolierten Maßnahmen bei der Zielkostensicherung insbesondere dem frühzeitigen integrativen Zulieferermanagement eine besondere Bedeutung beigemessen.[576] Der Eigenfertigungsanteil, der bei den Herstellern in der Automobilindustrie derzeit noch maximal 35 Prozent beträgt, macht die Bedeutung des integrativen Zulieferermanagements zur Sicherung von Kostenzielen für diese Branche deutlich und „eine völlige Änderung der früher üblichen Beziehungen zwischen Hersteller und Zulieferer erforderlich. Ohne eine enge und partnerschaftliche Kooperation sind die vom Markt geforderten Ergebnisse nicht erreichbar".[577] Bei der Volkswagen AG beispielsweise wird zur Sicherstellung der Zielkostensicherung der Integration von Zulieferern in den Entwicklungsprozess eines neuen Fahrzeugmodells eine hohe Bedeutung beigemessen, da innerhalb dieser Phase des Produktentstehungsprozesses das größte Kostenbeeinflussungspotenzial vorhanden ist.[578] Infolge der jeweiligen Charakteristika der Zuliefererintegrationstypen kann davon ausgegangen werden, dass im Gegensatz zu den beschriebenen isolierten Maßnahmen der Zielkostensicherung, die grundsätzlich auf alle drei Integrationstypen anwendbar sind, das integrative Zulieferermanagement in der Regel nur im kooperativen Target Costing umgesetzt werden kann.

---

[575] Quelle: Interview Nr. H 2.

[576] Vgl. Arnaout (2001), S. 244; Buggert/Wielpütz (1995), S. 107 ff.; Bonzemba/Okano (1997), S. 3 ff.; Coenenberg (2003), S. 469 ff.; Seidenschwarz (1993), S. 60; Seidenschwarz/Niemand (1994), S. 263 f.; Steinle/Thiem/Rothenhöfer (1998), S. 358 f.

[577] Frehr (1994), S. 94.

[578] Vgl. Steinle/Thiem/Rothenhöfer (1998), S. 359.

Durch den Einsatz der Wertanalyse, die in der Literatur auch als Hauptinstrument zur Zielkostensicherung angesehen wird,[579] entsteht in der Automobilindustrie nach einer Studie von *Ehrlenspiel* ein durchschnittliches Kostensenkungspotenzial von 35 Prozent.[580] Es wurde bereits oben erläutert, dass grundsätzlich der Einsatz der Wertanalyse für bestehende Produkte (Wertverbesserung/Value Analysis) und für neue Produkte (Wertgestaltung/Value Engineering) zu unterscheiden ist.[581] Im Rahmen des Target Costing wird der wertanalytische Ansatz überwiegend in Form des Value Engineering zur Zielkostensicherung empfohlen.[582] Diese Empfehlungen lassen sich einerseits mit dem Fokus des Target Costing auf Neuproduktentwicklungen begründen.[583] Andererseits eröffnet die Wertanalyse im Rahmen der Produktneuentwicklung ein größeres Kostenbeeinflussungspotenzial als bei bestehenden Produkten, da mögliche konstruktive Änderungen in der frühen Phase wesentlich einfacher und kostengünstiger durchführbar sind, als im Nachhinein bei bestehenden Produkten.[584]

Im Hinblick auf die Zulieferer integrierende Ausgestaltung der Zielkostensicherung kann das Value Engineering vom Hersteller überwiegend im kooperativen Target Costing als Instrument genutzt werden, um gemeinsam mit dem ausgewählten Systempartner die zuvor festgelegten Kundenanforderungen in technische Produktfunktionen zu übersetzen. Die von Hersteller und Systempartner gemeinsam verfolgte Zielsetzung des Value Engineering im kooperativen Target Costing sollte die Gestaltung der Funktionenstruktur des zu entwickelnden Systems derart sein, dass die Differenz aus dem meist analytisch ermittelten Nutzen dieses Systems und seinen Kosten ein Maximum annimmt.

ii) Instrumente zur langfristigen Zielkostensicherung

Nach herrschender Meinung endet ein Target-Costing-Projekt bereits mit Abschluss der erforderlichen Vorbereitungen für die Produktion des ausgewählten (Vor-)

---

579 Vgl. Tani/Kato (1994), S. 193.
580 Vgl. Ehrlenspiel (1980), S. 175 ff.
581 Vgl. Coenenberg (2003), S. 468 f.; Lorson (1993), S. 180.
582 Vgl. z. B. Buggert/Wielpütz (1995), S. 112; Dinger (2000), S. 45;
583 Vgl. Freidank/Zaeh (1997), S. 236.
584 Vgl. Ehrlenspiel (1992), S. 291.

Produktentwurfs.[585] Bei den im Rahmen dieser Arbeit durchgeführten Interviews bei mehreren Automobilzulieferern stellte sich jedoch heraus, dass in der Praxis der Automobilindustrie die in der Serienphase eines Automobilprojektes durchzuführenden Kostenreduktionsmaßnahmen häufig als Bestandteil des Target-Costing-Projekts angesehen werden.[586] In der Target-Costing-Praxis bei den Automobilherstellern findet sich diese abweichende Sichtweise in Bezug auf den Zeitpunkt des Projektabschlusses beispielsweise bei der Audi AG und der Mercedes Benz AG.[587] Aufgrund der oben beschriebenen Situation der Automobilindustrie sind die Hersteller zur kontinuierlichen Kostenreduktion während der gesamten Serienphase des betreffenden Automobils gezwungen. Aus diesem Grunde werden in der Automobilindustrie oftmals bereits bei Abschluss eines Life-Cycle-Contract zwischen Hersteller und Zulieferer so genannte „long term reductions“ bzw. „savings“ vereinbart. Diese sehen jährliche Preisnachlässe des Zulieferers von in der Regel drei bis fünf Prozent über die gesamte Serienphase vor, die in der Automobilindustrie überwiegend fünf bis sieben Jahren beträgt. Infolge dieser vertraglich vereinbarten Preisnachlässe ist der Zulieferer eines Vorprodukts zur kontinuierlichen Reduzierung seiner Vorproduktzielkosten während der gesamten Serienphase gezwungen, um gleichzeitig seine Ziel-Gewinnspanne realisieren zu können.[588]

Als geeignetes Instrument zur langfristigen Zielkostensicherung während der Serienphase eines Vorprodukts eignet sich der Einsatz der Value Analysis, da diese definitionsgemäß für bereits bestehende Produkte Anwendung findet. Im Idealfall erfolgt die Durchführung der Value Analysis gemeinsam vom Hersteller und dem Zulieferer des betreffenden Vorprodukts. Diese Zulieferer integrierende Form der Value Analysis ist in der Praxis der deutschen Automobilindustrie bereits bei der BMW AG und der Porsche AG im Einsatz und wird im Rahmen von so genannten Lieferantenentwicklungsprogrammen durchgeführt. Die BMW AG startete das Programm „Prozessoptimierung Zuliefererteile“ (PoZ), das als kooperatives Pro-

---

[585] Vgl. Abele/Hessen (1994), S. 155; Coenenberg (2003), S. 477; Cooper/Slagmulder (1997), S. 71; Kobayashi (1999), S. 717.

[586] Quelle: Experteninterviews Nr. Z 3 und Z 5.

[587] Vgl. Deisenhofer (1993), S. 96; [Audi AG]; Walker (1997), S. 461 ff. [Mercedes-Benz AG]

[588] In diesem praxisrelevanten Fall handelt es sich bei den betreffenden Vorproduktzielkosten nicht mehr um eine statische Größe des Target Costing, sondern im Hinblick auf die Serienphase des Produktlebenszyklus um eine dynamische Größe.

gramm zur Effizienzsteigerung ausgewählter Zulieferer zu verstehen ist. Ziel dieses Lieferantenentwicklungsprogramms ist die Durchführung gemeinsamer Reengineering-Aktivitäten mit Hilfe der Value Analysis zur Senkung der Fertigungskosten auf Zuliefererseite im Rahmen der Optimierung bestehender Vorprodukte.[589] Eine ähnliche Zielsetzung verfolgen die von der Porsche AG initiierten Lieferantenentwicklungsprogramme „Prozessoptimierung durch Lieferanteneinbindung" (POLE) und „Gemeinsame Kostenreduzierung durch Initiative und Partnerschaft" (GRIP).[590] Aufgrund der oben erläuterten Merkmale kann für die definierten Zuliefererintegrationstypen davon ausgegangen werden, dass sich der Einsatz der Zulieferer integrierenden Value Analysis in Form der genannten Lieferantenentwicklungsprogramme in der Regel auf das kooperative Target Costing beschränkt.

Auch für die Zulieferer integrierende Zielkostensicherung im machtbasierten Target Costing finden sich Praxisbeispiele in der deutschen Automobilindustrie. Im Gegensatz zu den oben genannten kooperativen Ansätzen eines Lieferantenentwicklungsprogramms existieren weitere Programme, die als machtbasierte Lieferantenprogramme der Automobilhersteller bezeichnet werden können. Als Beispiele hierfür sind das Programm „ForMotion" der Volkswagen AG und „Cost Down, Revenue Up" (CORE) der DaimlerChrysler AG zu nennen. Beide Programme sind im Gegensatz zu den kooperativen Ansätzen von BMW und Porsche als machtbasierte Kostensenkungsprogramme charakterisierbar, in denen der Automobilhersteller seine vorhandene Machtposition gegenüber dem jeweiligen Zulieferer ausnutzt, indem er von diesem für bestimmte Vorprodukte in der Serienphase nachträglich eine Reduzierung der vorab vereinbarten zuliefererbezogenen Zielkosten einfordert.[591]

Sofern nach Umsetzung der genannten Maßnahmen und Ansätze zur Zielkostensicherung die effektiven bzw. geschätzten Kosten für ein Vorprodukt bzw. für die darin enthaltenen Erzeugniselemente von ihren jeweiligen Kostenzielen abweichen, ist im Rahmen der anschließenden Kostenkontrolle zu überprüfen, ob die betreffenden Abweichungen außerhalb eines vorher festgelegten Toleranzbereichs liegen und der betreffende Vorproduktentwurf zu überarbeiten ist.

---

589 Vgl. Kilper (2000), S. 18 f.; Traudt (2002), S. 397 f.
590 Vgl. Cervellini/Lamla (1997), S. 476.
591 Quelle: Experteninterviews Nr. Z 3, Z 4 und Z 7.

2. Instrumente zur Kostenkontrolle

Zur Kontrolle der Kosten eines Vorproduktentwurfs stehen im Zulieferer integrierenden Target Costing im Wesentlichen das einfache und das zielkostenbezogene Value Control Chart zur Verfügung, deren Erstellung analog zu den im Grundkonzept des Target Costing in Abschnitt B.II.3.a) beschriebenen Vorgehensweisen erfolgen kann. Insbesondere dem zielkostenbezogenen Value Control Chart, welches im Zulieferer integrierenden Target Costing als erzeugniselementbezogenes Value Control Chart im Hinblick auf einen bestimmten Vorproduktentwurf zu bezeichnen ist, kann dabei eine besondere Bedeutung beigemessen werden. Bei dieser Modifikation des Value Control Charts handelt es sich um eine grafische Darstellung des Zusammenhangs zwischen den sich ergebenden Anteilssätzen der Standardkosten eines Erzeugniselements k (k=1,...,m) an den spaltbaren Zielkosten ZKS_i der direkt übergeordneten Baugruppe i ($k \in K_i$) und den entsprechenden partiellen absoluten Bedeutungsgraden $\widetilde{BG}_k$ dieses Erzeugniselements. Die Vorgehensweise zur Ermittlung von $\widetilde{BG}_k$ wurde im sechsten Verfahrensschritt in Abschnitt C.III.6.c)ii) erläutert. Die Anwendung dieses erzeugniselementbezogenen Value Control Charts beschränkt sich ausschließlich auf Systeme und Subsysteme, da es die einzelnen Erzeugniselemente eines Vorproduktentwurfs betrachtet. Folglich kann dieses Instrument zur erzeugniselementbezogenen Zielkostenkontrolle im kooperativen und im machtbasierten Target Costing eingesetzt werden. Die Zielkostenkontrolle für ein Teil, dessen ausgewählter Marktzulieferer nach dem entkoppelten Target Costing zu integrieren ist, kann analog zu der beschriebenen Vorgehensweise mit Hilfe des erzeugniselementbezogenen Value Control Charts für die Baugruppe i erfolgen, welche dem betreffendem Bauteil k direkt übergeordnet ist ($k \in K_i$).

In analoger Vorgehensweise zum Grundkonzept des Target Costing sind die bei der Realisation eines Vorproduktentwurfs anfallenden Standardkosten der darin enthaltenen Erzeugniselemente mit Hilfe des erzeugniselementbezogenen Value Control Charts hinsichtlich ihrer jeweiligen Zulässigkeit zu kontrollieren. Für das kooperative Target Costing empfiehlt sich die gemeinsame Erstellung eines erzeugniselementbezogenen Value Control Charts zwischen Hersteller und ausgewähltem Systempartner für das betreffende System, während die mit Hilfe des Parameters q festzulegenden tolerierbaren Kostenabweichungen vom Target-Costing-Team des Herstellers vorgegeben werden sollten. Nach gemeinsamer Feststellung von unzulässigen Zielkostenunterschreitungen für einzelne Erzeugniselemente des betreffenden Systems ist im kooperativen Target Costing ebenfalls gemeinsam zu überprüfen, ob die jeweiligen Erzeugniselemente tatsächlich die Erfüllung der Kundenanforderungen in dem geforderten Maße sicherstellen. Für den entgegengesetzten Fall der gemeinsamen Feststellung von Zielkostenüberschreitungen sind vom Hersteller und Systempartner gemeinsam Kostenreduktionsmaßnahmen einzuleiten.

Im Gegensatz zum kooperativen ist im machtbasierten Target Costing eine gemeinsame Durchführung der Zielkostenkontrolle durch Hersteller und Serienentwicklungszulieferer aufgrund der Form der zu Grunde liegenden Geschäftsbeziehung als unwahrscheinlich anzusehen. Infolgedessen erfolgt eine isolierte Erstellung des erzeugniselementbezogenen Value Control Charts durch den Hersteller gemäß der oben beschriebenen Vorgehensweise. Der ausgewählte Serienentwicklungszulieferer ist in der Regel nicht in der Lage, eigenständig ein Value Control Chart zu erstellen, da ihm im machtbasierten Target Costing die dafür erforderlichen Bedeutungsgrade nicht bekannt sind. Der Hersteller kann das erzeugniselementbezogene Value Control Chart gegebenenfalls zur Unterstützung bei der Auswahl des geeigneten Serienentwicklungszulieferers für das betreffende Subsystem einsetzen, indem er beispielsweise als weiteres Zuliefererauswahlkriterium die vollständige Einhaltung einer vorab festzulegenden Optimal Value Zone definiert und die Vorproduktentwürfe sämtlicher nominierter Serienentwicklungszulieferer auf dessen Einhaltung hin überprüft.

E. Fazit

Das Target Costing als strategisch ausgerichtetes Kostenmanagementsystem besitzt speziell in Märkten, die sich durch eine hohe Wettbewerbsdynamik auszeichnen, zur Gewährleistung einer markt- bzw. kundenorientierten Kostensteuerung hohe Relevanz. Sowohl die Absatzmärkte der Automobilhersteller- als auch die der Automobilzuliefererindustrie weisen dieses Charakteristikum auf. Für den Erfolg von Target-Costing-Projekten für komplexe Produkte am Beispiel von Automobilen mit einer Vielzahl von Erzeugniselementen ist es jedoch von kritischer Bedeutung, ob bzw. inwieweit es gelingt, die produktbezogenen Zielkosten unter besonderer Berücksichtigung der Kundenorientierung auf die einzelnen Erzeugniselemente aufzuspalten. Ein weiterer kritischer Erfolgsfaktor bei der Durchführung von Target-Costing-Projekten liegt in dem tatsächlich (später) realisierten Zielerreichungsgrad der festgelegten Zielkosten. Insbesondere bei der Durchführung des Target Costing für Produkte, deren Erzeugniselemente wie beispielsweise bei Automobilen größtenteils von Zulieferern fremdbezogen werden, kann zur Sicherstellung der angestrebten Zielkostenerreichung der Integration dieser Zulieferer in das Target Costing der OEMs eine zentrale Bedeutung beigemessen werden.

Die vorliegende Untersuchung hat einerseits aufgezeigt, dass mittels der in Kapitel C beschriebenen Vorgehensweise eine Übertragung des Grundkonzepts des Target Costing auf komplexe Produkte unter (durchgängiger) Berücksichtigung der Kundenorientierung möglich ist. Während der Anwendungsbereich der Funktionsmethode nach Tanaka auf einfache Produkte beschränkt ist, gelingt mit Hilfe des mehrstufigen Target-Costing-Konzepts eine Erweiterung des Anwendungsbereichs der Funktionsmethode für komplexe Produkte am Beispiel von Automobilen. Die erläuterte Erweiterung des Grundkonzepts kann auch als erweiterte Funktionsmethode aufgefasst werden, deren Praktikabilität sich noch unter Beweis stellen muss. Für den Erfolg der praktischen Umsetzung dieser erweiterten Funktionsmethode ist es von kritischer Bedeutung, inwieweit es tatsächlich gelingt, die erläuterten partiellen bedingten Bedeutungsgrade für sämtliche Erzeugniselemente eines komplexen Produkts zu bestimmen, da dieses Procedere aufgrund der Vielzahl erforderlicher Abstimmungsprozesse als sehr zeitaufwändig einzuschätzen ist.

Andererseits konnte in Kapitel D der vorliegenden Untersuchung aufgezeigt werden, dass entgegen der herrschenden Meinung die Integration von Zulieferern in das Target Costing keinesfalls ausschließlich auf Basis einer kooperativen bzw. vertrauensvollen Zusammenarbeit zwischen den beteiligten Akteuren möglich ist. Insbesondere in der Automobilindustrie, in der die Hersteller-Zulieferer-Beziehungen infolge der vorherrschenden Marktverhältnisse überwiegend durch eine Hersteller dominierte Verhandlungsmacht gekennzeichnet sind, wäre eine Zuliefererintegration, die als kritischer Erfolgsfaktor des Target Costing zur (späteren) Zielkostenerreichung identifiziert worden ist, dann nur vereinzelt möglich und somit der Erfolg von Target-Costing-Projekten in der Automobilindustrie grundsätzlich in Frage zu stellen. Im Hinblick auf die angestrebte Integration von Automobilzulieferern in das Target Costing der Hersteller wurden im Rahmen dieser Arbeit drei Zuliefererintegrationstypen für das Target Costing identifiziert und für ihre jeweilige Adäquanz näher charakterisiert. Anschließend wurden die Automobilzulieferer nach ihrer Integration in das Target Costing der Hersteller typisiert. Diese Typisierungen können auch als Grundlage für ein Entscheidungsmodell dienen, welches einen Automobilhersteller im Rahmen des Target Costing für jedes Vorprodukt bei der Auswahl des jeweils adäquaten Zuliefererintegrationstyps unterstützen soll. Die erläuterte integrationstypspezifische Ausgestaltung der Verfahrensschritte zur Zielkostenspaltung sowie die durchgeführte Spezifizierung der Zielkostenerreichung zeigen sowohl für Automobilhersteller als auch für Automobilzulieferer mögliche Vorgehensweisen im Rahmen des Zulieferer integrierenden Target Costing auf.

Infolge der durchgängig formalen Darstellungsweise lässt sich einerseits das vorliegende mehrstufige Target-Costing-Konzept vom gewählten Anwendungsbeispiel der Automobilindustrie auch auf andere Branchen mit Produkten beliebiger Komplexität übertragen. Andererseits erscheint eine Transformation des erläuterten Integrationsansatzes von Automobilzulieferern in das Target Costing der Automobilhersteller auf ähnliche Hersteller-Zulieferer-Beziehungen anderer Branchen möglich, welche durch vergleichbare Markt- bzw. Wettbewerbsbedingungen im Zulieferermarkt gekennzeichnet sind. Aus den genannten Gründen dürften die genannten Erweiterungen des Target Costing auch über die hier verfolgten branchenspezifischen Anwendungszwecke der Automobilindustrie hinaus durchaus Bedeutung besitzen.

Literaturverzeichnis

Abel, P./Niemand, S./Wolbold, M. (1995): Target Costing – The Data Problem, in: *Marty, K./Kali, P.* (Hrsg.): Stochastic Programming. Numerical Techniques and Engineering Applications, Berlin 1995.

Abele, P./Heßen, H.-P. (1994): Interview mit dem Leiter Betriebswirtschaft, Controlling und Informationsverarbeitung der AUDI AG, *Peter Abele*, und dem Leiter Controlling Produktentwicklung, *Hans-Peter Heßen*, in: Controlling 6 (1994) 2, S. 154-156.

Abend, J. M. (1992): Strukturwandel in der Automobilindustrie und strategische Optionen mittelständischer Automobilzulieferer. Eine explorative Studie, München 1992.

Ansari, S. L./Bell, J. (1997): Target Costing: The Next Frontier in Strategic Cost Management, Bedford/Texas 1997.

Antrecht, R. (1991): Kulturschock, in: Capital o. Jg. (1991) 9, S. 148-153.

Arnaout, A. (2001): Target Costing in der deutschen Unternehmenspraxis, München 2001.

Arnaout, A./Hildebrandt, J./Werner, H. (1998): Einsatz der Conjoint-Analyse im Target Costing – Ein Fallbeispiel des Geschäftsfeldes Personenwagen der Daimler-Benz AG, in: Controlling 10 (1998) 5, S. 306-315.

Arndt, J. (1979): Toward a Concept of Domesticated Markets, in: JoM 43 (1979) Fall, S. 69-75.

Back-Hock, A. (1992): Produktlebenszyklusorientierte Ergebnisrechnung, in: *Männel, W.* (Hrsg.): Handbuch Kostenrechnung, Wiesbaden 1992, S. 703-714.

Bacher, J. (1994): Clusteranalyse, Oldenburg/München 1994.

Backhaus, K./Erichson, B./Plinke, W./Weiber, R. (2000): Multivariate Analysemethoden, Berlin 2000.

Baden, A. (1997): Strategische Kostenrechnung: Einsatzmöglichkeiten und Grenzen, Wiesbaden 1997.

Bailom, F./Hinterhuber, H. H./Matzler, K./Sauerwein, E. (1996): Das Kano-Modell der Kundenzufriedenheit, in: Marketing-ZFP 2 (1996), S. 117-126.

Bauer, H. H. (1983): Die Determinanten der Markentreue beim Automobilkauf, in: *Dichtl, E./Raffée, H./Potucek, V.*: Marktforschung im Automobilsektor, Frankfurt a. M. 1983, S. 15-37.

Becker, W. (1993): Frühzeitige markt- und rentabilitätsorientierte Kostensteuerung, in: krp 37 (1993) 5, S. 279-287.

Becker, T. (2005): Konzeption von Entwicklungspfaden für Zulieferparks in der Automobilindustrie, Kassel 2005.

Bechtel, C./Jayaram, J. (1997): Supply Chain Management. A Strategic Perspective, in: International Journal of Logistics Management 8 (1997) 1, S. 15-34.

Berens, W./Hoffjan, A./Kopplin, W./Zahn, W. (1995): Das Management von Gemeinkosten im Target-Costing-Prozeß am Beispiel eines Automobilzulieferers, in krp 39 (1995) 5, S. 261-267.

Betz, S. (1998): Zielkostenspaltung und -kontrolle auf Basis der Erfahrungskurve, in: zp 9 (1998), S. 249-268.

Binder, M. (1997): Technisch-wirtschaftlich integrierte Steuerung von Produktkosten in den Phasen der Entwicklung und Konstruktion, Stuttgart 1997.

Binder, M. (1998): Erfolgsorientierte Steuerung von Produktkosten in Entwicklung und Konstruktion, in: Controlling 10 (1998) 6, S. 356-363.

Bogaschewsky, R (1994): Rationalisierungsgemeinschaften mit Lieferanten, in: *Bloech, J./Bogaschewsky, R./Frank, W.* (Hrsg.): Konzernlogistik und Rationalisierungsgemeinschaften mit Lieferanten, Stuttgart 1994, S. 95-115.

Bonzemba, E./Okano H. (1997): Information Sharing between Assemblers and Suppliers in the Process of Target Cost Management, Working Paper präsentiert auf der 20. Tagung der European Accounting Association, Graz 1997.

Buck, T. (1998): Konzeption einer integrierten Beschaffungskontrolle, Wiesbaden 1998.

Buggert, W./Wielpütz, A. (1995): Target Costing – Grundlagen und Umsetzung des Zielkostenmanagements, München/Wien 1995.

Burger, A. (1999): Kostenmanagement, 3. Aufl., München u. a. 1999.

Campbell, N. C. G. (1985): An Interaction Approach to Organizational Buying Behavior, in: *Ford, D.* (Hrsg.): Understanding Business Markets: Interaction, Relationships and Networks, 2. Aufl., London u. a. 1985, S. 385-399.

Cervellini, U./Lamla, J. (1997): Strategisches Kostenmanagement bei der Porsche AG, in: *Gleich, R./Seidenschwarz, W.* (Hrsg.): Die Kunst des Controlling, München 1997, S. 469-486.

Claassen, U. (1998): Target Investment als Controllinginstrument, in: *Horváth, P.* (Hrsg.): Innovative Controlling-Tools und Konzepte von Spitzenunternehmen, Stuttgart 1998, S. 151-164.

Claassen, U./Ellßel, R. (1997): Target Investment Methoden zur Optimierung des Investitionsmittelumfangs bei Fahrzeugneuentwicklungen, in: ZfbF 49 (1997) 12, S. 1091-1101.

Claassen, U./Hilbert, H. (1993): Target Costing als wichtiges Element der finanziellen Projektsteuerung, in: CB 5 (1993) 8, S. 133-173.

Claassen, U./Hilbert, H. (1994a): Target Costing als Brücke zwischen Zielpreisindex und konkreten Teilekosten am Beispiel eines europäischen Automobilherstellers, in: *Horváth, P.* (Hrsg.): Jahrbuch Controlling, Stuttgart 1994, S. 34-41.

Claassen, U./Hilbert, H. (1994b): Durch Target Costing und Target Investment zur kompromißlosen Kundenorientierung bei Volkswagen, in: *Horváth, P.* (Hrsg.): Kunden und Prozesse im Fokus, Stuttgart 1994, S. 145-159.

Clausen, S. (2002): Wachstum von Porsche in Gefahr, in: FTD vom 05.12.2002, S. 9.

Cooper, M. C./Ellram, L. M. (1993): Characteristics of Supply Chain Management and the Implications for Purchasing and Logistics Strategy, in: International Journal of Logistic Management 4 (1993) 2, S. 13-24.

Cooper, M. C./Ellram, L. M./Gardner, J. T. /Hanks, A.M. (1997): Meshing Multiple Alliances, in: JoBL 18 (1997) 1, S. 67-90.

Cooper, R./Chew, W. B. (1996): Control Tomorrow's Costs Through Today's Designs, in: HBR 74 (1996), S. 88-97.

Cooper, R./Slagmulder, R. (1997): Target Costing and Value Engineering, Portland 1997.

Cooper, R./Slagmulder, R. (1999): Supply Chain Management for the Lean Enterprise. Interorganizational Cost Management, Montvale 1999.

Coenenberg, A. G. (2003): Kostenrechnung und Kostenanalyse, 5. Aufl., Stuttgart 1999.

Coenenberg, A. G./Fischer, T./Schmitz, J. (1994): Target Costing und Product Life Cycle Costing als Instrumente des Kostenmanagements, in: ZfP 5 (1994) 1, S. 1-38.

Coenenberg, A. G./Fischer, T./Schmitz, J. (1997): Target Costing und Product Life Cycle Costing als Instrumente des Kostenmanagements, in: *Freidank, C.-C.* u. a. (Hrsg.): *Kostenmanagement* – Aktuelle Konzepte und Anwendungen, Berlin u. a. 1997, S. 195-232.

Dambrowski, J. (1992): Wie man mit Lean Target Costing effizient arbeiten kann, in: *Horváth, P.* (Hrsg.): Effizientes und schlankes Controlling, Stuttgart 1992, S. 277-288.

Dehnen, K./Sibbel, R./Steffens, C. (2000): Target Costing auf unvollkommenen Märkten, in: Controlling 12 (2000) 2, S. 105-108.

Deisenhofer, T. (1993): Marktorientierte Kostenplanung auf Basis von Erkenntnissen der Marktforschung bei der AUDI AG, in: *Horváth, P.* (Hrsg.): Target Costing, Stuttgart 1993, S. 93-117.

Deutsche Gesellschaft für Qualität e. V. (2001): QFD - Quality Function Deployment, Berlin u. a.2001.

Deutsches Institut für Normung (1987): DIN 69910: Wertanalyse, Berlin 1987.

Diekmann, A. (1984): Automobilindustrie, in: Management-Enzyklopädie: Lexikon der modernen Wirtschaftspraxis, 2. Aufl., Weinheim 1984, Band 1, S. 765-778.

Dinger, H. (2000): Grenzen und Möglichkeiten von Target Costing, Aachen 2000.

Dinkelbach, W./Rosenberg, O. (2002): Erfolgs- und umweltorientierte Produktionstheorie, 4. Aufl., Berlin u. a. 2002.

Dittmar, J. (1996): Konzeptioneller Weiterentwicklungsbedarf bei der Zielkostenplanung, in: ZfP 7 (1996) 7, S. 181-192.

Dittmar, J. (1998): Prototypgestützte Zielkostenplanung – Kostenmanagement an der Schnittstelle zwischen Entwicklung und Controlling, München 1998.

Dudenhöffer, F. (2001): Das Firmen-Geschäft nach 2002, in: Autoflotte, Heft 4, 2001, S. 12-14.

Dudenhöffer, F. (2003): Trends und Entwicklungen in der Automobil- und Zuliefererindustrie, Vortrag auf der 2. SESAMES Kooperationsmesse am 22. März 2003.

Dyckhoff, H. (2006): Produktionstheorie, 5. Aufl., Berlin u. a. 2006.

Ehrlenspiel, K. (1980): Möglichkeiten zum Senken der Produktkosten – Erkenntnisse aus einer Auswertung von Wertanalysen, in: Konstruktion, 32 (1980) 5, S. 173-178.

Ehrlenspiel, K. (1992): Produktkosten-Controlling und Simultaneous Engineering, in: Horváth, P. (Hrsg.): Effektives und schlankes Controlling, Stuttgart 1992, S. 289-308.

Ehrlenspiel, K. (1995a): Frühzeitige Kostenbeeinflussung durch Produktkosten-Controlling und Simultaneous Engineering, in: krp 39 (1995) 6, S. 313-320.

Ehrlenspiel, K. (1995b): Integrierte Produktentwicklung: Methoden für die Prozeßorganisation, Produkterstellung und Konstruktion, München 1995.

Ehrlenspiel, K./Kiewert, A./Lindemann, U. (1998): Kostengünstig Entwickeln und Konstruieren – Kostenmanagement bei der integrierten Produktentwicklung, Berlin 1998.

Eicke, H. v./Femerling, C. (1991): Modular Sourcing, München 1991.

Ellram, L. M. (1999): The Role of Supply Management in Target Costing, Center of Advanced Purchasing Studies 1999.

Ellram, L. M. (2000): Purchasing and Supply Management's Participation in the Target Costing Process, in: JoSCM 36 (200) 2, S. 39-51.

Engel, M. (1991): Conjoint-Analyse, in: WISU 20 (1991) 5; S: 367.

Eßig, M. (1999): Cooperative Sourcing, Frankfurt a. M. 1999.

Ewald, E./Endebrock, K./Albrecht, K. (1998): Entwicklungs- und konstruktionsbegleitende Kostenbeurteilung – Ergebnisse einer Befragung von Konstruktionsleitern, in: krp 42 (1998) 5, S. 257-265.

Ewert, R. (1997): Target Costing und Verhaltenssteuerung, in: *Freidank, C.-C.* u. a. (Hrsg.): Kostenmanagement – Aktuelle Konzepte und Anwendungen, Berlin u. a. 1997, S. 299-321.

Ewert, R./Wagenhofer, A. (1997): Interne Unternehmensrechnung, 3. Aufl., Berlin u. a. 1997.

Fieten, R. (1991): Erfolgsstrategien für Zulieferer: Von der Abhängigkeit zur Partnerschaft, Wiesbaden 1991.

Fischer, T. M./Schmitz, J. A. (1994): Informationsgehalt und Interpretation des Zielkostenkontrolldiagramms im Target Costing, in: krp 38 (1994) 6, S. 427-433.

Flik, M./Heering, C./Kampf, H./Staengel, D. (1998): Neugestaltung des Entwicklungsprozesses bei einem Automobilzulieferer: Prozeßorientierte Reorganisation Quality Function Deployment und Target Costing, in: ZfbF 50 (1998) 3, S. 289-305.

Ford, H. (1923): My life and work, New York 1923.

Forsgren, T. (1995): Neuorientierung bei der Konzeption von Automobilen, in: *Hünerberg, R./Heise, G./Hoffmeister, M.:* Internationales Automobilmarketing, Wiesbaden 1995, S. 241-259.

Franke, H./Bidmon, J. (1997): Was darf ein Fahrzeug kosten?, in: is report o. Jg. (1997) 10, S. 20-23.

Franz, K.-P. (1993): Target Costing – Konzept und kritische Bereiche, in: Controlling 5 (1993) 3, S. 124-130.

Franz, K.-P. (1997): Ein dynamischer Ansatz des Target Costing, in: *Backhaus, K.* u. a. (Hrsg.): Marktleistung und Wettbewerb, Wiesbaden 1997, S. 277-289.

Franz, K.-P./Kajüter, P. (1997): Kostenmanagement in Deutschland – Ergebnisse einer empirischen Untersuchung in deutschen Großunternehmen, in: *Franz, K.-P./Kajüter, P.* (Hrsg.): Kostenmanagement, Wettbewerbsvorteile durch systematische Kostensteuerung, Stuttgart (1997), S. 481-502.

Fraunhofer Institut IPA (2004): Studie FAST - Future Automotive Industry Structure, in: Automobil-Produktion o. Jg. (2004) 4, S. 4-8.

Frehr, H.-U. (1994): Total Quality Management – Unternehmensweite Qualitätsverbesserung, 2. Aufl., München/Wien 1994.

Freidank, C.-C./Zaeh, P. (1997): Spezialfragen des Target Costing und des Kostenmanagements, in: *Freidank, C.-C.* u .a. (Hrsg.): Kostenmanagement – Aktuelle Konzepte und Anwendungen, Berlin u. a. 1997, S. 233-274.

Freund, H. (1990): Der Systemlieferant in Verantwortung für Entwicklung und Qualität, in: Beschaffung aktuell o. Jg. (1990) 9, S. 72-76.

Friedmann, O. (1997): Target Costing in der Produktentwicklung am Beispiel eines Automobilzulieferers – Ein methodisch-empirischer Ansatz zur zielkostenorientierten Produktentwicklung, Frankfurt a. M. 1997.

Fröhling, O. (1994): Zielkostenspaltung als Schnittstelle zwischen Target Costing und Target Cost Management, in: krp 38 (1994) 6, S. 421-425.

Gaiser, B./Kieninger, M. (1993): Fahrplan für die Einführung von Target Costing, in: *Horváth, P.* (Hrsg.): Target Costing, Stuttgart 1993, S. 53-74.

Gierse, F. J. (1990): Funktionen und Funktionen-Strukturen – Zentrale Werkzeuge der Wertanalyse, in: VDI-Zentrum Wertanalyse (Hrsg.): Wertanalyse - Wertgestaltung - Value-Management, VDI-Bericht 849, Düsseldorf 1990, S. 17-66.

Glaser, H. (2002): Target Costing as a Strategic Controlling Instrument, in: *Scholz, C./Zentes, J.* (Hrsg.): Strategic Management – A European Approach, Wiesbaden 2002, S. 221-239.

Glaser, H./Geiger, W./Rohde, V. (1992): PPS – Produktionsplanung und -steuerung: Grundlagen – Konzepte – Anwendungen, 2. Aufl., Wiesbaden 1992.

Gleich, R./Seidenschwarz, W. (1999): Target Costing und Zuliefererintegration, in: *Hahn, D./Kaufmann, L.* (Hrsg.): Handbuch Industrielles Beschaffungsmanagement, Wiesbaden 1999, S. 577-593.

Gmeiner, S. (2005): Konzentrationsprozess in der Automobilzuliefererindustrie – Konsequenzen für das Verhältnis zwischen Hersteller und Zulieferer, Aachen 2005.

Goldbach, M. (2003): Koordination von Wertschöpfungsketten durch Target Costing und Öko-Target Costing, Wiesbaden 2003.

Göppel, R. (1992): Was begeistert Ihren Kunden?, in: Readme TQU 11 (1992), S. 26-27.

Gräfe, C. (1998): Kostenmanagement im Entstehungszyklus eines Serienerzeugnisses, Hamburg 1998.

Graßhoff, J./Gräfe, C. (1997a): Kostenmanagement in der Produktentwicklung, in: Controlling, 9 (1997) 1, S. 14-23.

Graßhoff, J./Gräfe, C. (1997b): Projektbezogenes Kostenmanagement in der Produktentwicklung: Ergebnisse einer Fragebogenaktion, in: Controller Magazin 22 (1997) 5, S. 313-316.

Green, P. E./Srinivasan, V. (1978). Conjoint Analysis in Consumer Research: Issues and Outlook, in: JoCR 5 (1978) September, S. 103-123.

Griffin, A./Hauser, J. R. (1992): The voice of the customer, Working paper Marketing Science Institut Cambridge, Report 92-106, March 1992 Cambridge/ Massachusetts, S. 1-51.

Griffin, A./Hauser, J. R. (1993): The voice of the customer, in: Marketing Science 12 (1993) 1 Winter, S. 1-27.

Grunert, K. G. (1983): Die Ermittlung entscheidungsrelevanter Produktmerkmale beim Automobilkauf, in: *Dichtl, E./Raffée, H./Potucek, V.* (Hrsg.): Marktforschung im Automobilsektor, Schriftenreihe des VDA, Nr. 40, Frankfurt a.M. 1983, S. 38-58.

Günther, T. (1997): Neuentwicklungen der Kostenrechnung – eine Antwort auf geänderte Fragestellungen, in: *Freidank, C.-C.* u. a. (Hrsg.): Kostenmanagement – Aktuelle Konzepte und Anwendungen, Berlin u. a. 1997, S. 97-120.

Hägele, T./Schön, W.-U. (1998): Der Markt frißt seine Akteure, in: Automobil-Industrie 43 (1998) 1, S. 70-72.

Hagenloch, T. (1997): Zielkostenmanagement und unterstützende Instrumente, in: krp 41 (1997) 6, S. 319-327.

Hahn, D. (1985): Planungs- und Kontrollrechnung – PuK, 3. Aufl., Wiesbaden 1985.

Hahn, D./Laßmann, G. (1990): Produktionswirtschaft - Controlling industrieller Produktion, 2. Aufl., Band 1, Heidelberg 1990.

Handfield, R. B./Nichols, E. L. Jr. (1999): Introduction to Supply Chain Management, Upper Saddle River/New Jersey 1999.

Hauser, R. J./Clausing, D. (1995): Wenn die Stimme des Kunden bis in die Produktion vordringen soll, in: *Simon, H./Homburg, C.* (Hrsg.): Kundenzufriedenheit: Konzepte-Methoden-Erfahrungen, Wiesbaden 1995, S. 54-73.

Herrmann, A./Homburg, C. (1999): Marktforschung: Methoden, Anwendungen, Praxisbeispiele, Wiesbaden 1999.

Heßen, H.-P./Wesseler, S. (1994): Marktorientierte Zielkostensteuerung bei der Audi AG, in: Controlling 6 (1994) 3, S. 148-154.

Hilbert, H. (1995): Target Budgeting, in Forschung und Entwicklung bei VOLKSWAGEN, in: Controlling 7 (1995) 6, S. 354-364.

Hiromoto, T. (1998): Another Hidden Edge – Japanese Management Accounting, in: HBR, 66 (1988) July/August, S. 22-26.

Hiromoto, T. (1989): Das Rechnungswesen als Innovationsmotor, in: HM 11 (1989) 1, S. 129-133.

Hock, B. (2003): Target Costing in der Fernsehproduktion, in: ZfCM, 47 (2003) 1, S. 68-73.

Hoffjan, A. (1994): Strategisches Zielkostenmanagement im Zahlungsverkehr der Banken, in: Die Bank o. Jg. (1994) 10, S. 594-599.

Hoitsch, H.-J./Goes, S./Burkhard, M. (2001): Zielkosten in der Stromversorgung, in: krp 45 (2001) 3, S. 145-155.

Horváth, P. (1990): Revolution im Rechnungswesen: Strategisches Kostenmanagement, in: *Horváth, P.* (Hrsg.): Strategieunterstützung durch das Controlling: Revolution im Rechnungswesen?, Stuttgart 1990, S. 175-193.

Horváth, P. (1998): Funktion und Organisation des Target Costing im Controllingsystem, in: krp Sonderheft 1 (1998), S. 75-80.

Horváth, P./Niemand, S., Wolbold, M. (1993): Target Costing – State of the Art, in: *Horváth, P.* (Hrsg.): Target Costing, Stuttgart 1993, S. 1-27.

Horváth, P./Seidenschwarz, W. (1992a): Die Methodik des Zielkostenmanagements, Forschungsbericht Nr. 33 des Lehrstuhls Controlling am betriebswirtschaftlichen Institut der Universität Stuttgart, Stuttgart 1992.

Horváth, P./Seidenschwarz, W. (1992b): Zielkostenmanagement, in: Controlling 4 (1992) 3, S. 142-150.

Jakob, F. (1993): Target Costing im Anlagenbau – das Beispiel der LTG Lufttechnische GmbH, in: *Horváth, P.* (Hrsg.): Target Costing, Stuttgart 1993, S. 155-190.

Jehle, E. (1991): Wertanalyse – Ein System zum Lösen komplexer Probleme, in: WiSt 6 (1991), S. 287-294.

Jehle, E. (1992): Gemeinkostenmanagement, in: *Männel, W.* (Hrsg.): Handbuch Kostenrechnung, Wiesbaden 1992, S. 1506-1523.

Johnston, R./Lawrence, P. R. (1989): Vertikale Integration II: Wertschöpfungspartner leisten mehr, in: HBM 14 (1989) 1; S. 81-88.

Joos-Sachse, T. (2004): Controlling, Kostenrechnung und Kostenmanagement, 3. Aufl., Wiesbaden 2004.

Kammermayer, W. (1992): Produktkosten-Vorgabe abgeleitet vom Markt und dem geplanten Unternehmensergebnis, in: *Horváth, P.* (Hrsg.): Effektives und schlankes Controlling, Stuttgart 1992, S. 261-276.

Kaplan, R. S. (1982): Advanced Management Accounting, Englewood Cliffs/New Jersey/Prentice-Hall 1982.

Kaufmann, L. (1993): Planung von Abnehmer-Zulieferer-Kooperationen, Gießen 1993.

Kavandi, S. (1998): Ziel- und Prozeßkostenmanagement als moderne Controllinginstrumente zur Kostensteuerung unter Berücksichtigung neuer Marktentwicklungen, Wiesbaden 1998.

Keun, F. (2001): Einführung in die Krankenhaus-Kostenrechnung, 4. Aufl., Wiesbaden 2001.

Kilger, W. (1988): Flexible Plankostenrechnung und Deckungsbeitragsrechnung, 9. Aufl., Wiesbaden 1988.

Kilper, H. (2000): Wie stiftet man Kooperation in der Automobilindustrie? Über die (kleinen) Unterschiede zwischen Herstellerstrategien, Landesprogrammen und Verbund-Projekten; Dokumentation der Tagung am 28./29. Januar 1999 im Institut Arbeit und Technik, Gelsenkirchen 2000.

King, B. (1989): Better design in half the time, 3. Aufl., Boston 1989.

Klatt, W. (1997): Target Costing und das betriebswirtschaftliche Entscheidungsproblem Eigenfertigung und/oder Fremdbezug von Vorprodukten in der Fertigung komplexer Produkte, Gießen 1997.

Kleinau, A, C. (1995): Zur Strategie der Lieferantenentwicklung: Konzeption einer neuen Beschaffungsstrategie und der Beurteilung im Rahmen eines strategischen Beschaffungsmanagement, Frankfurt a. M. u. a. 1995.

Klingler, B. F. (1993): Target Cost Management – Durch marktorientiertes Zielkostenmanagement können Automobilhersteller ihre Produktkosten senken, in: Controlling 4 (1993), S. 200-207.

Kobayashi, T. (1997): Target Cost Management: Der Stand und die Problematik in Japan, in: *Schweitzer, M./Küpper, H. U./Troßmann, E.* (Hrsg.): Das Rechnungswesen im Spannungsfeld zwischen strategischem und operativem Management, Berlin 1997, S. 197-217.

Kobayashi, T. (1999): Die produktions- und kostentheoretischen Perspektiven Gutenbergs und eine Entwicklungstendenz vom modernen Kostenmanagement, in: *Albach, H.* u. a. (Hrsg.): Die Theorie der Unternehmung in Forschung und Praxis, Berlin u. a. 1999, S. 715-719.

Krapp, M./Wotschofsky, S. (2000): Stochastisches Target Costing, in: ZfP 11 (2000) 1, S. 23-40.

Kreikebaum, H. (1989): Ansätze der strategischen Marketingplanung und Probleme ihrer organisatorischen Umsetzung, in: *Raffée/Wiedmann* (Hrsg.): Strategisches Marketing, 2. Aufl., Stuttgart 1999, S. 283-298.

Kremin-Buch, B. (2004): Strategisches Kostenmanagement – Grundlagen und moderne Instrumente, 3. Aufl., Wiesbaden 2004.

Kucher, E./Simon, H. (2002): Market Pricing als Basis des Target Costing, in: *Franz, K. P./Kajüter, P.* (Hrsg.): Kostenmanagement. Wertsteigerung durch systematische Kostensteuerung, 2. Aufl., Stuttgart 2002, S. 187-206.

Kummer, S. (2001): Supply Chain Controlling, in: krp 45 (2001) 2, S. 81- 87.

Lauk, K. J. (1990): Strategisches Controlling und Organizational Leverage, in: *Horváth* (Hrsg.): Strategieunterstützung durch das Controlling: Revolution im Rechnungswesen?, Stuttgart 1990, S. 75-89.

LaLonde, B. J./Pohlen, T. L. (1996): Issues of Supply Chain Costing, in: The International Journal of Logistics Management, 7 (1996) 1, S. 1-12.

Lewicki, B. (2000): Target Costing für ein ganzheitliches Controlling, in: Der Betriebswirt, 41 (2000) 1, S. 29-34.

Lin, B./Collins, J./Su, R. K. (2001): Supply Chain Costing. An Activity Based Perspective, in: International Journal of Physical Distribution and Logistics Management, 31 (2001) 10, S. 702-713.

Listl, A. (1998): Target Costing zur Ermittlung der Preisuntergrenze, Frankfurt a.M. u. a. 1998.

Lockamy, A./Smith, W. I. (2000): Target Costing for Supply Chain Management: Criteria and Selection, in: Industrial Management and Data Systems 100 (2000) 5, S. 210-218.

Löffler, F. (1995): Die praktische Anwendung des Target Costing, in: *Horváth, P.* (Hrsg.): Controlling-Prozesse optimieren, Stuttgart 1995, S. 133-147.

Lorson, P. (1993): Straffes Kostenmanagement und neue Technologien: Anforderungen, Instrumente und Konzepte unter besonderer Würdigung der Prozeßkostenrechnung, Herne/Berlin 1993.

McMillan, J. (1990): Managing Suppliers – Incentive Systems in Japanese and U.S Industry, in: California Management Review, 33 (1989) Summer, S. 38-55.

Meinig, W. (1995): Grundbegriffe der Automobilwirtschaft, München 1995.

Meyer, J. W. (2003): Produktinnovationserfolg und Target Costing, Wiesbaden 2003.

Meyr, H. (o. Jg.): Kurz- und Mittelfristige Planung in der Automobilindustrie zwischen Heute und Morgen, Arbeitspapier des Lehrstuhls für Produktion und Logistik der Universität Augsburg.

Miles, L. D. (1961): Techniques of Value Analysis and Engineering, New York u. a. 1961.

Monczka, R./Landeros, R. (1989): Buyer/Seller Relationship and the Firms Competitive Posture, in: Journal of Purchasing and Materials Management, 25 (1989) 3, S. 9-18.

Monden, Y. (1989): Total Cost Management System in Japanese Automobile Corporations, in: *Monden/Sakurai* (Hrsg.): Japanese Management Accounting, Cambridge/Massachusetts 1989, S. 15-33.

Monden, Y./Hamada, K. (1991): Target Costing and Kaizen Costing in Japanese Automobile Companies, in: Journal of Management Accounting Research, Fall 1991, S. 16-34.

Monden, Y./Sakurai, M. (1989): Japanese Management Accounting, Cambridge/Massachusetts 1989.

Möller, K. (2000): Zuliefererintegration in das Target Costing auf Basis der Transaktionskostentheorie, Controlling-Forschungsbericht Nr. 63 des Betriebswirtschaftlichen Instituts der Universität Stuttgart, Stuttgart 2000.

Möller, K. (2002): Zuliefererintegration in das Target Costing auf Basis der Transaktionskostentheorie, München 2002.

Möller, K. (2003): Zuliefererintegrierendes Zielkostenmanagement, in: Supply Chain Management, 3 (2003) 2, S. 33-40.

Möller, K./Wilson, D. (1994): Die Interaktionsperspektive im Investitionsgüter-Marketing, in: *Kleinaltenkamp, M./Schubert, K.* (Hrsg.): Netzwerkansätze im Business-to-Business-Marketing: Beschaffung, Absatz und Implementierung Neuer Technologien, Wiesbaden 1994, S. 51-92.

Müller, H./Wolbold, M. (1993): Target Costing im Entwicklungsbereich der „Elektro-Werk AG", in: *Horváth, P. (Hrsg.):* Target Costing, Stuttgart 1993, S. 119-153.

Mussnig, W. (2001): Dynamisches Target Costing – von der statischen Betrachtung zum strategischen Management der Kosten, Wiesbaden 2001.

Niemand, S. (1993): Target Costing im Anlagenbau, in: krp 37 (1993) 5, S. 327-332.

Nitschke, F. (1999): Markt- und prozeßorientiertes Kostenmanagement von Entwicklungsvorhaben im Automobilbau, Hamburg 1999.

Noltemeier, S. (2003): Zur Konzeption monetärer Anreizsysteme für das Target Costing, Aachen 2003.

Oppewal, H./Louviere, J. J./Timmermans, H. J. P. (1994): Modeling Hierarchical Conjoint Processes with Integrated Choice Experiments, in: Journal of Marketing Research 31 (1994) February, S. 92-105.

o. V. (1998): Das neue industrielle Zuliefererwesen in Europa – Erste Erkenntnisse auf Basis einer aktualisierten Definition, Luxemburg 1998.

o. V. (2002): Mehr Umsatz für weniger Supplier, in Automobil-Produktion o. Jg. (2002)12, S. 60-61.

Pahl, G./Beitz, W. (1993): Konstruktionslehre: Methoden und Anwendung, 3. Aufl., Berlin u. a. 1993.

Petersen, L. (1998): Kapazitätsorientierte Auftragsplanung bei Serienfertigung, Wiesbaden 1998.

Piller, F. T./Waringer, D. (1999): Modularisierung in der Automobilindustrie – neue Formen und Prinzipien, Aachen 1999.

Porter, M. E. (1985): Competitive Advantage: Creating and Sustaining Superior Performance, New York 1985.

Radtke, P./Abele, E./Zielke, A. E. (2004): Die smarte Revolution in der Automobilindustrie, Frankfurt a. M./Wien 2004.

Rau, K.-H. (1997): Konzeption zur Anwendung des Zielkostenmanagements auf die Entwicklung von Anwendungssoftware, in: *Küpper, U.-U./Troßmann, E.* (Hrsg.): Das Rechnungswesen im Spannungsfeld zwischen operativem und strategischem Management, Berlin 1997, S. 219-240.

Reichmann, T. (2001): Controlling mit Kennzahlen und Managementberichten: Grundlagen einer systemgestützten Controlling-Konzeption, 6. Aufl., München 2001.

Reske, M. (2002): Systematische Planung von F&E-Verbesserungsprojekten: Ein QFD-Ansatz am Beispiel von Entwicklungsprozessen in der Automobilindustrie, Aachen 2002.

Reynolds, T.J./Gutman, J. (1988): Laddering Theory, Method, Analysis and Interpretation, in: Journal of Advertising Research 28 (1988) February/March 1988, S. 11-31.

Rich, L. (1993): Quality service: Who cares and how much?, in: Limra`s Market facts 12 (1993) 3, S. 14-17.

Richter, K. (2005): Forschung und Entwicklung im Wandel, in: ZfAW 4 (2005), S. 6-10.

Riegler, C. (2000): Zielkosten, in: *Fischer, T. M.* (Hrsg.): Kosten-Controlling – neue Methoden und Inhalte, Stuttgart 2000, S. 237-263.

Riezler, S. (1996): Lebenszyklusrechnung, Wiesbaden 1996.

Rösler, F. (1995): Target Costing für komplexe Produkte – Ein Diskussionsbeitrag zur Anwendungsproblematik des Zielkostenmanagements, WHU-Forschungspapier Nr. 29 (1995).

Rösler, F. (1996): Target Costing für die Automobilindustrie, Wiesbaden 1996.

Rösler, F. (1997): Target Costing in der Automobilindustrie – Ein Anwendungsbeispiel des Zielkostenmanagements, in: *Küpper, H.-U./Troßmann* (Hrsg.): Das Rechnungswesen im Spannungsfeld zwischen strategischem und operativem Management, Berlin 1997, S. 275-297.

Rupp, R./Sauter, R. (2002): Marktorientiertes Controlling am Beispiel eines Automobilzulieferers, in: *Gleich, R.* u. a. (Hrsg.): Controllingfortschritte, München 2002, S. 263-279.

Sakurai, M. (1989): Target Costing and How to Use It, in: JoCM 3 (1989), S. 39-50.

Sakurai, M. (1990): The Influence of Factory Automation on Management Accounting Practices, in: *Kaplan, R. S.* (Hrsg.): Measures for Manufacturing Excellence S. 39-62.

Sattler, H./Hensel-Börner, S./Krüger, B. (2001): Die Abhängigkeit der Validität von Conjoint-Studien von demographischen Probanden-Charakteristika: Neue empirische Befunde, in: Zeitschrift für Betriebswirtschaft 71 (2001), S. 771-787.

Sauer, K. (1990): Internationale Zuliefererbeziehungen der deutschen Automobilhersteller, Bamberg 1990.

Sauerwein, E. (2002): Das Kano-Modell der Kundenzufriedenheit, Wiesbaden 2002.

Schindele, S. (1996): Entwicklungs- und Produktionsverbünde in der deutschen Automobil- und Zulieferindustrie unter Berücksichtigung des Systemgedankens, Aachen 1996.

Schirmer, A. (1990): Planung und Einführung eines neuen Produktes am Beispiel der Automobilindustrie, in: ZfbF 42 (1990) 10, S. 892-907.

Schlote, S./Kowalewsky, R. (1991): Flexible Fabrik, in: Wirtschaftswoche Nr. 38 vom 13.9.1991, S. 52-64.

Schmidt, R. (1996): Marktorientierte Konzeptfindung für langlebige Gebrauchsgüter: Messung und QFD-gestützte Umsetzung von Kundenanforderungen und Kundenurteilen, Wiesbaden 1996.

Schöler, H. (1990): Quality Function Deployment – eine Methode zur qualitätsgerechten Produktgestaltung, in: VDI-Zentrum Wertanalyse (Hrsg.): Qualität gestalten – Wert erhöhen: Zukunft sichern, Düsseldorf 1990, S. 129-141.

Schorlemer, G. v./Posluschny, P./Prange, C. (1998): Kostenmanagement in der Praxis, Wiesbaden 1998.

Schubert, B. (1991): Entwicklung von Konzepten für Produktinnovationen mittels Conjoint-Analyse, Stuttgart 1991.

Schützdeller, K. (1991): Neue Aufgaben für das Controlling, in: Harvard Manager 13 (1991) 3, S. 116-122.

Schütze, R. (1992): Kundenzufriedenheit: After-Sales-Marketing auf industriellen Märkten, Wiesbaden 1992.

Schweitzer, M./Küpper, H.-U. (2003): Systeme der Kosten- und Erlösrechnung, 8. Aufl., München 2003.

Scientific Consulting Dr. Schulte-Hillen (1995): Restrukturierungstrends in der deutschen Automobilindustrie im internationalen Vergleich – Endbericht, Köln 1995.

Seghezzi, H. D. (1993): Konzept, Strategien und Systeme qualitätsorientierte Unternehmen, in: *Seghezzi, H. D./Hansen, J. R.* (Hrsg.): Qualitätsstrategien: Anforderungen an das Management der Zukunft, München 1993, S. 1-46.

Seidenschwarz, W. (1991a): Target Costing – Ein japanischer Ansatz für das Kostenmanagement, in: Controlling 3 (1991) 4, S. 198-203.

Seidenschwarz, W. (1991b): Target Costing – Schnittstellenbewältigung mit Zielkosten, in: *Horváth, P.* (Hrsg.): Synergien durch Schnittstellen-Controlling, Stuttgart 1991, S. 191-209.

Seidenschwarz, W. (1993): Target Costing – Marktorientiertes Zielkostenmanagement, München 1993.

Seidenschwarz, W. (2002): Target Costing und Zuliefererintegration, in: *Hahn, D./Kaufmann, L.* (Hrsg.): Handbuch Industrielles Beschaffungsmanagement, 2. Aufl., Wiesbaden 2002, S. 730-746.

Seidenschwarz, W./Niemand, S. (1994): Zuliefererintegration im marktorientierten Zielkostenmanagement, in: Controlling 6 (1994) 5, S. 262-271.

Seuring, S. (2001): Supply Chain Costing. Kostenmanagement in der Wertschöpfungskette mit Target Costing und Prozesskostenrechnung, München 2001.

Seuring, S. (2002): Supply Chain Costing, in: *Franz, K. P./Kajüter, P.* (Hrsg.): Kostenmanagement. Wertsteigerung durch systematische Kostensteuerung, 2. Aufl., Stuttgart 2002, S. 339-354.

Simon, H. (1992): Preismanagement: Analyse, Strategie, Umsetzung, 2. Aufl., Wiesbaden 1992.

Spur, G./Hahn, D. (1989): Optimale Fertigungstiefe unter Berücksichtigung der Entwicklungstiefe bei der Volkswagen AG, Gießen/Berlin 1989.

Steinle, C./Thiem, H./Rothenhöfer, C. (1998): Target Costing: Baustein eines modernen Controllingsystems bei Volkswagen in México, in: *Steinle, C./Eggers, B./Lawa, D.* (Hrsg.): Zukunftsgerichtetes Controlling – Unterstützungs- und Steuerungssystem für das Management, 3. Aufl., Wiesbaden 1998, S. 346-366.

Stops, M. (1996): Target Costing als Controlling-Instrument, in: WISU o. Jg. (1996), S. 625-628.

Tanaka, M. (1979): Cost with Target Cost, in: JoCA o. Jg. (1979) October, S. 37-40.

Tanaka, M. (1989): Cost Planning and Control Systems in the Design Phase of a New Product, in: *Monden, Y./Sakurai, M.* (Hrsg.): Japanese Management Accounting, Cambridge (Massachusetts), S. 49-71.

Tanaka, M. (1993): Target Costing at Toyota, in: JoCM o. Jg. (1993) Spring, S. 4-11.

Tani, T./Kato, Y. (1994): Target Costing in Japan, in: *Dellmann, K./Franz, K. P.* (Hrsg.): Neuere Entwicklungen im Kostenmanagement, Bern/Stuttgart/Wien 1994, S. 191-222.

Tani, T./Horváth, P./Wangenheim, S. von (1996): Genka Kikaku und marktorientiertes Zielkostenmanagement, in: Controlling 8 (1996), S. 80-89.

Teetzmann, E. T. (2002): Target Cost and Quality Management in Kreditinstituten, Bad Homburg 2002.

Theuerkauf, I. (1989): Kundennutzenmessung mit Conjoint, in: ZfB 59 (1989), S. 1179-1192.

Traudt, H. G. (2002): Zulieferermanagement unter Kostenaspekten, in: *Franz, K.-P./Kajüter, P.* (Hrsg.): Kostenmanagement durch systematische Kostensteuerung, 2. Aufl., Stuttgart 2002, S. 385-400.

Trommsdorff, V. (1993): Professionelle Marktforschung in der Zukunft – für die Zukunft, in: Planung und Analyse o. Jg. (1993) 2, S. 27-36.

Urban, G. L./Hauser, J. R. (1993): Design and Marketing of New Products, 2. Aufl., Englewood Cliffs 1993.

Usadel, J. (2002): Target Costing für TV-Produktionsunternehmen, Arbeitspapier des Instituts für Rundfunkökonomie der Universität zu Köln, Heft 155, Köln 2002.

Verband der Automobilindustrie (2001): Auto 2001. Jahresbericht VDA, Frankfurt a.M. 2001.

Verband der Automobilindustrie (2005): Auto 2005. Jahresbericht VDA, Frankfurt a.M. 2005.

Voeth, M. (1999): 25 Jahre conjointanalytische Forschung in Deutschland, in: ZfB 69 (1992) 2, S. 153-176.

Vollmann, T. E./Cordon, C./Raabe, H. (1998): Das Management von Lieferketten, in: International Institute for Management Development/London Business School/Wharton Business School (Hrsg.): Das MBA-Buch: Mastering Management – Die Studieninhalte führender Business Schools, Stuttgart 1998, S. 374-381.

Währisch, M. (1996): Stand der Kosten- und Erlösrechnung im Maschinen- und Anlagenbau, in: Maschinenbau-Nachrichten, 75 (1996) 7, S. 18-20.

Walker, J. (1997): Controlling in einem internationalen Automobilkonzern, in: *Gleich, R./Seidenschwarz, W.* (Hrsg.): Die Kunst des Controlling, Festschrift zum 60. Geburtstag von Prof. Dr. Peter Horváth, München 1997, S. 442-467.

Werani, T. (1998): Der Wert von kooperativen Geschäftsbeziehungen in industriellen Märkten, Linz 1998.

Wildemann, H. (1992): Entwicklungsstrategien für Zuliefererunternehmen, in: ZfB 62 (1992) 4, S. 391-413.

Wildemann, H. (1996): Entwicklungsstrategien für Zuliefererunternehmen, 3. Aufl., München 1998.

Wildemann, H. (1998): Entwicklungs-, Produktions- und Vertriebsnetzwerke in der Zuliefererindustrie: Ergebnisse einer Delphi-Studie, München 1998.

Wildemann, H. (2004): Entwicklungspartnerschaften in der Automobil- und Zuliefererindustrie: Ergebnisse einer Delphi-Studie, München 2004.

Wingert, G. M. (1997): Wettbewerbsvorteile durch Lieferantenintegration: Strategische und operative Gestaltung des Wertschöpfungssystems in der Elektronikindustrie, Wiesbaden 1997.

Wittink, D. R./Vriens, M./Burhenne, W. (1994): Commercial Use of Conjoint Analysis in Europe – Results and Critical Reflections, in: International Journal of Research in Marketing 11 (1994), S. 41-52.

Wohinz, J. W. (1983): Wertanalyse – Innovationsmanagement. Würzburg/Wien 1983.

Wohinz, J. W. (1994): Wertanalyse: Von der Kostenreduktion zum Innovationsansatz, in*:* *Seicht* (Hrsg.)*:* Jahrbuch für Controlling und Rechnungswesen ´94, Wien 1994, S. 265-284.

Wolters, H. (1995): Modul- und Systembeschaffung in der Automobilindustrie: Gestaltung der Kooperation zwischen europäischen Hersteller- und Zuliefererunternehmen, Wiesbaden 1995.

Womack, J./Jones D. T./Roos, D. (1991): Die zweite Revolution in der Automobilindustrie, 3. Aufl., Frankfurt a.M. 1991.

Wullenkord, A./Reichmann, T. (1995): Target Costing: Das Managementkonzept für Kfz-Zulieferer?, in: *Reichmann, T.:* Handbuch Kosten- und Erfolgs-Controlling, München 1995, S. 374-389.

Yoshikawa, T./Innes, J./Mitchell, F./Tanaka, M. (1993): Contemporary Cost Management, London 1993.

Zahn, W. (1995): Target Costing bei einem Automobilzulieferer, in: Controlling 7 (1995) 3, S. 148-153.

Zentrum Wertanalyse VDI-GSP (1995): Wertanalyse: Idee – Methode – System, 5. Aufl., Düsseldorf 1995.

Zimmermann, G./Grundmann, R. (2001): Zur Anwendung des Target Costing in Kreditinstituten, in: Zeitschrift für das gesamte Kreditwesen o. Jg. (2001) 2, S. 79-85.

Verzeichnis der Interviewpartner

Interviewpartner bei deutschen Automobilherstellern (anonymisiert)

Lfd. Nr.	Produktgruppen (Fahrzeugklassen)	Interviewpartner (anonymisiert)	Datum des/der Interviews
H 1	Insbesondere Fahrzeuge der Mittel- und Oberklasse	Leiterin Einkauf Gesamtfahrzeug	21. Jan. 05
		Leiter Strategischer Einkauf	21. Jan. 05
H 2	Insbesondere Fahrzeuge der Mittel- und Oberklasse	Ehem. Leiter Industrial Engineering	15. Jun. 05 und 11. Apr. 06
H 3	Insbesondere Fahrzeuge der Oberklasse	Gruppenleiterin Research Market Data	25. Jan. 06

Interviewpartner bei deutschen Automobilzulieferern (anonymisiert)

Lfd. Nr.	Zulieferertyp	Vorprodukt-art	Vorprodukt-beispiele	Interviewpartner (anonymisiert)	Datum des Interviews
Z 1	Systempartner	Systeme	Autositze	Plant Manager Europe	17. Mai 2005
				Senior Costing Manager Seating Components Business Unit	25. Mai 2005
Z 2	Systempartner	Systeme	Cockpits, Türmodule	Project Manager Door Systems	14. Apr. 2005
Z 3	Serienentwicklungs-zulieferer	Subsysteme	Federbeine	Geschäftsführer Vertrieb	28. Feb. 2005
				Key Account Manager DC	1. Apr. 2005
Z 4	Serienentwicklungs-zulieferer	Subsysteme	Schließ-systeme	Director Product Costing	9. Jun. 2005
Z 5	Marktzulieferer	Teile	Türscharniere	Geschäftsführer	7. Jun. 2005
Z 6	Marktzulieferer	Teile	Pneumatik-dämpfer	Geschäftsführer Finanzen und Controlling	7. Apr. 2005
				Managing Director Sales and Marketing	14. Jun. 2005
				Manager Business Unit	19. Aug. 2005
Z 7	Marktzulieferer	Teile	Tailored Blanks	Geschäftsführer Vertrieb	17. Mrz. 2005
				Vetriebsleiter	25. Apr. 2005

FSC
www.fsc.org
MIX
Papier | Fördert gute Waldnutzung
FSC® C083411

Kolibri 360 GmbH
Ferdinand-Jühlke-Straße 7
99095 Erfurt, Deutschland
produktsicherheit@kolibri360.de